HENRI PLON, IMPRIMEUR-ÉDITEUR,
8, RUE GARANCIÈRE

LA PRINCESSE
DE LAMBALLE

MARIE-THÉRÈSE-LOUISE DE SAVOIE-CARIGNAN

SA VIE — SA MORT
(1749-1792)

D'APRÈS DES DOCUMENTS INÉDITS

PAR

M. DE LESCURE

OUVRAGE ORNÉ D'UN PORTRAIT DE LA PRINCESSE
GRAVÉ PAR M. FLEISCHMANN
SOUS LA DIRECTION
DE M. HENRIQUEL DUPONT
D'UNE VUE DE LA FORCE EN 1792, GRAVÉE PAR M. LAURENCE
ET DE QUATRE FAC-SIMILE D'AUTOGRAPHES

Il est une figure de l'histoire de la Révolution qui, souvent esquissée, n'a jamais eu les honneurs, pourtant si mérités, d'un portrait complet. Elle est de celles qui attirent et découragent à la fois par un sourire aussi difficile à fixer que celui de la Joconde, mais surtout par une angélique perfection morale. La vie de la princesse de Lamballe, veuve à vingt ans, pieuse, charitable, modeste, est d'ailleurs de celles qui n'ont pas de roman et sont, pour ainsi dire, tout intérieures. Elle n'apparaît sur la scène que pour mourir martyre de l'amitié et de la fidélité. Jusque-là, les devoirs, uniques plaisirs qu'elle ait jamais connus, d'une existence consacrée d'abord à un mari indigne d'elle, puis à son beau-père, le plus vertueux des princes, le duc de Penthièvre; enfin mêlée à la destinée orageuse de Marie-Antoinette quand s'éloignent tous les courtisans, excepté les courtisans du malheur, absorbent et effacent une femme qui n'a cherché ni les satisfactions de l'orgueil ni les succès de la beauté ou de l'esprit, mais qui a trouvé le bonheur dans la vertu et la gloire dans le sacrifice.

Ce n'est pas à dire que le récit de cette vie si pure et si pieuse soit sans intérêt; mais cet intérêt n'a rien de profane, et il ne peut produire qu'une émotion honnête et qu'un plaisir en quelque sorte religieux. Il n'est pas de plus beau spectacle que celui d'une âme courageuse aux prises avec le danger et le malheur. Mais c'est un spectacle qui veut des spectateurs choisis. Nous espérons que la confiance d'un écrivain qui s'est noblement privé de tout autre moyen de succès que ceux qui ne coûtent rien ni à la vérité, ni au goût, ni à la conscience, ne sera pas trompée, et que ce public d'élite, plus nombreux qu'on ne pense, qui veut être à la fois touché et respecté, récompensera de son estime un livre dont de curieuses et heureuses recherches ont fait non-seulement l'histoire d'une vie, mais le tableau de toute une société à l'heure la plus dramatique de ses vicissitudes, et qui est de ceux qu'on peut laisser sans crainte sur la table des veillées du soir, quand la famille est réunie.

Le père y trouvera des qualités viriles et solides, des aperçus nouveaux et profonds sur la décadence de la monarchie et de la société françaises avant la Révolution, et toute une histoire intime, domestique en quelque sorte, de la Révolution elle-même. La mère essuiera plus d'une fois ses yeux au tableau de cette vie de Sceaux, de Trianon, dont le Temple et la Force ont vu les dernières et pathétiques scènes. Et chacun, autour de la lampe du foyer, trouvera le plaisir et la leçon qui lui conviennent dans cette galerie si variée de personnages et d'épisodes, animée par une *Correspondance inédite* du duc de Penthièvre, du prince de Lamballe, de Marie-Antoinette; lettres précieuses, éclairées de toutes sortes de lumières, commentées avec le goût d'un curieux, la patience d'un érudit, l'éloquence d'un poëte. Rien ne manque à ces touchants témoignages, à ces illustres trophées, avec lesquels l'auteur de la *Princesse de Lamballe*, M. de Lescure, connu par plus d'un ouvrage et par plus d'un succès sur le dix-huitième siècle et la Révolution française, récemment signalé au monde lettré par les encouragements de la critique et les éloges de juges tels que MM. Sainte-Beuve, Cuvillier-Fleury, de Pontmartin, Jules Janin, etc., — a construit et orné ce temple expiatoire, dédié par lui à l'une des victimes les plus innocentes, les plus pures, les plus sympathiques de la Terreur. — Rien n'y manque, pas même ce testament admirable de la Princesse, écrit par elle à Aix-la-Chapelle, le 15 octobre 1791, au moment où elle allait, malgré les supplications de ses amis, malgré les objurgations éloquentes de cette Reine qui lui criait : « *Ne revenez pas vous jeter dans* » *la gueule du tigre*, » quitter son inviolable asile et revenir, aux côtés de son auguste amie, braver une mort inévitable. Ce document, qu'on peut dire sacré, nous révèle cette âme impatiente de dévouement, avide en quelque sorte du martyre, et dont la sollicitude, en ces adieux touchants, n'oublie personne, *pas même ses chiens*. Il est de ceux qu'on ne peut lire sans larmes, et il suffirait au succès du livre qui le premier, par une rare bonne fortune, va l'exposer à l'admiration universelle, comme il suffit à la gloire de celle qui l'a tracé. Mais que dire de cet autre document qui lui fait, pour ainsi dire, pendant, de cette lettre religieusement reproduite en *fac-simile*, de Marie-Antoinette à la princesse de Lamballe, du 14 juillet 1791, *tombée de la coiffe de l'infortunée au premier coup des bourreaux, et tachée encore de son sang?* Un ouvrage qui se présente au public avec de telles garanties, enrichi de telles reliques, est sûr de ce succès d'émotion, d'admiration, de pitié, le seul auquel il prétende, qui réunira, comme dans un pieux cortége, tous les états, tous les âges, tous les partis. Car, si les causes et les effets de la Révolution sont encore sujets à controverse, il ne peut y avoir, en ce qui concerne la princesse de Lamballe, qui n'a touché à l'histoire de ces temps tragiques que pour l'apaiser, la purifier, la sanctifier en quelque sorte de la grâce de sa vertu et du courage de son dévouement, qu'une seule opinion : admiration pour la victime, indignation contre ses assassins. Jamais ces nobles sentiments n'ont trouvé un interprète plus convaincu, plus fort de preuves et de détails, plus énergique, plus éloquent que le jeune écrivain qui a eu la bonne pensée d'associer son nom à cette douce et gracieuse mémoire, à laquelle personne ne refusera son tribut d'hommages et de regrets.

Imprimé avec un soin tout artistique, enrichi d'un magnifique portrait gravé par M. Fleischmann, sous la direction du célèbre Henriquel Dupont, d'une *Vue de la Force en 1792*, et de quatre précieux *fac-simile*, la *Princesse de Lamballe*, splendide volume, s'adresse à tous, avec des qualités et des ornements faits pour plaire à tous, et constitue un riche cadeau d'étrennes.

Prix : 8 francs.

L'ouvrage est expédié *franco* contre un bon de poste de 8 francs.

PARIS. TYPOGRAPHIE DE HENRI PLON, IMPRIMEUR DE L'EMPEREUR,
8, Rue Garancière.

LA PRINCESSE
DE LAMBALLE
SA VIE — SA MORT

« La bonne Lamballe, qui semblait n'attendre
» que le danger pour montrer tout ce qu'elle
« vaut. » (*Lettre de Marie-Antoinette à la
duchesse de Polignac, du 16 décembre 1791.*)

L'Auteur et l'Éditeur déclarent réserver leurs droits de reproduction à l'étranger. — Ce volume a été déposé au ministère de l'intérieur (direction de la librairie), en décembre 1864.

PARIS. TYPOGRAPHIE DE HENRI PLON, IMPRIMEUR DE L'EMPEREUR,
Rue Garancière, 8.

Psse de Lamballe.

Gravé par Fleischmann, sous la direction de Henriquel Dupont, d'après le portrait de Hickel, peintre de la Cour de Vienne, tiré du Cabinet de M. le M.is de Biencourt.

Publié par H. Plon.

LA PRINCESSE
DE LAMBALLE

MARIE-THÉRÈSE-LOUISE DE SAVOIE-CARIGNAN

SA VIE — SA MORT
(1749-1792)

D'APRÈS DES DOCUMENTS INÉDITS

PAR

M. DE LESCURE

OUVRAGE ORNÉ D'UN PORTRAIT DE LA PRINCESSE
GRAVÉ PAR M. FLEISCHMANN
SOUS LA DIRECTION
DE M. HENRIQUEL DUPONT
D'UNE VUE DE LA FORCE EN 1792, GRAVÉE PAR M. LAURENCE
ET DE QUATRE FAC-SIMILE D'AUTOGRAPHES

PARIS
HENRI PLON, IMPRIMEUR-ÉDITEUR
8, RUE GARANCIÈRE
—
1864
Tous droits réservés.

PRÉFACE.

La princesse de Lamballe est, après Madame Élisabeth, la plus illustre et la plus pure des victimes rayonnantes qui forment, la palme à la main, le cortége de Marie-Antoinette montant au ciel.

Inférieure en vertu, en modestie, en perfection en un mot, à la pudique et angélique Élisabeth, madame de Lamballe, d'un sourire plus doux, d'un regard plus tendre, d'une bonté plus humaine, d'une piété plus naïve, attire irrésistiblement nos sympathies et parfois même nos préférences. Élisabeth est déjà une sainte. La princesse de Lamballe est encore une femme. On tombe à genoux devant la première. La seconde, on ose l'aimer. Sa vertu n'a pas éteint sa beauté, et jusqu'au bout la grâce lui reste, et ce que n'avait pas Madame Élisabeth, ce rien, ce tout, *le charme*.

Jeune, elle était venue, ingénue, sémillante, de ce pays d'Adélaïde de Savoie, l'enfant gâtée de Louis XIV et de madame de Maintenon, le sourire et la joie de cette cour devenue dévote et morose, à l'automne du grand règne. De précoces épreuves donnèrent à son heureux caractère, dont elles séchèrent la fleur d'illusion à peine épanouie, je ne sais quelle ombre mélancolique. Le mélange et le contraste de cette alacrité de la jeunesse et de cette tristesse de l'expérience, la surprise piquante de cette vivacité rêveuse, de cette gaieté attendrie, sont le côté original de sa physionomie.

Madame de Lamballe n'eut pas seulement cette originalité dans son caractère. Elle eut le courage de la mettre dans sa conduite et dans sa vie. Elle fut sérieuse au milieu d'une cour frivole, sincère au sein d'un monde qui avait épuisé l'art du mensonge, naïve dans un temps où il était de mode de ne pas l'être, pure enfin en pleine corruption. Elle donna tous les exemples qu'il était de bon ton de ne pas donner. Elle fut un modèle de piété filiale, de conjugale vertu. Elle poussa jusqu'à l'héroïsme les sacrifices de sa fidélité. Elle vécut pour sa famille, elle mourut pour n'avoir pas voulu abandonner sa reine et blasphémer son roi. Tout cela est très-simple en effet, et je conçois que madame de Genlis l'ait accusée de manquer d'esprit.

Pour nous, nous n'avons jamais pu songer sans attendrissement à tant de vertu, à tant de malheur, à tant de courage. Et par ce mot, nous entendons non l'intrépidité virile et quelque peu théâtrale de certaines victimes plus fameuses ; nous entendons ce courage naïf qui ne cache pas son effort, qui a ses larmes, ses plaintes, peut-être ses regrets, tribut involontaire payé à la chair révoltée, mais qui, au moment décisif, n'hésite plus, et sans crainte, sans colère, sans reproche, tend silencieusement la gorge au couteau. Ce courage de la résignation, ce courage de l'agneau, est plus rare encore qu'on ne pense. Et il faut être pure et forte pour savoir non braver, mais accepter la mort. Comparez, en présence du coup fatal, madame de Lamballe et madame du Barry, et vous comprendrez, aux différences de leur attitude, les différences de leur vie.

Tout en écrivant *la Vraie Marie-Antoinette*, et en rencontrant à chaque pas des traces de cette amitié demeurée immortelle entre la Reine et sa surintendante, et que celle-ci devait sceller de son sang, je me promettais bien de consacrer aussi à cette ombre modeste et touchante son humble monument expiatoire. C'est ce devoir que je remplis aujourd'hui, en offrant quelques pages à la douce mémoire de cette princesse malheureuse et charmante, de cette Artémise inconsolable d'un indigne époux, de cette pieuse Antigone du vieux duc de Penthièvre, de cette amie dévouée de Marie-Antoinette, de cette victime innocente de la Terreur. Oui, je veux acquitter la dette de nos mères, de nos femmes et de nos sœurs, dont la princesse de Lamballe honore le sexe, et qui n'ont jamais pu lire sans larmes cette histoire de la vie si touchante et de la fin si tragique d'une princesse qui en paya si cher les grâces et les vertus. Et sur ce tombeau vide, où ne reposent pas des restes dispersés par une atroce barbarie, je veux au moins sculpter une image, aussi ressemblante que possible, et la surmonter d'une de ces couronnes d'épines que Dieu change en couronne de rayons.

Nous ne devrions pas avoir besoin de le dire, et cependant nous le dirons, car, en ce pays de France, l'opinion subit parfois des réactions qui ne sont rien moins que chevaleresques, et il faut prévoir toutes les critiques et même toutes les injures — cette œuvre n'est point une œuvre de parti. Nous avons fait, pour contenir dans les limites de la modération historique une indignation inévitable au spectacle de certains forfaits, des efforts et même des sacrifices dont le lecteur, qui n'est point tenu à la même réserve, nous tiendra certainement compte.

Nous avons poussé l'abnégation jusqu'à épuiser sur les coupables connus, patents, avoués, directs, nos flétrissures vengeresses. Nous n'avons pas voulu écouter jusqu'au bout le cri du sang, et arrêtant dans l'enceinte de la Force nos investigations, — que des traces marquées par des écrivains plutôt pamphlétaires qu'historiens, eussent conduites plus loin et plus haut, — nous avons reculé devant l'horreur de certains mystères, que l'œil de Dieu seul suffirait à sonder. Il est des curiosités téméraires, il est d'inutiles leçons. Qui pourrait, dans cette terrible histoire de la Révolution, sans erreur et sans défaillance, creuser jusqu'au dernier fond l'abîme infini des responsabilités? Nous avons eu la sagesse de nous abstenir et la prudence de ne pas nous poser de ces questions qui donnent le vertige. Dieu seul sait tout. Si le duc d'Orléans ne sauva point sa belle-sœur, et, par l'or ou le fer, ne l'arracha point aux bourreaux, c'est, sans aucun doute, qu'il ne le put pas. Il n'était déjà plus temps pour lui de se sauver lui-même. Et il y aurait eu non moins de témérité, peut-être, pour Léopold, frère de Marie-Antoinette, à essayer, tout empereur qu'il était, de briser les verroux et les grilles du Temple. Cependant il est de sublimes folies à tenter, il est d'héroïques combats contre l'impossibilité où la défaite n'honore pas moins que la victoire, et je ne doute pas qu'il ne se soit mêlé parfois aux réflexions de l'empereur d'Autriche en deuil, des regrets qui ressemblaient à des remords. La Dauphine Marie-Thérèse de France, duchesse d'Angoulême, dans les *Mémoires* qu'elle a laissés sur la captivité du Temple, d'une simplicité si pénétrante, d'une si pathétique naïveté, n'a pu retenir, à la pensée de l'échafaud du 21 janvier et de l'échafaud du 16 octobre, l'indignation d'une âme virile, et elle a écrit à ce sujet des lignes d'une énergique éloquence, que nous avons jadis publiées pour la première fois d'après un manuscrit authentique [1].

[1] *Relation de la captivité de la famille royale à la tour du*

Nous ne les citons même pas, de même que nous nous sommes abstenu, hors en ce qu'elles avaient de stupidement calomnieux, de discuter, à propos de la mort de la princesse de Lamballe, des conjectures dont il ne nous appartient ni de diminuer ni d'augmenter le poids. Notre livre, nous le répétons, est un livre expiatoire, où il ne faut laisser entrer que d'incontestables certitudes et que de calmes pensées. C'est un monument de douleur et non de vengeance que nous avons voulu élever, avec les témoignages les plus divers d'admiration, de conciliation et de pitié [1]. Le seul éloge que nous demandions, c'est une larme, si nous avons su la mériter, pour une touchante mémoire. Ces larmes-là sont salutaires et fécondes. Elles éteignent peu à peu les derniers feux, couvant sous une cendre de soixante-douze ans, des discordes civiles, et elles effaceront peut-être un jour jusqu'aux dernières traces de ce sang de 1793 que la Révolution, comme lady Macbeth, porte encore sur sa main.

Par ce vœu, nous appartenons à un parti, parti pacifique, qui n'est à craindre pour aucun gouvernement, et qui fera des recrues jusqu'à ce qu'il se compose de la France entière: le parti de la vérité, de la raison, de la pitié, de la paix; le parti qui

Temple, par la *duchesse d'Angoulême*, publiée pour la première fois dans son intégrité et sur un *manuscrit authentique*. Paris, Poulet-Malassis, 1862; in-12, p. 98.

[1] N'est-ce pas Lucien Bonaparte qui a dit, dans ses *Mémoires* : « Cet ange qui porta sur la terre le nom d'Élisabeth » ?

sait rendre justice au présent, espérer en l'avenir et respecter le passé.

Paris, le 1er août 1864.

M. DE LESCURE.

Nous ne voulons pas tarder davantage à acquitter publiquement les dettes que de libérales communications ont fait contracter, dans notre personne, à nos lecteurs eux-mêmes.

Notre premier devoir est d'offrir le respectueux hommage de notre reconnaissance à Son Altesse Royale monseigneur le prince Eugène de Savoie-Carignan, digne héritier de la princesse de Lamballe, qui justement fier de souvenirs qui ont ajouté à toutes les gloires de son illustre maison celle d'un sublime dévouement et d'une héroïque fidélité, a daigné prendre à notre travail un bienveillant et fécond intérêt. Nous en avons reçu le précieux et flatteur témoignage, dans la communication de lettres, de portraits, et de ce curieux et touchant testament qui suffirait à lui seul à peindre l'âme de la princesse de Lamballe et à honorer sa mémoire. Nous avons senti comme nous le devions l'honneur d'un bienfait qui nous a pénétré de gratitude.

Qui peut écrire un livre consciencieux d'histoire sans avoir à remercier M. Feuillet de Conches, le spirituel auteur des *Causeries d'un curieux*, l'éloquent auteur de *Louis XVI, Marie-Antoinette et Madame Élisabeth?* Nous devons beaucoup à ses manuscrits, dont il nous a libéralement ouvert le sanctuaire, à ses conseils, à ses conversations, où il éclaire un sujet en se jouant, enfin et surtout à ses ouvrages.

M. Boutron-Charlard, de l'Académie de médecine, possesseur éclairé d'un cabinet d'autographes hospitalier aux chercheurs; M. le baron de Girardot, dans lequel les mérites de l'administrateur n'enlèvent rien à ceux du causeur et de l'érudit; M. Honoré Bonhomme, notre aimable et distingué confrère; M. le comte le Couteulx de Canteleu, qui continue les traditions d'érudition, de goût, de libéralité et de patriotisme qui ont illustré son nom; M. de Malherbe, juge de paix à Neuilly, M. le Directeur des Archives du royaume d'Italie, intermédiaire zélé de la bienveillance de S. A. R. le prince de Carignan, nous permettront aussi de leur offrir, pour le service de leurs communications ou indications, nos plus vifs remercîments.

LA PRINCESSE DE LAMBALLE

CHAPITRE PREMIER

1749—1767

La famille de Savoie-Carignan. — Éducation solide et saine de la jeune Marie-Thérèse-Louise. — Louis XV la désigne au choix du duc de Penthièvre pour être la femme du prince de Lamballe, son fils. — Demande officielle. — Déclaration solennelle du mariage. — Fêtes. — Cérémonies. — Départ de Turin. — Le page mystérieux de Montereau. — Célébration définitive du mariage à Nangis. — Présentation à la Cour. — Visites à la famille royale. — Heureux présages. — Vœux populaires. — Un épithalame en 1767. — Le jeune prince de Lamballe. — Lacunes fâcheuses de son éducation.

Marie-Thérèse-Louise de Savoie-Carignan naquit à Turin, le 8 septembre 1749, au moment où l'on célébrait l'anniversaire de la levée du siége de cette capitale par les troupes françaises (en 1706). Elle était la quatrième fille de Louis-Victor de Savoie-Carignan et de Christine-Henriette de Hesse-Rhinfelds-Rothembourg, sa femme, grand'tante du roi de Sardaigne[1].

Elle reçut une éducation excellente, solide, pieuse,

---

[1] Charles-Emmanuel III.

morale, domestique en un mot. C'est à cette éducation utile et prévoyante, tenant plus compte des devoirs du rang que de ses droits, et ménageant non-seulement pour le présent mais pour l'avenir, de fécondes ressources d'instruction et de foi, que la France étonnée dut le spectacle et l'exemple d'une de ces princesses honnêtes femmes, telles qu'il en sortait encore des cours patriarcales de l'Allemagne et du Piémont. C'est grâce à ces soins, secondés par le plus heureux naturel, que l'historien pourra s'arrêter encore une fois avec respect devant une de ces épouses vertueuses, qui, après Marie Leczinska, après Josèphe de Saxe, traversent, avec une gravité souriante et une grâce modeste, les royaux scandales, purifient les abords du trône, et mêlent au parfum insolent de la couronne des courtisanes toutes-puissantes, une douce odeur de piété, d'honnêteté et de bonté. C'est grâce à ces soins enfin, que la pudeur publique, consolée, pourra se dédommager des rougeurs que lui causent, en ces jours de décadence universelle, l'abaissement progressif ou, pour mieux dire, l'avilissement des caractères, des passions et même des vices.

A la même époque, le duc de Penthièvre donnait, dans un rang qui permettait alors toutes les fautes, le spectacle si rare de toutes les vertus privées. La princesse de Savoie-Carignan était si digne d'un tel beau-père, le duc de Penthièvre d'une telle fille, que la destinée attendrie n'osa point manquer au devoir de réunir deux êtres faits l'un pour l'autre, et que, bienfaisante pour la première fois depuis longtemps, elle seconda l'inspiration qui portait le duc à demander à Louis XV une bru de son choix, et le Roi à lui offrir la princesse de Savoie.

Le duc de Penthièvre fut frappé d'une désignation qui s'accordait si merveilleusement avec les secrets désirs qu'avait fait naître en lui, lors de son voyage en Italie, la réputation de sagesse et de vertu de la famille où fleurissait déjà, âgée de cinq ans, la princesse qui devait un jour être sa belle-fille. Son fils, le jeune prince de Lamballe[1], unique rejeton mâle d'un sang qui avait été si fécond[2], était malheureusement déjà assez vicieux pour avoir des maîtresses, et s'inquiéta peu d'une mesure qui ne lui donnait qu'une femme. Le mariage alors n'était plus un lien. Il consacrait pour ainsi dire l'émancipation complète des princes, et loin de les arrêter, favorisait leurs débordements. C'est donc avec une insoucieuse confiance que le jeune prince, rassuré d'ailleurs par la vue d'un portrait de sa future sur les conséquences d'un choix qui semblait lui faire honneur, accéda aux ouvertures paternelles.

Sa Majesté écrivit en conséquence à son ambassadeur près la cour de Sardaigne.

Le 7 janvier 1767, Louis XV déclara le mariage aux princes et aux princesses de son sang.

[1] Louis-Alexandre-Joseph-Stanislas de Bourbon, grand veneur de France depuis juin 1755, né le jeudi 7 septembre 1747. Il avait donc exactement deux ans de plus que sa future femme.
[2] La duchesse de Penthièvre, princesse de Modène, mourut le 30 avril 1754, martyre de la maternité, en couches de son septième enfant, qui la suivit dans la tombe.

Le 8, le baron de Choiseul-Beaupré, ambassadeur de France à Turin, eut une audience particulière du roi de Sardaigne, dans laquelle il fit à Sa Majesté la demande officielle. Il remit en même temps au Roi la lettre que Sa Majesté Très-Chrétienne lui avait écrite à cette occasion.

Le 14, le Roi déclara ce mariage aux grands officiers de sa couronne, aux chevaliers de l'Annonciade, et aux principaux seigneurs de sa cour.

Le 17, le contrat de mariage fut signé par le Roi et la famille royale. Le baron de Choiseul y signa comme fondé de pouvoir pour le duc de Penthièvre; et l'acte fut reçu par le comte de Sainte-Victoire, ministre d'État, faisant les fonctions de notaire de la couronne. La bénédiction nuptiale fut ensuite donnée par le cardinal Delance, grand aumônier du Roi, à la princesse et au prince Victor, son frère, chargé de la procuration du prince de Lamballe. Cette cérémonie se fit dans la chapelle intérieure du palais, en présence des chevaliers de l'Annonciade, qui avaient signé le contrat comme témoins, et des grands officiers de la couronne.

Ainsi fut inauguré, sous les plus heureux auspices, un mariage vivement désiré par le roi de Sardaigne, accepté avec bonheur par le duc de Penthièvre, qui continuait et fortifiait les bons rapports traditionnels entre les deux cours de Turin et de Versailles, et qui, en dépit de ces présages et des qualités des deux conjoints, devait être, bientôt empoisonné par la corruption du siècle, si court et si malheureux.

Au sortir de la chapelle, le Roi donna, avec une joyeuse et paternelle galanterie, la main à la princesse et la conduisit dans la salle de parade, où, suivant l'usage, la nouvelle madame de Lamballe coucha tout habillée, en présence de toute la cour, avec le prince son frère, qui seulement se déchaussa d'une jambe, tandis que de l'autre il avait une botte et un éperon. Cérémonie bizarre et prévoyante, dont le but semble avoir été de figurer la consommation du mariage et d'assurer son douaire à l'épousée, quand bien même l'époux viendrait à mourir avant son arrivée.

Le Roi et la Reine comblèrent la jeune princesse de témoignages de considération et d'intérêt. On assure même que le Roi lui recommanda, à voix basse, de ne point oublier ses petites filles, et d'employer son crédit à les faire venir en France, comme elle, par un mariage; vœu qui devait plus tard être réalisé [1]. Il y eut à la cour un banquet magnifique, où la princesse parut vêtue à la française, ce qui contrastait avec

---

[1] Sans que la princesse de Lamballe eût le moins du monde besoin de favoriser de son crédit un système d'alliance conforme aux vœux et aux intérêts des deux nations, qui fit entrer dans la famille royale de France deux princesses spirituelles et gracieuses, et donna à la Sardaigne l'aimable et bonne Clotilde, sœur de Louis XVI, dont le peuple piémontais a gardé pieusement la mémoire. La princesse de Lamballe ne dut pas, toutefois, par l'exemple de sa grâce et de sa vertu, nuire à une combinaison qui s'autorisait d'un premier succès pour chercher encore à la cour de Savoie des fiancées qui lui ressemblassent.

l'habillement sévère des grandes dames sardes, et faisait merveilleusement ressortir sa grâce et sa beauté.

Elle partit le même jour pour la France, dans les carrosses du prince son père, accompagnée des vivat les plus enthousiastes et des vœux les plus sincères.

Elle arriva le 24 au pont de Beauvoisin, où elle fut complimentée, de la part du duc de Penthièvre et du prince de Lamballe, par le chevalier de Lastic, qui présenta à la princesse les dames [1] et les officiers qui devaient lui être attachés.

Le 25, la princesse se sépara de son escorte, non sans larmes, et partit du pont de Beauvoisin, avec M. de Lastic et ses dames, dans les voitures du prince de Lamballe, et arriva le 30 à Montereau. Elle y trouva un jeune page richement vêtu, qui vint lui offrir galamment un superbe bouquet. Aux abords du château de Nangis, appartenant au comte de Guerchy, elle rencontra le comte et la comtesse de la Marche, le duc de Penthièvre et le prince de Lamballe, venus au-devant d'elle pour la recevoir. Et c'est avec une agréable surprise et une émotion charmante qu'elle reconnut que le page au bouquet de Montereau, si respectueux, si empressé, à l'œil ardent et curieux, n'était autre que son futur mari lui-même, dont la juvénile impatience n'avait pu attendre l'entrevue officielle, et qui n'avait pu résister au désir de

---

[1] Madame la comtesse de Guébriant, madame la marquise d'Aché.

jouir le premier de la vue de celle qui allait lui appartenir.

Le cortége, grossi de ces illustres survenants et de leur suite, s'avança triomphalement vers Nangis, où il fit à midi son entrée. Les deux fiancés furent unis solennellement par le cardinal de Luynes, dans la chapelle du château.

La petite cour séjourna le 31 à Nangis, et le 1ᵉʳ février elle s'achemina vers ce grand théâtre de Paris et de Versailles, où la princesse de Lamballe avait désormais son rang et son rôle.

Le 5 février, elle fut présentée par la comtesse de la Marche à Leurs Majestés et à la famille royale, qui lui rendirent visite le lendemain. Les grâces naïves et modestes de la jeune princesse lui conquirent tous les cœurs, et chacun s'associa sincèrement aux souhaits et aux espérances dont s'inspirait l'*épithalame* obligé, qui faisait dire à la classique nymphe de la Seine, déjà caressée par Racine chantant le mariage de Louis XIV, et depuis lors par tant d'autres, moins dignes de retour :

« Ornez de fleurs votre tête immortelle,
» Prenez, Hymen, votre divin flambeau.
» Sur mon rivage un triomphe nouveau,
» Avec l'Amour aujourd'hui vous appelle.
» Deux jeunes cœurs, formés du sang des rois,
» Épris tous deux de l'ardeur la plus belle,
» Veulent s'unir d'une chaîne éternelle.
» Que tardez-vous? accourez sur mes bords;

» Venez y voir embellir votre empire,
» De deux époux en qui le monde admire
» Des dons du ciel les plus rares trésors. »

Ainsi parlait la nymphe de la Seine
Au dieu d'Hymen, qui lui tint ce discours :

« Reine des eaux qui baignent dans leur cours
» Des fleurs de lys la cité souveraine,
» Aucun séjour, sous les divers climats
» Où des humains je reçois les hommages,
» Ne me fut cher, vous ne l'ignorez pas,
» Comme autrefois me l'étaient vos rivages.
» Je ne voyais nulle part les mortels
» Plus empressés autour de mes autels ;
» Tous invoquaient à l'envi ma puissance
» Et de mes lois aimaient la dépendance,
» A m'honorer montrant un zèle égal.
» L'Amour lui-même, en tout temps mon rival,
» A mon pouvoir ne faisait pas d'ombrage ;
» Unis tous deux, nous régnions sans partage.
» Il ne voulait être heureux que par moi,
» Je ne voulais régner que par sa loi.
» Mais aujourd'hui qu'un honteux adversaire,
» Mon ennemi, l'ennemi de l'Amour,
» Sur votre rive a fixé son séjour,
» Et de mes lois détruisant la barrière,
» Au crime laisse une libre carrière ;
» Que de l'hymen l'innocence et la paix
» Plaisent bien moins que de honteux forfaits ;
» Qu'ouvertement sans pudeur on m'outrage,
» Que l'on... »

    Hymen n'en dit pas davantage ;
Il ne fait plus parler que ses sanglots.

La nymphe, émue au récit de ses maux :

« Pourquoi nourrir vos ennuis, lui dit-elle,
» Et vainement en augmenter le poids ?
» Si de mortels une troupe rebelle
» Hait votre joug et méprise vos lois,
» A leur devoir tout le reste fidèle,
» Connait, chérit et respecte vos droits.
» D'un doux encens votre autel fume encore ;
» Dès ce jour même un prince vous implore,
» Et de Penthièvre un fils.....
     — » O nom chéri ! »

S'écrie l'Hymen hors de lui-même,

« O doux espoir ! dans ma douleur extrême,
» Cherchez-vous, nymphe, à flatter mon ennui ?
» Serait-il vrai qu'un fils...
    » Oui, dit-elle, oui.
» Un fils en tout l'image de son père,
» Vif, tendre, humain, généreux, populaire
» Qui de vos lois trouvant l'empire doux,
» Ne veut de même être heureux que par vous. »

L'Hymen, ravi de ce qu'il vient d'entendre,
Ne songe plus au sujet de ses pleurs.
Aux champs français il brûle de se rendre,
Prend son flambeau, se couronne de fleurs,
Appelle à lui les Jeux, les Ris, les Grâces,
Qui, pleins d'ardeur, s'élancent sur ses traces.
Toute la troupe éclate en vifs transports.
On part, on vole, ils touchent à nos bords.
Jamais l'Amour, excité par sa mère,
Et plus encor par sa malignité,

Ne prit son vol d'une aile plus légère,
Quand pour soumettre une jeune beauté
Que ses attraits rendent souvent trop fière,
Il abandonne ou Cythère ou Paphos,
Et de deux cœurs va bannir le repos.
Ainsi des dieux le messager fidèle,
Du haut sommet de l'Olympe éclatant,
S'élance, vole, atteint en un instant
Les bords heureux où Jupiter l'appelle.

La poésie est faite d'illusions et de mensonges, surtout la poésie officielle. Nous ne reprocherons donc pas au rimeur subalterne, auteur de cette flatteuse allégorie, de s'être si grossièrement trompé dans son horoscope. Il ne s'est d'ailleurs trompé que quant au résultat. La princesse de Lamballe était on ne peut plus digne de ces hommages et de ces présages. Elle était faite pour être heureuse et pour rendre son mari heureux, si le bonheur en ce monde dépendait de celui qui le mérite ou qui le peut donner. Mais ce mariage, accueilli comme une exception faite pour relever les mœurs conjugales de leur cynique déchéance, ne devait pas longtemps justifier cette espérance. L'union de la princesse de Lamballe devait, au contraire, être de celles qui ont le plus avili le lien conjugal au dix-huitième siècle, et qui ont le plus déshonoré le mariage. Je me hâte de dire que ce ne fut point la faute de la princesse, ange de vertu et de dévouement, ni tout à fait, hélas! celle de son mari. La responsabilité de ces malheurs doit retomber, comme une malédiction, sur cette corruption générale qui atteint tout, qui souille tout, sous un Roi débauché; sur cette décadence universelle où le rang, au lieu de préserver de la honte, semble y conduire; enfin, jusqu'à un certain point, sur une éducation pieusement imprudente et honnêtement funeste, qui, au lieu de préparer progressivement le prince à l'usage tranquille de sa liberté, le lui livrait subitement comme une proie, et le jetait, à peine déniaisé par les premières orgies, et tout enflammé encore du baiser des courtisanes, dans le bonheur pudique et les plaisirs sereins d'un mariage précoce [1].

[1] Madame de Genlis, avec sa perspicacité maligne de guêpe littéraire, n'a pas manqué de relever ce funeste résultat des meilleures intentions et de l'aveuglement d'une vertu qui avait oublié le mal à force de le vaincre : *Corruptio boni pessima*.

CHAPITRE DEUXIÈME.

1767—1768

Caractère du prince de Lamballe. — Esquisse du portrait du duc de Penthièvre et du tableau de sa vie à Rambouillet. — Excès précoces du prince de Lamballe. — Discussion des accusations injustes formulées à cet égard contre le duc d'Orléans. — Témoignage de madame Campan. — Du prince de Ligne. — Façon expéditive de se débarrasser d'un surveillant incommode. — Les bonnes œuvres du prince de Lamballe. — Deux de ses lettres inédites. — Extrait des *Mémoires* de Bachaumont. — Mademoiselle la Chassaigne. — Mademoiselle a Forest. — Courte conversion. — Le tableau de *la Tasse de chocolat*. — Mort du prince de Lamballe. — Détails sur son agonie et ses obsèques empruntés à deux *Journaux* inédits. — Le beau-père et la jeune veuve se consacrent l'un à l'autre.

Le prince de Lamballe n'avait pas un mauvais naturel. Il était né aimable et bienveillant, mais léger, et portant dans l'ardeur impétueuse du sang la marque et le châtiment de cette bâtardise maudite, une des hontes du siècle, — expiée et rachetée, au moment où commence à se régler le compte des fautes de Louis XIV et de Louis XV, — par le double exemple, tour à tour vengeur et consolateur, de la mort précoce du fils et de la noble et sainte vieillesse du père.

Un tableau qui mériterait d'être fait, et qui aurait son utilité à la fois et son charme, c'est celui de cet intérieur tranquille, digne, simple, patriarcal, de la petite cour de Rambouillet ou de l'hôtel de Toulouse, et de cette vie réglée, austère, presque monastique, de son chef, de ce prince entièrement adonné aux pratiques de la piété la plus minutieuse, qui ne connut d'affections que celles de la famille, et de plaisirs que ceux de la charité.

Allez à Crécy, à Sceaux, à Vernon, et la mémoire populaire, plus fidèle qu'on ne le croit à l'ombre des bienfaiteurs, vous parlera encore, tout attendrie, du bon duc, de son doux sourire, de sa bienfaisance, éclatant parfois en charmantes saillies du cœur ou de l'esprit, de ses beaux cheveux blancs et de ce front serein où rayonnaient soixante ans de vertus.

Là où l'on a oublié depuis longtemps les frivoles et fastueuses prodigalités de la duchesse du Maine, et son égoïste magnificence, là où rien ne rappelle les exploits et les amours du comte de Toulouse, le frère chevaleresque du débonnaire châtelain de Sceaux, tout parle encore de cet auguste vieillard, autrefois la providence du pays, aujourd'hui sa mémoire la plus vénérée, son image de prédilection, son saint sans canonisation, son patron sans diplôme [1].

[1]. Le duc de Penthièvre, on le sait, n'émigra pas, et demeura, aux plus mauvais jours de la Terreur, protégé et comme rendu inviolable par le souvenir de ses bienfaits et le respect de ses vertus. Il faut lire dans les *Mémoires* rédigés par Fortaire ces scènes si originales et si consolantes au milieu de la sanglante uniformité du drame révolutionnaire. M. de Penthièvre, en 1792, consolé par tout ce que l'amour et le respect populaire ont de plus ingénieux et de plus touchant, de la perte de sa belle-fille massacrée, M. de Penthièvre mourant, donnant sa bénédiction aux autorités révolutionnaires et aux notables de la ville de Vernon qui sont venus solliciter cette faveur, ne sont-ce pas là des tableaux imprévus, et que le contraste rend plus saisissants encore ?

L'espace nous manque pour donner autrement qu'en esquisse ce fond à notre portrait. Que nos lecteurs attendent donc une occasion plus directe et plus favorable, ou plutôt un peintre meilleur [1].

Nous ne pouvons cependant résister au désir de citer quelques pages d'un ouvrage que nous mentionnons en *Note*, qui y mérite la place d'honneur, et qui, au point de vue de l'ensemble des physionomies et de l'effet pittoresque et moral, a peu laissé à faire à ses successeurs, réduits à glaner uniquement dans les détails et dans les faits, et à retoucher seulement son tableau.

L'ingénieux et éloquent écrivain reproche à Saint-Simon son âpre et inexorable colère contre les bâtards de Louis XIV, qui ne méritent en effet, considérés individuellement, ni l'encens des apologistes, ni les foudres du pamphlet,

> Ni cet excès d'honneur ni cette indignité.

Sans prétendre excuser jusque dans ses excès une indignation trop acharnée pour n'être pas partiale, il est bon de rappeler que Saint-Simon excepte de ses railleries et de ses méprisants anathèmes le comte de

---

[1] Personne ne serait plus à même de nous faire cette histoire intime de Rambouillet et de sa petite cour modeste et bénie, que notre savant ami, M. Honoré Bonhomme, auteur d'excellents ouvrages sur le dix-huitième siècle, qu'il connaît parfaitement et dans ses profondeurs. Il possède, sur le duc de Penthièvre et sa famille, des documents autographes, dont il a bien voulu nous sacrifier la dîme, qui trouveraient là un heureux emploi. En attendant, citons, sur ce point accessoire de notre sujet, à l'intention du lecteur impatient, les *Mémoires sur la vie du duc de Penthièvre*, par Fortaire, un de

Toulouse, qui fonda en effet, dans cette dynastie irrégulière, une branche plus digne que l'autre d'un rang usurpé. La colère de Saint-Simon, qu'expliquent les dangers et les affronts de cette lutte ambitieuse dont la conspiration de Cellamare fut l'explosion, retombe exclusivement sur la duchesse du Maine, son trop débonnaire mari et ses intrigants amis. Et en se reportant au temps, au moment, aux préjugés inflexibles qui échauffent la bile de l'altier duc et pair, on comprend, sans les excuser, ses emportements.

Ces réserves faites, nous nous plaisons à reconnaître avec lui, que, dans la famille du comte de Toulouse, l'esprit, le courage et la vertu protestent jusqu'au bout contre une flétrissure qui serait presque un sacrilége, infligée à ce chevaleresque et charitable duc de Penthièvre, la vraie gloire de la race, celui dont la noble et sainte vie sembla consacrée à racheter la tache originelle de sa maison. « Qui ne préférerait, » dit avec raison M. Léon Gozlan, un duc de Pen- » thièvre, fût-ce sur le trône, particulièrement sur le » trône, à la place d'un Louis XV? »

Il est certain que le duc de Penthièvre eût donné sur le trône des exemples plus dignes de la royauté.

---

ses valets de chambre, 1808, in-12, qu'on retrouvera, resserrés et corrigés, dans les *Vies des justes dans les plus hauts rangs de la société*, par l'évangélique abbé Caron; — les *Mémoires de famille*, par l'abbé Lambert, aumônier du prince; une *Vie*, par madame Guénard, biographe diffuse du beau-père et de la belle-fille; enfin, une esquisse légère et charmante d'un maître conteur, M. Léon Gozlan. (*Les Châteaux de France*, t. Ier, p. 135 à 155.)

Cependant, n'exagérons rien ; Louis XV, qui fut, moralement parlant, un mauvais roi, ne fut pas, au point de vue politique et militaire, aussi dénué des qualités héréditaires dans la maison de Bourbon qu'on se plaît à le dire. Il ne faut pas que ses déplorables faiblesses privées le condamnent à une flétrissure sans restriction. Le prince qui commandait à Fontenoy, et qui, pressentant dans l'aveugle et ambitieuse opposition du Parlement dégénéré le grand danger de l'avenir, maintint énergiquement intacte la prérogative souveraine, peut avoir mérité les anathèmes du moraliste plus que ceux de l'historien. Les griefs de Marie Leczinska ne doivent pas devenir ceux d'une nation. On peut être, Louis XIV l'a prouvé, un grand roi en même temps qu'un mari infidèle et un père prodigue.

D'un autre côté, quoique sa bravoure et son bon sens soient hors de conteste, le duc de Penthièvre, succédant à Louis XV, eût sans doute en vain opposé à la Révolution la piété, la charité, la bonté, qui furent les impuissantes et presque inutiles vertus de Louis XVI. Il se faut garder, en histoire, de l'excès dans l'éloge comme dans la critique.

Le comte de Toulouse, contrecarré, amoindri par la jalouse méfiance de Pontchartrain, se retira, en pleine aurore d'une gloire importune, inaugurée par le combat victorieux de Malaga, dans l'obscurité de cette vie privée où on l'avait acculé comme dans une impasse. Réduit à n'être plus qu'un prince heureux, il chercha à se créer, près de la cour, des loisirs dignes de son rang.

« Il acheta d'Armenonville, dit Saint-Simon (1705),
» la terre de Rambouillet, à six lieues de Versailles,
» près de Maintenon, dont le comte fit un duché-pairie,
» érigé pour lui, et une terre prodigieuse par les acqui-
» sitions qu'il y fit dans la suite.

» En cinq ans, le comte de Toulouse réunit à Ram-
» bouillet les propriétés, terres, seigneuries, forêts,
» étangs, prairies nécessaires à son développement.
» C'est lui qui changea la figure du château par des ad-
» ditions nombreuses. Il fit combler les fossés et recula
» considérablement les limites du parc, que Le Nôtre
» fut chargé de dessiner, tâche dont le fameux jardinier
» s'acquitta avec son habileté accoutumée. Les vastes
» et faciles eaux de Rambouillet s'encaissèrent dans
» des canaux qui étonnent par leur étendue et la
» diversité des points de vue qu'ils offrent.

» Naturellement silencieux, méditatif, il avait plus
» d'un sujet de tristesse. Le comte de Toulouse se plut
» à vivre derrière les bois épais qui le séparaient de
» Versailles, lisant beaucoup, chassant, s'enfermant
» dans l'étude de la navigation, qu'il ne se décida pas
» tout de suite à regarder comme une carrière fermée
» pour lui.[1] »

Il avait trouvé dans une union mystérieuse avec madame de Gondrin (une Noailles) les consolations du bonheur domestique. Il mourut à Rambouillet, le

[1] *Les Châteaux de France*, par L. Gozlan; t. Ier, p. 132.

1ᵉʳ décembre 1737, au moment où la faveur particulière de Louis XV allait, dit-on, par la place de premier ministre, le rapprocher enfin du trône, dont l'éclat intolérant avait jusqu'alors repoussé ce voisinage, et relever d'une humiliation injuste par son excès, une famille sur qui pesait, comme un opprobre, le dangereux honneur d'une naissance royale et adultère.

C'est la comtesse de Toulouse, digne compagne de ce prince généreux et éclairé, à qui il ne fut permis de montrer que ses qualités d'homme, qui fit élever, en face du château, l'hospice de Rambouillet, si cher depuis à la sollicitude de son fils (1731).

Le fils du comte de Toulouse, le duc de Penthièvre, illustra sa constante résidence à Rambouillet jusqu'en 1778 par des bienfaits dont on ne sait qu'une faible partie, tant il y mit une sorte de noble pudeur. Il y était né le 16 novembre 1725.

« Si quelque chose, comme nous l'avons dit, pouvait
» relever dans l'estime du monde la déviation de l'illé-
» gitimité, en matière de race royale, ce serait, à coup
» sûr, l'exemple du comte de Toulouse, fils naturel
» de Louis XIV et de madame de Montespan, et
» l'exemple, plus concluant encore, du fils du comte de
» Toulouse, le duc de Penthièvre. Celui-ci hérita de la
» beauté de sa grand'mère, la royale favorite, et de la
» générosité de Louis XIV, dont il n'eut aucun des
» vices brillants. Quoiqu'il ait payé, comme tous les
» hommes, sa dette au malheur, puisqu'il fut père à
» son tour et qu'il vécut longtemps, on peut le consi-

» dérer comme une rare réalisation de l'utopie popu-
» laire qui met le bonheur dans l'extrême opulence,
» jointe à l'extrême grandeur. Peu de princes vinrent
» au monde avec autant de biens ; aucun, j'imagine,
» n'en acquit autant pendant sa vie. L'étendue extraor-
» dinaire de ses richesses explique celle de la famille
» d'Orléans, devenue à sa mort son unique héritière[1]. »

La jeunesse du duc de Penthièvre fut calme, stu-
dieuse, pieuse, modeste, à peine signalée par le sang-
froid précoce avec lequel il reçut, à Dettingen et à Fontenoy, le baptême du feu. Bientôt marié à une princesse
selon son cœur, le jeune lieutenant général remit, pour
ne plus l'en tirer, son épée au fourreau, et se consacra
entièrement aux devoirs et aux plaisirs de la famille
et de la retraite. Sa terre natale de Rambouillet, sa
chère province de Bretagne, où il ne paraissait jamais
que comme un messager de paix, de pardon et d'espérance, et dont il aimait à panser paternellement les
plaies, envenimées par l'administration tyrannique de
ces gouverneurs funestes dont d'Aiguillon demeurera
le type maudit; sa femme, ses enfants et ses pauvres,
ces autres enfants : voilà le cercle d'affections et de sollicitudes dans lequel se meuvent, dès les premières années
de sa vie exemplaire, l'esprit et le cœur du bon duc.
Cette retraite ne fut point une bouderie, une disgrâce,
ce fut une vocation. C'est en les faisant aimer dans sa
personne par sa piété et ses bienfaits, que le duc de
Penthièvre, il le sentit tout de suite, devait servir Dieu

[1] L. Gozlan.

et le Roi. Si tous les grands de son temps lui eussent ressemblé, la Révolution était conjurée. Le respect eût désarmé tous ceux que la reconnaissance n'eût pas attendris. Malheureusement, les scandales du règne et les misères du temps semaient encore plus de germes funestes qu'un seul juste n'en pouvait arracher.

Il ne manquait à ces vertus naissantes qu'une épreuve, qu'une consécration, celle du malheur. Malgré le rang, la fortune et le mérite, tant de titres pour être épargné, le duc de Penthièvre ne tarda pas à être honoré de ces occasions douloureuses d'adversité que Dieu procure à ses élus. Le prince le plus honnête et le plus pur de la famille illégitime de Louis XIV en fut le plus malheureux.

« Il ne fut pas donné aux enfants légitimés de
» Louis XIV d'être heureux. Ceux qui ne vécurent pas
» misérablement, entre le mépris de la cour et des
» infirmités sans nombre, éprouvèrent dans leur famille
» des peines morales infinies. Le duc de Penthièvre ne
» dérogea pas à l'exemple. Le sixième accouchement
» de la duchesse la lui enleva, ainsi que l'enfant qu'elle
» mit au monde. Ce coup frappa le bon duc au cœur.
» Sa piété n'en fut pourtant pas ébranlée. Il se retira
» à la Trappe, pour s'entretenir plus austèrement de
» Dieu, qui l'avait éprouvé en le privant de la com-
» pagne de ses méditations, de l'écho de ses prières.
» Dans chaque dynastie et presque à chaque généra-
» tion dynastique, on remarque qu'un membre sem-
» ble se charger pour les autres de demander grâce

» des erreurs, des fautes, des folies ou des crimes dans
» lesquels son propre sang est tombé. Dernier produit
» des fantaisies adultères de Louis XIV, le duc de
» Penthièvre se vit condamné à porter la plus lourde
» charge de repentir [1]. »

Nous reviendrons sur cette vénérable et attirante physionomie, à peine esquissée, chaque fois que le spectacle d'un règne et d'un siècle coupables nous forcera de détourner la tête et de nous reposer devant l'image de la vertu de tant de déceptions et de dégoûts. Nous accompagnerons discrètement le prince aumônier dans ces expéditions charitables où il poursuit, avec son digne écuyer, le doux et spirituel Florian, restaurateur dans le roman du goût de la nature et du respect de la morale, — les bonnes fortunes de la charité. Nous le suivrons dans ces voyages de Bretagne où les libres acclamations décernées au mérite ne laissent pas de place à celles que provoque le rang. Nous feuilletterons les comptes révélateurs de ses nobles menus plaisirs, de ses prodigalités bienfaisantes, de ses débauches de charité. Nous trahirons les secrets de cette pure conscience, et nous ferons violence, chaque fois que nous en trouverons l'occasion, à cette modestie excessive qui, uniquement préoccupée du bienfait, cacha trop l'exemple. Nous renonçons pour le moment à des détails si consolants ; qu'il nous suffise d'avoir au moins en passant rendu hommage à ce grand homme de bien, qui fut le digne fils du comte de Toulouse, le

[1] L. Gozlan, p. 137.

digne beau-père de la princesse de Lamballe, et, hélas!
le trop malheureux père d'un fils qui, par l'innocente
faute d'une éducation à la fois trop sévère et trop confiante, devait lui ressembler si peu.

Le prince de Lamballe supportait avec impatience
le joug de cette éducation étroite et imprévoyante, et
qui ne tenait pas assez de compte de ces instincts
auxquels il faut, en commençant, mesurer et propor-
tionner les devoirs et les obstacles. Il étouffait dans
cette atmosphère patriarcale et monacale, dans ce
cloître domestique, vraiment trop privé d'air et d'horizon, et où, suivant l'expression de Bossuet, on ne
pouvait « respirer que du côté du ciel ».

Notre jeune rebelle employait donc à courir au fruit
défendu, avec cette vivacité dont la privation aiguise
l'aiguillon, toutes les occasions que lui ménageaient
sa hardiesse, l'impunité de son rang, le désir de lui
complaire, l'impossibilité enfin de tout voir et de tout
empêcher, qui suffirait à condamner, en matière d'éducation, le système cellulaire.

A ces facilités inévitables se joignirent aussi, il faut
le dire, la complicité étourdie mais non intéressée,
coupable mais non infâme, faute mais non crime,
d'un jeune prince élevé dans des principes si contraires,
que son père, le poussant à la vertu par le dégoût du
vice et à la sagesse par l'expérience, lui avait, dit-on,
lui-même donné des maîtresses, pour l'empêcher d'en
prendre.

Les pamphlétaires soi-disant royalistes, non moins

injustes et non moins insolents que les autres, quand ils trouvent l'occasion propice à lâcher leur bordée de fiel, ont fait chère lie d'une calomnie qui servait si bien les haines qu'ils servaient eux-mêmes. On a donc accusé le duc d'Orléans, futur beau-frère du prince de Lamballe, d'avoir systématiquement corrompu son rival d'héritage, le seul obstacle qui le séparât des biens immenses des Penthièvre; d'avoir abusé de son inexpérience et de son ardeur pour lui faire dépenser en quelques années une vie qui lui était odieuse; enfin, d'avoir guidé ses pas vers ces sources empoisonnées du plaisir vénal, d'où il devait sortir impropre à la paternité et même à l'existence.

Nous n'hésitons pas à déclarer indigne de l'histoire ce témoignage mercenaire, auquel madame Campan a prêté légèrement son autorité, assez contestable d'ailleurs sur plus d'un point [1]. Nous ne ferons pas à ces honteux cancans, qui ne reposent sur aucune preuve matérielle ou morale, et dont la circulation, loin d'être contemporaine, ne commence que pendant la Révolution, ce qui suffirait à la rendre suspecte, l'honneur de les discuter. Nous nous bornerons à invoquer le témoignage contraire du prince de Ligne, dont le dévouement à Marie-Antoinette nous assure qu'il parlera du duc d'Orléans sans engouement. Nous y ajouterons le silence éloquent du prince de Lamballe,

---

[1] Madame Campan, du reste, se borne à accuser « l'exemple contagieux du duc d'Orléans », ce qui exclut déjà la préméditation et le système.

qui, au lit de mort, sommé de dénoncer ses corrupteurs, en désigna plusieurs, comme nous le verrons, et ne nomma pas le duc d'Orléans. Ce que dit le prince de Ligne concorde à merveille avec cette déposition faite par un mourant, à cette heure où la vérité nous est chère ou indifférente, et où rien n'arrête le besoin ou le devoir de parler.

« Vous désirez, monsieur, écrit le prince de Ligne,
» savoir mon opinion sur le duc de Penthièvre et le
» duc d'Orléans, je vais vous satisfaire. Le duc de
» Penthièvre aimait M. le duc d'Orléans, à cause des
» égards qu'il eut pour sa femme, pendant dix ans
» qu'il fut excellent mari. Il ne l'a jamais accusé
» d'avoir entraîné M. de Lamballe, son fils, dans la
» débauche : car M. le duc d'Orléans ne l'a jamais
» voulu avoir dans sa société, qui, jusques un an
» avant la Révolution, était composée de tout ce qu'il
» y avait de mieux en hommes, etc... » [1].

La vérité est que le jeune prince de Lamballe n'avait besoin ni de corrupteur ni de complice. De lui-même, poussé à la fois par la jeunesse et par l'ennui, il cherchait et réussissait à échapper, par tous les moyens possibles, à la contrainte d'une vie monotone et à la conversation dogmatique des vieux capitaines de vaisseau dont son père, pour le rendre plus digne de lui succéder dans sa charge de grand amiral, avait fait ses habituels convives.

[1] *OEuvres choisies du maréchal prince de Ligne*, p. 2, 3, 4. Paris, Chaumerot, 1809.

Le duc de Penthièvre, informé que son fils sortait seul, ordonna à un de ses valets de pied de le suivre. M. de Lamballe s'en aperçut dès le premier jour, et se retournant brusquement vers son espion, il le saisit au collet et l'apostropha en ces termes :

— Combien mon père te donne-t-il pour me suivre?

— Cinquante louis, monseigneur, répondit le pauvre diable en tremblant.

— Eh bien, moi, mon ami, je te promets cinquante louis pour n'en rien faire, et cinquante coups de canne si tu persistes.

Le digne surveillant, fort embarrassé pour choisir entre les cinquante louis du père et les cinquante louis du fils, mais fort disposé d'ailleurs à éviter les cinquante coups de canne, trouva moyen de concilier son respect, son devoir et son intérêt.

Par respect, il accepta le double salaire.

Par devoir, il continua de suivre le prince de Lamballe.

Et par intérêt, il déclara au père attendri que son fils se cachait, à son exemple, *pour faire de bonnes œuvres.*

Le bon père se le tint pour dit, et loin de blâmer son fils de ses escapades ainsi sanctifiées, ferma les yeux, et respectant cet *incognito,* qui lui était si cher à lui-même, des bonnes fortunes de la charité, lui laissa une liberté dont il paraissait faire un si bon usage.

Or, Bachaumont, plus curieux que le duc de Penthièvre, plus indiscret que son Argus, nous a édifié complétement sur le but habituel des promenades du jeune duc, et c'est à lui que nous devons l'étrange bilan de ses charités, et le récit de ces *œuvres* que le trop crédule père aurait dû se faire expliquer.

Disons cependant, à sa décharge, que ce n'est guère que deux mois après son mariage que le prince reprit ses habitudes, et se replongea dans l'abîme d'où un ange l'avait tiré un moment. Le premier tribut payé à la surprise de cette charmante nouveauté d'une femme jeune, jolie, aimante, et à ces décences dont il était aussi ridicule de trop abréger que de trop prolonger le respect, le prince de Lamballe, las d'un bonheur qui ne coûtait rien à sa conscience, las de la *bergerie,* comme on disait alors, revint aux actrices et aux soupers. Et comme s'il eût puisé dans cet intermède rafraîchissant de nouvelles ardeurs ou de nouvelles forces, c'est avec une sorte de fureur insatiable, de soif inextinguible, qu'il se rua au plaisir. A partir de ce moment,

C'est Vénus tout entière à sa proie attachée,

et il suffira d'une année de ces feux illégitimes pour dévorer cette florissante jeunesse.

Nous lisons dans les *Mémoires secrets de Bachaumont,* sous la date du 28 juillet 1767 :

« Mademoiselle de la Chassaigne, jeune actrice de la

Comédie française, et nièce de mademoiselle de la Motte, ancienne coryphée de ce théâtre, est aujourd'hui l'objet de l'attention et de la jalousie de toutes ses camarades. Quoique peu jolie et d'un talent très-médiocre, elle a été honorée des faveurs du jeune prince de Lamballe, nouvellement marié, et elle porte dans ses flancs le fruit de cette union féconde. »

Pour le coup, le duc de Penthièvre dut commencer à se désabuser. Mais il était déjà trop tard pour empêcher le mal. Il ne s'agissait plus que de le réparer. Sans doute le jeune prince, réprimandé, promit de s'amender, objecta qu'il ne pouvait abandonner ainsi une femme qu'il avait rendue mère, et par un trait qui peint à la fois sa faiblesse et sa vertu, le père s'exécuta.

« Le père du héros, ajoute Bachaumont, très-religieux, a pris toutes les informations nécessaires pour constater la vérité et la légitimité du fait. En conséquence, il a fait assurer l'actrice de sa protection, et l'on est à régler son sort, ainsi que celui de l'enfant à naître. »

Le duc de Penthièvre ayant accompli ses promesses, respira et rendit grâces à Dieu, quand il vit son fils exécuter ou paraître exécuter les siennes et rentrer un moment, époux repentant, dans le giron de la famille. C'est durant une de ces courtes haltes dans le bonheur domestique, un de ces trop rares retours du fils et du mari prodigue, que le peintre du tableau de Versailles dit *la Tasse de chocolat*, a saisi dans son ensemble la famille pacifiée, rassérénée, réunie. On y voit la princesse, de femme charmante, en train de devenir femme accomplie; on y voit le prince de Lamballe, tel qu'il dut être en effet, élégant, étourdi, généreux, encore aimable [1].

Il y avait en lui, je l'ai dit, d'excellentes qualités d'esprit et de cœur. Pour qui sait lire, il se peint à merveille, en sa vive adolescence, en sa précoce rouerie, dans les deux lettres suivantes, l'une de 1763, l'autre de 1766, écrites, par conséquent, l'une à l'âge de seize et l'autre à l'âge de dix-neuf ans [2].

[1] Il existe au musée de Versailles, sous le n° 3826, une copie du tableau original de L. M. Vanloo, connu sous le nom de *la Tasse de chocolat*, et qui faisait partie de la collection du château d'Eu. H. 1, 74. — L. 2, 52.

Voici la description de ce tableau d'après l'excellent ouvrage de M. Eud. Soulié, laborieux, heureux et ingénieux chercheur, un de ces bénédictins profanes qui ont succédé aux autres.

« A gauche : le duc de Penthièvre, le prince de Lamballe son » fils, et la princesse de Lamballe sa belle-fille, sont assis autour » d'une table. Le duc regarde un médaillon renfermé dans un étui. » Le prince et la princesse prennent du chocolat. Mademoiselle de » Penthièvre, depuis duchesse d'Orléans, est appuyée sur le dossier » de la chaise de la princesse de Lamballe, qui donne un morceau » de sucre à un petit chien. A droite : la comtesse de Toulouse, » mère du duc de Penthièvre, assise et tenant une tasse de cho- » colat. »

La comtesse de Toulouse étant morte le 30 septembre 1766, le tableau de Vanloo serait antérieur à cette date. Mais comment alors y justifier la présence de la princesse de Lamballe, qui ne devint belle-fille du duc de Penthièvre qu'en 1767?

[2] Nous devons la communication de ces deux lettres *inédites* à M. Honoré Bonhomme.

Lettre du prince de Lamballe à M. de Moras.

a Crecy ce 12 juillet 1766

j'ai reçu Monsieur la letre que vous avez pris la peine de m'écrire le 4 de ce mois je vous suis fort obligé des bonnes nouvelles que vous voulez bien me donner de Mᵈᵉ la Ctesse de Marche a qui je vous prie de faire agréer mes respects qu'à Mʳ de Mori. nous habitons ceci depuis 15 jours avec un fort beau tems et une fort jolie femme qui en est affligée de 15 ans au surplus fort gaie et aimant fort s'amuser ce que je tache de lui procurer en la promenant beaucoup en cabriolet et en jouant beaucoup au quinze elle il ne manque pour rendre le plaisir complet que de vous voir et d'être a portée de vous assurer, Monsieur la sincerité des sentiments que j'ai pour vous

L. A. J. S. de Bourbon

CHAPITRE DEUXIÈME.

A Versailles, ce 25 mars 1763.

« Ce n'est pas d'aujourd'hui, Monsieur, que l'on regarde la jeunesse comme inconstante et volage, mais je vous avoue, à ma honte, que je le prouve tous les jours. Le désir que vous m'avez vu d'élever une petite meute pour courir le chevreuil, est totalement passé, au moyen de quoi je vous prie de n'en pas parler à M. de Moras[1], si cela n'est pas déjà fait.

» Je vous renouvelle mes remerciments de toutes les choses honnêtes que vous m'avez dites sur cela, tant en son nom qu'au vôtre, et vous demande de me rendre la justice de ne pas douter, Monsieur, de la véritable et sincère amitié que je vous ai vouée.

» L. A. J. S. DE BOURBON. »

A Crécy, ce 12 juillet 1766.

« J'ai reçu, Monsieur, la lettre que vous avez pris la peine de m'écrire le 4 de ce mois. Je vous suis fort obligé des bonnes nouvelles que vous voulez bien me donner de madame la comtesse de la Marche, à qui je vous prie de faire agréer mes respects, ainsi qu'à madame de Moras.

» Nous habitons Crécy depuis quinze jours, avec un fort beau temps et une fort jolie femme, qui est madame d'Ossun[2], affligée de quinze ans, au surplus fort gaie et

---

[1] N... Peirenc de Moras, intendant des finances en 1754, adjoint au contrôleur général M. de Séchelles, son beau-père, puis contrôleur général lui-même, en 1756, ministre d'État, puis ministre de la marine en 1757, puis premier président du grand conseil en 1758. Mort obscur.

[2] De quelle madame d'Ossun s'agit-il ici? Est-ce de la marquise, née Hocquart de Montfermeil? N'est-ce pas plutôt de la comtesse,

aimant fort à s'amuser, ce que je tâche de lui procurer en la promenant beaucoup en cabriolet, et en jouant beaucoup au quinze avec elle. Il ne manque, pour rendre le plaisir complet, que celui de vous voir, et d'être à portée de vous assurer, Monsieur, de la sincérité des sentiments que j'ai pour vous.

» L. A. J. S. de Bourbon. »

Nous connaissons maintenant, par ses propres aveux, ce prince inconstant et volage, qui aimait tant, avant son mariage, à promener en cabriolet les jolies dames de quinze ans. Il ne nous reste plus qu'à achever le récit de ses aventures et de ses mésaventures scandaleuses. N'oublions pas qu'il eut le malheur, commun aux princes, de se marier à vingt ans, et qu'il n'en avait pas vingt et un quand il est mort. N'oublions pas cette fin foudroyante qui lui donna à peine le temps de se repentir. La jeunesse et la mort sont deux circonstances atténuantes dont il ne faut pas abuser, mais dont il faut tenir compte.

Nous avons besoin de la protection de ces considérations pour aborder, non sans répugnance, un épisode que nous n'affrontons que dans le but de mieux faire ressortir la vertu de la princesse de Lamballe, si prématurément soumise à des épreuves qui exigent plus que le courage ordinaire. On en jugera en apprenant qu'en septembre 1767, le prince avait

sœur du duc de Guiche, plus tard dame d'atour de la reine et son amie *d'en cas*, la doublure de madame de Lamballe et de madame de Polignac.

achevé, dit-on, de déshonorer sa malheureuse épouse par un outrage plus sanglant que l'infidélité.

Aussi facilement inconstant en matière d'amour qu'en matière de chasse, le prince de Lamballe avait quitté mademoiselle la Chassaigne [1]. Mais ce fut pour prendre une certaine la Forest, fort connue et même fort décriée dans le monde galant de l'époque.

« M. le prince de Lamballe, disent les *Mémoires de Bachaumont,* à la date du 26 septembre 1767, qui a épousé l'hiver dernier une princesse aimable et jolie, s'étant laissé aller à la facilité de son caractère, un autre prince (M. le duc de Chartres) a abusé de son amour du plaisir pour lui donner des goûts fort contraires à ceux qu'il devait avoir; *du moins on l'en accuse.* L'ardeur de son tempérament l'ayant emporté fort loin, la princesse s'est trouvée atteinte d'un genre de maladie qui n'aurait pas dû l'approcher. Le duc son père a écrit au roi de France. On a sévi contre différentes créatures que ce prince avait honorées de ses bonnes grâces; mais la plus coupable et la plus adroite est une nommée la Forêt, courtisane recommandable par l'excès de son luxe et le raffinement de son art dans les voluptés. N'ayant pu déterminer son illustre amant à la quitter, et craignant les suites de cet attachement, elle a pris le

---

[1] Cette demoiselle, qui avait pour spécialité, à ce qu'il paraît, de troubler les ménages, et à qui il fallait habituellement deux victimes, le mari et la femme, alla exercer son industrie en Russie, où elle tourna la tête au jeune comte Strogonoff, qui l'entretint avec faste, en eut un enfant, et lui fit une pension de six mille roubles, que sa femme, jeune et jolie, qui avait souffert son infidélité sans se plaindre, continua noblement de payer, après sa mort, à celle qui lui avait volé son bonheur. (*Souvenirs de madame Vigée-Lebrun,* t. II, p. 233.)

parti de s'éclipser. Elle est partie sans qu'on sache où elle est, et le prince de Lamballe est dans la désolation. »

Encore une négociation à entamer pour le pauvre duc de Penthièvre, si peu fait pour une semblable diplomatie. Et quelle négociation !

« On a parlé, dit, le 4 novembre 1767, l'inexorable Bachaumont, de l'évasion de mademoiselle la Forêt, au grand regret d'un jeune prince nouvellement marié, qui avait conçu pour elle une passion dangereuse. On sait actuellement le motif de cette fuite précipitée. L'amant lui a fait présent d'une partie assez considérable des diamants de la princesse; sur les recherches que la courtisane a eu vent qu'on faisait, elle a cru devoir s'éclipser. Mieux conseillée, elle s'est présentée depuis peu au duc de Penthièvre, père du jeune prince, a rapporté les diamants et s'est jetée à ses genoux en implorant ses bontés. Le duc a paru satisfait de cette démarche ; il lui a dit qu'on ferait estimer les diamants et qu'on lui en payerait la valeur; qu'elle n'eût aucune inquiétude; que son fils était le seul coupable; qu'on aurait soin de son enfant, si elle était grosse, comme elle disait le soupçonner; que, dans tous les cas, on pourvoirait à ses besoins, mais qu'il exigeait qu'elle ne vît plus le jeune prince son amant. »

Voulez-vous maintenant à ce récit une moralité? C'est encore Bachaumont qui, avec son insouciance ordinaire, nous la fournira.

« Le *Joueur* anglais, dit-il à la date du 8 mai 1768, a paru hier sous le nom de *Beverley,* tragédie bourgeoise imitée de l'anglais. On n'avait point fait mention sur l'affiche de M. le duc d'Orléans, quoiqu'on l'ait annoncé la veille; ce qui signifiait que ce prince, dans sa douleur, s'abstenait du spectacle, ou du moins qu'il n'y était qu'*incognito*, à cause de la mort du prince de Lamballe. Ce drame a eu un très-grand succès et le mérite. »

Le prince de Lamballe était en effet mort le 6 mai, à la suite d'une longue, douloureuse et honteuse maladie. Sa malheureuse femme déploya, dans cette circonstance, l'héroïsme naïf de la pitié et du pardon ; oubliant son propre affront, elle ne songea qu'à sauver le coupable et à consoler son père. Une sorte de pressentiment lui rendait ce devoir encore plus impérieux et plus cher, et sa douceur se teignait déjà de mélancolie. Le mal avait fait de tels ravages qu'il était téméraire d'espérer. Vaincue par tant d'excès, la constitution robuste du prince n'en put supporter les conséquences. Une opération aussi humiliante que cruelle, et que flétrirent sans pitié les quolibets du temps, ne fit que commencer son agonie. La mort se chargea de cette séparation que n'eût jamais osé exiger la princesse, et vengea son insulte sans épargner son cœur.

Louis-Alexandre-Joseph-Stanislas de Bourbon, dernier rejeton de cette branche parasite du tronc royal, la famille des légitimés, née de l'adultère, morte de la débauche, expira le vendredi 7 mai 1768, à huit heures et demie du matin, au château de Luciennes, près Versailles, à l'âge de *vingt ans et huit mois*.

« Il avait reçu, dit un *Journal* manuscrit du temps [1], les derniers sacrements de l'Église, le mercredi 20 avril précédent, et avait donné des marques non équivoques de la douleur la plus profonde et du repentir le plus sincère de ses égarements. Il avait aussi souffert, avec patience et résignation, les douleurs les plus vives et les plus aiguës. M. le duc de Penthièvre son père, prince de la plus grande piété, ne le quitta point pendant toute sa maladie, et fit si bien, par ses prières et ses bonnes œuvres en tout genre, qu'il obtint du ciel la conversion de son fils. Son corps fut transporté à Rambouillet, lieu de la sépulture de sa famille, le dimanche suivant, à onze heures et demie du soir. Son convoi ne fut composé que de cent pauvres et d'un petit nombre de valets de pied portant des flambeaux, et de trois carrosses à six chevaux. Il arriva à Rambouillet le lundi, vers six heures du matin. On prit à la cour le deuil pour dix jours seulement, à l'occasion de cette mort [1]. »

[1] *Journal des événements tels qu'ils parviennent à ma connaissance*, par Hardy. Suppl. français, n° 2886, à la Bibliothèque impériale. Ces renseignements sont confirmés par un autre *Journal* intime, écrit avec l'abondance stérile d'un Dangeau subalterne, qui émane visiblement d'une personne de la suite de la princesse ou de sa domesticité. C'est M. Feuillet de Conches qui a bien voulu nous communiquer ce document, sur lequel nous nous étendrons davantage. Nous y lisons : « Le 8, le convoi du prince ayant été ordonné sans cérémonie, partit de Luciennes vers les onze heures et demie du soir. Le cortège était composé 1° de trois carrosses, dans l'un desquels était le corps du défunt, dans le second le curé et le vicaire de Luciennes, avec un aumônier, et dans le troisième le marquis de Beusseville et le vicomte de Castellane, premier écuyer, portant la couronne; 2° de deux gentilshommes à cheval; 3° de son page et d'un piqueur; 4° d'un grand nombre de valets de pied, et enfin de cent pauvres. Le convoi arriva à six heures du matin à Rambouillet, où le corps fut reçu par le curé, le vicaire et un grand nombre de domestiques. »

CHAPITRE DEUXIÈME.

Hardy ajoute ces mots, qui nous semblent fort à la décharge de la prétendue et machiavélique complicité du duc de Chartres : « M. de Marbeuf, l'un des gentils-
» hommes du prince, qu'il *déclara avoir provoqué et fa-*
» *vorisé son dérangement*, fut ignominieusement chassé
» de l'hôtel, et le chirurgien qui l'avait traité de la ma-
» ladie vénérienne, à l'insu du duc de Penthièvre son
» père et sans l'en avertir, fut également disgracié. »

La princesse de Lamballe, qui avait prodigué à son mari malade des soins si pénibles pour une épouse, le pleura comme s'il l'eût mérité. Veuve à dix-huit ans, privée à la fois des plaisirs et des devoirs de son âge, elle prit rapidement, naturellement, naïvement, un parti qui la peint tout entière. Ame tendre et dont la pitié fut pour ainsi dire l'unique passion, elle avait besoin de se vouer à quelqu'un. Elle consacra sa vie à adoucir celle de son beau-père. Ce généreux sacrifice, ce vœu touchant de piété filiale et de vie domestique, furent offerts et acceptés avec un de ces élans auxquels rien ne résiste et qui nouent à jamais deux destinées. La mort seule pourra en effet détacher de la vieillesse du bon duc de Penthièvre ces deux bras charmants qui le soutinrent depuis, et rompre le lien de ces deux âmes si bien faites pour se comprendre.

C'est à cette seconde partie de la vie et de l'exemple de la princesse de Lamballe que nous allons désormais consacrer cette *Étude*.

Nous connaissons l'épouse, nous allons connaître la

bru, en attendant que nous souriions et que nous pleurions à l'amie tendre et héroïque de Marie-Antoinette, victime de cette tendresse, martyre de cette *amitié*.

Quant à cette maison fatale de Luciennes, où avait expiré d'un mal honteux le dernier rejeton de la bâtardise de Louis XIV, le duc et la princesse n'y voulurent plus remettre les pieds. La résidence condamnée fut livrée aux enchères, et banale devint la propriété d'une femme banale, madame du Barry. Ainsi la malédiction ne s'arrêta pas, et par une ironie qui est une frappante leçon, ce qui venait de la maitresse retourna à la maîtresse, et ce qui venait du vice retourna au vice, en attendant la grande et prochaine purification du fer et du feu.

CHAPITRE TROISIÈME

1768—1774

Deuil du duc de Penthièvre et de la princesse de Lamballe. — La légende du bon duc. — Le cuisinier des pauvres. — La chasse aux bienfaits. — Un pauvre... riche de quatre-vingt-mille livres de rente. — Détail des dépenses charitables et des fondations utiles et hospitalières du duc de Penthièvre. — Les menus plaisirs du duc de Penthièvre. — La vie au château de Rambouillet. — Les montres d'accord: — Correspondance inédite du duc de Penthièvre. — La faute d'orthographe. — Les braconniers pensionnés. — Le droit des fraises à Vernon. — Les bals de Passy. — Marie la Folle. — Mort de Marie Leczinska. — Deux partis à la cour : celui d'une autre reine et celui d'une autre maîtresse. — Madame Adélaïde met en avant la candidature de la princesse de Lamballe au premier de ces titres. — Noble échec. — Le duc de Chartres épouse mademoiselle de Penthièvre. — Mariage du duc de Bourbon avec mademoiselle d'Orléans. — Mariage du Dauphin. — Marie-Antoinette Dauphine. — Amitié particulière et liaison intime avec la princesse de Lamballe. — Promenades en traineaux. — Mariage du comte de Provence. — Du comte d'Artois. — Mort de Louis XV. — Les petits bals de madame de Noailles. — Apogée de la faveur de la princesse de Lamballe.

Le duc de Penthièvre passa à Rambouillet, entre sa fille et sa bru, sans vouloir d'autres consolations que les leurs, les premiers temps d'un deuil dont la prière et la charité adoucirent aussi les amertumes.

Selon son habitude déjà invariable dans ses grandes douleurs ou ses grandes joies, trop rares ! c'est surtout à la charité que le prince demanda les seules consolations propres à son état et dignes de lui. Il sanctifia son deuil par les bénédictions des pauvres ; il associa, en partageant la leur, tous les malheureux à son affliction. Il s'humilia noblement sous la main divine. C'est à ce doux et tendre hommage de l'aumône qu'est surtout sensible le cœur paternel du Dieu tout-puissant. Les anges sourient au juste qui, blessé lui-même, se porte aux champs de bataille de la vie, pour y ramasser les blessés. C'est là la sainte vengeance du chrétien ; c'est là, dans son sens le plus sublime, rendre le bien pour le mal, selon l'évangélique précepte.

C'est à ce moment que commence cette touchante et encore populaire légende, aux scènes si variées et parfois si originales, aux épisodes presque aussi nombreux que celle de saint Vincent de Paul, du prince bienfaisant, du prince nourricier qui l'avait pris pour modèle. Tantôt c'est Louis XV et sa suite de brillants cavaliers et de gracieuses amazones, qui, affamés dans son petit manoir de Saint-Hubert, rendez-vous de chasse voisin de Rambouillet, par suite d'un malentendu qui avait égaré sur Trianon le fourgon de vivres, s'en vont en riant crier secours, et quémander pitance au château hospitalier. Quelle surprise, quel sourire de Sa Majesté, quels rires étouffés et quels chuchotements dans la suite galante! le prince, en s'excusant de la meilleure grâce du monde, et sans être embarrassé de son étrange accoutrement, se présente au roi de France dans le simple appareil d'un maître-queux dans l'exercice de ses fonctions, les reins ceints d'un tablier de cuisine, et tenant à la main une cuiller à pot.

Tout s'explique en deux mots, et on ne rit plus, ma

toi! Le Roi est devenu grave et pensif, l'attitude de ses courtisans de plus en plus respectueuse s'associe aux sentiments d'admiration et peut-être de regret qui se peignent sur le visage du trop voluptueux monarque; les belles amazones ont la larme à l'œil et ne brandissent plus leurs cravaches. Qu'est-ce donc? Rien, Sire, ou peu de chose; tandis que vous courez les forêts en galante compagnie, et que dans le plaisir vous oubliez la France, moi, une fois par mois, je règle l'ordinaire de mes pauvres, et de peur que les cuisiniers de l'hospice ne se négligent, je fais moi-même préparer sous mes yeux le potage typique et le ragoût modèle. — Voilà ce que le modeste silence et l'aimable rougeur du duc de Penthièvre ne laissèrent pas à ses paroles le besoin d'expliquer. Personne, en le voyant pâle, triste, maigre, mais souriant, ne pouvait soupçonner ce saint personnage à la figure ascétique, d'une débauche gastronomique; le duc de Penthièvre n'était gourmand que pour ses pauvres.

Louis XV, qui eut toute sa vie des instincts, sinon des sentiments de roi, et qui saluait volontiers dans les autres les vertus qu'il n'avait pas, complimenta le duc, et pour faire honneur à une cuisine ainsi sanctifiée, il se condamna gaiement et condamna sa suite au potage et au ragoût de mouton de l'hospice. Chacun s'exécuta avec empressement, on mangea, les belles dames elles-mêmes, l'ordinaire des pauvres, et jamais le roi de France n'a aussi bien dîné.

D'autres fois, c'est Florian, le poëte pastoral de Sceaux, le romancier arcadien, de capitaine de dragons, prodigue et galant, devenu, comme le duc de Penthièvre et à son exemple, une sorte de moine laïque, de chevalier de la charité, qui paraît en scène. Le duc estimait et aimait le poëte, le poëte révérait le duc. Ils vivaient ensemble, sous prétexte d'un secrétariat des commandements, sinécure dont Florian occupait les loisirs à faire du bien au nom de son maître, et, quand il le pouvait, au sien. Il y a de curieuses et touchantes histoires, de celles qui font à la fois sourire et pleurer, sur les exploits bienfaisants de ces deux chasseurs de malheureux, sur leur habileté à suivre, à la trace de ses larmes, la pauvreté honteuse, sur leurs rivalités, leur émulation de découverte, sur leurs querelles à ce sujet, leurs stratagèmes, les quiproquo qu'entraînait quelquefois cette ardeur insatiable de reconnaissance, cette ambition d'avoir à la fin du mois le chiffre le plus fort en bienfaisantes dépenses.

Il y a là-dessus une page charmante de l'écrivain savant comme un historien, intéressant comme un romancier, qui a réuni les souvenirs et évoqué les ombres du château de Rambouillet.

« Florian portait discrètement les aumônes aux
» pauvres désignés par le prince, et découverts par
» lui avec joie au milieu de ses courses à travers les
» villages et les hameaux soumis à la seigneurie de
» Rambouillet. On peut dire que le duc allait à la chasse
» aux bienfaits, et que Florian ramenait le gibier.

» Mais il en fut des bienfaits, au bout d'un certain
» temps, comme il en est du gibier quand on chasse
» trop ; le grand seigneur et le poëte dépeuplèrent leurs
» forêts, leurs parcs et leurs réserves. Le pauvre
» devint rare dans les limites pourtant restreintes de
» Rambouillet. Enfin, plus de pauvres, plus de néces-
» siteux sous le regard du château. Ils allèrent les
» chercher plus loin ; ils les trouvèrent d'abord, mais
» les pauvres manquèrent de nouveau. Ils braconnè-
» rent alors où ils purent, mais obligés de faire usage
» d'adresse pour ne pas revenir non les mains vides,
» mais pleines, ils se turent l'un à l'autre les bons
» endroits, chacun d'eux mettant une espèce d'orgueil
» maintenant à les exploiter le premier.

» L'hiver surtout, la rivalité s'élevait à un degré
» inimaginable entre les deux amis ; l'un profitait du
» sommeil de l'autre pour sortir sans bruit et con-
» sommer sa divine charité ; et l'autre, le poëte, cher-
» chait de son côté à devancer le jour, afin d'être aussi
» le premier à l'œuvre de bienfaisance... S'ils se ren-
» contraient hors du château de si bonne heure, ils
» inventaient de mauvais prétextes, comme en usent
» les honnêtes gens forcés de mentir. Leur santé était
» le motif de leur sortie si matinale ; c'est le secret
» de vivre longtemps, celui de se lever de bonne heure.
» Quant à la véritable cause de leur absence du châ-
» teau, pas un mot ; on rentrait en parlant d'objets
» éloignés, étrangers à leur pensée présente, des der-
» nières coupes de bois, de la nécessité d'indemniser

» les paysans et les petits propriétaires dont les blés
» ou les vignes avaient considérablement souffert des
» dernières chasses du Roi. Le prince n'apprenait
» guère qu'à la fin du mois, en jetant un coup d'œil
» sur ses dépenses particulières, les avantages qu'avait
» remportés sur lui son secrétaire Florian, quand ce
» n'était pas à Florian à s'avouer vaincu par l'habileté
» du prince [1]. »

Un jour, le duc de Penthièvre crut trouver dans une jeune mère, qui était venue s'établir discrètement aux environs de Rambouillet, qui vivait seule et retirée avec deux enfants et une vieille domestique, et semblait être allée cacher et consoler aux champs la décadence d'une fortune et d'une situation élevées, — le duc de Penthièvre crut trouver un *sujet* superbe, une occasion exceptionnelle. Rien n'égale sa discrétion vis-à-vis de son compétiteur Florian. C'est le soir, comme un voleur, que le bon duc se glisse, incognito, dans la petite maison, caresse les enfants et offre à la veuve, qu'il croit malheureuse, des bienfaits qui ne ne lui permettront pas de regretter le passé. Mais la veuve sourit : Florian, le traître, a passé par là ! Il n'y a vraiment pas moyen d'avoir une infortune à soi, un mérite entièrement personnel : c'est désolant. Et Florian, qui avait devancé le prince et contreminait subrepticement ses opérations, paraît, et se jetant dans les bras de son maître étonné, il lui dit pour toute excuse : Nous sommes volés !

[1] L. Gozlan, p. 145.

Ils étaient volés en effet. La veuve infortunée, la mère éplorée, la grande dame déchue, était une grande dame en effet, mais qu'un caprice d'avarice ou de villégiature, demeuré d'ailleurs mystérieux, avait poussée à cette petite maison et à ces apparences si modestes que le duc s'y était trompé et avait cru mettre la main sur une infortune là où il n'y avait qu'une fantaisie.

La soirée qui éclaira cette mystification involontaire, cette surprise à trois, ces étranges aveux, fut des plus gaies. Le duc, le poëte et la veuve prétendue malheureuse, avaient beaucoup d'esprit. Le duc de Penthièvre fit contre fortune bon cœur et rit de bonne grâce. Mais le soir, en rentrant, suivi de son acolyte, tous deux *bredouille*, sans une pauvre bonne action à offrir à Dieu, ils faisaient longue mine. Florian se consolait un peu en songeant à quelque conte ou à quelque comédie dont le sujet au moins lui restait. Mais le bon duc était inconsolable ; c'était la première fois depuis si longtemps *qu'il avait perdu sa journée!*

On n'en finirait pas si l'on voulait raconter les bons mots ou les bonnes actions de ce prince, qui avait de l'esprit à force d'avoir du cœur ; et que de bienfaits demeurés secrets entre Dieu et lui !

Si on lui raconte que trois octogénaires, ne pouvant plus travailler, sont réduits à la misère : — Rien n'est plus simple, répond-il ; comptez d'abord une somme à chacun d'eux, et constituez en leur faveur

4.

une pension viagère, réversible au dernier vivant.

Un homme copiait ses thèmes lorsqu'il était enfant. — Qu'on le cherche, dit-il un jour; il faut qu'on le trouve! — On le trouve, il lui donne un emploi à vie chez lui.

Une personne (son aumônier) qui avait placé quatre-vingt mille livres en rentes viagères sur sa maison, meurt au bout de six mois : le duc rend la somme aux héritiers. Il agit de la même manière envers la famille d'un gentilhomme anglais qui lui avait vendu à viager un magnifique service d'argent. La somme intégrale fut comptée aux parents.

« On aura, dit M. Léon Gozlan, une idée approxi-
» mative de l'argent qu'il dépensait en aumônes par
» le relevé suivant, document officiel, mais fort
» incomplet, on peut le croire : 8,000 francs étaient
» distribués tous les mois aux pauvres du domaine,
» 3,000 à des indigents indiqués par lui, et, outre
» ces deux sommes, s'élevant annuellement à
» 132,000 francs, il se faisait compter tous les mois
» 3,000 francs pour subvenir à ses menus plaisirs.
» Ces menus plaisirs, savez-vous quels ils étaient?
» Donner dans les promenades, au coin d'un bois, à
» la porte d'une chaumière, d'une église. Ce n'est pas
» tout; il signait encore chaque mois des ordonnances
» de 600, de 1,000, de 4,000 francs, destinées au
» soulagement de pauvres gentilhommes; homme
» divin dont il faudrait écrire l'histoire non pas avec
» la main, mais avec le cœur. En donnant aux pau-

» vres, il leur disait tout bas : *Je vous remercie*, et au
» bas de l'ordonnance qui affectait des secours à ces
» pauvres gentilshommes, il mettait : *Pour acquit*. Ah !
» ceci est beau, Louis XIV a passé par là, Dieu
» aussi [1]. »

Les hospices, tels étaient les édifices favoris, les monuments de prédilection de ce pieux et généreux architecte. Il fonda en 1775 un hôpital à Crécy, et le transporta plus tard au château de Saint-Just, qu'il acheta, et il se mit à y soigner lui-même les malades, plaisir qui lui coûtait trois cent mille francs par an. Le duc passe à Tréport, il y fait construire une écluse ; il ouvre les jardins de Sceaux aux Parisiens ; c'était une propriété de famille de son oncle, il l'abandonne. A Andelys, il fait cadeau de quatre cent mille francs à un hospice. Gisors, grâce à lui, a une halle ; Châteauvillain un nouveau château, une place, des fontaines, une école. Partout où il passait il faisait le bien. C'était sa royauté à lui, celle que personne ne lui disputait et qu'il n'usurpait sur personne. Il fut le roi des pauvres. Les commères de la halle ne pouvaient se tenir, quand elles le rencontraient, d'embrasser ce brave homme de prince. A Paris, un jour, elles l'arrêtent au milieu d'une procession, il les embrasse et leur dit : « Dans l'ordre de la religion et
» devant Dieu, je suis votre frère ; autrement, je serai
» toujours votre ami. »

Quand il quitta Rambouillet, en 1783, pour obéir

[1] L. Gozlan, p. 149.

au vœu héréditaire de Louis XV, qui avait légué à Louis XVI la convoitise de ce superbe domaine, et qu'il quitta en pleurant, emportant les restes de sa famille, ce château qui l'avait vu naître et où il eût voulu mourir, il recommanda instamment à Louis XVI, si digne d'apprécier et de réaliser de telles charges, l'hospice fondé par son père et sa mère en face de leur palais, pour leur rappeler sans cesse qu'ils étaient hommes. Louis XVI accepta cette obligation et nourrit les pauvres si chers à son cousin. Napoléon, à son tour, devait, par brevet du 24 mars 1809, le doter d'une rente annuelle de huit mille francs, se réservant toutefois le droit de disposer de vingt lits en faveur des personnes de sa maison.

Asile de voluptés royales, le château de Saint-Hubert, monument parasite, si déplacé sur ce noble domaine de Rambouillet, n'existe plus. La Révolution l'a brisé en passant. Des ruines informes, des tas de pierres, indiquent la place où Louis XV chassa, s'ennuya, où folâtra la du Barry. L'hospice fondé par les Penthièvre existe encore, comme en vertu d'une sorte d'inviolabilité.

La vie d'un tel homme devait être, comme lui, simple, calme, laborieuse, pieuse, exemplaire en toute chose. La prière et l'aumône la remplissaient régulièrement et sans monotonie, car il n'y a rien de varié comme la méditation de Dieu, qui nous révèle chaque jour des aspects nouveaux ou de nouvelles profondeurs de sa bonté et de sa puissance infinies ; et il n'y a rien aussi de varié comme la misère, considérée dans ses causes et dans ses effets, aussi nombreux que les hommes et que les passions humaines.

Il se levait donc, il priait; il passait ensuite à sa toilette, qu'il soignait particulièrement, la propreté étant, comme on l'a dit, la vertu du corps. On aime à retrouver dans le bon duc, au physique comme au moral, ces scrupules d'hermine. De là, il se rendait à son cabinet, pour examiner les affaires de sa maison. Les seigneurs du canton, d'illustres visiteurs de tous les pays où avait pénétré sa réputation de sagesse et de bonté, avaient audience et venaient faire leur cour au philosophe chrétien, qui se plaisait à les traiter plus selon leur mérite que selon leur rang. A une heure et demie, il dînait; son repas achevé, il s'enfermait chez lui, et s'y recueillait dans de pieuses lectures. A cinq heures et demie, accompagné des personnes de sa maison, il se promenait à pied ou en voiture, au milieu des respectueux saluts de ses paysans, qu'il connaissait tous par leur nom, et avec lesquels il causait familièrement de leurs affaires. De huit heures à neuf heures et demie, il priait encore. Le prince se couchait à deux heures précises du matin. Cet ordre de ses journées, à part les dérogations causées par les devoirs de ses charges, les exigences de son rang, les soins de l'hospitalité, le redoublement de pratiques pieuses le dimanche et aux grandes fêtes, s'exécutait avec une ponctualité minutieuse, une solennelle discipline. N'ayant que de bonnes habitudes, le duc en appréciait, en savourait, pour ainsi dire, le prix. Il savait aussi combien la vie est courte et combien est long et difficile l'art de faire le bien. Il se préoccupait sans cesse et s'inquiétait noblement de cette rapide et insoucieuse fuite des heures ; il vivait environné de montres et de pendules, dont il interrogeait sans cesse de l'œil l'aiguille inexorable. Une de ses grandes récréations était de les mettre d'accord. Un jour, un secrétaire trouva, fort malgré lui, la solution du problème, en renversant maladroitement la table qui supportait tous ces variables chronomètres. Loin de gronder le pauvre diable, qui rougissait et se confondait en excuses, le duc lui dit tranquillement : « Ne vous » inquiétez pas trop, monsieur, c'est la première fois » qu'elles seront allées d'accord toutes ensemble. »

Du reste, si l'on veut avoir une idée complète de cet homme angélique, de ce philanthrope sans phrases, se figurer sa bonhomie malicieuse, son cordial sourire, sa bonté brusque et familière, qui avait parfois les saillies d'un tempérament sanguin et quelque peu violent, à la façon bourbonienne, — malgré les macérations, le cilice, la pureté de la vie et une perpétuelle surveillance sur lui-même, — on n'a qu'à lire les lettres inédites qui suivent, et qui complètent la physionomie originale de cet auguste bourru bienfaisant qui donna à la vertu je ne sais quoi d'allègre, de résolu et de piquant, où l'on trouve comme un dernier reste de l'énergie et de la franchise des camps que le prince avait traversés.

Comme le duc de Penthièvre, toujours fidèle à ses principes, ne changea jamais que pour se perfectionner, et demeura toujours le même, plus les progrès de sa vertu, nous n'avons aucun scrupule de devancer l'ordre des temps et des événements, pour placer, complet et en pied autant que possible, en tête de ce livre, ne fût-ce que pour lui porter bonheur, le portrait du saint beau-père de la princesse de Lamballe.

Les lettres que nous allons citer immédiatement, parce que leur insertion dans la suite du récit, exclusivement consacré à la princesse de Lamballe, en romprait l'unité et en troublerait l'harmonie, achèveront de donner à notre esquisse les touches de la vérité.

Dans ces lettres, où l'on prend, pour ainsi dire, en flagrant délit la nature noble, loyale, naïve et sensée du bon duc, nous le voyons, par exemple, faire sans façon à son secrétaire l'aveu d'une faute d'orthographe qui lui est échappée, sans s'apercevoir qu'il la renouvelle à un autre endroit.

« Je prie monsieur de Grand-Bourg de rectifier
» une faute d'orthographe que j'ai *fait* (*sic*) dans mes
» réponses, en marge de la dernière lettre d'aujour-
» d'hui; j'ai mis *métempycause* au lieu de *métempycose*.
» Paris, le 19 avril 1777 [1]. »

[1] Nous devons la communication de cette lettre et de celles qui

Un autre jour, il écrit à son secrétaire :

« Une autre fois, il ne faut pas mettre : *toute* l'at-
» tention et *toute* l'estime, c'est trop de *totalité*. »

Parfois, il s'impatientait de quelque bévue, et alors il écrivait à son intendant avec cette vivacité affectée et drôlatique qui est, d'un bon maître à un vieux serviteur, une marque d'affection et de confiance plus flatteuse que l'éloge.

« Grande perruque de magistrat, vous trouverez ci-
» joint l'ordonnance que je vous ai annoncée. Remet-
» tez-vous sur les bancs, et faites vos études.
» Paris, 12 juillet 1779.
» L. J. M. DE BOURBON. »

Il écrivait sur ce ton jusqu'à M. d'Aguesseau, pour lequel il avait une estime particulière, et qui riait de ces boutades de son vénérable ami.

Mais voulez-vous entrer dans le détail de cette administration, qui était un petit gouvernement? Écoutez-le s'indignant de ce qu'on empêche les habitants de Vernon, les heureux vassaux de ce seigneur

---

suivent à l'obligeance bien connue de M. Boutron-Charlard, de l'Académie de médecine, qui fait en amateur aussi éclairé que libéral, aux historiens en quête de documents, les honneurs d'une des plus belles collections d'autographes qui existent. Nous lui offrons nos plus vifs remerciments pour le concours hospitalier donné à nos recherches.

Lettre de M. le duc de Penthièvre à M. du Coudray.

D[uc]sse de Vernon
là est pour 15. [...] proximis
[...] à M. [...] le proff[?] de
la gruerie et de m'annoncer
l'Exon des volontés de la S.[?]

12. juin 1777. Reçu le 15.

J'ai appris dans une course que j'ai fait aujourdhui à Versailles, par le canal d'un garçon de Garderobe du Roy, que l'on desoloit les habitants de vernon en les empeschant de prendre des fraises dans les Bois, contre l'usage pratiqué de tout temps: les uns parceque ils sont privés d'une espece de petit commerce qui leur est utile: les autres parceque ils ne mangent point de fraises; avec bonne volonté, on trouvera le secret de me faire hair, et en cela on me procurera un des plus vifs chagrins que je puisse avoir en ce monde; je prie Monsieur du Coudray d'écrire en toute diligence, que l'on rétablisse l'usage ancien sur ce qui

M. du Coudray

regarde les fraites, ce sans le plus-
petit delai. Sceaux 12. juin 1777.

patriarcal, de *manger ses fraises,* ou recommandant à son intendant de *pensionner* de pauvres diables de maraudeurs qui avaient ravagé ses vergers, pour leur enlever avec la misère jusqu'au prétexte d'une nouvelle faute.

12 juin 1777.

« J'ai appris, dans une course que j'ai faite aujour-
» d'hui à Versailles, par le canal d'un garçon de
» garde-robe du Roi, que l'on désolait les habitants de
» Vernon *en les empêchant de prendre des fraises dans*
» *les bois,* contre l'usage pratiqué de tout temps, les
» uns parce qu'ils sont privés d'une espèce de petit
» commerce qui leur est utile, les autres parce qu'ils
» ne mangent point de fraises. Avec bonne volonté,
» on trouvera le secret de me faire haïr, et en cela on
» me procurera un des plus vifs chagrins que je puisse
» avoir en ce monde. Je prie monsieur du Coudray
» d'écrire en toute diligence que l'on rétablisse
» l'usage ancien sur ce qui regarde les fraises; ce,
» sans le plus petit délai.
» Sceaux, le 12 juin 1777.
» L. J. M. DE BOURBON. »

M. du Coudray. (*En paraphe.*)

« Il m'a pris de l'inquiétude, écrit-il à un autre de
» ses gens d'affaires, que vous ne trouvassiez quelque
» ambiguïté dans la manière dont je vous ai répondu
» sur ce qui regarde les complices de Ratel. Mon

» intention n'a sûrement pas été de laisser entendre
» qu'il n'y avait qu'à cesser de suivre la grâce
» accordée à ce dernier, pour que ceux coupables du
» même délit ne fussent point traités plus sévèrement
» que lui. J'ai voulu dire qu'il fallait pourvoir à ce
» que ses complices eussent une *commutation de peine*
» semblable à la sienne, *et par conséquent*, les *pen-*
» *sionner* si besoin était, en se souvenant qu'il conve-
» nait de ne pas créer des rentes viagères au profit des
» criminels dans mes domaines.

» Anet, le 14 septembre 1781.

M. Périer.   » L. J. M. DE BOURBON. »

C'est auprès de ce prince paternel, qui trouvait dans sa bonté et dans sa charité des moyens d'arrêter le braconnage plus sûrs que la rigueur des ordonnances, qui pensionnait, pour les empêcher de retourner au péché, des rôdeurs indiscrets surpris à chasser sur ses terres; qui défendait comme un intéressé le *droit de fraiserie* dans ses domaines ouverts à tous, et qui tançait si vertement les infractions de ses gardes à cette hospitalité de la nature; c'est auprès de ce beau-père ou plutôt de ce second père que la princesse de Lamballe, veuve de dix-huit ans, passa le temps de son deuil, et, cédant à l'empire d'un réciproque attrait, finit par prolonger toute sa vie ce séjour de convenance et de consolation.

Par une délicate recherche, elle n'avait pas voulu rendre ce père si cruellement frappé témoin d'une douleur qui augmentait la sienne sans pouvoir l'égaler; c'est à l'abbaye Saint-Antoine, dans l'ombre du cloitre, que la princesse avait voulu se recueillir et s'accoutumer à la surprise d'une perte qui changeait si inopinément sa destinée, et l'eût laissée étrangère, sans appui, dans sa nouvelle patrie et dans sa récente famille, si la France n'eût été la plus hospitalière et la plus délicate des secondes patries, et si sa récente famille n'eût été celle du duc de Penthièvre, qui la chérissait à jamais comme sa fille, de même que mademoiselle de Penthièvre lui avait voué les sentiments d'une sœur.

C'est sur leurs prières instantes, sur leur généreuse violence, que la recluse consentit à sortir de sa retraite volontaire, où elle se fût peut-être ensevelie, et à reparaître dans le monde, si bien fait pour elle, que sanctifiait la vertu du père et qu'animaient la grâce et la gaieté de la fille, dont Florian avait dit, dans sa dédicace du poëme de *Ruth :*

Pieux comme Booz, austère avec douceur,
Vous aimez les humains et craignez le Seigneur.
Hélas! un seul soutien manque à votre famille.
Vous n'épousez pas Ruth, mais vous l'avez pour fille.

A dix-huit ans, âge de la jeune veuve, il n'est pas de douleur inconsolable. La gaieté candide naturelle au caractère de cette princesse, à la fois si Italienne et si Française, reprit donc bientôt le dessus, et on entendit encore sous les ombrages de Rambouillet le rire sonore et la fraîche voix de ces deux belles folâtres, dont l'une, quoique veuve, semblait autant une jeune fille que l'autre, tant le mariage, qui avait si précocement déchiré son cœur, avait ménagé son innocence, bornant, pour ainsi dire, son expérience à celle de la douleur.

M. de Penthièvre, qui pressentait la prochaine séparation que le devoir inflexible d'un établissement conforme à son rang allait imposer à sa fille, s'y préparait par la pensée que madame de Lamballe lui demeurerait toujours; et quand il eut obtenu ou plutôt provoqué cette promesse qui concordait si bien avec les vœux secrets de la princesse, il se résigna au passé, et attendit plus tranquille les épreuves de l'avenir. Il ne négligea rien pour rendre cette obligation agréable, légère, à sa belle-fille.

« M. de Penthièvre, toujours attentif, dit le bon
» Fortaire, à tout ce qui pouvait faire le bonheur des
» autres et de ses proches, revendit la maison qu'il
» avait à Puteaux, pour en avoir une à Passy, plus
» près de Paris, afin que les deux princesses, ses
» enfants, pussent s'y réunir plus commodément avec
» une société convenable pour s'y amuser innocem-
» ment. C'était là qu'avec l'agrément et sous les yeux
» d'un tendre père, une charmante jeunesse dansait
» et folâtrait, pendant qu'il méditait et priait Dieu. Ce
» père pieux n'était sérieux et austère que pour lui-
» même; il savait que la jeunesse a besoin de gaieté et

» d'un amusement honnête et innocent; il appelait en
» plaisantant les princesses : *les pompes du siècle.* »

La princesse de Lamballe, au dire du vieux et fidèle serviteur, était encore dans tout l'éclat de cette gaieté naturelle qui, déjà sujette à des éclipses subites dans la tristesse, devait de plus en plus s'enfoncer dans les ombres de cette mélancolie dont elle sera bientôt comme le type touchant. A ce moment, elle riait encore, et le bon duc lui disait quelquefois : « Marie la folle, combien avez-vous aujourd'hui dansé » de contredanses [1]? »

Le 24 juin 1768, la mort de la pieuse Marie Leczinska imposa à toute la cour des crêpes de convenance, sinon de regret; car la bonne Reine, qui menait au milieu des pompes et des scandales de la cour une vie obscure et, sauf les occasions d'apparat, pour ainsi dire bourgeoise, ne fut pleurée sans doute que de ce groupe d'amis désintéressés qui tenaient dans son petit cabinet, et qui faisaient en elle la cour à la vertu.

Cette mort, qui laissait à la fois Louis XV, veuf, depuis le 15 avril 1764, de madame de Pompadour, sans femme et sans maîtresse, mit aux champs tous les faiseurs de projets, tous les noueurs d'intrigues, tous les courtisans soi-disant politiques, à une époque où la politique n'était guère à la cour qu'un proxénétisme élégant. Il faut le dire aussi à l'honneur de quelques personnages, plus honnêtes ou plus habiles, car l'honnêteté elle-même devenait un calcul en ces

[1] Fortaire, p. 85, 86.

temps de décadence, il se forma un parti de réaction qui prétendait profiter de l'occasion pour encourager le Roi à licencier le sérail, à rentrer dans la famille, et à renoncer à des habitudes aussi peu convenables à son âge qu'à son rang. Tout au moins voulait-on, s'il fallait absolument une compagne au Roi, lui en donner une digne de lui, qu'il pût avouer, et à laquelle on pût obéir. De là, les uns en campagne pour trouver la princesse digne de succéder à Marie Leczinska, tandis que d'autres, plus avisés, cherchaient tout bonnement la remplaçante de madame de Pompadour.

Parmi ceux qui songeaient au trône, se trouvait à la fois l'élite de la famille royale et de la cour : Madame Adélaïde, fille de prédilection du Roi, et la famille de Noailles, toujours ardente à profiter de l'occasion d'approcher du trône les membres d'une maison qui avait recherché l'alliance de madame de Maintenon, et dont une femme était naguère encore la veuve du comte de Toulouse, et la mère du duc de Penthièvre. La venue en France du roi de Danemark (1768) sembla une occasion propice pour placer sous les yeux du Roi celle que son rang obligeait de paraître à la cour, et qu'on espérait y fixer par un choix tellement honorable, qu'il est de ceux qu'on ne refuse pas. Tout porte à croire en effet que la princesse de Lamballe eût vu dans un semblable désir de Louis XV un ordre de la Providence, et qu'elle ne se fût pas crue liée à un nom qui ne lui rappelait que de tristes souvenirs.

La princesse figura donc à son rang, avec une beauté et une grâce que la tristesse ennoblissait encore, et qui la désignaient à son insu à d'augustes suffrages, aux fêtes qui signalèrent à l'hôtel de Toulouse (18 novembre) et au Palais-Royal (25) la visite d'un prince spirituel et galant. Elle fut aussi de ces soupers intimes où Madame Adélaïde cherchait avec une pieuse coquetterie à attirer son père et à l'apprivoiser aux plaisirs domestiques. Peut-être, secondée par une femme d'une vertu plus souple et d'une ambition plus décidée, eût-elle réussi à inspirer au volage vieillard qui gouvernait la France le goût d'un mariage qui eût une seconde fois, avec plus de charmes, fait monter la Piété sur le trône. Malheureusement la princesse de Lamballe dans cette décisive occurrence, peut-être par suite de scrupules excessifs, fit preuve d'un désintéressement qui ressemblait à de l'indifférence. Il eût fallu, pour entraîner l'irrésolution de Louis XV, époux gâté par sa femme, amant gâté par ses maîtresses, roi gâté par ses sujets, une vertu plus hardie, une douceur plus piquante que celle de la princesse, qui, en ce moment surtout, eût regardé comme un sacrilége tout attrait trop profane donné à ses qualités, et toute coquetterie comme une infidélité à la tombe.

D'un autre côté, le duc de Choiseul, madame la duchesse de Gramont, son altière et audacieuse sœur, s'effrayèrent d'un projet qui leur sembla justement hostile puisqu'on ne les consultait pas. Ils virent derrière la princesse la famille de Noailles tout entière environnant le trône et gouvernant la cour. Ils songèrent qu'un crédit fondé sur l'estime était inébranlable, et qu'ils auraient à jouer, avec une Reine digne de l'être, un jeu autrement dangereux qu'avec une maîtresse. Une Reine reste, une maîtresse se congédie. Si elle résiste, on la peut remplacer par une plus docile. Il y a toujours de l'espoir pour un premier ministre dans ces liaisons illégitimes, d'autant plus passagères qu'elles sont plus vives d'abord, avec un Roi surtout ami du changement, et qui supportait impatiemment le joug de l'habitude. La mine des Noailles fut donc habilement contre-minée, et la princesse de Lamballe, prétendante sans le savoir, échoua avant d'avoir désiré réussir, grâce aux artifices de M. de Choiseul et de sa sœur, et surtout grâce à la sourde opposition de ces courtisans avilis, complices de l'ambition du ministre et intéressés à ce que le Roi eût des vices.

C'est à cette coïncidence de tant de circonstances favorables ou plutôt complices que madame du Barry dut son succès si prompt, et si étonnant, quand on le sépare des motifs qui y contribuèrent plus que sa beauté.

Madame la princesse de Lamballe, habituée déjà à tous les renoncements de ce monde, ne fut ni affligée ni surprise de ce dénoûment. Elle n'eût accepté que par devoir d'être reine de France, et comme pour montrer que son précoce héroïsme était inépuisable, elle consentit encore à cette autre épreuve d'assister au mariage du duc de Chartres avec sa belle-sœur, la douce, pieuse mais romanesque mademoiselle de Penthièvre, et d'accompagner son amie dans les bras de celui qu'on accusait d'avoir perdu son mari.

Le 7 décembre 1768, mademoiselle de Bourbon, fille unique du duc de Penthièvre, fut présentée à Versailles, au Roi et à la famille royale, par la comtesse de la Marche. Le 8, le Dauphin et Madame Adélaïde présentèrent aux fonts baptismaux, suivant l'usage, la jeune princesse, qui reçut dans cette cérémonie supplétive, de la bouche de l'archevêque de Reims, les noms de Louise-Marie-Adélaïde. Le duc de Chartres s'empressa de profiter de cette sorte de déclaration de nubilité pour faire demander au Roi son consentement à son union avec la princesse, à laquelle il n'était pas indifférent. Cet accord triompha de répugnances que le Roi ne dissimula point et de méfiances que ne justifiaient que trop la mort prématurée du prince de Lamballe et la mauvaise réputation du duc de Chartres. Ces sentiments semblent attestés par le délai que le Roi imposa à l'impatience des deux parties et des deux familles. Ce n'est que le 5 avril 1769 que le mariage fut célébré.

Les flambeaux de l'hymen ne s'éteignaient, dans cette famille royale décimée et réduite aux dernières générations, que pour se rallumer de nouveau. Le 24 avril 1770, la sœur du duc de Chartres épousa le duc de Bourbon, et le 16 mai, fut célébré le mariage du Dauphin avec Marie-Antoinette d'Autriche, union qui mettait le comble aux espérances de la France et à la gloire jusque-là si heureuse du duc de Choiseul, négociateur de cette alliance qui devait être si funeste, en dépit de tant de charmes et de tant de vertus.

La princesse de Lamballe voyagea avec la nouvelle mariée, sa belle-sœur, dans les vastes possessions des Penthièvre et des d'Orléans, et toutes deux y firent bénir un bonheur auquel, par cette inépuisable charité dont il préférait les fêtes à toutes les autres, le duc de Penthièvre avait pris la coutume d'associer tous ses vassaux.

La princesse et son beau-père ne paraissaient à la cour que dans ces occasions solennelles où leur absence eût été une injure. Ces devoirs accomplis, ce tribut payé à leur rang, ils vivaient tranquillement, patriarcalement, à Rambouillet, à Crécy, à Passy, faisant le bien autour d'eux, et cherchant à se faire oublier d'une cour qui avait vu la présentation de madame du Barry et son triomphe, et à l'oublier.

Les querelles des Parlements et de la couronne, la disgrâce du duc de Choiseul, tous ces événements de mauvais augure qui suivirent l'arrivée en France de la Dauphine, n'eurent dans le petit cercle des Penthièvre qu'un faible écho et les trouvèrent à coup sûr bien plus indifférents que ces catastrophes du 30 mai, qui avaient voilé d'un deuil public l'aurore de beauté, de grâce et d'amour, qui resplendissait autour de la Dauphine. Là ils étaient intéressés par la plus ardente charité; ailleurs, ils étaient rebutés par le spectacle, si odieux aux âmes tranquilles, des passions et des ambitions humaines. La douceur d'un sentiment de

plus en plus vif, de plus en plus partagé de sympathie
et d'amitié réciproques entre Marie-Antoinette et la
princesse de Lamballe; l'attrait que ce sentiment,
fortifié par des goûts communs pour la campagne, la
solitude, la simplicité, la bienfaisance, donnait à
toutes leurs rencontres; enfin les devoirs et les intérêts de cette mission officieuse que la princesse avait
acceptée, et qui en faisait l'avant-courrière et l'intro-
ductrice des princesses de Savoie dans la famille
royale de France, toutes ces causes réunies durent
plus d'une fois triompher des scrupules et des répugnances de madame de Lamballe; elle se prêta volontiers à la bienveillance particulière que lui témoignait
la Dauphine, et consentit à multiplier les occasions
de la voir, de l'entretenir et de l'intéresser à ses
désirs. Nous la voyons, en 1771 et 1772, partager à
Versailles ces courses en traîneau sur la glace, qui
seront longtemps un des amusements favoris de Marie-
Antoinette, et qui présentaient aux spectateurs émer-
veillés comme une vision des mœurs et des poésies
du Nord. La grande vogue de ces promenades en
traîneau n'éclata qu'en 1776, favorisée par un hiver
rigoureux qui fournit à la Dauphine bien des occasions d'étaler au public sa grâce et sa beauté, tandis
que le pieux Louis XVI, ambitieux d'autres hommages, s'exerçait au gouvernement par la charité, et
se faisait bénir des pauvres affamés auxquels il envoyait ces chariots de provisions qu'il appelait « ses
traineaux ».

C'est dans cet intervalle, de 1771 à 1776, qu'eurent lieu deux nouveaux mariages, qui portèrent au comble le renouvellement, le rajeunissement de la famille royale. L'influence naissante de la princesse de Lamballe ne fut étrangère ni au choix qui amena en France la comtesse de Provence (14 mai 1771), ni à celui qui la fit suivre d'une comtesse d'Artois prise comme elle dans cette belle et noble maison de Savoie-Carignan, pépinière inépuisable de princes braves et spirituels et de princesses aimables et honnêtes (16 novembre 1773).

Le 10 mai 1774, on apprit à Versailles la mort de Louis XV, et Louis XVI et Marie-Antoinette, justement effrayés de régner si jeunes, prirent possession, avec larmes, d'un rang qui n'allait plus être bientôt qu'un droit au malheur.

Étrangère, au milieu d'une cour indignée de l'abolition de l'étiquette, d'une famille jalouse, d'une nation prévenue, le premier besoin de la jeune Reine fut de donner son cœur à une amie digne de ce nom, qui consolât ses déceptions et rassurât ses craintes. Sa liaison éphémère avec la duchesse de Pecquigny et madame de Saint-Mégrin, et enfin madame de Cossé, qui n'avaient que de l'esprit, fut bientôt remplacée par une véritable amitié pour la princesse de Lamballe, qui avait plus de tendresse, plus de dévouement, plus de désintéressement que d'esprit, mais qui n'en fut que plus chère à celle qui ne cherchait qu'un cœur. Ce fut là la première liaison de la Reine, et en dépit de quelques nuages amassés par l'intrigue, la plus durable, celle qui caractérise le mieux sa vie intime et où elle a le plus laissé de son âme.

« Le cœur de Marie-Antoinette, dit le comte de la
» Marck, éprouvait le besoin de l'amitié, et sa pre-
» mière liaison dans ce genre fut avec madame la
» princesse de Lamballe. Je raconterai comment elle
» se forma. Lorsqu'elle était encore Dauphine, sa dame
» d'honneur, la comtesse de Noailles, lui donnait tous
» les hivers, pendant le carnaval, un bal par semaine.
» L'appartement de la comtesse à Versailles était petit
» et resserré, et ne pouvait réunir que les personnes
» qui tenaient à la cour par leurs charges, et un petit
» nombre de celles qu'on choisissait parmi les plus
» distinguées de Paris.

« Le Dauphin, *Monsieur*, M. le comte d'Artois, les
» princes et princesses du sang, venaient à ces bals.
» Parmi ces princesses, madame de Lamballe fut, dès
» les premiers bals, distinguée par la Reine, qui ne
» tarda pas à la traiter avec amitié et avec confiance;
» c'était avec elle que la Reine s'entretenait le plus
» souvent à part, et leur liaison devint bientôt très-
» intime.

» Le Dauphin et *Monsieur* dansaient avec gau-
» cherie, tandis que M. le comte d'Artois, élégant de
» taille et de manières, dansait très-bien. Aussi plai-
» sait-il par là à la Dauphine, qui était très-sensible à
» la grâce. En général, la tournure chez les hommes,
» la figure chez les femmes, ne lui étaient pas indiffé-

» rentes; elle riait et se moquait de tout ce qui était
» laid et maussade. Il ne faut pas oublier qu'elle était
» encore bien jeune alors. Aussi longtemps que ces
» bals durèrent, c'est-à-dire jusqu'à la mort de
» Louis XV, il n'y eut que madame la princesse de
» Lamballe qui parût avoir part à l'amitié de la
» Reine [1]. »

[1] *Correspondance entre le comte de Mirabeau et le comte de la Marck*, 1851, t. Ier, p. 30, 31.

CHAPITRE QUATRIÈME.

1774—1775

Le petit Trianon. — Histoire de l'amitié de Marie-Antoinette et de la princesse de Lamballe. — Les dernières promenades en traîneau. — Portrait physique de la princesse de Lamballe, d'après madame Campan, madame Vigée Le Brun. — Madame d'Oberkirch. — Discussion du témoignage hostile de madame de Genlis. — Les vapeurs au dix-huitième siècle. — Portrait moral de la princesse de Lamballe. — MM. de Goncourt. — Le prince de Ligne. — Lauzun.

La faveur de madame de Lamballe est contemporaine du don du petit Trianon, cette première galanterie du Roi qui se déniaise et s'enhardit à aimer. « Sa Majesté devient galante, dit l'abbé Beaudeau » dans sa *Chronique* [1]; il a dit à la Reine : Vous aimez » les fleurs; eh bien, j'ai un bouquet à vous donner, » c'est le petit Trianon. Le feu Roi avait bâti ce char- » mant petit palais avec des jardins délicieux. » (Mercredi 31 mai 1774.) C'est au milieu des arbres et des fleurs, dans les sentiers mousseux, au bord des étangs peuplés de cygnes étincelants, par une éclatante matinée ou une rêveuse soirée de mai, que s'est doucement épanouie, comme une fleur intérieure, cette amitié de la Reine pour la princesse de Lamballe, aussi pure que passionnée. Un seul mot suffit à l'expliquer : la confiance.

[1] *Chronique secrète de Paris*, par l'abbé Beaudeau (1774). *Revue rétrospective*, 1re série, t. III, p. 66.

La princesse de Lamballe ne demanda jamais rien, ni pour elle ni pour les autres : jamais faveur moins onéreuse. On peut dire que madame de Lamballe n'en profita que pour les pauvres. Marie-Antoinette s'attacha donc à sa naïve favorite de toute la surprise de ce désintéressement si rare.

En 1774 et 1775, dans ces heureux et joyeux printemps où Marie-Antoinette, « semblable elle-même à une matinée de printemps, » a dit un spirituel contemporain, le chevalier de l'Isle [1], allait à Trianon, dans un cabriolet qu'elle conduisait elle-même [2], y cultivait des arbustes rares, y jouait la comédie, se mêlait le dimanche aux bals populaires de Versailles [3]; en 1774 et 1775, Marie-Antoinette ne paraît guère sans être accompagnée de son inséparable, la princesse de Lamballe, qui allait, en septembre 1775, lui être à jamais attachée par un lien officiel, par un titre dans lequel Marie-Antoinette avait surtout considéré l'obligation de résidence. L'hiver de 1776 nous montre réunies, enveloppées d'hermine et de cygne, la tête ceinte du toquet slave à aigrette de héron, la Reine et son amie, durant ces dernières promenades en traineau qui, en dépit de la famine et du froid, furent un enchantement pour les yeux du peuple parisien.

[1] *Lettre inédite* à M. de Riocourt, 18 novembre 1781. Communiquée par M. Henri de l'Isle.
[2] L'abbé Beaudeau.
[3] *Souvenirs de M. de Vaublanc.*

Écoutez ce récit de madame Campan, et vous croirez assister à ce spectacle étrange et charmant qu'elle décrit si bien :

« L'hiver qui suivit les couches de la comtesse
» d'Artois fut très-froid ; les souvenirs du plaisir que
» des parties de traîneau avaient procuré à la Reine
» dans son enfance, lui donnèrent le désir d'en établir
» de semblables. Cet amusement avait déjà eu lieu à
» la cour de France, on en eut la preuve en retrou-
» vant dans les dépôts des écuries des traîneaux qui
» avaient servi au Dauphin, père de Louis XVI, dans
» sa jeunesse. On en fit construire quelques-uns, d'un
» goût plus moderne, pour la Reine. Les princes en
» commandèrent de leur côté, et en peu de jours il
» y en eut un assez grand nombre. Ils étaient conduits
» par les princes et les seigneurs de la cour. Le bruit
» des sonnettes et des grelots dont les harnais des che-
» vaux étaient garnis, l'élégance et la blancheur
» de leurs panaches, la variété des formes de ces
» espèces de voitures, l'or dont elles étaient toutes
» rehaussées, rendaient ces parties agréables à l'œil.
» L'hiver fut très-favorable, la neige étant restée près
» de six semaines sur la terre ; les courses dans le
» parc procurèrent un plaisir partagé par les specta-
» teurs. Personne n'imagina que l'on eût rien à
» blâmer dans un amusement aussi innocent. Mais on
» fut tenté d'étendre les courses, et de les conduire
» jusqu'aux Champs-Élysées ; quelques traîneaux tra-
» versèrent même les boulevards : le masque couvrant

» le visage des femmes, on ne manqua pas de dire que
» la Reine avait couru les rues de Paris en traîneau.

» Ce fut une affaire. Le public vit dans cette mode
» une prédilection pour les habitudes de Vienne; les
» parties de traîneau n'étaient pourtant pas une
» mode nouvelle à Versailles; mais la critique s'empa-
» rait de tout ce que faisait Marie-Antoinette. Les
» partis dans une cour ne portent pas ouvertement
» des enseignes différentes, comme ceux qu'amènent
» les secousses révolutionnaires; ils n'en sont pas
» moins dangereux pour les personnes qu'ils poursui-
» vent, et la Reine ne fut jamais sans avoir un parti
» contre elle [1]. »

C'est à l'époque de ces parties de traîneau, abandonnées à regret, que la Reine, continue madame
Campan, « se lia intimement avec la princesse de
» Lamballe, qui parut, enveloppée de fourrure, avec
» l'éclat et la fraîcheur de vingt ans. On pouvait dire
» que c'était le printemps sous la martre et sous
» l'hermine. »

Nous avons maintenant le cadre, c'est le moment
d'essayer le portrait et d'esquisser, avec l'aide d'historiens qui sont des écrivains, dans le sens le plus élevé
et le plus délicat du mot, cette attrayante physionomie, d'une gaieté si douce, d'une expression si touchante, où une mélancolie précoce glisse sans l'altérer,
comme une ombre sur un rayon, à travers le tranquille éclat d'une beauté qui parle plus à l'âme qu'aux

[1] Madame Campan. Éd. Barrère, p. 118.

yeux. C'est là le caractère essentiel de la figure de madame de Lamballe. Son visage était comme l'image de son âme, gracieux et tendre. Tout en elle respirait cette virginale pudeur qu'un court mariage n'avait qu'effleurée. Et elle gardait, veuve précoce, le charme attendrissant et ce je ne sais quoi qui est comme le parfum de la jeune fille. Son caractère conciliant et caressant, son esprit naïf et comme enfantin, tout ajoutait à cette impression ineffable, à cette surprise attrayante de la fleur survivant au fruit, de la vierge survivant à la femme.

MM. de Goncourt ont exprimé à merveille le caractère et le charme particulier de cette beauté plus morale que physique, de ce visage *tout en sentiment,* sur lequel se reflétaient si délicieusement une belle âme et une grande infortune.

« Dans ses courses à Trianon, disent les dignes
» historiens de Marie-Antoinette, Marie-Antoinette a
» presque toujours à ses côtés la même compagne,
» une amie de ses goûts, qui préférait à Versailles les
» bois de son beau-père le duc de Penthièvre, et que
» la Reine avait eu grand'peine à accoutumer à l'air
» de la cour, madame de Lamballe.

» La Reine, comme toutes les femmes, se défendait
» mal contre ses yeux. La figure et la tournure n'é-
» taient pas sans la toucher, et les portraits qui nous
» sont restés de madame de Lamballe disent la pre-
» mière raison de sa faveur. La plus grande beauté de
» madame de Lamballe était la sérénité de sa physio-

» nomie. L'éclair même de ses yeux était tranquille.
» Malgré les secousses et les fièvres d'une maladie
» nerveuse, il n'y avait pas un pli, pas un nuage sur
» son beau front, battu de ces longs cheveux blonds
» qui boucleront encore autour de la pique de
» septembre. Italienne, madame de Lamballe avait
» les grâces du Nord, et elle n'était jamais plus belle
» qu'en traîneau, sous la martre et sous l'hermine, le
» teint fouetté par un vent de neige, ou bien encore
» lorsque, dans l'ombre d'un grand chapeau de paille,
» dans un nuage de linon, elle passait comme un de
» ces rêves dont le peintre anglais Lawrence pro-
» mène la robe blanche sur les verdures mouillées[1]. »

Telle était la princesse de Lamballe en 1775. Telle elle sera encore, par le privilége d'une inaltérable jeunesse, aux principales périodes postérieures de sa vie, telle la dépeignent tour à tour les témoignages successifs des contemporains. Tous s'accordent à louer ces beaux yeux d'une vivacité si tendre, ce front d'ivoire, ces lèvres d'un pourpre adouci, cette admirable chevelure blonde qui, subitement dénouée un jour qu'elle sortait du bain, racontent les *Mémoires* rédigés par Helena Williams, la couvrirent tout entière et firent descendre jusqu'à ses pieds comme un voile doré, cette démarche de biche blessée, ce mélange enfin de légèreté et de mollesse, de réserve et d'abandon, d'enjouement et de mélancolie.

[1] *Histoire de Marie-Antoinette*, 2e édition, p. 98.

« Elle est belle et charmante, « dit, à la date de juin 1788, la baronne d'Oberkirch, et elle ajoute ce que nous trouvons à la suite de tous les portraits de la princesse de Lamballe : « C'est un modèle de
» toutes les vertus, surtout de la piété filiale envers
» le père de son malheureux mari, et d'affection dé-
» vouée envers la Reine [1]. »

En juin 1784, madame d'Oberkirch écrit : « Ma-
» dame la princesse de Lamballe est fort jolie, sans
» avoir les traits réguliers pourtant. Elle est d'un
» caractère gai et naïf, et n'a pas beaucoup d'esprit
» peut-être. Elle fuit les discussions, et donne raison
» tout de suite plutôt que de discuter. C'est une douce,
» bonne et obligeante femme, incapable d'une pensée
» mauvaise. C'est la bienveillance et la vertu même;
» jamais l'ombre d'une calomnie n'a même osé essayer
» de l'atteindre. On assure que le prince de Lamballe
» avait un autre amour dans le cœur lorsqu'il l'épousa.
» On parla, dans ce temps-là, d'une jeune fille, d'un
» roman, de je ne sais quelle mièvrerie. M. le duc de
» Penthièvre assura que ce n'était pas vrai. Quoi qu'il
» en fût, madame la princesse de Lamballe gagna la
» tendresse et la confiance de son mari. Elle lui par-
» donna ses infidélités. Sa douceur et sa soumission le
» ramenèrent à elle. Restée veuve à dix-neuf ans, au
» lieu de retourner dans son pays, elle se consacra à
» son beau-père, à la Reine... Elle donne immensé-
» ment, plus qu'elle ne peut, au point de se gêner;

[1] *Mémoires de la baronne d'Oberkirch*, t. Ier, p. 280.

» aussi l'appelle-t-on « le bon ange », dans les terres de
» la maison de Penthièvre. La marquise de Las-Cases
» est sa dame d'honneur. La comtesse de Volude de
» Lage sa dame pour accompagner; le chevalier de
» Florian, connu par ses jolis ouvrages, est l'écuyer
» de la princesse [1]. »

Madame Vigée Le Brun, qui fit en 1781 plusieurs portraits de la princesse de Lamballe, la voit d'un œil moins indulgent; mais il faut tenir compte de la différence des tempéraments et des situations. La moyenne qui résultera de toutes ces impressions diverses, dont les premières s'élèvent jusqu'à l'enthousiasme, et dont quelques-unes descendent jusqu'au dénigrement, est encore assez flatteuse.

« A la même époque, dit madame Le Brun, j'ai
» fait aussi le portrait de la princesse de Lamballe.
» Sans être jolie, elle paraissait l'être à quelque dis-
» tance; elle avait de petits traits, un teint éblouissant
» de fraîcheur, de superbes cheveux blonds, et beau-
» coup d'élégance dans toute sa personne [2]. »

Nous avons parlé tout à l'heure de dénigrement, nous citerons donc le portrait noir de la jalouse malignité de madame de Genlis, malignité si évidente qu'elle est maladroite, qu'elle manque son but en le dépassant, et qu'il n'est resté d'autre alternative à *la gouvernante* du Palais-Royal que d'être odieuse ou ridicule. Elle a préféré ce dernier parti, et s'accuse

---

[1] T. II, p. 156.
[2] *Souvenirs de madame Vigée Le Brun*, t. Ier, p. 77.

elle-même, en achevant ses *Mémoires*, *d'inconvenance et d'étourderie*. Ce regret, pour qui sait lire, équivaut à un aveu d'injustice.

Ce n'est pas la beauté physique de la princesse de Lamballe que calomnie madame de Genlis, c'est sa beauté morale, ou plutôt son intelligence. Elle ne trouve pas d'autre moyen de se dédommager de l'avoir reconnue jolie, que de la faire passer pour sotte. Il est certain que la princesse de Lamballe n'avait pas l'esprit de madame de Genlis. Mais elle en avait assez pour ne pas envier le moins du monde celui de l'auteur *d'Adèle et Théodore*. *Inde iræ*.

« Madame de Lamballe, dit madame de Genlis,
» était extrêmement jolie, et *quoique* sa taille n'eût
» aucune élégance, qu'elle eût des mains affreuses,
» qui par leur grosseur contrastaient singulière-
» ment avec la délicatesse de son visage, elle était
» charmante sans aucune régularité. Son caractère
» était doux, obligeant, égal et gai, mais elle était
» absolument dépourvue d'esprit; sa vivacité, sa gaieté
» et son air enfantin, cachaient agréablement sa nul-
» lité; elle n'avait jamais eu un avis à elle, mais dans
» la conversation elle adoptait toujours l'opinion de
» la personne qui passait pour avoir le plus d'esprit,
» et c'était d'une manière qui lui était tout à fait par-
» ticulière. Lorsqu'on discutait sérieusement, elle ne
» parlait jamais et feignait de tomber en distraction,
» et tout à coup, paraissant sortir de sa rêverie, elle
» répétait mot à mot, comme d'elle-même, ce que

» venait de dire la personne dont elle adoptait l'opi-
» nion, et elle affectait une grande surprise, lorsqu'on
» croyait lui apprendre que l'on venait de dire la
» même chose; elle assurait qu'elle ne l'avait pas en-
» tendue. Elle faisait ce petit manége avec beaucoup
» d'adresse, et j'ai été longtemps à m'en apercevoir. »

Remarquons tout d'abord qu'en fait d'élégance nous ajoutons beaucoup plus de foi à l'avis de madame d'Oberkirch, et surtout de madame Vigée Le Brun, qu'à celui de madame de Genlis, qui s'y connaissait peu, et dont le goût ne nous a jamais inspiré grande confiance. Madame Vigée, qui était peintre, affirme que la princesse de Lamballe était d'une taille et d'une démarche merveilleusement élégantes. C'est elle que nous croirons. Quant à son talent de conversation et de discussion, nous l'abandonnons volontiers aux critiques de la sèche et pédantesque matriarche, dont Rivarol disait « qu'elle n'avait pas de sexe ».

Mais ce que nous pardonnons moins aisément à madame de Genlis, c'est l'impitoyable âpreté avec laquelle elle fait un crime à la malheureuse princesse de ses souffrances, et un ridicule de l'état nerveux qui en était la suite. Elle reproche aigrement à cette délicate, à cette maladive, à cette infortunée, les défaillances d'une constitution ébranlée par tant de secousses. Elle l'accuse de répugnances affectées, de terreurs puériles. Elle l'accuse d'avoir inauguré la coquetterie des évanouissements et des syncopes, d'avoir perfectionné l'art *d'avoir des vapeurs*, d'avoir enfin cherché, par un étalage de douleurs artificielles, à se rendre intéressante, originale. Cet esprit fort auquel nous devons tant de chefs-d'œuvre oubliés, et qui, du haut de sa popularité de cabinet de lecture, invoque la postérité, n'a pas assez de railleries et de mépris pour les *faiblesses* de madame de Lamballe. Écoutez cette leçon :

« Elle avait d'ailleurs beaucoup de petits ridicules, » qui n'étaient que des affectations puériles. La vue » d'un bouquet de violettes la faisait évanouir, ainsi que » l'aspect d'une écrevisse ou d'un homard, même en » peinture. Alors, elle fermait les yeux sans changer » de couleur, et restait ainsi immobile pendant plus » d'une demi-heure, malgré tous les secours qu'on » s'empressait de lui prodiguer, quoique personne ne » crût à ces prétendus évanouissements. C'est ainsi » que je l'ai vue, en Hollande, s'évanouir dans le » cabinet de M. Hope, après avoir jeté les yeux sur un » petit tableau flamand qui représentait une femme » vendant des homards.

» Une autre fois, à Crécy, chez M. le duc de Pen-» thièvre, après souper, j'étais à côté d'elle, assise » sur un canapé. Mademoiselle Bagarotti contait des » histoires de revenants, lorsqu'on entendit dans l'an-» tichambre un valet de chambre bâiller à haute voix, » apparemment en se réveillant. Madame de Lamballe » affecta un tel mouvement de frayeur, qu'elle tomba » *évanouie* sur moi, ce qui dura si longtemps, qu'on

6.

» alla réveiller M. Guénault, chirurgien de M. le duc de
» Penthièvre, qui accourut précipitamment en robe de
» chambre. Comme cet *évanouissement* ne finissait pas,
» et que j'avais *grande envie d'aller me coucher,* je pro-
» posai bien haut à M. Guénault, *qui était un imbécile,*
» de saigner du pied la princesse, bien certaine qu'elle
» reviendrait de son évanouissement avant la saignée.
» M. Guénault objecta qu'il faudrait peut-être attendre
» encore, à cause du souper. J'affirmai que j'avais re-
» marqué que la princesse n'avait presque rien mangé.
» A ces mots, sans hésiter, M. Guénault commanda
» de l'eau chaude, et d'un air triomphant, car saigner
» la princesse était pour lui un glorieux exploit, il pro-
» posa d'aller réveiller M. le duc de Penthièvre, qui
» allait toujours se coucher avant nous; mais je m'y
» opposai. Enfin, le seau d'eau chaude arriva. M. Gué-
» nault s'armait de sa lancette, lorsque la princesse
» reprit *inopinément* toute sa connaissance. Je lui ai
» vu faire mille fois des scènes de ce genre. Et par la
» suite, lorsque les attaques de nerfs périodiques sui-
» vies d'évanouissement devinrent à la mode, madame
» de Lamballe ne manqua pas d'en avoir de régulières,
» deux fois la semaine, aux mêmes jours et aux mêmes
» heures, pendant toute une année. Ces jours-là, sui-
» vant l'usage des autres malades de cette espèce,
» M. Sieffert (son médecin) arrivait chez elle aux heures
» convenues; il frottait les tempes et les mains de la
» princesse d'une liqueur spiritueuse, ensuite il la fai-
» sait mettre dans son lit, où elle restait deux heures

» *évanouie*. Pendant ce temps, ses amis intimes, ras-
» semblés ce jour-là, faisaient un cercle autour de son
» lit, et causaient tranquillement jusqu'à ce que la
» princesse sortit de sa léthargie.

» Telle était la personne que la Reine choisit d'abord
» pour sa première amie ! Mais la Reine sentit bientôt
» que madame de Lamballe était hors d'état de don-
» ner un conseil utile, et même de prendre part à un
» entretien sérieux ; ce ne fut donc point par légèreté,
» comme on l'a dit, que la Reine lui ôta sa confiance ;
» elle la jugea avec beaucoup de discernement. En
» même temps, elle lui conserva tous les droits appa-
» rents de l'intimité... »

Il est certainement impossible de lire quelque chose d'une perfidie plus raffinée, d'une plus égoïste malignité. Nous avons voulu, par respect pour l'histoire, qui doit tout entendre, les vrais et les faux témoignages, citer ce chef-d'œuvre de méchanceté. Nous nous réservons cependant d'invoquer à la décharge de la princesse de Lamballe, à qui madame de Genlis, ne pouvant lui prêter des vices, a prêté tant de ridicules, des considérations qui nous semblent décisives, à commencer par le propre aveu de madame de Genlis, qui se contredit avec d'autant plus de facilité qu'elle ne se relisait pas, et, pondeuse infatigable, ne revenait jamais sur son œuf. Il sera évident, pour tous les lecteurs impartiaux et de bonne foi, que madame de Genlis, en attaquant rétrospectivement la princesse de Lamballe, n'a d'autre but que de satisfaire les rancunes du Palais-

Royal, où l'on n'aimait pas plus la princesse que la Reine son amie, et les siennes propres. Madame de Genlis, qui a poussé l'infatuation d'elle-même jusqu'à se persuader avoir joué un grand rôle, et qui, dans ses *Mémoires*, s'échappe à tout propos de la coulisse pour envahir la scène, Madame de Genlis, à laquelle il ne tient point que nous ne voyions en elle l'inspiratrice secrète, l'Égérie de Napoléon lui-même, devait faire peu de cas d'une princesse incapable de soutenir, sous prétexte de conversation, des thèses *de omni re scibili*. Elle devait mépriser une femme dont toute la politique consistait à éviter le vice, fût-il triomphant à Versailles ou au Palais-Royal, à vivre et à mourir pour le Roi son maître et la Reine son amie. Cette simplicité héroïque, cette naïveté sublime, font hausser les épaules à madame de Genlis, qui trouva plus spirituel et plus sûr de se réfugier à l'étranger que d'affronter les hasards et les dangers de la fidélité. Ce qui ne l'empêche pas d'aspirer, elle aussi, aux palmes du sacrifice, et de préférer sans doute *son martyre*, comme ayant duré plus longtemps, à celui du 3 septembre.

Pour nous, nous ne trouvons pas que les critiques *si décisives* de madame de Genlis aient le moins du monde entamé l'auréole de ce visage céleste. Nous ne voyons pas un crime dans une défaillance qui empêche madame de Genlis de s'aller coucher, nous n'y voyons qu'un malheur. La brutale réalité, la sincérité douloureuse de ces évanouissements, n'est que trop attestée par des témoignages plus humains, mais aussi véridiques que celui de madame de Genlis. Femme sèche, hardie, à instincts presque masculins, celle-ci put impunément s'aguerrir aux curiosités et aux spectacles les plus incompatibles avec la réserve de son sexe et de ses fonctions. Elle put apprendre à herboriser, à saigner, à disséquer même. Et l'on comprend qu'un homard ne fasse point peur à celle qui n'a point eu peur d'un cadavre. On comprend cependant parfaitement aussi qu'une femme d'une constitution délicate, pour ainsi dire perpétuellement alarmée, qu'une femme qui a dans les nerfs l'irritabilité de la sensitive, dans les sens la susceptibilité de la gazelle, se trouve involontairement, fatalement contractée et pâmée au bruit d'un bâillement formidable dans une chambre voisine, alors que dans l'ombre d'une soirée d'été, on l'entretient, par des histoires de revenants, dans ces dispositions timorées et funèbres. Tout cela n'a rien que de naturel, et ne nous semble pas si grotesque. Il fallait être madame de Genlis pour rire du spectacle d'une sensibilité devenue une sorte d'infirmité, elle qui connaissait les malheurs qui en étaient cause. Elle n'ignorait pas non plus que ces répugnances en quelque sorte fatales, que ces dégoûts organiques, manifestés par des convulsions et des soubresauts nerveux, n'étaient pas le privilége exclusif de la princesse de Lamballe, ni celui de son temps, ni même celui de son sexe.

Cette pédagogue en jupon, cette femme encyclopédique, qui a avalé, sans les digérer, tant de notions confuses, tant de sciences hétérogènes, ignorait-elle qu'Auguste avait une peur insensée du tonnerre et des éclairs, et croyait se garantir du péril en portant toujours avec lui une peau de veau marin ; que l'empereur Héraclius ne pouvait supporter sans nausées la vue de la mer, et qu'il ne put passer le Bosphore que sur un pont couvert; que Lope de Vega ne voyait pas impunément prendre du tabac; que le moraliste Nicole, si ferme dans ses traités, se trouvait dans les rues en proie à une sorte de perpétuel vertige, et que l'ivresse d'une peur permanente le faisait vaciller et tituber comme *l'autre?* Avait-elle oublié, cette Maintenon manquée d'un prince de décadence, que Jeanne II de Naples tombait en syncope devant une souris; qu'Henri II fuyait devant un chat; que le duc d'Épernon s'évanouissait à la vue d'un levraut; que le maréchal de Brézé tremblait devant un lapin; que le maréchal d'Albret quittait la table quand on y servait un marcassin ou un cochon de lait ; et que le maréchal de Montrevel mourut de la terreur superstitieuse que lui causa la chute d'une salière? N'avait-elle pas lu, cet incorrigible bas-bleu qui tricotait de la grosse prose pour Ladvocat, qu'Érasme ne pouvait sentir le poisson sans en avoir la fièvre ; que Scaliger frémissait de tout son corps en voyant du cresson; que Tycho-Brahé sentait ses jambes défaillir à la rencontre d'un renard; que le chancelier Bacon tombait en pâmoison lors des éclipses de lune; que Bayle avait des convulsions au bruit de l'eau tombant du robinet; que Fa-

voriti, poëte italien, mort en 1682, se trouvait mal
à l'odeur d'une rose? Voilà, à notre avis, un assez
beau recueil des faiblesses humaines, et nous n'avons
choisi nos exemples que parmi les rois et les philosophes, c'est-à-dire dans les espèces les plus robustes
de l'humanité.

On le voit, il n'y a pas tant à rire des innocentes
faiblesses d'une femme maladive, de cette horreur du
homard, qui n'a jamais passé pour une chose bien
agréable à voir ; de ce sursaut à l'audition d'un bâillement monstrueux, et de ces autres crimes ridicules,
reprochés avec tant d'amertume à cette femme élégia-
que, à cette princesse mélancolique que troublaient
à la fois les souvenirs du passé et les pressentiments
de l'avenir.

Qui pourrait douter de la sincérité de ce mal étrange,
devenu d'ailleurs sur la fin du dix-huitième siècle
si fréquent et presque épidémique, et avec de tels
sursauts, de telles révoltes nerveuses, que des femmes
seront obligées de faire matelasser leurs chambres à
coucher pour amortir les conséquences de ses périodiques retours? — qui pourrait douter de sa sincérité
en voyant madame de Lamballe promener de médecin en médecin, de système en système, de panacée
en panacée, son incurable infirmité, et descendre
désespérée jusqu'à la crédulité aux charlatans, et jusqu'à leurs soulagements empiriques? Ce sont des historiens qui nous la montrent, de plus en plus tour-
mentée par cette maladie du système nerveux ébranlé

non par la cause qu'indique le docteur Sieffert, mais par les profonds et vivaces chagrins que lui avait donnés le prince son mari [1], errant pendant toute la fin du siècle, âme en peine dans un corps inquiet, de novateur en novateur, depuis Pithara qui guérissait avec des emplâtres sur le nombril, jusqu'à Mesmer, Deslon et leur baquet.

Qui pourrait douter enfin de la malignité des intentions de madame de Genlis, quand elle les confesse elle-même, en rougit, s'humilie devant l'opinion publique indignée de ces railleries qui ont quelque chose de sacrilége, et consacre à sa défense tout un dialogue *apologétique*, d'une si pauvre argumentation et d'une si évidente maladresse, qu'on peut dire que si une telle mémoire pouvait se plaire à la vengeance, elle serait trop vengée? Moins charitable, nous la montrerons se punissant elle-même, en voulant s'excuser. Après avoir déclaré que c'est par mégarde qu'elle a livré à l'impression ces feuillets indiscrets, après avoir invoqué une espèce d'alibi résultant de son séjour à Mantes, où elle n'a pas corrigé ses épreuves; après être convenue que ce *lapsus*, qui calomnie son cœur, a été uniquement causé « par l'étourderie et la » distraction, dont l'âge et l'expérience n'ont pu » la corriger, » elle s'embrouille, perd contenance, et finit par s'agenouiller humblement sur le tombeau qu'elle a profané, associant de force dans son

---

[1] Bachaumont, vol. XVII.—E. et J. de Goncourt, *La femme au dix-huitième siècle*, p. 361.

repentir égoïste, à sa pénitence, madame de Lafayette, qu'elle accuse d'être plus indiscrète et plus médisante qu'elle [1].

Nous n'en voulons pas davantage, et laissant madame de Genlis se dépêtrer de son rôle, verser des larmes hypocrites sur la fin prématurée d'une princesse « dont elle n'eut pas l'honneur d'être l'amie » (je le crois bien!), et épuiser la lie du calice de la palinodie, nous ne reviendrons à ce triste sujet que pour lui donner une conclusion en même temps qu'une moralité.

La vérité est donc que madame de Lamballe n'a été que le type le plus touchant et la plus pure victime de cette maladie mystérieuse et terrible dont le nom frivole et galant de *vapeurs* a trop dissimulé et trop poétisé les horreurs. Pour nous, nous voyons dans ce mal sans nom, qui semble le résumé de tous les maux, et dont les insaisissables ubiquités et les capricieuses métamorphoses échappent à l'analyse, dans ce mal à la fois physique et moral, à la fois douleur et ennui, un symptôme de la débilitation universelle, un châtiment vengeur des corruptions du siècle, un présage avant-coureur de la dissolution prochaine.

Que si madame de Lamballe, qui n'avait abusé de rien en ce monde, si ce n'est de la piété et de la charité, que si celle que Marie-Antoinette, qui l'admirait en l'aimant, appelait « un ange », subit, elle aussi, l'affront d'un mal immérité, c'est sans doute par suite

---

[1] *Mémoires de madame de Genlis*, t. VIII, p. 112 et suiv.

d'un de ces aveuglements injustes de la destinée, qui sont les mysteres de la Providence. C'est qu'il fallait à l'expiation, comme toujours, une innocente victime, et que Dieu commençait ainsi à préparer son élue à l'épreuve du futur et complet sacrifice.

Mais nous n'avons rempli qu'une part de notre tâche; nous ne ferons pas à madame de Lamballe l'injure de borner son portrait à l'esquisse de son visage. C'est dans son âme, dans ses actions, dans ses paroles, dans sa moindre pensée, qu'il faut chercher cette beauté supérieure à toutes les autres, cette beauté qu'on sent, et dont celle qu'on voit n'est que l'image. Et ici, nous éprouvons l'embarras que n'ont pas évité avant nous des devanciers qui, émus encore plus que charmés, ont involontairement confondu les deux admirations et mêlé les traits de sa figure avec ceux de son cœur, par un entrainement qui est le plus flatteur des éloges.

Madame d'Oberkirch, nous l'avons vu, a plus parlé de la physionomie morale de madame de Lamballe que de son charme physique. Madame Campan n'a pas échappé à cette charmante violence d'un modèle dont l'harmonieuse unité ne souffre pas de division.

Avec un art victorieux de toutes les difficultés, MM. de Goncourt ont réussi à séparer les deux images, et c'est leur esquisse que nous choisirons, comme la plus digne du modèle.

« L'âme de madame de Lamballe avait la sérénité de

» son visage. Elle était tendre, pleine de caresses, tou-
» jours égale, toujours prête aux sacrifices, dévouée dans
» les moindres choses, désintéressée par-dessus tout.
» Ne demandant rien pour elle, madame de Lamballe
» se privait même du plaisir d'obtenir pour les autres, ne
» voulant point faire de son attachement le motif ni
» l'excuse d'une seule importunité. Oubliant son titre
» de princesse, elle n'oubliait jamais le rang de la
» Reine. Bru d'un prince dévot, elle était pieuse. Son
» esprit avait les vertus de son caractère, la tolérance,
» la simplicité, l'amabilité, l'enjouement tranquille.
» Ne voyant pas le mal et n'y voulant pas croire, ma-
» dame de Lamballe faisait à son image les choses et
» le monde, et chassant toute vilaine pensée avec la
» charité de ses illusions, sa causerie gardait et berçait
» la Reine comme dans la paix et la douceur d'un beau
» climat. Sa bienfaisance encore, cette bienfaisance
» infatigable des Penthièvre, qui ne rebuta jamais les
» malheureux, et jusqu'à ce parler italien dans lequel
» avaient été élevées l'imagination et la voix de la
» Reine, tout était un lien entre madame de Lamballe
» et Marie-Antoinette. La souveraine et la princesse
» allaient l'une à l'autre par mille rencontres de senti-
» ment, au fond d'elles-mêmes, et elles étaient pré-
» destinées à une de ces rares amitiés que la Provi-
» dence unit dans la mort[1]. »

Comment Marie-Antoinette, dont de récentes publications nous ont enfin livré l'âme dans sa glorieuse

[1] E. et J. de Goncourt. *Histoire de Marie-Antoinette*, p. 98, 99.

nudité, et dont les lettres nous montrent si bien la princesse allemande dans la reine française; comment Marie-Antoinette, énergique et tendre, active et rêveuse, dont l'imagination sentimentale bercée des souvenirs d'une patriarcale royauté, aspirait à un peuple fraternellement uni sous un sceptre paternel; comment Marie-Antoinette, impatiente de l'étiquette, amoureuse de la nature, eût-elle résisté à cet attrait innocent, à ce charme naïf, à cet enchantement modeste, à cette bonté qui s'oublie, à cette grâce qui s'ignore, à toutes ces qualités d'une princesse selon son cœur et selon sa race, qui semblait réaliser son utopie et personnifier sa charmante chimère? La première fois que la Reine vit madame de Lamballe, elle l'aima. D'un bond impétueux, d'un invincible élan, ce cœur généreux se précipita, brisant les obstacles de l'étiquette, rompant avec les traditions du rang, au-devant du seul cœur qui fût digne de lui. Étrangère, isolée, méconnue, humiliée de sa stérilité et des froideurs de son époux, des jalousies de la famille, des hostilités de la cour, c'est avec une sorte de joie fébrile, d'emportement consolateur que Marie-Antoinette se jeta dans les bras de cette amie assez tendre pour tout comprendre, assez désintéressée pour tout savoir, assez discrète pour tout oublier, assez dévouée pour tout faire. Et l'angélique Lamballe, sans s'enorgueillir de cette auguste conquête, de ce royal hommage, se consacra, dans sa naïve reconnaissance, à ce nouveau devoir de l'amitié qui, avec sa mission filiale auprès de son beau-père, remplira désormais son âme et sa vie. On peut juger de la fascination qu'exerçait alors, dans tout l'éclat de la jeunesse, de la beauté et de la vertu, cette céleste personne, quand on voit des Ligne, des Lauzun, ces héros corrompus, ces chevaleresques roués, qui n'avaient plus que la religion de l'honneur et le culte de l'esprit, céder à un empire inconnu et fléchir le genou devant la seule femme du temps peut-être que leur médisance ait respectée. Le prince de Ligne n'en dit qu'un mot, mais ce mot suffit à la peindre, et suffit aussi à son éloge dans la bouche d'un homme qui n'admirait pas facilement et qui n'admirait pas surtout volontiers la bonté [1]. Quant à Lauzun, attendre de lui une entière réserve et un hommage intact, serait demander l'impossible à ce fat romanesque, à ce fanfaron de vices. Il a mêlé vaguement la princesse à ses insolents commérages, et il a essayé de faire intervenir ce témoin immaculé, sous forme de confidente, sur la scène de sa comédie amoureuse. Mais il n'a pas réussi à la calomnier, et, tout profane qu'il est, il y a un éloge dans cette impuissance.

[1] « Elle était aussi bonne que jolie, » dit-il. *Mémoires*, p. 76, 1860.

CHAPITRE CINQUIÈME

1776—1778

Déclin passager de la liaison de la Reine et de la princesse de Lamballe. — Voyage de la princesse aux États de Bretagne. — La princesse est nommée surintendante de la maison de la Reine. — Opposition de Turgot et des dames du palais. — Lettre de Marie-Antoinette à la princesse de Lamballe. — Le duc de Penthièvre à Rennes. — Les *Mémoires de Lauzun* et la princesse de Lamballe. — Témoignage de madame d'Oberkirch. — La mort du comte d'Eu. — La princesse de Lamballe s'éloigne de la cour. — Témoignage de madame Campan. — La Reine accouche d'une princesse. — Voyage de la princesse de Lamballe en Hollande. — Mort du père et de la mère de la princesse de Lamballe. — Lettre de Marie-Antoinette à ce sujet.

Après la mort de Louis XV, Marie-Antoinette, qui, devenue Reine, n'avait pas repris le cœur qu'elle avait donné comme Dauphine, chercha dans les attributions que le rang suprême mettait à sa disposition, une charge qui fût un lien, qui fût une récompense, qui lui assurât enfin l'entière possession de celle qu'il avait fallu trop disputer jusque là à sa piété et à sa modestie. Écoutons là-dessus le témoignage précis de madame Campan :

« Sa position, dit-elle de la princesse de Lamballe, » la rendait fort intéressante : mariée au sortir de » l'enfance à un jeune prince perdu par le contagieux » exemple du duc d'Orléans, elle n'avait eu que des lar- » mes à verser depuis son arrivée en France. Veuve à » dix-huit ans, et sans enfant, son état auprès de » M. le duc de Penthièvre était celui d'une fille

» adoptive. Elle avait pour ce prince vénérable le res-
» pect et l'attachement le plus tendre; mais la Reine,
» en rendant, ainsi que la princesse, justice à ses ver-
» tus, trouvait que la vie habituelle de M. le duc de
» Penthièvre à Paris ou dans ses terres ne pouvait
» offrir à sa jeune belle-fille les plaisirs de son âge, ni
» lui assurer pour l'avenir un sort dont elle était pri-
» vée par son veuvage. Elle voulut donc la fixer à
» Versailles, et rétablir en sa faveur la charge de
» surintendante, qui n'avait point existé à la cour de-
» puis la mort de mademoiselle de Clermont. On as-
» sure que Marie Leczinska avait prononcé que cette
» place demeurerait vacante, la surintendante ayant un
» pouvoir trop étendu dans les maisons des Reines pour
» ne pas mettre souvent des entraves à leurs volontés. »

Une fois ce vœu formé, une fois ce moyen entrevu de conserver auprès d'elle son angélique confidente, la Reine se porta au but avec une énergie qui profita des obstacles eux-mêmes, et qui finit par emporter la volonté hésitante de Louis XVI, dont l'âme honnête, mal servie par un esprit étroit, avait surtout vu, dans ses nouveaux devoirs, celui de l'économie. Madame de Cossé, sur ces entrefaites, trouva moyen de blesser par un procédé peu délicat la susceptibilité d'une Reine devenue Française sans cesser, sur certains points, d'être Allemande, et qui ne pardonnait pas là la moindre lacune dans l'hospitalité offerte aux siens à son frère Maximilien par exemple. Turgot encourut sa disgrâce pour avoir résisté.

Ce fut toute une affaire, presque un coup d'État, que cette nomination de la princesse de Lamballe. Madame de Cossé quitta sa charge de dame d'atour, et alla renforcer ce groupe hostile dont les rancunes inspirèrent les premiers pamphlets contre Marie-Antoinette, et désapprirent au peuple le respect dont il fut de bon ton à la cour, avant d'être de règle à la ville, de s'écarter. La duchesse de Noailles, devenue maréchale de Mouchy, donna sa démission de dame d'honneur et renonça à ce gouvernement minutieux de l'étiquette dont elle avait fait une tyrannie, plutôt que de le partager. Ce fut une émulation de résistance, un assaut d'opposition. Un moment, la princesse de Chimay, nommée dame d'honneur, et la marquise de Mailly, se refusèrent à prêter un serment qui les mettait dans la dépendance de la nouvelle surintendante. Et tout ce bruit, tous ces camps divers, toutes ces tempêtes dans un verre d'eau, pourquoi? Parce que la Reine avait eu l'innocente fantaisie de retenir auprès d'elle son unique amie, et de lui créer des devoirs qui lui permissent de partager avec son beau-père la jouissance du commerce d'une femme qui, après tout, était princesse du sang de Savoie et princesse de la famille royale de France! Malgré ces murmures coalisés de la cour jalouse et de Paris prévenu, où les bons bourgeois parlaient des dilapidations de l'étrangère et oubliaient la du Barry, qu'ils avaient supportée si longtemps, la Reine l'emporta. Les provisions de la surintendance témoignent de cette insistance de la Reine, de cette lutte et de son triomphe.

Voici ces provisions tant controversées, tant disputées par des compétitions ou des jalousies qui eussent été moins intolérantes et moins nombreuses sans doute, si on eût pu prévoir qu'elles étaient un brevet de martyre.

« *Louis*, etc., à tous ceux qui ces présentes lettres
» verront, *Salut*.

» La Reine, notre très-chère épouse et compagne,
» nous ayant fait connaître le désir qu'elle a que notre
» très-chère et très-amée cousine, la princesse de
» Lamballe, soit pourvue de l'état et charge de chef
» du conseil et surintendante de sa maison, notre ten-
» dresse pour ladite dame Reine, et la connaissance
» que nous avons des grandes qualités de notredite
» cousine, nous ont déterminé à y déférer; et ces
» causes et autres grandes considérations à ce nous
» mouvant, nous avons donné et octroyé, et par ces
» présentes, signées de notre main, donnons et oc-
» troyons à notre très-chère et très-amée cousine
» Marie-Thérèse-Louise de Savoie-Carignan, veuve
» de notre très-cher et très-amé cousin le prince de
» Lamballe, l'état et charge de chef du conseil et sur-
» intendante de la maison de la Reine, pour, par
» notredite cousine, l'avoir, tenir et exercer, en
» jouir et user aux honneurs, pouvoirs, fonctions,
» autorités, priviléges, prérogatives, prééminences
» qui y appartiennent, ainsi et de la même manière
» qu'en a joui ou dû jouir notre très-chère et très-amée

7.

» cousine la feue demoiselle de Clermont. *Le seizième*
» *jour de septembre de l'an de grâce* 1775, *et de notre*
» *règne le deuxième.* »

Madame de Lamballe, dans cette charge, demeura indifférente aux honneurs; mais elle accepta les devoirs avec l'empressement naïf de ce cœur qui aimait à aimer. Marie-Antoinette n'avait vu dans cette place, si dangereuse entre les mains d'une femme ambitieuse, qu'un moyen de rapprocher d'elle cette princesse amie des champs et de la solitude, qui fuyait la Reine pour fuir la cour. Madame de Lamballe ne vit dans cet honneur qu'une occasion de plus de se donner, et elle se résigna à des fonctions qui l'obligeaient à briller, parce qu'elles lui permettaient d'être utile.

De 1775 à 1778, pas un nuage ne passa sur cette amitié vraiment touchante. C'est l'époque des petits bals intimes de l'appartement de la surintendante, des comédies en famille, des villégiatures pastorales de Trianon. La reine est heureuse, elle est fière d'être enfin pour tout de bon épouse, et elle confie à la princesse de Lamballe, en des expansions charmantes, les joies nouvelles de ce cœur qui se sent devenir maternel. Tout leur est commun, plaisirs et peines. Si la princesse s'éloigne pour accompagner son beau-père qui va présider les États et montrer aux Bretons, humiliés du joug d'un d'Aiguillon, cette figure d'un prince pieux et juste qu'ils n'ont pas vue depuis si longtemps, la Reine gourmande tendrement cette absence inévitable, tout en félicitant la digne belle-fille du duc de Penthièvre du charme pacificateur de ses yeux et des nobles conquêtes de sa vertu et de son exemple. La princesse perdra bientôt successivement, et à peu d'intervalle, son père et sa mère. La Reine vient pleurer avec elle, et s'associe à son deuil en termes à la fois consolateurs et flatteurs. De chaque côté, c'est un assaut de prévenances ingénieuses et d'aimables surprises. En mars 1775, par exemple, au retour de ce voyage de Rennes si fécond en bénédictions, et qui renouvelle au cœur ulcéré d'un peuple justement fier l'antique amour et l'antique fidélité, Marie-Antoinette, impatiente de revoir son amie, la fait prier de paraître aussitôt son arrivée, en quelque état qu'elle soit.

Et en ·entrant, la belle absente s'attendrit en voyant son portrait peint sur une glace de l'appartement de la Reine [1].

Nous n'avons que peu de détails sur ce voyage salutaire et réparateur qui inaugurait si bien un règne honnête, et qui donnait à Louis XVI un si digne représentant. Le meilleur moyen de le caractériser et de le louer comme il le mérite, est de citer cette lettre :

Marie-Antoinette à la princesse de Lamballe.

(Versailles), ce 29 décembre 1775 [2].

« Je n'ai pas besoin de vous dire, ma chère Lam-
» balle, le plaisir que j'ai eu à recevoir de vos nou-

---

[1] Bachaumont, vol. XXIX, p. 293.
[2] Nous devons la communication de cette lettre, dans sa primeur,

» velles. Nous venions d'apprendre tous vos succès
» dans cette belle province que M. le duc d'Aiguillon
» avait tant irritée. Il n'y fallait pas moins que M. de
» Penthièvre pour y faire oublier cette administration
» et calmer les esprits. Puisque M. de Penthièvre a
» promis en partant qu'il n'aurait que des grâces à
» distribuer de la part du Roi, le Roi l'aidera de bon
» cœur à tenir parole, car vous savez qu'il aime mieux
» récompenser que punir. On voit par tout ce qui re-
» vient, que M. de Penthièvre a pris le droit chemin
» de faire bénir le nom du Roi en Bretagne. Aussi on
» l'aime comme il est digne d'être aimé. Vous vous

et de la plupart de celles qui suivent, à l'obligeance de M. Feuillet de Conches, qui vient de se décider à nous donner enfin le couronnement promis de l'édifice qui sera le monument de la curiosité, avant qu'il touche encore à son quatrième étage. Le savant, le spirituel et aimable fondateur d'un genre de littérature nouveau et fécond, l'histoire intime éclairée par les autographes, l'histoire *de derrière*, comme eût dit Pascal, devait cette satisfaction à l'impatiente attente de la grande famille de lecteurs sympathiques, dont l'applaudissement lui a fait une gloire, que la publication complète des lettres *de Louis XVI, de Marie-Antoinette et de Madame Élisabeth*, qu'il commence chez M. Plon, digne éditeur d'un tel livre, portera à une sorte de popularité. Grâce à lui, Marie-Antoinette aura enfin son temple expiatoire, dont nous n'avions pu bâtir qu'une humble chapelle. Grâce à lui, la royauté honnête de Louis XVI trahie par les circonstances, la sagace et héroïque résistance de la Reine, qui fut Roi plus que lui, la sainteté pudique de Madame Élisabeth, sont enfin lavées des boues révolutionnaires, et ces grandes figures, humiliées par le pamphlet, resplendiront dans l'histoire. M. Feuillet de Conches comble les vœux que M. d'Hunolstein avait noblement excités en commençant à les satisfaire. Désormais, il n'y a plus qu'un beau livre à écrire sur la Reine, où seront mises en œuvre les perles épistolaires découvertes et données par M. Feuillet de Conches. Ce livre éloquent et définitif, lui seul peut et doit le faire, et il le fera. (*Juillet* 1864.)

» promenez tous les jours à pied au milieu de vos Bre-
» tons, vous marchez sur l'étiquette, vous vivez à dis-
» tribuer des aumônes. Mais c'est là une vie de bon-
» heur! Combien je vous envie, ma tendre amie! Je
» suis enchaînée dans mon Versailles, contrainte à
» toutes les gênes de l'étiquette, de la représentation;
» et encore je suis loin de vous! Je vous dirais de re-
» venir promptement, si vous n'étiez pas si occupée à
» bien faire. Adieu, mon cher cœur; je vous aime et
» vous embrasse de toute mon âme!
» Marie-Antoinette. »

Quand Louis XVI monta sur le trône, son premier soin, qui atteste plus de générosité que de prévoyance, fut de rappeler les anciens Parlements, c'est-à-dire de faire rentrer le vent et les tempêtes dans ces outres d'opposition que Maupeou, Terray et d'Aiguillon avaient brutalement mais opportunément crevées.

Le Roi, dans sa bonté et dans sa confiance, voulut guérir d'un coup, par un remède sûr, les maux dont la Bretagne avait si longtemps souffert. Il fit marquis cet éloquent et inébranlable procureur général, adversaire de d'Aiguillon, M. de la Chalotais. Et le lendemain du jour où les héros de la résistance parlementaire étaient remontés triomphalement sur leurs siéges, au bruit des acclamations populaires, parut à Rennes le bon duc, adoré des Bretons, dont la modestie si différente de la morgue des commandants, avait voulu une entrée incognito. C'était le 17 décembre 1774.

C'est avec une sorte d'émulation de témoignages de joie et de dévouement, que le prince fut reçu par cette fière mais loyale noblesse dont il avait toujours été le protecteur, et qui remplissait si héroïquement ses devoirs, à la condition qu'on lui laissât ses priviléges, dernier souvenir de l'antique indépendance. Le 20 décembre, eut lieu l'ouverture solennelle des États. Le discours d'un prince à qui, pour toutes instructions, Louis XVI avait dit : « Faites-moi aimer, » et qui n'avait voulu avoir que des grâces à annoncer, ne pouvait être que bienvenu. Aussi jamais tenue d'États plus tranquilles, plus touchante unanimité.

Aussi généreux et aussi magnifique quand il s'agissait de faire honneur à son rang ou à ses fonctions, qu'il était d'ordinaire simple et frugal, le duc de Penthièvre tint table ouverte avec une profusion et une cordialité sans exemple. A tous les étages de son palais, on buvait, on mangeait à sa santé ; la maison du gouverneur était devenue celle de tout le monde. Et la desserte de cette fastueuse hospitalité suffisait à nourrir quatre cents pauvres.

Quand l'aimable princesse de Lamballe, debout et souriante aux côtés de son beau-père, ne l'aidait pas, avec sa grâce insinuante, à faire aux Bretons ébahis et charmés les honneurs de ces galas homériques, elle continuait dans la ville, par toutes les ressources d'une ingénieuse charité, l'œuvre de réparation, de réconciliation à laquelle elle s'était vouée. Elle prenait, pour les faire entrer à Saint-Cyr et les faire élever aux frais du

Roi, les noms des enfants de pauvres gentilshommes réduits à la condition de porteurs de chaises, et gagnant fièrement leur vie à promener leurs égaux plus fortunés. Elle découvrit dans ses cuisines un marmiton qui remontait, d'ancêtre en ancêtre, à un fils naturel de Jean III, fils d'Artus III, duc de Bretagne. Tous les jours, les commères de Rennes la voyaient, avec édification, aller à pied, dans la boue et la neige, aux églises, seule ou accompagnant son beau-père. Ce fut comme un rêve pour la Bretagne que cette tenue d'États de 1774, par un prince qui tranchait toute difficulté en disant sans cesse : « Je ne veux point d'honneurs, je ne veux que vos cœurs. » « Ils sont à vous! » s'écriaient alors, avec l'évêque de Rennes, les Bretons attendris. » Le 19 février 1775, les États lui envoyèrent une députation composée des principaux membres, pour le prier de faire réunir en sa personne la qualité de lieutenant général en chef à celle de gouverneur, afin de prévenir désormais, par cette réunion de tous les pouvoirs entre ses mains, le retour des troubles dont la province venait d'être si vivement agitée. Le bon duc eut toutes les peines du monde à faire comprendre l'inopportunité et l'indiscrétion d'une semblable demande à ces braves gens, ivres de joie pour la première fois depuis si longtemps, et qui, dans leur enthousiasme naïf, auraient volontiers demandé le duc de Penthièvre pour roi.

C'est le moment d'aborder les diverses scènes où Lauzun fait intervenir madame de Lamballe pour justifier le récit de cette prétendue liaison avec la Reine si effrontément romancée, ou plutôt pour essayer, par là présence de ce témoin incorruptible, de lui donner quelque autorité. Mais les efforts de Lauzun seront vains. Ses prétentions tourneront contre lui. Il ne parviendra à calomnier ni Marie-Antoinette ni son amie, et loin d'établir cette complaisante connivence de la princesse dont il s'est audacieusement targué, il sera forcé de convenir de ses protestations discrètes et de ses reproches.

C'est en 1775, nous le savons, que fleurirent surtout ces soupers et ces bals intimes où la Reine pouvait vivre à l'allemande et se dédommager de la contrainte des grands couverts et des réceptions solennelles. C'est chez la surintendante qu'elle s'était ménagé, accommodé ce dédommagement de familiarité, cette *vie de derrière,* pour ainsi parler, où elle se consolait si joyeusement de l'autre.

Les *Mémoires secrets* annoncent en ces termes l'organisation de ces petites fêtes :

« 26 *novembre* 1775. — Les bals de Versailles
» doivent recommencer le 20 décembre prochain. Ils
» se donneront chez madame la princesse de Lam-
» balle, ce qui rendra l'étiquette moins gênante. La
» Reine y dansera et soupera ainsi avec qui elle vou-
» dra indiquer. »

« Madame de Lamballe, dira plus tard madame
» d'Oberkirch, m'avait conviée à souper, par ordre de
» la Reine. Cela arrivait souvent après les révérences,
» et c'était une marque de distinction. Personne ne

» soupe officiellement avec le Roi et la Reine, que la
» famille royale. Mais la Reine fait inviter par ses
» dames, et surtout par sa surintendante, les personnes
» qu'elle désire favoriser[1]. »

Voyons maintenant le récit de Lauzun, qui est obligé d'avouer tout d'abord que la surintendante n'avait eu garde de le prier à ses bals et à ses soupers, et que lui n'aurait eu garde d'y aller sans être prié. C'est ici le lieu de remarquer que dans toutes les occasions où la dignité du rang ou l'honneur de sa charge étaient intéressés, la naïve et timide princesse de Lamballe se montrait singulièrement énergique et tenace. Nous en aurons bientôt la preuve.

« Madame la princesse de Lamballe, dit Lauzun,
» surintendante de la maison de la Reine, et son amie
» intime alors, vint à Fontainebleau, donna à souper
» aux gens que la Reine traitait le mieux, et ne me pria
» pas. La Reine me dit d'y aller. Je connaissais trop
» madame de Lamballe pour ne pas croire que cela
» fût léger, et je n'y fus pas. La Reine m'y mena le
» lendemain, et lui dit en me présentant à elle : «Je
» vous demande d'aimer comme votre frère l'homme
» du monde que j'aime le mieux et à qui je dois le
» plus ; que votre confiance en lui soit sans bornes
» comme la mienne. » Madame de Lamballe eut le
» droit de regarder cette présentation comme la con-
» fidence la plus importante, et de me croire infini-
» ment plus cher à la Reine que je ne l'étais en effet.

[1] T. II, p. 155.

» Sa conduite fut conforme à cette idée, et l'on ne fut
» pas longtemps à s'apercevoir de notre intimité[1]. »

Il est facile de faire, dans ce récit, la part de la vérité et de le réduire à une simple introduction de Lauzun aux bals de la surintendante, faveur qu'il partageait avec beaucoup d'autres, et qui ne compromettait personne, non plus qu'une bienveillance qui était trop dans le caractère et dans les habitudes de la princesse de Lamballe pour qu'elle fît une exception même pour Lauzun, si habile à abuser de la bienveillance.

« J'étais allé au bal avec milady Barrymore, qui
» n'en manquait pas un. Je ne savais pas que la Reine
» y fût. Je la rencontrai; elle me prit le bras, me
» parla longtemps et cela fut remarqué. Quelques jours
» après, gardant ma chambre, malade d'un gros
» rhume, M. d'Esterhazy vint me voir et me dit qu'il
» était trop de mes amis (depuis dix ans) pour ne pas
» m'avertir que la Reine était mécontente de ma con-
» duite; que mes manières avec elle étaient trop empres-
» sées; que j'avais l'air de la suivre et d'en être amou-
» reux; que dernièrement encore, au bal de l'Opéra,
» on avait remarqué combien j'en étais occupé, et que
» cela l'avait embarrassée. Je demandai à M. d'Ester-
» hazy ce qui lui faisait croire cela. Il me répondit que
» madame de Lamballe, à qui la Reine en avait parlé,
» le lui avait dit. Il me pria instamment de lui garder
» le secret. « Je ne puis vous le promettre, lui répon-

[1] *Mémoires de Lauzun*, p. 182, 183.

» dis-je; la Reine doit à mon attachement pour elle
» de ne pas me faire avertir par un tiers, lorsque j'ai
» eu le malheur de lui déplaire. » M. d'Esterhazy me
» parut tout déconcerté et très-effrayé de la résolution
» où il me voyait d'écrire à la Reine; il n'osa insister
» davantage et sortit.

» J'écrivis sur-le-champ à la Reine, et lui rendis
» compte de notre conversation. Elle traita fort mal
» M. d'Esterhazy, me fit dire qu'elle l'avait prié très-
» sèchement de ne pas la faire parler; et que j'avais
» bien dû voir que tout ce qu'il m'avait dit n'avait pas
» le sens commun [1]. »

De cette seconde scène, arrangée avec tant de complaisance par Lauzun, il résulte pour nous que les amis de la Reine, intéressés ou désintéressés, ne purent voir avec indifférence le manége perfide que le roué savait dissimuler sous des apparences de dévouement chevaleresque qui firent un moment peut-être illusion à la Reine. Pourquoi n'eût-elle pas eu, elle aussi, comme dans les vieux romans, ses serviteurs platoniques, ses héroïques mourants, agréés du Roi, qu'elle pourrait retrouver à ses côtés dans toute occasion dangereuse, et qui, sur un signe d'elle, iraient au trépas en souriant? Tel fut le rêve dont se berça peut-être cette imagination sentimentale, dont les premiers triomphes de l'épouse, les premières espérances de la mère, exaltaient l'ardeur naturelle jusqu'à une sorte d'enivrement. Sans doute ce fut là,

[1] P. 201, 202.

jusqu'au jour où elle vit clairement dans son ambitieuse scélératesse, et où elle le mit à la porte avec une indignation qui retentira dans tout cœur honnête, ce fut là son projet de prédilection, sa chimère favorite, que ce groupe de défenseurs amis, de *tenants* choisis parmi les meilleures familles du royaume, de *gardes du cœur*. Les mécontentements que lui donnèrent bientôt tous ceux sur qui elle avait ainsi compté, excepté Coigny et Fersen, les ridicules ou insolentes prétentions de Bezenval et de Lauzun, lui montrèrent trop tôt qu'une Reine ne peut paraître femme sans déchoir et être bonne impunément. Et la Reine, le jour où elle fit cette triste découverte, dut songer amèrement, pleurer peut-être, et voir, dans une sorte de pressentiment lugubre et rapide comme un éclair, cette chambre de Versailles au 6 octobre, sur la porte de laquelle devaient se faire hacher deux obscurs fidèles, ou cette salle déserte des Tuileries au 10 août, où, au bruit des carmagnoles et de la mousqueterie des assiégeants populaires, se pressaient autour d'elle quelques vieux gentilshommes en cheveux blancs, l'épée nue dans leur main tremblante. Où étaient alors les amis enthousiastes, les admirateurs si éloquents à dire leur dévouement, les Lauzun, les Bezenval? Bezenval, dans les premiers orages de la Révolution, n'avait songé ni à la monarchie, ni au Roi, ni à la Reine, ni à l'honneur, ni au devoir. Il n'avait pensé qu'à préserver des brutalités de la canaille cette petite maison adorée où il avait de si beaux tableaux et de si belles porcelaines. Lauzun, lui, faisait sa cour au Palais-Royal, et puis ensuite sa cour à la République, maîtresse peu délicate, qui, se croyant trahie, lui coupa le cou. Parmi ces amis clairvoyants qui devinèrent le jeu de Lauzun et osèrent se montrer mécontents pour la Reine, non encore désabusée, d'une conduite assez habilement audacieuse pour changer les moindres bontés en faveurs compromettantes, il faut donc citer la princesse de Lamballe, qui, ne pouvant aborder directement un sujet si délicat, fit de M. d'Esterhazy son intermédiaire auprès de Lauzun. Le dépit du fat trouva moyen de faire gronder ce maladroit ambassadeur, mais dut respecter cette inviolabilité que la princesse de Lamballe tenait de son incontestable vertu aux yeux d'un homme que celle du rang n'eût pas arrêté.

Nous avons dû jusqu'ici disputer pied à pied le terrain à cet entreprenant hâbleur qui s'appelle Lauzun. Mais nous le croirons sans restriction dans son dernier récit, qui justifie tout ce que nous avons dit de la passion de la Reine pour la princesse de Lamballe, et de sa sollicitude pour sa santé.

« Dans la fin de la même semaine (juin 1776 [1]),
» dit Lauzun, la Reine apprit à Marly que madame
» de Lamballe, encore son amie intime, était malade
» de la rougeole à Plombières. Elle en fut dans la plus
» vive douleur, et crut qu'on lui cachait l'état dange-
» reux de son amie. Rien ne pouvait la rassurer; je lui

[1] La Princesse séjourna à Plombières du 7 juin au 24 août 1776.

» offris d'aller à Plombières avant de me rendre à mon
» régiment, et de lui envoyer les nouvelles les plus
» exactes. Elle accepta avec reconnaissance, passa la
» journée du lendemain à écrire et à me donner un
» gros paquet dans lequel elle me dit qu'elle parlait
» beaucoup de moi. Je partis sur-le-champ et j'arrivai
» à Plombières..... Madame de Lamballe, qui se por-
» tait bien, écrivit elle-même à la Reine, à qui j'en-
» voyai la lettre par un courrier... [1] »

Madame de Lamballe était digne de cette sollicitude et de cette faveur dont elle n'usait point, de crainte d'en abuser. Aussi inaccessible à l'envie qu'à l'ambition, elle ne montra aucun dépit en voyant le crédit de madame de Polignac, servi par tous les manéges d'une coterie, éclipser le sien. Elle s'éloigna de la cour sans affectation, et alla sous les ombrages favoris de Sceaux [2] se consoler, dans la paix de la nature et la reconnaissance populaire, d'un changement

---

[1] P. 215.

[2] Sceaux venait d'entrer dans les domaines du duc de Penthièvre, par la succession de son cousin le comte d'Eu, avec les comtés de Brie et de Dreux, la principauté d'Anet, le duché d'Aumale, le comté-pairie d'Eu, les seigneuries de Gisors, Vernon, les Andelys, Lyons, Pacy-sur-Eure, etc. Florian écrivait alors, à propos d'Anet :

> Enfin de ces beaux lieux Penthièvre est possesseur ;
> Avec lui, la bonté, la douce bienfaisance,
> Dans le palais d'Anet habitent en silence.
> Les vains plaisirs ont fui, mais non pas le bonheur.
> Bourbon n'invite point les folâtres bergères
>   A s'assembler sous les ormeaux ;
> Il ne se mêle pas à leurs danses légères,
>   Mais il leur donne des troupeaux.

qui ne fut jamais une disgrâce ni une infidélité, mais seulement une passagère préférence pour une femme qui avait aux yeux de la Reine la supériorité de la nouveauté. Elle attendit ainsi patiemment que l'heure de l'adversité, c'est-à-dire son heure à elle, fût venue, et qu'elle pût se dévouer sans crainte de récompense.

Mais nous arrivons, puisqu'il le faut, à cette époque où, pour des causes demeurées mystérieuses, mais faciles à deviner, la faveur de la princesse de Lamballe languit, subitement éclipsée par l'astre rival de madame de Polignac. Quelques détails sur ce changement, plus apparent que réel, sont nécessaires à la fois à la justification de la Reine et à celle de la princesse de Lamballe, leur séparation momentanée ayant été taxée d'ingratitude par les détracteurs de l'une et de l'autre.

Non, il n'y eut dans ce refroidissement progressif, naturel et fatal des liaisons les plus chaudes et les plus pures, aucune ingratitude de la part de la Reine pas plus que de la part de la favorite. Ce fut là un accident prévu, inévitable, d'une amitié que trop de gens avaient intérêt à troubler, et qui eût sans doute d'elle-même éprouvé ces vicissitudes, quand bien même on ne les eût pas ménagées. Oui, il est de l'essence du cœur humain

Que monté jusqu'au faîte, il aspire à descendre,

et qu'arrivé, d'essor en essor, aux dernières limites du sentiment, il retombe à terre comme un oiseau blessé. Il n'y a qu'un amour infini et éternel, c'est celui de Dieu, infini et éternel lui-même. Il vint donc un moment de lassitude, de satiété, dans le commerce assidu, intime, journalier, de la Reine et de la princesse. Il vint un moment où elles n'eurent rien à se dire qu'en se répétant ce qu'elles s'étaient déjà dit tant de fois. La lampe n'avait plus d'huile, la source était épuisée. Une indifférence momentanée, une absence, un événement considérable, pouvaient seuls féconder cette stérilité, renouveler l'abondance tarie, rendre l'eau à la source et l'huile à la lampe. C'est ce que comprit à merveille la princesse, qui se reprochait ses infidélités au bon duc de Penthièvre, qui soupirait après des ombrages plus solitaires encore que ceux de Trianon, et que le soin de sa santé et bientôt la rigueur d'un double deuil rejetèrent forcément, comme une biche effarouchée, dans la vie patriarcale et obscure de Sceaux, d'Aumale et de Vernon. C'est ce que comprit non moins bien la Reine, qui avait besoin d'une amie toujours prête, d'une amie sans partage et sans devoirs trop jaloux, peut-être aussi d'une amie qui lui dût tout, qui fût entièrement sa créature, et auprès de laquelle elle pût goûter entièrement le bonheur du bienfait et de la reconnaissance. Madame de Lamballe était trop près du trône par le rang pour pouvoir naturellement descendre à certaines complaisances, pour pouvoir donner à la Reine ce bonheur auquel elle aspirait avec une générosité un peu égoïste, d'être tout pour quel-

CHAPITRE CINQUIÈME.

qu'un dont la vue seule est une flatterie et la présence un hommage. La Reine crut avec raison le trouver dans la douce, la gaie, la raisonnable, la tendre madame de Polignac, vers laquelle l'attirait un de ces charmes d'autant plus irrésistibles qu'ils semblent indifférents[1].

Madame de Polignac, quelque tort qu'ait fait à la Reine une liaison dans laquelle seule elle fût désintéressée, et dont autour d'elle on profita sans mesure, était digne de cette préférence. Elle fut réellement, dans le sens le plus élevé du mot, cette créature de la Reine, cette amie sans cesse embellie à ses yeux de nouveaux bienfaits. Elle lui demeura fidèle jusqu'au bout, et dans l'exil où elle ne s'était réfugiée que pour obéir à Marie-Antoinette, la nouvelle de sa mort vint la foudroyer, et elle ne put survivre à celle à laquelle, on peut le dire, si l'occasion ne lui en eût manqué, elle se fût dévouée comme la princesse de Lamballe. Celle-ci, plus heureuse, put attester de son sang sa fidélité, et tomber martyre de l'amitié. Moins héroïque, madame de Polignac, frappée au cœur par

---

[1] C'est l'avis du comte de Tilly, juge dont l'indulgence est un hommage d'autant plus précieux qu'il ne le prodigue pas : « L'apparition, dit-il, de la comtesse Jules ne pouvait tomber dans un moment plus favorable : le tendre attachement que la Reine avait eu jusqu'alors pour la princesse de Lamballe, et que la princesse, jusqu'à sa déplorable catastrophe, rendit avec usure à la Reine, commençait à perdre de sa chaleur et de sa vivacité. Le cœur de la Reine cherchait, pour ainsi dire, le cœur d'une amie qui n'eût rien de commun avec l'éclat du trône; voilà pourquoi elle sentit, dès le premier moment, pour madame de Polignac cette sympathie qui est, en amour et en amitié, le précurseur d'un attachement durable. » (*Mémoires du comte de Tilly*, t. I, p. 135, 136.)

8.

la perte de sa royale amie, n'est pas moins touchante.

Ce n'est donc pas nous qui, pour venger l'affront de sa victorieuse rivalité, chercherons à déprécier les qualités qui inspirèrent à Marie-Antoinette l'ambition de posséder aussi cette belle âme. Et d'abord, ce qu'on n'a pas assez dit, Marie-Antoinette ne fit que se partager. Elle ne se reprit point tout entière. Elle demeura l'amie de celle qui continuait d'être sa surintendante. Pourquoi n'eût-elle pas eu deux amies, deux confidentes en même temps? Pourquoi condamner à cette unité tyrannique l'amitié, qui n'ayant pas les profits de l'amour, n'en doit pas avoir aussi les gênes et les jalousies? C'est l'habitude des cours, nous le savons, qu'on n'y puisse arriver à la faveur que sur les ruines de la faveur précédente ; et on dut supposer que madame de Polignac, dans le cœur de Marie-Antoinette, détrônait la princesse de Lamballe, puisqu'elle lui succédait. L'histoire n'a pas ces aveuglements égoïstes du courtisan ; et appuyée sur le témoignage des Mémoires et celui, plus décisif encore, de la Correspondance de Marie-Antoinette, elle décide avec raison que Marie-Antoinette a pu aimer la duchesse de Polignac sans haïr la princesse de Lamballe, et que deux femmes également belles, vertueuses, désintéressées et fidèles, ont pu posséder tour à tour et à la fois ce cœur amoureux de l'amitié, dont les conquêtes nouvelles ne nuisaient pas aux anciennes, et qui pouvait, sans infi-

CHAPITRE CINQUIÈME.

délité, cultiver sous deux images l'idéal qu'elle poursuivait [1].

Que si, en dehors de ces explications et considérations toutes morales tirées de la nature même du cœur humain, on veut à toute force chercher des motifs plus matériels, plus positifs, et d'une influence plus immédiate, tirés des circonstances, nous dirons que ce changement apparent de la Reine put trouver sa cause futile dans un conflit passager, soigneusement envenimé par les intéressés, que les prérogatives menacées de sa charge créèrent un moment entre la surintendante et la Reine. Voici à ce sujet le témoignage de madame Campan, parfaitement bien informée par la nature même de ses fonctions.

« Quelques différends bientôt survenus entre Marie-
» Antoinette et la princesse de Lamballe relativement
» aux prérogatives de sa charge, prouvèrent que
» l'épouse de Louis XV avait eu raison de la réformer,

---

[1] Le témoignage positif de madame Campan confirme notre opinion. « Marie-Antoinette, dit-elle, se flattait que la comtesse
» Jules et la princesse de Lamballe seraient ses amies particulières, et
» qu'elle aurait une société choisie selon son goût..... Ma mémoire
» m'a rappelé fidèlement tout le charme qu'une illusion si douce
» faisait entrevoir à la Reine, dans un projet dont elle ne pénétrait
» ni l'impossibilité ni les dangers..... La princesse de Lamballe, sans
» se brouiller avec la Reine, fut alarmée de l'établissement de ma-
» dame la comtesse Jules à la cour, et ne fit point, comme Sa Majesté
» l'avait espéré, partie de cette société intime, qui fut composée suc-
» cessivement de mesdames Jules et Diane de Polignac, d'Andlau, de
» Châlons; de MM. de Guines, d'Adhémar, de Besenval, de Polignac,
» de Vaudreuil et de Guiche, enfin du prince de Ligne et de M. le duc
» de Dorset, ambassadeur d'Angleterre. (P. 125.)

» mais une espèce de petit traité fait entre la Reine et
» la princesse aplanit les difficultés. Le tort de pré-
» tentions trop fortement articulées tomba sur un
» secrétaire de la surintendante qui l'avait conseillée,
» et tout s'arrangea de manière qu'une solide et
» touchante amitié *régna toujours* entre les deux prin-
» cesses, jusqu'à l'époque désastreuse qui termina leur
» destinée. »

L'autorité de madame Campan, qui n'a jamais vu dans la liaison de la Reine et de madame de Lamballe deux amitiés distinctes et hostiles, mais plutôt la même amitié en deux personnes, est décisive sur ce point, et les insinuations malveillantes de madame de Genlis, qui attribue le refroidissement de la Reine à une sorte de déception, de désabusement, et à l'expérience de l'infériorité de madame de Lamballe, de son insuffisance pour le rôle d'amie intime, de conseillère de la Reine, tombent devant ces explications, conformes aux nôtres, et plusieurs fois renouvelées [1].

On eut la preuve solennelle de la continuité de cette affection, de la constance de cet attachement mutuel, lors de la première grossesse et du premier accouchement de la Reine.

C'était à la fin de 1778. Toute la France était dans une attente inexprimable de cet événement si longtemps attendu, si longtemps espéré, dont le retard avait inspiré tant de calomnies, et avait fait verser à la Reine humiliée tant de larmes secrètes. Toutes les

[1] Madame Campan, édit. Barrière, p. 119, 141.

cathédrales, toutes les églises retentissaient des prières des quarante heures. Par toute la France, enivrée d'espérance et de crainte, suspendue aux moindres nouvelles, par toute cette France dont le cœur cette fois battit complétement à l'unisson du cœur royal, chapitres d'archevêchés, abbayes, universités, officiers municipaux, prieurés royaux, chapitres nobles, compagnies de milice bourgeoise, pensions militaires de la jeune noblesse, particuliers même, faisaient célébrer des messes solennelles, aumônaient les hôpitaux et les pauvres pour l'heureuse délivrance de la Reine.

Écoutez le récit encore palpitant de ces nobles passions du moment, tel que les historiens de Marie-Antoinette l'ont si dramatiquement composé d'après les détails fournis par madame Campan.

« Enfin, le 19 décembre 1778, vers minuit et
» demi, la Reine, qui s'était couchée la veille, à onze
» heures, sans rien souffrir, ressentait les premières
» douleurs. A une heure et demie, elle sonnait. On
» allait chercher madame de Lamballe et les hon-
» neurs. A trois heures, madame de Chimay avertis-
» sait le Roi. Le Roi trouvait la Reine encore dans
» son grand lit. Une demi-heure après, elle passait
» sur le lit de travail. Madame de Lamballe envoyait
» chercher la famille royale, les princes et princesses
» qui se trouvaient à Versailles, et dépêchait des pages
» à Saint-Cloud, au duc d'Orléans, à la duchesse de
» Bourbon et à la princesse de Conti. Monsieur,

» Madame, le comte d'Artois, la comtesse d'Artois,
» Mesdames Adélaïde, Victoire et Sophie entraient
» chez la Reine, dont les douleurs se ralentissaient,
» et qui se promenait dans la chambre jusqu'à près
» de huit heures. Le garde des sceaux, tous les mi-
» nistres et secrétaires d'État, attendaient dans le
» grand cabinet avec la maison du Roi, la maison de
» la Reine et les grandes entrées; le reste de la cour
» emplissait le salon de jeu et la galerie. Tout à coup
» une voix domine le chuchotement immense : *La*
» *Reine va accoucher !* dit l'accoucheur Vermond. La
» cour se précipite pêle-mêle avec la foule; car l'éti-
» quette de France veut que tous entrent à ce mo-
» ment, que nul ne soit refusé, et que le spectacle
» soit public d'une Reine qui va donner un héritier à
» la couronne ou seulement un enfant au Roi. Un
» peuple entre, et si tumultueusement, que les para-
» vents de tapisserie entourant le lit de la Reine au-
» raient été renversés sur la Reine s'ils n'avaient été
» attachés avec des cordes. La place publique est dans
» la chambre, des Savoyards grimpent sur les meu-
» bles pour mieux voir. La Reine étouffe. Il est onze
» heures trente-cinq minutes : l'enfant arrive. La
» chaleur, le bruit, la foule, ce geste convenu avec
» madame de Lamballe qui dit à la Reine : *Ce n'est*
» *qu'une fille !* tout amène une révolution chez la
» Reine. Le sang se porte à sa tête, sa bouche se
» tourne. « De l'air ! crie l'accoucheur ; de l'eau
» chaude ! Il faut une saignée au pied. » La princesse

» de Lamballe perd connaissance, on l'emporte. Le
» Roi s'est jeté sur les fenêtres calfeutrées et les ouvre
» avec la force d'un furieux. Les huissiers, les valets
» de chambre, repoussent vivement les curieux. L'eau
» chaude n'arrivant pas, le premier chirurgien pique
» à sec le pied de la Reine; le sang jaillit. Au bout de
» trois quarts d'heure, dit le récit du Roi, la Reine
» ouvre les yeux : elle est sauvée [1]. »

Deux heures après on baptisait Marie-Thérèse-Charlotte, dite Madame, le futur ange gardien du Temple, la future duchesse d'Angoulême, celle qui a épuisé jusqu'au bout les fatalités de sa race et de sa famille, et qui a dressé jusqu'en 1852 ce noble front foudroyé, mais gardant toujours intacte l'héroïque auréole.

L'année 1778 fut une année capitale dans la destinée de la princesse de Lamballe. Emportés par l'attrait et l'unité de ce charmant épisode de son amitié avec la Reine, nous avons négligé le détail des événements qui marquèrent pour elle cette époque critique des dernières joies et des derniers plaisirs, qui se ferme sur le refroidissement passager de cette amitié, l'honneur et la consolation de sa vie, et sur la perte, presque simultanée, d'un père et d'une mère adorés.

Revenant donc de quelques pas en arrière, nous dirons qu'en mai 1778 la princesse avait fait en Hollande, avec la duchesse de Chartres et madame de Genlis, un voyage sur lequel cette dernière nous a

---

[1] *Histoire de Marie-Antoinette*, par E. et J. de Goncourt, p. 119.

laissé peu de détails, et dont ses *Mémoires* diffus n'indiquent pas même exactement la date.

On comprend cette omission quand on lit dans les prétendus *Mémoires* de la princesse de Lamballe, — compilation rédigée par madame Guénard[1], sur quelques documents authentiques qu'elle s'est bornée à délayer et à noyer dans toutes sortes de digressions, — que madame de Genlis se signala dans ce voyage par des prétentions qui en gênèrent la liberté et en eussent empoisonné le plaisir, sans la douceur et la résignation modeste de la princesse. Tout entière aux devoirs de son rang, madame de Lamballe en négligeait volontiers les honneurs et les droits.

Ce voyage incognito, où madame la duchesse de Chartres portait le nom de comtesse de Joinville, qu'en 1776 elle avait déjà porté à son voyage d'Italie, et où madame de Lamballe, accompagnée de sa récente compagne la comtesse de Broc, sa dame particulière depuis janvier 1778, s'appelait la comtesse de Lesigny, dura du 16 mai au 21 juillet 1778.

En septembre 1778, la princesse de Lamballe perdit sa vertueuse mère. Elle était à peine remise de cette grande douleur, à laquelle la Reine prit part par une lettre touchante qui suit, que la mort de son père, décédé le 6 décembre, à l'âge de cinquante-sept ans, vint l'accabler d'un nouveau coup, et mettre sa foi et sa résignation à une nouvelle épreuve.

[1] T. II, p. 102, 103.

CHAPITRE CINQUIÈME.

Marie-Antoinette à la princesse de Lamballe.

(Septembre 1778.)

« J'ai appris avec une bien vive douleur, ma chère
» Lamballe, la mort de votre bonne mère, à qui vous
» gardiez si grande tendresse et respect. J'ai pleuré de
» votre lettre. Je connaissais toutes les vertus de la
» princesse de Carignan. Ma douleur s'en augmente ;
» c'est un grand poids, trop fort à supporter pour
» vous et pour ceux qui vous aiment. Mon amie, il
» me tarde de vous voir et de mêler mes larmes avec
» les vôtres, car il n'y a pas de consolation pour un
» pareil désespoir, et je ne peux que pleurer avec
» vous et prier Dieu. Nous parlions tout à l'heure de
» vous, le Roi et moi, et nous déplorions la triste des-
» tinée qui poursuit une ange telle que vous, si bien
» faite pour appeler le bonheur autour d'elle, et si di-
» gne de le goûter. Mais votre touchante résignation
» est au-dessus de vos maux, et l'amitié du bon M. de
» Penthièvre et la nôtre vous restant, nous voudrions
» que cela pût adoucir un peu l'amertume de vos cha-
» grins. Adieu, ma chère Lamballe, je vous embrasse
» du meilleur de mon cœur, comme je vous aimerai
» toute ma vie [1]. »

» MARIE-ANTOINETTE. »

[1] La mère de la princesse de Lamballe, Henriette de Hesse-Rhein-felds-Rothembourg, sœur de Polyxène, reine de Sardaigne, seconde femme du roi Charles-Emmanuel III, était morte à Turin, le 1er septembre 1778, à une heure après midi. Son père, Louis-Victor-Amé

« Le Roi entre et veut vous ajouter quelques mots. »

De la main du Roi.

« Un seul mot, ma chère cousine, mais un mot
» d'amitié. »

C'est dans ses vêtements de veuve, renouvelés par le deuil de l'orpheline, que la princesse, faisant un suprême effort, assista à ces couches presque tragiques où l'excès d'une joie mêlée de douleur frappa en même temps la Reine son amie, et faillit les emporter l'une et l'autre.

A peine libre de ses fonctions, la princesse de Lamballe, pâle, languissante, se fit porter sous les ombrages consolateurs de Sceaux, pour y pleurer en paix le père qu'elle avait embrassé pour la dernière fois aux fêtes du sacre de Louis XVI. Il y était accompagné de ses deux fils, Victor et Eugène, demeuré en France, à qui le Roi avait donné le régiment de Savoie-Carignan, et une pension de quarante mille livres. Le 20 septembre 1780, elle devait perdre encore ce frère aîné, emporté prématurément à l'âge de trente-sept ans, au moment même où elle voyait son autre frère, le prince Eugène, subir l'affront de l'annulation judiciaire d'un mariage disproportionné contracté par lui, et qui ne précéda pas de longtemps une mort également précoce.

de Savoie, prince de Carignan, suivit de près sa femme, car il mourut dans la nuit du 6 au 7 décembre de la même année. (*Note de M. Feuillet de Conches.*)

C'est ainsi que la princesse de Lamballe se vit successivement préparée, par la perte de tous les siens, à cette vie de mélancolique résignation, couronnée par un sacrifice sublime, qui nous la montre désormais sous sa dernière figure et dans sa dernière expression, triste, maladive, et ne trouvant plus que dans les joies sévères de la piété et de la charité le soulagement d'une infortune vraiment unique.

CHAPITRE SIXIÈME.

1779—1782

Progrès de la franc-maçonnerie en France. — Influence de la franc-maçonnerie sur la Révolution. — Initiation de la princesse de Lamballe. — Elle est élue grande maîtresse de la mère-loge écossaise d'adoption. — Lettre de Marie-Antoinette à sa sœur Marie-Christine, au sujet de la franc-maçonnerie. — La franc-maçonnerie des femmes. — Lorenza, femme de Cagliostro. — La loge de la *Candeur*. — Réception solennelle de la princesse de Lamballe comme grande maîtresse de la mère-loge écossaise. — Couplets chantés à cette occasion. — La Reine accouche d'un Dauphin. — Joie universelle. — Lettres de Marie-Antoinette à la princesse de Lamballe sur les œuvres de bienfaisance qui doivent suivre ses couches. — Autres lettres de la Reine à la Princesse.

De 1779 à 1782, la princesse de Lamballe ne paraît à Versailles ou à Paris qu'aux occasions solennelles, et pour remplir les inévitables devoirs de sa charge. Nous allons esquisser sa physionomie, et raconter son histoire durant cette période intermédiaire, où sa vie se sépare, pour ainsi dire, de celle de Marie-Antoinette, sans que cependant, comme nous le verrons, le lien originel et vivace, survivant à tout, soit rompu.

L'événement le plus considérable de cette période, c'est l'initiation de la princesse de Lamballe aux rites maçonniques, et son innocente coopération aux progrès de ces sociétés secrètes qui l'attiraient par les apparences de fraternité universelle et de philanthropie, sous lesquelles les chefs de l'ordre dissimulaient leurs desseins secrets et leurs ambitions coupables.

CHAPITRE SIXIÈME.

Ce n'est pas ici le lieu de faire l'histoire de la franc-maçonnerie du dix-huitième siècle, ni de déterminer l'influence, incontestable cependant, que les sociétés secrètes ont eue sur la Révolution française[1].

Nous nous bornerons à dire que, favorisée par les progrès de l'esprit philosophique, par l'élan général vers les utopies humanitaires, par la protection de la mode et le vernis d'opposition qui rendait si attrayantes ces cérémonies mystérieuses appartenant à une sorte de religion et de gouvernement nouveaux, indépendants de la religion catholique et du gouvernement monarchique, la franc-maçonnerie comptait hors de France *douze cents loges*, et dans la France seule *sept cents ateliers*.

Le 6 juin 1778, il ne manqua plus rien à la franc-maçonnerie. Voltaire venait de se faire initier et entrait dans l'association encore inoffensive, mais déjà suspecte, dont le gouvernement, par une prévoyance caractéristique, se recrutait traditionnellement parmi les chefs de ces branches cadettes, d'autant plus facilement disposés à l'opposition, que l'opinion, en pla-

---

[1] Le lecteur curieux d'approfondir un sujet si intéressant, trouvera toutes les lumières désirables dans un excellent livre, inspiré des plus sages principes, et dont les minutieux renseignements ont été puisés à une source immense d'érudition et de curiosité, alimentée par les révélations des manuscrits du prince de Hesse et de Cagliostro : *Les Sectes et les Sociétés secrètes, depuis les temps les plus reculés jusqu'à la Révolution française*, par notre savant ami le comte Le Couteulx de Canteleu. Paris, Didier, 1863; un volume in-8°, pages 130 à 218. Voir aussi l'*Histoire de la Révolution française*, par Louis Blanc, t. I et II.

çant dans leurs demeures, toujours populaires, le sanctuaire de l'indépendance, semble leur faire un devoir d'être réellement ce qu'ils paraissent être.

C'est en vertu de ce but secret, connu seulement de quelques adeptes, et servi aveuglément par une foule abusée, que le duc d'Orléans, en 1772, succédait au comte de Clermont dans la grande maîtrise, et que Voltaire était initié.

« Voltaire, dit l'auteur de cet *Essai sur les sociétés* » *secrètes*, d'une érudition si sûre, d'une si éner- » gique honnêteté, d'un bon sens si éloquent, Vol- » taire, ne connaissant pas le but secret de la franc- » maçonnerie, l'avait longtemps supposée une espèce » de religion inspirée par le mysticisme, et avait » d'abord jeté sur elle les sarcasmes qu'il prodiguait » à toute croyance. Mais, un jour, il se trouva, non » sans surprise, entouré d'hommes qui, luttant pour » la même cause et étant tous francs-maçons, lui pro- » posèrent de l'initier. C'étaient Franklin, Court de » Gébelin, Lalande, la Dixmerie, Cordot de Saint-Fir- » min, etc. Aussitôt qu'il eut appris que le but que » poursuivaient en ce moment les loges était celui-là » même qu'il avait constamment poursuivi, il accepta » et se fit initier. Vu les services qu'il avait rendus à » l'ordre, sans le savoir, il fut reçu sans épreuve, à la » loge des *Neuf-Sœurs*, par Meslay, Delort, Bignon, » Remy, Mercier, Cailhava, Fabroni, Dufresne, » Lalande et Franklin. »

On comprend l'influence exercée par une association

qui réunissait dans ses lois occultes toute une armée de coopérateurs crédules, bientôt fanatiques, dirigée tortueusement par des chefs ambitieux, bientôt rebelles.

La première explosion des menaçantes tendances de l'ordre, de ses menées usurpatrices, de son esprit antimonarchique et anticatholique, il est facile à l'historien, armé des fils secrets de la doctrine, de la voir dans l'affaire du Collier. C'est Cagliostro qui représentera, dans cette monstrueuse machination, tentée dans le but de commencer par le déshonneur de la Reine, le déshonneur de la royauté elle-même, la complicité de la franc-maçonnerie. Sans cette relation intime, sans ces liens honteux, on n'expliquerait jamais le succès d'une mystification si grossière qu'elle en serait ridicule si elle n'était pas surtout odieuse, la crédulité obstinée et malveillante de l'opinion, la complaisante indulgence du Parlement, l'audace des avocats, l'impunité des coupables, car il faut donner ce nom à un châtiment illusoire.

Toutes ces ténèbres s'éclairent dans leurs effrayantes profondeurs, et l'on voit distinctement le premier abîme creusé par la conspiration révolutionnaire, sous les pas incertains d'une royauté à la fois affaiblie et inexpérimentée, quand on jette sur ces sinistres mystères la lueur dénonciatrice du flambeau de l'initié. L'affaire du Collier fut préméditée et organisée par les jalousies de la cour, les rancunes des Parlements, les ambitions de cette bourgeoisie intelligente, orgueilleuse, jalouse, qui, à force d'approcher du trône par la fortune, le commerce, les emplois, avait mesuré son peu de solidité. Dès ce moment, en effet, et malgré une innocence qui aujourd'hui inonde d'une évidence irrésistible les arcanes de ce procès fatal, malgré des impossibilités, des incompatibilités qui frappent à tout moment le lecteur impartial de ces factums astucieux, le prestige royal fut détruit, et la dernière barrière qui préserve des brutalités populaires une monarchie qui a perdu successivement la défense de l'amour et celle de la crainte, la barrière du respect tomba; et l'on put outrager impunément, presque publiquement, ces victimes expiatoires qu'il fallait, à force de calomnies, rendre indignes du trône et parer pour l'échafaud. Voilà ce qui ressort trop clairement aujourd'hui d'une enquête même rapide exercée sur les forces et les actes de la franc-maçonnerie. Mais, comme un orage qui prépare ses coups dans un jour tranquille, ce n'est que peu à peu, et à travers le rassurant mensonge de toutes sortes d'apparences inoffensives et innocentes, de fêtes patriarcales, d'initiations calculées, que l'électricité révolutionnaire concentra ses traits de feu sous l'abri décevant de roses nuages ou d'un riant azur.

Rien ne se peut comparer à l'émulation d'enthousiasme, à la rivalité d'illusion et de confiance qui saluèrent les premières représentations de ce culte nouveau de l'humanité, dont le symbole extérieur était si conforme aux intentions d'un roi honnête homme, jaloux de gouverner en père de famille. C'était à qui se ferait initier, et l'on trouve, non sans étonnement, dans les listes publiées par les loges de *la Candeur*, de *la Fidélité*, ou la *Loge écossaise*, les plus grands noms de la cour. Les fils des héros de Fontenoy sont tous là. Aucun n'a résisté au charlatanisme inspiré de Cagliostro, ni à cette fascinatrice beauté de Lorenza, sa femme, qui fait la propagande du beau sexe, et affilie les femmes et les filles de ceux qu'attirent ses beaux yeux. On devine combien fut facile ce recrutement d'adeptes servi par toutes les forces frivoles qui mettent le monde en branle, la curiosité, la coquetterie, la galanterie, la mode, tous ces rouages occultes de ce grand moteur appelé l'opinion.

La princesse de Lamballe ne pouvait résister longtemps à la séduction de ces rites dramatiques et de ces fêtes profanes que purifiait un élan, vraiment sincère d'abord, de paix, de fraternité et de charité. La duchesse de Bourbon, princesse exaltée, qui de galante s'était faite mystique, lui frayait la voie. Elle s'y laissa engager, non sans avoir consulté du regard la reine Marie-Antoinette, que cette nouveauté avait également séduite, et qui maudissait peut-être secrètement la grandeur qui l'attachait au rivage. Un sourire approbateur leva les derniers scrupules, brisa les dernières hésitations de la princesse de Lamballe. Le 20 février 1781, la *Mère loge écossaise d'Adoption* reçut solennellement, comme grande maîtresse, la naïve princesse de Lamballe, dont les récits charmèrent la Reine et arrachèrent au Roi, que ses instincts, à défaut de ses lumières, inquiétaient avec raison sur ses conséquences, une imprévoyante impunité.

Une lettre de Marie-Antoinette à sa sœur Marie-Christine, du 26 février 1781, explique à merveille tout ce qui précède, et doit être citée comme un décisif symptôme de cette sécurité confiante qui ressemble pour nous aujourd'hui à de l'aveuglement.

« Je crois que vous vous frappez beaucoup trop de
» la franc-maçonnerie pour ce qui regarde la France,
» écrivait la Reine à une sœur plus clairvoyante qu'elle ;
» elle est loin d'avoir ici l'importance qu'elle peut
» avoir en d'autres parties de l'Europe, par la raison
» que tout le monde en est. On sait ainsi tout ce qui
» s'y passe ; où donc est le danger? On aurait raison
» de s'en alarmer si c'était une société secrète de poli-
» tique ; l'art du gouvernement est au contraire de la
» laisser s'étendre, et ce n'est plus que ce que c'est en
» réalité, une société de bienfaisance et de plaisir ; on
» y mange beaucoup, et l'on y parle et l'on y chante,
» ce qui fait dire au Roi que les gens qui chantent et
» qui boivent ne conspirent pas. Ce n'est nullement
» une société d'athées déclarés, puisque, m'a-t-on dit,
» Dieu y est dans toutes les bouches ; on y fait beaucoup
» de charités, on élève les enfants des membres pauvres
» ou décédés ; on marie leurs filles : il n'y a pas de mal
» à tout cela. Ces jours derniers, la princesse de
» Lamballe a été nommée grande maîtresse dans une

» loge. Elle m'a raconté toutes les jolies choses qu'on
» lui a dites; mais on y a vidé plus de verres encore
» qu'on n'y a chanté de couplets. On doit prochaine-
» ment doter deux filles. Je crois, après tout, que
» l'on pourrait faire du bien sans tant de cérémonies,
» mais il faut laisser à chacun sa manière. Pourvu
» qu'on fasse le bien, qu'importe? »

C'est grâce à cette tolérance, à cette bonne fortune inouïe qui lui faisait rencontrer à la fois la complicité de l'opinion publique et celle de l'autorité elle-même, que la franc-maçonnerie fit les progrès immenses et funestes que nous avons indiqués, et qu'elle put impunément, derrière son autel philanthropique, allumer ses torches et aiguiser ses poignards; grande leçon dont il importe de profiter. En règle générale, toute association occulte est un danger, même quand elle feint d'ouvrir ses portes à deux battants et introduit l'autorité dans ses temples. Qui ne sait que cette innocence si démonstrative est presque toujours une trahison? Qui ne sait que toutes les conjurations ont deux mots d'ordre, et qu'elles ne sont jamais plus dangereuses que lorsque, sûres d'un secret qui n'appartient qu'à quelques chefs, elles convoquent à de fraternelles agapes leurs futures victimes?

Qui pourrait nier aujourd'hui que les forces destructives dont se servait la Révolution pour abattre l'ancienne société, et jeter l'autel sur les ruines du trône, se soient aguerries, disciplinées, préparées, armées dans ces cadres maçonniques, disposés d'avance pour recevoir et pour contenir, jusqu'au jour de l'explosion, tous les mécontentements, toutes les ambitions, toutes les utopies, toutes les impatiences, toutes les révoltes de la pensée contemporaine, mise à l'état de lave ardente par tous ces souffles puissants de la tentatrice nouveauté. L'Encyclopédie, le magnétisme, la guerre d'Amérique, les querelles parlementaires, la découverte des aérostats, la licence de la presse et du théâtre, l'engouement pour les méthodes et les institutions anglaises, toutes ces causes d'exaltation et de passion trouvèrent dans la franc-maçonnerie une sorte d'inviolable asile, des formules allégoriques, un mot d'ordre, des chefs, et cette truelle mensongère, qu'aux jours de révolution la religion d'Hiram, ennemie de tous les temples qui ne sont pas celui de Salomon, remplaça, aux mains de ses adeptes, par la pioche et le marteau.

Mais comment se douter de tout cela, quand on lit, avec les yeux prévenus de l'illusion, et non les yeux impitoyables de l'expérience, le récit de ces fêtes où se retrouvent la frivolité et la galanterie traditionnelles, et où tout finit par des banquets, des discours, des chansons, des bouquets, des quêtes, tout ce qu'il y a de plus inoffensif et de plus rassurant au monde?

Reconnaissons-le d'ailleurs, l'initiation eut deux périodes très-distinctes. De même que la Révolution a eu l'aube et le soir, 1789 et 1793, le rouge de la lumière et le rouge du sang, de même la franc-maçonnerie a eu une phase pacifique et presque innocente, une phase de philosophie et d'amour où les rêveurs et les galants, grâce à de complaisants emblèmes et à des allusions faciles, trouvaient également leur compte.

Certes, ce n'était pas une réunion bien dangereuse pour l'autorité royale, — je n'en dis pas autant pour l'autorité conjugale, — que cette loge de *la Candeur*, dont la duchesse de Bourbon était grande maîtresse et dont la liste comprenait trente-six adeptes féminines, ayant versé chacune la cotisation aristocratique de cent louis. Nous possédons, grâce à l'érudition du comte le Couteulx de Canteleu, le compte rendu des cérémonies d'installation de cette loge, sous l'invocation assez païenne d'Isis. Nous avons la liste des nobles adeptes de Lorenza, et nous trouvons, parmi les jolies dupes tombées dans les piéges de cette jolie sorcière, la comtesse de Brionne, la comtesse Dessales, mesdames Charlotte de Polignac, de Brassac, de Choiseul, d'Espinchal, de Boursonne, de Brévières, de la Blache, de Mont-Chenu, d'Ailly, d'Auvet, d'Évreux, d'Erlach, de la Fare, la marquise d'Havrincourt, mesdames de Monteil, de Bréhant, de Bercy, de Baussan, de Loménie et de Genlis.

Cette liste, nous n'en retrouvons aucun nom sur les rôles de l'insurrection, hâtons-nous de le dire; mais nous en retrouvons plus d'un dans les récits épicés de la médisance contemporaine. Nous empruntons à notre savant et grave auteur ces détails, qui ressemblent à une bonne fortune de chroniqueur.

« Cette séance étrange où Lorenza prêcha l'éman-

» cipation des femmes, et où Cagliostro descendit du
» plafond entr'ouvert habillé en Génie et monté sur
» une boule d'or pour prêcher à son tour les jouissances
» matérielles, se termina, dit-on, par un souper avec
» les trente-six *amis* de ces dames, prévenus par l'ha-
» bile Grand Cophte. Les chansons et les plaisirs ter-
» minèrent l'initiation, ainsi que permettent de l'insi-
» nuer les vers suivants que récita le F. marquis de la
» Tour du Pin :

On m'a raconté que l'Amour,
Voulant connaitre nos mystères,
Des sœurs avant d'aller aux frères
Le fripon avait pris jour.
Votre loi, dit-il, me condamne,
Mais je veux être frère ici ;
Car, ma foi, ce n'est qu'ici
Que l'amour est profane.

On craint son dard et son flambeau,
Armure aimable et meurtrière,
On les lui prend, le voilà frère,
On fait tomber son bandeau ;
Mais en recouvrant la lumière
Le dieu redemande ses traits.
Il prit, voyant tant d'attraits,
La logé pour Cythère, etc.

La comtesse Dessales, *oratrice*, répond à ce compliment si provocant, par les vers suivants, qui n'ont pas, il faut l'avouer, trop l'air de reculer :

CHAPITRE SIXIÈME.

Chères sœurs, dont la présence
Vient d'embellir nos climats,
Recevez pour récompense
Le plaisir qui suit nos pas.
Du lien qui nous attache
Doublons la force en ce jour,
Et que le Respect se cache
Pour faire place à l'Amour.

C'est ainsi que les déesses,
Déposant leur majesté,
Vont par de pures tendresses
Jouir de l'égalité.
Les mortels osent leur dire
Comment ils savent aimer :
Entendre ce qu'on inspire
Vaut le bonheur d'inspirer.

C'est de cette soirée fameuse, dont nous ne soulèverons pas davantage les voiles, que date l'apogée de la popularité mondaine et féminine de Cagliostro. L'initiation de la princesse de Lamballe, je n'ai pas besoin de le dire, et sa réception, furent solennisées par des cérémonies beaucoup moins profanes et des chansons beaucoup plus modestes. La vertu de la princesse purifiait tout autour d'elle, et sa réputation contenait ceux que son rang, sans cette réputation, n'eût peut-être pas arrêtés. Nous avons aussi le compte rendu de cette fête, si différente de celle que présida Lorenza, et nous l'analyserons, pour dissiper jusqu'à l'ombre d'un doute, et à titre de symptôme curieux de l'esprit du temps, qui dans ces réunions fastueusement consacrées à la bienfaisance en commun et à la récompense de la vertu, ne montre jamais mieux son incurable frivolité que lorsqu'il est obligé de mettre une sourdine à la galanterie.

La loge de *la Candeur* avait été fondée à Paris le 21 mars 1775, et nous voyons, par les publications spéciales des loges, que le 25 mars 1777 la duchesse de Chartres, la duchesse de Bourbon et la princesse de Lamballe y firent une visite solennelle. La princesse de Lamballe avait été affiliée à la Loge le 12 février 1777, et dans les couplets de 1778 il y en a en son honneur.

Ce n'était donc pas la première fois qu'elle mettait le pied dans ces réunions dont le côté charitable l'avait tout d'abord attirée et séduite.

C'est cette sympathie que l'ordre voulut reconnaître en l'élisant grande maîtresse de la *Mère loge écossaise*, où semblaient s'être conservées pures de tout alliage les traditions exclusivement fraternelles et charitables de la franc-maçonnerie primitive.

« On ne put la déterminer à accepter ce grade,
» dit l'auteur de ces prétendus *Mémoires*, vrais en ce
» qu'ils racontent, mais faux en ce que la princesse n'y
» a eu aucune part, qu'en lui disant, ce qui était vrai,
» que ces associations étaient d'une grande utilité pour
» les malheureux, et que sa présence ne pourrait qu'ex-
» citer la générosité des frères. Et quoiqu'elle eût un
» secret éloignement pour ces assemblées, elle était

» loin de s'imaginer que des apparences si vertueuses
» cachassent des projets si destructeurs pour la famille
» royale.

» Le jour indiqué pour recevoir la princesse fut le
» 20 février 1781. Elle se rendit à la *Mère loge écos-*
» *saise d'Adoption* avec ses dames, qui furent admises;
» avec elle d'autres, dont les noms illustres ou la
» réputation de leurs vertus rendaient le cortége
» digne de celle qui allait les présider. »

Pendant le banquet, M. Robineau de Beaunoir, secrétaire de la loge, chanta des couplets que nous rapporterons, parce qu'ils donnent une idée des mœurs du temps, et parce qu'ils justifient complétement, par leur galante anodinité, la sécurité et la confiance qui peuvent seules expliquer ce généreux élan, qui fut si bien servi par la mode, qu'il n'était pas du bon ton de n'être pas maçonne.

CHANT MAÇONNIQUE.

A la sérénissime sœur DE LAMBALLE, *grande maîtresse.*

Air : *Du moineau qui t'a fait envie.*

Amour, ne cherche plus ta mère
Aux champs de Gnide ou de Paphos.
Vénus abandonne Cythère
Pour présider à nos travaux.
Dans le temple de la Sagesse
Elle vient moissonner des fleurs.
On est toujours *grande maîtresse*
Quand on règne sur tous les cœurs.

Quittez le séjour du tonnerre
Pour venir embellir ces lieux.
Il est un plaisir sur la terre
Que l'orgueil exila des cieux :
Ce plaisir est pur et tranquille,
Il fait notre félicité ;
Il règne dans ce doux asile
Sous le nom de l'Égalité.

Douce vertu, toi qui préside
A nos plaisirs, à nos travaux,
Retiens du Temps la faux perfide,
Qu'il respecte des jours si beaux.
L'Amour enchaîné sur vos traces
Reconnait un *maillet* vainqueur [1].
Qui peut mieux que la main des Grâces
Tenir le sceptre du bonheur ?

COUPLETS MAÇONNIQUES.

Aux Sœurs DE BROC *et de* LAS CASES, *auxquelles la Loge doit son bonheur* [2].

Air : *d'Épicure.*

Notre bonheur est votre ouvrage,
Nous devons tout à la beauté,
Sur ce trône votre courage
A fixé la Divinité.

---

[1] Terme du jargon maçonnique.
[2] C'est à la sollicitation de ces deux dames, dont la première était sa dame pour accompagner et l'avait suivie dans son voyage en Hollande, et l'autre sa dame d'honneur, que la princesse avait cédé en acceptant la présidence de la loge. — Le 20 janvier 1782, la prin-

Jamais de l'Être qu'on adore
On ne pourra priver ces lieux ;
Toujours la bienfaisante Aurore
Allume le flambeau des cieux.

Porté sur un sombre nuage,
Un injuste et triste soupçon
Voulait, dans son aveugle rage,
Troubler ce tranquille horizon.
Sous vos efforts, belle Las Cases,
Nous voyons ce monstre abattu,
Et nous devons Vénus aux Grâces
Et les Grâces à la Vertu.

A la Sœur DE SOYECOURT, *représentant la sérénissime grande maîtresse.*

AIR : *Dans les gardes françaises.*

Las d'éclairer le monde,
Quand, descendant des cieux,
Phœbus au sein de l'onde
Roule son char de feux,
D'une douce lumière
Sa sœur brille à son tour,
Et console la terre
De l'absence du jour.

Lorsque quittant la terre
Et ces paisibles lieux,
La reine de Cythère
Montera dans les cieux,
De sa cruelle absence
Consolant les Vertus,

cesse présenta au Roi et à la famille royale la comtesse de Lage de Volude en qualité de dame pour accompagner.

La douce Bienfaisance
Remplacera Vénus.

A la Sœur DE TOLOZAN, *inspectrice.*

AIR : *On ne peut aimer qu'une fois.*

Tout un *climat* reçoit vos lois,
　　Aimable souveraine;
Le Plaisir vole à votre voix
　　Pour serrer notre chaîne.
L'esclave couronné de fleurs
　　Éteint sa voix plaintive.
Si la Beauté surprend les cœurs,
　　La Gaîté les captive.

A la Sœur DE ROUILLÉ, *oratrice.*

AIR de l'*Amour quêteur.*

En nous annonçant le devoir
Et d'une mère et d'une *épouse*,
Votre voix éloquente et *douce*
Sur nos cœurs a tout pouvoir.
Vous ramènerez dans ce temple
Les plaisirs de l'âge innocent;
　　On convertit aisément (*bis*)
　　Quand on prêche d'exemple (*bis*).

A la Sœur DE MONTALEMBERT, *secrétaire.*

AIR : *Je suis Lindor.*

L'Amour sachant qu'au temple du Mystère
De la Vertu vous traceriez les lois,
De cette plume aussitôt il fit choix
Et l'arracha de son aile légère.

Il vous la fit présenter par sa mère;
Vous l'acceptez... quel heureux changement !
Depuis ce jour, l'Amour est plus content,
La Sagesse est moins triste et moins sévère.

A la Sœur d'Hinnisdal, *chancelière.*

Encor dans cet âge charmant
　Où l'on ne veut que plaire,
Elle suit l'exemple touchant
　Des vertus de sa mère;
Le Bonheur, empruntant sa voix,
　En fait son interprète,
Et quand Vénus dicte ses lois,
　La Vertu les répète.

Aux Sœurs de Lostanges *et de* Boynes, *aumônières.*

Air : *La lumière la plus pure.*

Malheureux, séchez vos larmes,
La Vertu tarit vos pleurs,
Plus de soucis, plus d'alarmes,
Aux plaisirs ouvrez vos cœurs.
Ne craignez plus l'indigence.
Attentive à vos besoins,
La sensible Bienfaisance
Vous prodigue tous ses soins.

A la Sœur de Las Cases, *remplissant les fonctions de Sœur Terrible.*

Air : *Aimer est un plaisir bien doux.*

Si l'Amour, qu'on nous peint charmant,
　Est un dieu redoutable,

Si ce timide et faible enfant
  Est un monstre effroyable,
S'il prétend troubler la douceur
  De ce temple paisible,
Qu'à juste droit, charmante sœur,
  Vous êtes *sœur terrible !*

Aux Sœurs des cérémonies.

Air : *Dans ma cabane obscure.*

Pour diriger ce *temple*,
Esprit, beauté, talents
Se sont unis *ensemble*
Des nœuds les plus charmants.
Ainsi, lorsqu'à Cythère
Le souverain des cœurs
Fête et reçoit sa mère,
Ses sœurs font les honneurs.

A toutes les Sœurs de la loge.

Air : *Tandis que tout sommeille.*

Dans nos temples paisibles,
Venez, charmantes sœurs,
Partager les douceurs
Des cœurs purs et sensibles.
    L'égalité,
    L'humanité,
Voilà nos lois suprêmes.
Ici, pour soumettre les cœurs,
La Vertu se couvre de fleurs ;
Quand on a goûté ses douceurs,
  On s'égale aux dieux mêmes.

CHAPITRE SIXIÈME.

Aux Sœurs de la loge de la CANDEUR *et de la* FIDÉLITÉ,
qui ont fait à la loge la faveur de la visiter.

AIR : *Fournissez un canal au ruisseau.*

Lorsque vous éclairez nos travaux,
Quand vous partagez cette fête,
Vous ajoutez des charmes nouveaux
Aux plaisirs que l'Amour nous apprête ;
Vous fixez la félicité
Dans tous les beaux lieux où vous êtes ;
Il n'est point de fêtes parfaites
Sans *candeur* ni *fidélité*.

RONDE DE TABLE.

AIR : *Sans un petit brin d'amour.*

Chantons nos aimables Sœurs,
Couronnons-les de pampres et de fleurs.
Dans leurs yeux est le bonheur,
L'amour est dans nos cœurs.

LE CHOEUR.

Chantons nos aimables Sœurs, etc.

L'amour n'est rien sans l'ombre du mystère,
L'amour est tout s'il est discret.
C'est peu d'aimer, il faut être sincère,
Des vrais maçons c'est le secret.

LE CHOEUR.

Chantons nos aimables Sœurs, etc.

L'Amour maçon est fils de la Sagesse ;
Elle forma des nœuds si doux ;
Des vrais plaisirs goûtons la pure ivresse,
Aimons nos Sœurs et taisons-nous.

LE CHOEUR.

Chantons nos aimables Sœurs, etc.

A leur santé buvons, buvons, mes frères,
Vénus ordonne, il faut céder ;
Quand la Beauté daigne remplir nos verres,
C'est à l'Amour à les vider.

LE CHOEUR.

Chantons nos aimables Sœurs, etc.

Voilà cependant, en l'an de grâce 1781, ce que, chez le peuple le plus éloquent et le plus spirituel de la terre, on appelait une réunion maçonnique, une agape d'humanité et de charité. Voilà ce qu'une noblesse trop intelligente et qui avait trop lu Voltaire et Rousseau, faisait de ses loisirs, et voilà comment elle se préparait gaiement et poétiquement à monter sur l'échafaud au nom de cette pure liberté, de cette douce fraternité, de cette aimable égalité en l'honneur desquelles, de 1781 à 1789, il s'est bu tant de verres de bon vin et débité tant de mauvais vers. Car ils sont très-mauvais, ces vers du révérend frère Robineau de Beaunoir[1]. On y sent un homme d'esprit qui aimerait

[1] Plus tard ardent révolutionnaire.

beaucoup mieux parler en prose. Mais la mode était là, et la galanterie française, avec ses formules surannées, ne permettait pas au martyr, obligé de passer en souriant par l'épreuve de trente ou quarante compliments, de se passer des Muses et de l'Olympe. Il était récompensé de son courage, qui allait jusqu'à faire rimer *douce* avec *épouse* et *temple* avec *ensemble*, par les applaudissements de ces blanches mains et les sourires de ces beaux yeux. On monterait Pégase pour moins que cela. Il lui était d'ailleurs permis, pour varier, de dire toujours la même chose, à la condition d'employer des synonymes; car au fond c'est toujours la même chose, un soporifique pot-pourri de galanterie et d'humanité, de grâces et de vertus, de Vénus et de bienfaisance, de Cythère et de sagesse, de plaisir et de devoir. Tout cela est assez difficile à concilier. Mais à table, entre la poire et le fromage, bien des incompatibilités disparaissent, et on sait gré à la poésie et à la musique qui rendent aux convives le service de les faire dormir en mesure. Eh quoi! dormir, vraiment non, on ne dormait pas, toutes ces frivolités étaient prises au sérieux. On mangeait avec foi, on buvait avec conviction à la régénération de l'espèce, à l'abolition de la misère, au retour à la nature, à la simplicité primitive de l'âge d'or. On versait sur les malheureux de ces larmes si douces après dîner. Au moment le plus propice, par un coup de théâtre habile, on introduisait dans l'assemblée un garde française vertueux, un invalide héroïque, une veuve éplorée, portant son enfant à la mamelle, un prisonnier libéré, un jeune homme d'une bonne maison déchue, tombé dans la misère. On donnait des médailles par-ci, des pistoles par-là, et quelquefois, cédant à l'enthousiasme, on s'embrassait au milieu de cet attendrissement généreux dont les libéralités de M. de Montyon ont conservé la traditionnelle fête.

Tout cela est bel et bien. C'est impunément qu'on touche à la poésie et qu'on la change en versification. C'est impunément qu'on dit à une réunion de femmes qu'elles sont toutes jolies, ce qu'elles croient encore plus volontiers qu'on ne le leur dit. C'est impunément enfin qu'on joue avec la charité. C'est déjà quelque chose que la mode de bien faire, c'est le commencement de l'habitude. Quelque pauvre diable profite au moins de ces comédies de sensibilité jouées au profit de leur amour-propre par des assemblées de millionnaires. Mais s'il est peu dangereux de parler ainsi, à huis clos, de beauté, de grâce, d'amour, d'*amour maçon* surtout, et de caqueter et parader avec le triangle et le maillet symboliques, ce qui l'est beaucoup plus, c'est de prononcer ces mots tentateurs de liberté, d'égalité, de fraternité, qui correspondent en général dans la pratique à des choses qui ne sont ni libérales, ni équitables, ni fraternelles. Plus d'un des convives de la fête de la *Loge écossaise* du 21 février 1781, devait apprendre douze ans après, à ses dépens, qu'il est de certaines formules avec lesquelles il est imprudent, souverainement imprudent de jouer. Que durent-ils

CHAPITRE SIXIÈME.   149

penser, quand ils virent la table au brouet noir des tyranniques agapes populaires remplacer l'élégant banquet des loges aristocratiques? Que durent-ils penser quand la société tout entière tomba à grand bruit, renversée dans la poussière de dix-huit siècles par ces quelques mots qui semblaient inoffensifs : *Liberté, humanité, égalité,* et qui, pareils à la petite pierre partie de la fronde de David, avaient foudroyé le colosse?

Est-il possible de ne pas opposer à ce tableau riant et même ridicule des soupers philanthropiques de 1781 les scènes terribles des prisons, du tribunal révolutionnaire, de l'échafaud, où tant d'initiateurs payèrent de leur vie les naïves témérités de leur initiation? Ah! voilà que nous avons vu passer, portée par des cannibales ivres marchant vers le Temple, une tête coupée, livide sous son voile de cheveux blonds sanglants! Hélas! hélas! détournons la tête et passons à des sujets moins funèbres. Douze années nous séparent encore de ce fatal épilogue. Nous sommes à peine arrivés à l'époque de ces secondes couches enfin heureuses, à la suite desquelles un Dauphin fut présenté à la Reine de France. Chantons, buvons, comme les commensaux du galant banquet de la *Mère loge écossaise.* Chantons, buvons, comme dit le chœur, et applaudissons au talent que M. Robineau de Beaunoir doit à la nature et au cabinet.

Le 22 octobre 1781, cette impatience d'humanité, ce délire de bienveillance qui caractérisent d'une façon si originale les premiers discours et les premiers actes de la franc-maçonnerie encore à l'état naïf, trouvèrent une occasion vraiment propice, vraiment nationale pour accumuler les rimes et les bienfaits, et pour se dépenser en manifestations enthousiastes. Le 22 octobre 1781, la Reine Marie-Antoinette accouchait enfin de ce Dauphin, Messie tant attendu de la monarchie et de la France. A travers l'emphase et le mauvais goût du temps, on trouve dans les Actes des Loges à cette époque des témoignages vraiment touchants d'une joie qui voulait associer les pauvres à ses transports, et qui prétendait que pendant quelques jours au moins tout le monde fût heureux. La *Mère loge écossaise* se signala par ses démonstrations, et elle célébra selon le cœur de sa présidente et selon le cœur de la Reine la venue du Dauphin en délivrant des prisonniers, en libérant des débiteurs honnêtes, en dotant des jeunes filles, en plaçant en apprentissage de pauvres enfants.

Une lettre de la Reine à la princesse de Lamballe, du 21 novembre 1781, contient encore comme un écho de ces acclamations populaires, comme un reflet de cette joie immense qui avait illuminé la France. Elle témoigne aussi de la persistance de l'affection de la Reine pour une amie à qui elle n'avait à reprocher que sa modestie et son absence.

« L'indisposition du bon M. de Penthièvre me fait
» une vive peine, ma chère Lamballe. Le Roi en est
» fort affligé et envoie savoir de ses nouvelles. Qui ne
» serait aimé, si ce n'est la vertu? Je ne m'étonne pas

» que vous soyez tombée malade, je me serais plutôt
» étonnée du contraire; je vous ai toujours dit que
» vous ne vous ménagiez pas assez. Comment serait-on
» surpris que vous souffliez dans vos doigts dans une
» saison aussi avancée à la campagne? moi, je grelotte-
» rais si je n'étais pas dans mon lit. Ne revenez pas
» tout de suite, soignez-vous, soignez M. de Pen-
» thièvre, et puis je vous embrasserai cent fois, d'abord
» pour l'amour de mon fils [1], ensuite par amour pour
» vous, qui passez si bien votre temps à chanter M. le
» Dauphin pour vous guérir. Mais le Roi trouve que
» vous manquez de mémoire et que vous chantez au-
» trement les couplets des poissardes, et là-dessus il m'a
» répété celui-ci, que vous ne savez pas bien :

    Ne craignez pas, cher papa,
    D' voir augmenter votre famille,
    Le bon Dieu z'y pourvoira;
    Faites-en tant que Versailles en fourmille.
    Y eût-il cent Bourbons cheux nous,
    Y a du pain, du laurier pour tous.

» Adieu, ma chère Lamballe, je trouve toujours
» que vous êtes bonne et aimable, que de près ou de
» loin vous êtes une amie vraie, tendre, sensible; je
» vous rends bien tout cela.

                     » MARIE-ANTOINETTE [2]. »

---

[1] Louis-Joseph-Xavier-François, Dauphin de France, né le 22 octobre 1781, mort à Meudon, le 4 juin 1789.

[2] *Correspondance inédite de Marie-Antoinette*, publiée par M. le comte d'Hunolstein, p. 98, 99.

La part indirecte que prit ainsi la Reine à l'initiation et aux œuvres de son amie, son opinion sur ces témérités encore innocentes d'une foi nouvelle et de la charité exercée non au nom de Dieu, mais au nom de l'*humanité*, résultent encore de documents divers dont le premier sera emprunté à cette *Histoire* que nous avons eu si souvent l'occasion de louer.

« La Reine relevait vite de couches (*du premier
» Dauphin*). Elle voyait ses dames le 29, les princes
» et princesses le 30, les grandes entrées le 2 novembre;
» le même jour elle se levait sur sa chaise longue, et
» elle ne pensait plus qu'à répandre sa joie autour
» d'elle, sur le peuple, en bienfaits et en charité. Son
» bonheur voulait faire des heureux, et elle écrivait à
» madame de Lamballe cette lettre où elle apparaît
» tout entière, et où se montre tout son cœur d'amie,
» de Reine et de mère heureuse.

Ce 27 novembre 1781.

» Je vois que vous m'aimez toujours, ma chère Lamballe, et votre chère écriture m'a fait un plaisir que je
» ne saurais vous rendre; vous vous portez bien, j'en
» suis heureuse, mais on ne peut se flatter de rien, si
» vous continuez à veiller comme vous le faites auprès
» de M. de Penthièvre. Son indisposition afflige beaucoup le Roi, qui lui envoie son premier médecin
» avec l'ordre de rester avec vous s'il y a du danger:
» je serai bien triste tant que je n'aurai pas de nou-

» velles de la crise. Dès que vous serez de retour et
» que vous aurez repris votre charge, nous termine-
» rons tout ce qui se rattache aux actes de bienfaisance
» qui doivent suivre mes couches. J'ai lu avec intérêt
» ce qui s'est fait dans les loges maçonniques que vous
» avez présidées au commencement de l'année et dont
» vous m'avez tant amusée; je vois qu'on n'y fait pas
» que de jolies chansons et qu'on y fait aussi du bien.
» Vos loges ont été sur nos brisées en délivrant des
» prisonniers et en mariant des filles. Cela ne nous
» empêchera pas de doter les nôtres et de placer les
» enfants qui sont sur notre liste; les protégées du bon
» M. de Penthièvre seront les premières pourvues, et
» je veux être marraine du premier enfant de la petite
» Antoinette. J'ai été tout attendrie d'une lettre de sa
» mère qu'Élisabeth m'a fait voir, car Élisabeth la
» protége aussi; je ne crois pas qu'il soit possible
» d'écrire avec plus de sentiment et de religion. Il y a
» dans ces classes-là des vertus cachées, des âmes
» honnêtes jusqu'à la plus haute vertu chrétienne;
» pensons à les savoir distinguer. Je chargerai l'abbé
» de travailler à en découvrir, et nous tâcherons d'ob-
» tenir ainsi de Dieu la santé de M. de Penthièvre.
» Adieu, mon cher cœur, je vous embrasse de toute
» mon âme, en attendant une lettre de vous.

» Marie-Antoinette[1]. »

[1] Lettre autographe signée, communiquée par M. A. Firmin-Didot, et publiée pour la première fois par MM. de Goncourt, *Histoire de Marie-Antoinette*, 3ᵉ édition, p. 130, 131, 132.

Elles sont sans doute de la même année ou de l'année suivante, ces deux lettres qui témoignent de la persistance d'une liaison fondée sur une estime réciproque, et constamment fortifiée par une douce communauté d'œuvres pieuses ou charitables.

16 août (1782 ou 1783).

« . . . . Je me suis fort amusée du récit de ce
» qui s'est passé dans votre franc-maçonnerie ; mais
» ne pourrait-on pas faire le bien sans dire tant de
» paroles *qui ont le danger de mettre la religion en de-*
» *hors du culte ?* La charité ne fait pas d'ordinaire tant
» de bruit ; mais enfin, si cela amène le bien, laissez
» faire et laissez dire [1]. . . . . »

Une autre fois, un 7 août, dont il est difficile de préciser l'année, elle assigne à sa chère sœur en charité, avec qui elle compose une sorte de franc-maçonnerie à deux, celle-là tout à fait inoffensive vraiment, un rendez-vous à Trianon pour s'occuper à leur aise d'une protégée de la princesse.

7 août (?)

« . . . . Je la ferai venir, dit-elle, et sans
» qu'elle s'en doute, nous saurons toutes ses petites
» affaires de cœur ; nous adoucirons tous ses petits cha-
» grins, nous éloignerons ses inquiétudes pour sa mère,
» et si la prudence le commande, je parlerai au Roi de
» notre beau projet de mariage pour cette aimable

[1] *Lettre inédite.*

» enfant. . . . . Laissez-la venir toute seule, et nous
» jouirons du plaisir que la compensation va lui faire.
» Le bonheur des autres fait du bien partout; mais il
» semble qu'il en fait encore plus devant la simple na-
» ture et loin du bruit où nous sommes condamnées à
» vivre [1] . . . . . . »

[1] *Lettre inédite.*

CHAPITRE SEPTIÈME.

1782—1785

Fêtes et réjouissances populaires à l'occasion de la naissance du Dauphin. — La princesse de Lamballe dîne avec le Roi et la famille royale à l'hôtel de ville de Paris. — Voyage en France du comte et de la comtesse du Nord. — Bal à Versailles. — Fêtes à Sceaux, à Chantilly. — Acquisition de Rambouillet par Louis XVI. — Translation à Dreux des restes de la famille de Penthièvre. — Détails touchants. — Le duc de Penthièvre et la princesse de Lamballe reçoivent à l'hôtel de Toulouse la visite du roi de Suède et du prince Henri de Prusse. — Ils assistent avec le Roi et la famille royale à l'ascension de la première montgolfière. — Détails inédits. — Visite du prince Henri de Prusse à Anet. — Incendie à l'hôtel de Toulouse. — Élan de la sympathie populaire. — Florian dédie ses *Nouvelles* à la princesse.

De 1782 à 1785, le *Mémorial* familier dont nous nous servons de temps en temps, et qui contient, de la main d'un Dangeau subalterne, le canevas sec et naïf sur lequel a sans doute brodé plus tard l'imagination vagabonde de madame Guénard, ne donne guère d'autres renseignements sur la vie de la princesse de Lamballe que ceux qu'on peut attendre d'un historien domestique. Dans ce *Journal*, fidèle et fade, nous ne trouvons guère que des aumônes, des visites aux diverses et nombreuses possessions de la maison de Penthièvre, des réceptions de princes ou de couples princiers voyageant incognito : le roi de Suède (comte de Haga), le comte et la comtesse du Nord (Paul, depuis Paul Ier, fils de Catherine la Grande), et le prince Henri de Prusse (comte d'Oels).

CHAPITRE SEPTIÈME.

Ces événements animent passagèrement sans l'altérer cette période intermédiaire et sereine d'une vie qui allait être si agitée. Nous ne donnerons pas à ces détails une hospitalité disproportionnée, mais nous ne saurions non plus les négliger tout à fait impunément. Les vies les plus tragiques ont des moments et pour ainsi dire des passages tranquilles et souriants, comme un ciel orageux a ses subites éclaircies de soleil et d'azur. L'historien qui omettrait ces périodes de repos, ces haltes consolatrices, manquerait à ce devoir essentiel qui consiste à donner de la vie du héros choisi une analyse complète et une fidèle image, et il négligerait ce moyen si puissant d'intérêt que la réalité, dans ses étonnants contrastes, lui offre naturellement.

Nous ne violerons pas cette pudeur charmante qui faisait trouver à la princesse de Lamballe, à la providence anonyme de tant de malheureux, sa récompense dans le mystère même de ses charités. Ce journal intime, qui nous guide dans notre marche, est rempli de ces touchantes indiscrétions. Nous la montrerons de préférence sous ses aspects souriants et encore mondains, accompagnant le Roi et la Reine à ce repas triomphal que, le 21 janvier 1782, leur offrit, en signe de réjouissance et d'hommage, leur bonne ville de Paris. Nous la suivrons dans les fêtes magnifiques qui rendirent l'hospitalité de Chantilly supérieure à celle de Versailles, pour le couple charmé qui devait un jour s'asseoir sur le trône de Russie; ou bien nous la verrons, présidant à l'hôtel de Toulouse à la réception du roi de Suède et du prince de Prusse. Pourquoi ne pas nous arrêter quelques moments à ces spectacles, qui nous montrent, dans leur épanouissement suprême, ces grâces touchantes et ce sympathique enjouement dont le rire attendri allait si droit et si profondément au cœur? Pourquoi ne prendrions-nous pas la princesse de Lamballe jouissant des dernières prospérités du règne et des dernières sérénités de sa vie, et se montrant égale à son rang, avant de se montrer supérieure à son sort? Il y a, pour qui sait le dénoûment imprévu et terrible de la pièce, une sorte de charme particulier, d'ineffable plaisir à contempler dans toute sa jeunesse, dans toute sa beauté, dans tout son rayonnant éclat, cette future victime qui se pare ainsi à son insu pour ce cinquième acte terrible, où le drame, l'impitoyable drame shakspearien, avec sa foule hideuse aux bras nus et sanglants, envahira la scène et fera succéder aux idylles de Rambouillet, aux églogues de Sceaux, à cette vie pastorale et patriarcale qui a inspiré Florian, le dénoûment sinistre des prisons, des massacres et de l'échafaud.

La bonne ville de Paris, « la fille aînée du Roi, » comme l'appelait Henri IV, ayant donc réclamé l'usage du droit qu'elle avait de traiter la famille royale à la naissance du Dauphin, la princesse de Lamballe se rendit à la Muette, où elle monta dans le carrosse de la Reine, à côté de Madame Élisabeth, de la duchesse de Bourbon et de la princesse de Chimay, dame d'honneur. On arriva ainsi à l'hôtel de ville de Paris, théâtre de cette solennité unique d'un Roi venant, avec tous les siens, célébrer en père de famille, au milieu de ses sujets, la fécondité de son épouse, et boire à la santé de son fils. Ce fut vraiment une belle journée par l'accord enthousiaste des cœurs; la joie universelle et l'élan spontané des interminables vivat.

« Une table de soixante-dix couverts fut servie de
» la manière la plus somptueuse. Madame la princesse
» de Lamballe était à côté de Madame Adélaïde ; c'était
» le printemps et l'automne ; mais l'esprit, qui ne vieillit
» jamais, rendait la tante du Roi encore si aimable,
» que madame de Lamballe, qui en avait beaucoup,
» trouva le repas court, quoiqu'il durât près de deux
» heures. La Reine était dans tout l'éclat de la beauté
» et s'attira tous les cœurs par les grâces qu'elle savait
» mettre aux moindres choses. Le Roi, qui détestait
» les cérémonies d'éclat, parut assez ennuyé ; d'ail-
» leurs, il avait des goûts particuliers pour la nourri-
» ture, tels que la viande de boucherie presque brûlée,
» et quoique ce fussent les officiers de sa bouche qui
» eussent préparé le repas que donnèrent les pré-
» vôt des marchands et échevins de Paris, il ne s'en
» trouva point. On avait servi devant Sa Majesté une
» carpe du Rhin qui avait coûté quatre mille francs.
» Elle se trouva dure, le Roi le dit et n'en mangea
» qu'une bouchée [1]. »

Estimable franchise qui indique bien la différence

[1] *Mémoires de la princesse de Lamballe*, qui devraient être intitulés *sur*. T. II, p. 185.

des rois et des temps, et à laquelle je préférerais le compliment jovial ou solennel qu'auraient trouvé, en pareille circonstance, l'esprit gracieux de Henri IV ou le majestueux sang-froid de Louis XIV.

Il est impossible de ne pas voir dans la Révolution l'explosion terrible d'un long et progressif arriéré de petites déceptions, de petits mécontentements, de petites rancunes, et je ne sache pas de grand effet où on ne distingue plus nettement l'influence occulte, coalisée, accumulée des petites causes. Louis XVI boudant le dîner des bourgeois de Paris, faisait autant de tort à sa couronne qu'en renvoyant plus tard M. Necker.

Mais alors on était encore tout entier à la joie, à l'espérance, à cette charmante surprise d'un Roi brusque, mais honnête, et d'une Reine étrangère d'origine et de goûts, mais vraiment Française de cœur. La France attirait une universelle et sympathique curiosité, et les souverains de l'Europe se succédaient à Paris pour y jouir de ce spectacle original du renouvellement des mœurs, de la renaissance du goût de la nature toujours accompagné de cette vertu qu'il inspire et qui embellit l'humanité, du mouvement de l'opinion, passionnée tour à tour par les récentes découvertes de la science ou par les spéculations économiques, de la régénération des parlements, devenus de plus en plus semblables à ces assemblées politiques dont ils portaient le nom. Toutes les idées, toutes les passions, toutes les ambitions, toutes les nouveautés qui allaient trouver un premier débouché dans la généreuse et imprévoyante guerre d'Amérique, donnaient un piquant attrait au séjour de Paris, et la cour de Versailles n'était pas moins curieuse à observer par l'abaissement progressif des barrières de l'étiquette, par la vie de famille qui y régnait, par l'absence de toute maîtresse, par le noble exemple de ce couple royal simple, sensible, charitable, qui réhabilitait en lui le lien conjugal si longtemps profané, et qui préférait les bénédictions des pauvres aux éloges des courtisans.

C'est ainsi que l'année 1782 fut marquée par le voyage du comte et de la comtesse du Nord, dont les *Mémoires de la baronne d'Oberkirch* contiennent l'intéressant journal. Le grand-duc de Russie et sa femme, intelligents, unis et heureux, fuyaient les tyranniques étiquettes, les scandales secrets et les jaloux ombrages de la cour de Catherine, et ils étaient bien faits pour goûter les charmes de cette cour nouvelle, sur le modèle de laquelle ils rêvaient d'établir un jour la leur. Ils furent reçus à Versailles avec les honneurs dus à leur rang et la sympathie particulière due à leur caractère et à leurs qualités. C'est le 20 mai que le comte et la comtesse du Nord furent présentés à la Reine, puis à la princesse de Lamballe, par le prince Bariatinski, ministre plénipotentiaire de Russie, et la comtesse de Vergennes.

Le 8 juin 1782, le comte et la comtesse du Nord assistèrent à un grand bal paré chez la Reine, à Versailles. Nous en empruntons le récit à la baronne d'Oberkirch, dont les souvenirs, à cet endroit et pour ce moment, sont d'une incontestable authenticité.

« Le bal était admirable; il y avait une profusion
» de bougies et de girandoles. Les salons que tout le
» monde connaît étaient étincelants, surtout les gale-
» ries. Toute la cour était habillée de sa plus grande
» parure, les femmes qui dansaient étaient en domino
» de satin blanc avec un panier ponsé et de petites
» queues. Le comte et la comtesse du Nord y furent
» très-remarqués comme à l'ordinaire, l'un par son
» aisance et son esprit d'à-propos, l'autre par sa grâce
» et sa beauté...

» M. le comte du Nord eut un de ces mots justement
» appliqués qui lui ont fait tant d'honneur pendant
» son séjour à Paris. La foule, curieuse de le voir, se
» portait du côté où il était avec le Roi, pendant qu'ils
» se dirigeaient vers la place où ils allaient s'asseoir,
» et le Roi se plaignit de ce qu'on le pressait beaucoup.
» Le comte du Nord s'éloigna aussitôt comme tout le
» monde, en disant : Sire, pardonnez-moi; je suis de-
» venu tellement Français, que je crois, comme eux, ne
» pas pouvoir m'approcher trop près de Votre Majesté.

» La Reine dansa avec le grand-duc; il est impos-
» sible de déployer plus de grâce et de noblesse que
» notre auguste souveraine. Elle a une taille et un port
» merveilleux; je me trouvai un instant derrière elle
» et derrière la grande-duchesse.

» — Madame d'Oberkirch, me dit la Reine, parlez-

» moi donc un peu allemand, que je sache si je m'en
» souviens; je ne sais plus que la langue de ma nou-
» velle patrie.

» Je lui dis plusieurs mots allemands; elle resta
» quelques secondes rêveuse et sans répondre.

» —Ah! reprit-elle enfin, je suis pourtant charmée
» d'entendre ce vieux tudesque. Vous parlez comme
» une Saxonne, madame, sans accent alsacien, ce qui
» m'étonne. C'est une belle langue que l'allemand,
» mais le français! Il me semble, dans la bouche de
» mes enfants, l'idiome le plus doux de l'univers.

» Elle a toujours bien aimé la France, cette auguste
» princesse, quoi qu'en disent ses calomniateurs.

» Un des beaux coups d'œil que j'ai vus, c'est l'entrée
» de la famille royale au bal, lorsque toute la cour
» est réunie. Les airs de tête de la Reine sont d'une
» majesté gracieuse qui n'appartient qu'à elle. Le Roi
» a une bonté, une affabilité extraordinaires. Madame
» Élisabeth et tous les princes et les princesses les
» suivent, ainsi que le service de chacun; c'est
» magnifique par la quantité et l'éclat des bijoux, par
» les broderies d'or et d'argent, par la richesse des
» étoffes. On ne peut s'en faire une idée sans l'avoir vu.

» La fête ne se prolongea pas très-tard, les réunions
» d'étiquette ne sont point amusantes; quand chacun
» *a vu*, il brûle de se retirer. Nous en étions d'autant
» plus pressées, que nous devions nous rendre ensuite,
» pour le souper, chez madame la princesse de Lam-
» balle, surintendante de la Reine et son amie... Elle

11.

» avait invité Leurs Altesses Impériales par ordre de
» Sa Majesté, qui voulait passer cette soirée avec elles
» et leur procurer un nouveau plaisir. Le cercle était
» peu nombreux, mais très-choisi, et après le souper,
» on joua au loto, jeu fort à la mode en ce temps-là,
» et où l'on perdait beaucoup d'argent. J'eus l'hon-
» neur d'être assise près de madame la comtesse de
» Provence ; la famille royale tout entière était venue.
» Après le loto, on dansa, et la Reine dansa une con-
» tredanse. Ce petit bal fut bien plus gai que l'autre,
» sans comparaison. Le Roi ne fit que paraître, et se
» retira. Après son départ, le respect ne gêna pas le
» plaisir, et on fut extrêmement content de cette
» sorte d'intimité, que la Reine n'écartait pas [1]. »

Le 3 juin, le comte et la comtesse du Nord avaient déjà déjeuné à Sceaux, chez le duc de Penthièvre, dans cette délicieuse et idyllique retraite dont le bon duc semblait le vieux berger, et où les deux bergères étaient la duchesse de Chartres et la princesse de Lamballe. Nous les retrouvons toutes deux, l'une avec sa grâce mélancolique, l'autre avec son enjouement attendri, à ces fêtes fameuses de Chantilly, dans le charmant costume de batelières de l'île d'Amour. Le comte et la comtesse du Nord devaient emporter comme un éblouissement de cette hospitalité ingénieuse et magnifique et de sa succession de spectacles tour à tour pastoraux et chevaleresques. En partant, l'hôte du roi de France, du duc d'Orléans et du prince

[1] *Mémoires de la baronne d'Oberkirch*, t. Ier, p. 279, 280, 281.

de Condé, résumait sa triple impression par cette opinion caractéristique :

« Le Roi a reçu M. le comte du Nord en ami, » M. le duc d'Orléans l'a reçu en bourgeois, et M. le » prince de Condé en souverain [1]. »

L'année 1783 fut marquée par la vente du château de Rambouillet au Roi. Cette acquisition était un vœu de Louis XV, que son petit-fils mit une sorte d'émulation à réaliser. Malgré son amour pour le Roi, le duc de Penthièvre avait éludé autant qu'il l'avait pu l'heure de ce pénible sacrifice, qui l'obligeait de quitter le théâtre des jeux de son enfance et le lieu de sépulture de ses ancêtres. Il avait spontanément accepté la charge de donner tout l'été l'hospitalité la plus large aux équipages du Roi et aux officiers de sa vénerie. Le roi Louis XV, touché d'un zèle qui faisait de si nobles efforts pour concilier son affection et son devoir, ne reparla plus au duc de Penthièvre d'une séparation qui alarmait en lui la pieuse religion des souvenirs. Il fit bâtir Saint-Hubert, et s'en contenta.

Louis XVI hérita de ce désir traditionnel de posséder Rambouillet, ce joyau de la succession des comtes de Toulouse, si digne de parer le domaine

---

[1] On lit à la page 184 des *Mémoires de madame Campan*, édition Didot, à propos de ces fêtes du prince de Condé : « Si l'éditeur se décide à publier un jour les *Souvenirs de M. Després*, on y verra de très-curieux détails sur les fêtes de Chantilly. » Nous ne pouvons que rappeler maintenant à l'ingénieux et spirituel écrivain des *Débats*, M. F. Barrière, cette espérance, qu'il ne nous aura pas donnée en vain.

royal. Les circonstances étaient fort changées et favorisèrent ses vœux. La mort du comte d'Eu avait rendu le duc de Penthièvre propriétaire de plusieurs magnifiques habitations : Sceaux, Anet, Vernon, Armainvilliers et Eu. Voyant que le duc de Penthièvre semblait négliger un peu Rambouillet pour ses nouveaux domaines, où l'attirait l'espoir d'y faire du bien, Louis XVI profita de l'occasion pour lui demander une vente de gré à gré, comme entre bons parents, sur dire d'experts. Le duc de Penthièvre, après avoir fait toute la résistance que comportaient ses scrupules, céda au désir du Roi, manifesté avec une sorte de bienveillante autorité. Il avait fini par dire que cette acquisition importait au bonheur de sa vie. Il est de certaines prières qui ne laissent qu'à obéir. « *Eh bien,* s'écria » enfin le duc de Penthièvre, *Rambouillet n'est plus à* » *moi.* Prenez-le, Sire ! Permettez-moi seulement » d'emporter les ossements de ma famille. »

Louis XVI, dont le premier mouvement, comme chez tous les gens timides, n'était pas le meilleur, laissa là échapper une belle occasion de se jeter au cou de son cousin, de le remercier de son obéissance, et de refuser un sacrifice qui lui coûtait tant. Mais Louis XVI, qui était bon, n'était pas tendre. Il se dit, sans doute, qu'après tout le duc de Penthièvre était assez riche, et que les parents morts se pouvaient déranger pour faire place au Roi vivant.

Alors le duc de Penthièvre et son fidèle Florian, « cet ingénieux fabuliste à qui il a été donné de prou-

» ver que le second rang dans un genre honorait » comme le premier », firent ouvrir les tombes de l'église de Rambouillet et en tirèrent les cercueils destinés à une douloureuse translation. On en comptait neuf. Ils contenaient les restes du comte de Toulouse, mort en 1737 ; de la comtesse de Toulouse, Marie-Victoire-Sophie de Noailles, morte le 30 septembre 1766 ; de la duchesse de Penthièvre, morte le 30 avril 1754. Les six autres cercueils renfermaient six enfants du duc de Penthièvre, tous morts entre 1749 et 1768 : le duc de Rambouillet, le duc de Châteauvilain, le comte de Guingamp, mademoiselle de Penthièvre (Louise-Marie-Félicité), le prince de Lamballe, et l'enfant que la duchesse de Penthièvre avait emporté dans la tombe.

Pendant ce temps, on faisait procéder aux estimations. Les deux experts furent M. de Vergennes pour le Roi, et M. Perrier, secrétaire général de la marine, pour le duc de Penthièvre. On s'accorda moyennant dix-huit millions, qui forment en effet le prix stipulé par l'acte de vente passé le 29 décembre 1783, passé en l'étude de Mᵉ Momet, notaire à Paris. Le dernier voyage du duc de Penthièvre à Rambouillet est du 24 juin au 16 juillet 1783.

Ce fut une solennité admirable de spontanéité et de dévouement populaire, une sorte de dernière fête pour ces morts aimés, que le jour où les neuf cercueils des maîtres vénérés de Rambouillet, sortis de l'asile héréditaire, traversèrent pour la dernière fois, pour aller chercher au loin un abri nouveau, l'horizon natal et les chemins familiers, encombrés de paysans vêtus de deuil, priant et pleurant, le cierge et le chapelet à la main, et faisant dans la neige, malgré les bises de novembre, clergé en tête, la conduite suprême aux os de leurs bons seigneurs. Pas un qui ne leur dût quelque encouragement, quelque conseil, quelque bienfait. Aussi c'était une émulation de douleur et de regrets, un assaut d'adieux naïfs et navrants! A chaque nouveau village rencontré, la caravane funèbre faisait une station à l'église du lieu, et un nouveau cortége remplaçait et renouvelait l'ancien, qui, rangé en haie, le chapeau levé en signe d'hommage, voyait s'éloigner lentement les voitures et les files, et quand elles avaient disparu, rentrait tristement dans ses foyers. La réception à Dreux ne fut pas moins touchante. Ce surcroit d'émotions terribles et douces faillit tuer le bon duc de Penthièvre, en proie à une sorte de prostration qui sembla quelque temps le commencement d'une agonie. Mais sa volonté et sa foi prirent le dessus, et il guérit lentement, revenant à la vie sous l'affection universelle, comme un arbre entamé par la cognée, dont le soleil et la rosée cicatrisent les blessures.

Une fois les cercueils paternels mis à l'abri de l'église de Dreux, le duc de Penthièvre s'occupa du remploi des huit millions grevés de substitution. Il acheta la terre de Châteauneuf-sur-Loire, à six lieues au-dessus d'Orléans, de la succession de Rohan-Guéménée, ensuite celle de La Ferté-Vidame, de M. de La Borde.

En juin et en août 1784, le duc de Penthièvre et la

princesse de Lamballe reçurent à l'hôtel de Toulouse, place des Victoires, la visite successive du roi de Suède Gustave III, voyageant incognito sous le nom de comte de Haga, et du prince Henri de Prusse, voyageant sous celui de comte d'OEls. Dans cette double occasion se renouvelèrent les témoignages de vénération pour le duc, d'admiration pour sa bru, qui firent plus d'une fois rougir de modestie la vertu, sous sa plus gracieuse et sa plus respectable image.

En dehors de ces visites royales, nous ne trouvons à remarquer dans le journal intime de la vie de la princesse qu'un voyage de quinze jours à Eu, en mai, et sa présence aux expériences aérostatiques qui portèrent jusqu'au délire l'enthousiasme et l'étonnement de Paris.

Il est curieux de citer sur ce point un témoignage naïf, et dont l'auteur n'est point un auteur.

(19 septembre 1783.) « M. de Montgolfier fit en
» présence du Roi et de toute la cour une épreuve de
» sa découverte. Son globe aérostatique était orné de
» manière à flatter agréablement la vue. Le temps était
» des plus beaux, il y avait une affluence considérable
» de spectateurs. L'expérience eut lieu à environ une
» heure, dans la première cour du château de Ver-
» sailles. Avant de lancer la machine, on avait attaché
» à la partie inférieure un panier d'osier, dans lequel
» étaient un agneau, un coq et un canard, pour éprouver
» si ces animaux pourraient vivre dans la région supé-
» rieure de l'air. En moins de vingt minutes, la ma-

» chine s'éleva à plus de quatre cents toises et disparut
» ensuite entièrement à la vue. On apprit, peu d'heures
» après, qu'elle était tombée, dans le bois de Vaucresson,
» au lieu dit le *Carrefour Maréchal*, distant d'une demi-
» lieue du point de son départ. M. Pilatre de Rozier,
» qui y arriva le premier, trouva le panier séparé du
» ballon, apparemment par la chute : à quelques pas de
» là, mais sans aucun dommage, l'agneau était tran-
» quillement à manger, et le coq et le canard étaient
» dans un coin sans avoir reçu aucun mal.

» Le Roi et toute la famille royale furent extrême-
» ment frappés de cette expérience, et ils en témoi-
» gnèrent leur satisfaction dans les termes les plus
» obligeants à l'auteur. »

Nous empruntons au même journal inédit le récit de l'ascension du 21 novembre, dont les détails se trouvent aujourd'hui, en présence des efforts ingénieux et hardis de M. Nadar, une sorte de piquante actualité.

« On a procédé à une nouvelle expérience de la
» machine aérostatique de MM. de Montgolfier. A une
» heure cinquante-quatre minutes, elle est partie, por-
» tant M. le marquis d'Arlande et M. Pilatre de Rozier,
» suspendus au ballon dans une galerie. Après s'être
» élevés de la manière la plus majestueuse, parvenus
» à environ deux cent cinquante pieds de hauteur, les
» intrépides voyageurs, baissant leurs chapeaux, ont
» salué les spectateurs. On n'a pu s'empêcher d'éprou-
» ver alors un sentiment mêlé de crainte et d'admira-
» tion.

» Bientôt les navigateurs aériens ont été perdus de
» vue; mais la machine planant sur l'horizon et éta-
» lant sa plus belle forme, a monté à au moins trois
» mille pieds de hauteur, où elle est toujours restée
» visible; elle a traversé la Seine au-dessus de la porte
» de *la Conférence*, et passant de là entre l'École mili-
» taire et l'hôtel des Invalides, elle a été à portée d'être
» vue de tout Paris.

» Les voyageurs sont descendus tranquillement dans
» la campagne, au delà du nouveau boulevard, vis-à-
» vis le moulin de Croulebarbe, sans avoir éprouvé la
» moindre incommodité. Leur route a été de quatre à
» cinq mille toises, et le temps qu'ils y ont employé
» de vingt à vingt-cinq minutes. Quelqu'un ayant de-
» mandé au docteur Franklin, qui se trouvait présent
» à cette expérience, à quoi cette découverte pouvait
» servir : « Messieurs, répondit le vénérable vieillard,
» ce n'est encore qu'un enfant qui vient de naître;
» peut-être sera-t-il une bête, peut-être un homme
» d'esprit; attendons qu'il ait passé l'âge de sa pre-
» mière éducation. »

Le 1er décembre, on ne parlait dans Paris que
des circonstances du voyage que venaient d'accomplir
MM. Charles et Robert.

« Lorsqu'ils furent assurés (les voyageurs aériens)
» qu'on ne pouvait plus les voir, ils s'assirent, burent
» un verre de vin, et se mirent à manger tranquille-
» ment les provisions dont ils s'étaient munis; ils ne
» pouvaient assez admirer la pureté de l'air où ils na-

» geaient. Après avoir pris leur repas dans des régions
» où jamais mortel n'avait encore abordé, ils regardè-
» rent sous eux; ils ne purent s'empêcher de s'étonner
» de la distance où ils étaient de la terre : elle ne leur
» parut plus que comme une vaste plaine parsemée de
» traits blancs, gris et noirs; ils respiraient un air
» doux, agréable, inconnu sur la terre. Après avoir
» ainsi voyagé pendant une heure, ils se trouvèrent
» sur le mont Sannois, ils pensèrent à descendre; ils
» s'abaissèrent de manière qu'avec un porte-voix ils
» purent se faire entendre de quelques paysans, aux-
» quels ils demandèrent où ils étaient. — A l'Isle-
» Adam, répondirent les bons villageois. Nos voyageurs
» burent à la santé du prince de Conti, propriétaire
» de ce pays, etc. Ils descendirent à trois heures trois
» quarts dans la prairie de Nesle, à environ neuf lieues
» de Paris d'où ils étaient partis, du grand bassin des
» Tuileries, à une heure quarante minutes. »

La princesse de Lamballe s'associa à l'enthousiasme universel, qui gagna le roi Louis XVI, au point qu'il donna des lettres de noblesse à MM. de Montgolfier et mit à leur disposition quatre cent mille livres pour perfectionner leur découverte. Les loges ne pouvaient demeurer indifférentes, et le 9 mars 1784, nous voyons celle de *la Candeur*, associant son admiration pour le courage scientifique et la vertu militaire, offrir solennellement, au milieu d'un banquet qui réunissait toutes les notabilités de la cour, une couronne de laurier à MM. de Montgolfier et une médaille à un invalide dont l'héroïsme obscur, subitement révélé, avait excité l'intérêt et, comme on disait alors, la *sensibilité* des beaux seigneurs et des belles dames, adeptes élégants et innocents du satanique Cagliostro.

Le 28 juin 1784, nous voyons la princesse de Lamballe assister à Versailles à l'ascension de la montgolfière *la Marie-Antoinette*, qui eut lieu sous la direction de MM. Prouet et Pilatre de Rozier, à cinq heures moins un quart, en présence du Roi, de la Reine, du comte de Haga (le roi de Suède Gustave III), et de toute la cour.

Les aéronautes descendirent quarante deux-minutes après, dans un carrefour de la forêt de Chantilly, près de la route Manon, distant d'environ treize lieues de Versailles.

En septembre 1784, le prince Henri de Prusse reçut l'hospitalité du château d'Anet, et le vainqueur de Freyberg rendit hommage sur le champ de bataille d'Ivry à la glorieuse mémoire de Henri IV.

La fin de l'année fut marquée par l'incendie partiel de l'hôtel de Toulouse (23 ou 24 décembre 1784). Dans le trouble général causé par cet accident, on remarqua le courage du duc de Penthièvre, qui après avoir donné les ordres nécessaires pour que les pompiers fissent leur office, se remit tranquillement en prière, et le sang-froid de la princesse de Lamballe, qui, réveillée en sursaut au milieu de la nuit, ne songea qu'à son beau-père, comme lui-même ne songeait qu'aux voisins moins riches que lui dont il fallait préserver la demeure. L'élan spontané avec lequel tout le monde se porta au secours de cette maison sacrée, l'enthousiasme des travailleurs populaires, la sollicitude du Roi et de la Reine, qui envoyaient des pages à bride abattue chercher des nouvelles et apporter leurs condoléances, tout fit de cet accident, en dépit de la modestie des hôtes de l'hôtel de Toulouse, une sorte de touchant triomphe.

C'est à cette époque que Florian, écuyer de la princesse [1], lui dédia ses *Nouvelles* dans une *Épître* qui se termine par un portrait qui clora dignement cette période de notre histoire.

> Princesse, pardonnez, en lisant cet ouvrage,
> Si vous y retrouvez, crayonnés par ma main,
>   Les traits charmants de votre image :
> J'ai voulu de mon livre assurer le destin.
>   Pour embellir mes héroïnes,
> A l'une j'ai donné votre aimable candeur,
> A l'autre ce regard, ce sourire enchanteur,
> Ces grâces à la fois et naïves et fines.
>   Ainsi, partageant vos attraits
> Entre ma Célestine, Elvire et Félicie,
>   Il a suffi d'un de vos traits
>   Pour que chacune fût jolie.

---

[1] La marquise de Las Casés, dame d'honneur; la comtesse de Lage, dame pour accompagner.

CHAPITRE HUITIÈME.

1785—1789

Recrudescence de l'amitié de la Reine et de la princesse de Lamballe. — La princesse se dévoue à jamais à la Reine et se désigne d'avance aux bourreaux. — Fête de la princesse de Lamballe. — Triple lettre du Roi, de la Reine et de la Dauphine, accompagnant l'envoi des *Heures* de Josèphe de Saxe. — Mort du prince Eugène de Savoie-Carignan. — Affaire du *Collier*. — Madame de Genlis n'en fait pas mention dans ses *Mémoires*. — Visite charitable de la princesse de Lamballe à madame de la Motte, à la Salpêtrière.— Son évasion mystérieuse.— La Reine y a-t-elle pris part? — Mort de la princesse Sophie-Béatrix-Hélène, dernière fille de Marie-Antoinette. — Le portrait du Salon de 1787. — La princesse de Lamballe empoisonnée. — On la sauve. — Nouvel accident à Villers-Cotterets. — Séance solennelle et touchante de la réception de Florian à l'Académie française. — Vers adressés par Florian à la princesse de Lamballe.—Lettre de Marie-Antoinette à la princesse de Lamballe.—Les derniers beaux jours de Trianon.

C'est en 1785 que se ranime la flamme de cette amitié entre la Reine et la princesse de Lamballe, si discrète qu'elle avait paru un moment éteinte, mais que les premiers souffles de l'adversité allaient renouveler. Combien Marie-Antoinette, autour de laquelle tout avait changé, et dont de précoces soucis, avant-coureurs de plus grandes douleurs, commençaient à blanchir les tempes où se fanaient les dernières roses de Trianon ; combien la Reine, qui venait de perdre son meilleur ami, son conseiller secret et dévoué, le duc de Choiseul, au moment même où naissait l'héritier[1] de cette monarchie qui aurait eu tant besoin d'un pareil ministre, dut être agréablement étonnée en retrouvant la princesse toujours la même, ou plutôt prête à prodiguer ces trésors de tendresse et d'abnégation qu'elle avait économisés malgré elle.

Les temps difficiles étaient arrivés. La royauté menacée n'avait plus d'autres courtisans que ses amis. La Reine inquiète, presque découragée, abandonnée par le groupe mécontent qui exploitait jusqu'à l'abus la faveur de madame de Polignac, avait dû s'éloigner d'une amie qui ne voulait pas lui sacrifier des amis qui lui coûtaient trop cher. Et elle se trouvait seule, sans autre appui qu'un mari étonné, aux prises avec les difficultés inouïes d'une situation que tout contribuait, comme à l'envi, à compromettre. Désormais il lui fallait lutter contre les préventions populaires, dont l'implacable aveuglement ne lui pardonnait rien et lui reprochait tout. C'est elle qu'on rendait responsable de la disette, du déficit, de l'effervescence parlementaire, de l'inhabileté des ministres. C'est elle que les pamphlétaires poursuivaient, et sur laquelle ils épuisaient le fiel de leurs mercenaires calomnies. C'est elle contre laquelle, au moment même, on préparait dans le boudoir d'un prince de l'Église livré aux escrocs et aux courtisanes, cette grande machine de dépopularisation, l'affaire du Collier, chef-d'œuvre de cette politique de roués qui avait le Palais-Royal

---

[1] Le duc de Normandie, le futur Louis XVII, était né le 27 mars 1785, et le duc de Choiseul était mort le 9 mai.

pour sanctuaire, des orgies pour conseils, la franc-maçonnerie pour armée, le Parlement pour complice, le trône pour but.

Dans cette situation unique, où la moindre impatience, la moindre révolte, la moindre faute pouvaient tout compromettre, où le Roi effrayé de ce débordement des haines populaires, affligé de ces pamphlets composés par des ministres, qui pleuvaient autour de lui, ne prêtait plus à la Reine qu'une protection incertaine; dans ce moment critique où l'acquisition si légitime, si naturelle de Saint-Cloud excitait les murmures et les chansons de ces Parisiens inconséquents qui avaient vu sans indignation les profusions scandaleuses et les mœurs sardanapalesques des marquis de Brunoy, des Boutin, des Thélusson, des Saint-James, des Beaujon, de ces Parisiens ingrats qui fuyaient celle qui se rapprochait d'eux, — Marie-Antoinette chercha dans la foule qu'éclaircissait déjà sa présence, l'amie providentielle, l'amie qui donnait tout et ne demandait rien. Madame de Lamballe ne se fit pas attendre, ou plutôt elle ne se fit pas demander. Son cœur, passant dans ses yeux, avait trahi son impatience, trop longtemps contenue, de se dévouer. Le moment propice l'avait vue s'offrant pour ainsi dire dans son silence à celle qui la cherchait. Un coup d'œil, un serrement de main, une larme expliquèrent tout, réparèrent tout, renouèrent tout entre les deux amies séparées par les circonstances, qui les rapprochaient enfin.

Dès ce moment nous trouvons aux côtés de la Reine

ces deux courtisans du malheur qu'on appelle le comte de Fersen et la princesse de Lamballe. Et jusqu'au dernier jour, ce sont ces amis désintéressés, héroïques, qui, comme les deux anges gardiens de la Reine, soutiendront sur sa tête l'édifice lézardé de la vieille société et de la vieille monarchie, dont chaque jour une pierre tombera désormais, avec un bruit sinistre, aux pieds de celles que leurs ruines doivent engloutir.

Nous voici enfin dans la véritable histoire de la princesse de Lamballe, dont la figure s'anime et grandit aux premières lueurs de l'orage révolutionnaire. Ces temps néfastes qui ont exalté dans tous les sens et sous toutes les formes les sentiments qui sont l'honneur ou l'opprobre de la nature humaine, ont enfin en elle trouvé la figure qui manquait à leur tableau. A côté de Louis XVI, le martyr débonnaire de la royauté; de Marie-Antoinette, son énergique héroïne; à côté de la sainte et pudique Élisabeth, en tête de ce cortége tragique et touchant qui fournira au courage civique, à l'enthousiasme de la fidélité, au dévouement conjugal, à la piété filiale, à l'amour paternel ou fraternel, au patriotisme même, tant d'innocentes victimes, il faut réserver sa place à celle dont les pressentiments l'ont déjà choisie, et qui s'est désignée elle-même, dès 1785, aux bourreaux de 1792, pour expier le crime sublime de l'amitié.

Les historiens de Marie-Antoinette ont admirablement senti et peint ce moment unique et touchant de ce vœu, de ce sacrifice, de cette clairvoyante et volontaire immolation de la princesse de Lamballe se consacrant, par une pieuse infidélité, à une Reine plus malheureuse désormais que le duc de Penthièvre.

« La Reine alors se retourna vers une amitié qui ne
» lui avait jamais demandé de se compromettre, et
» qui, pour avoir moins de coquetterie, un manége
» moins gracieux, un agrément moins vif que l'amitié
» de madame de Polignac, ne lui cédait ni en sincé-
» rité ni en dévouement. Il est des erreurs et des
» distractions du cœur qui ne touchent ni à la mémoire
» ni à la reconnaissance. La Reine n'avait point oublié
» madame de Lamballe, son souvenir lui était resté
» présent, sans que la glace de ses appartements, où
» était peinte la princesse, eût besoin de la lui rap-
» peler. Entre elle et madame de Lamballe, il sem-
» blait à la Reine qu'il n'y eût eu qu'une absence,
» et c'était sans embarras qu'elle venait souper chez
» elle à l'hôtel de Toulouse [1], et lui apporter ses com-
» pliments de condoléance à l'occasion de la mort de
» son frère, le prince de Carignan. C'était sans effort,
» et avec la joie d'un retour, que Marie-Antoinette
» revenait à cette amie qui s'était éloignée sans un
» murmure, et qui se redonnait sans une plainte.
» — Ne croyez jamais, lui disait (*plus tard*) la Reine,
» qu'il soit possible de ne pas vous aimer. C'est une
» habitude dont mon cœur a besoin [2]. »

C'est à cette époque sans doute qu'il faut placer la

[1] 25 mai 1785.
[2] *Histoire de Marie-Antoinette*, p. 174.

datée d'un présent et d'une lettre collective touchante qui témoignent évidemment d'une sorte de recrudescence des anciens sentiments, d'un désir de réparer le temps perdu, d'effacer certains petits griefs, de se faire pardonner cette longue tiédeur qui avait ressemblé à une infidélité. Tous ces charmants remords se lisent dans l'émotion, l'effusion, le concert qui règnent dans cette triple lettre adressée à la princesse de Lamballe, le jour de sa fête, avec un livre de piété richement relié, et où le Roi, la Reine, la Dauphine, écrivent successivement :

« Madame ma Cousine, c'est aujourd'hui votre
» fête ; je vous prie de recevoir ce livre, qui me vient
» de ma mère, et où j'ai appris à prier Dieu. Je le
» prie pour vous, il bénit vos vertus.
    » LOUIS. »

« Mon cher cœur, moi aussi, je veux vous parler
» de toute mon amitié, dans cette occasion ; je viens
» après le Roi, mais je suis au même rang par mon
» amitié pour vous. Mes enfants aussi vous aiment ;
» nous prions tous Dieu à deux genoux pour que vous
» soyez heureuse ; ils savent bien, ma chère Lamballe,
» que vous vous plaisez à les regarder comme les
» vôtres, et que vous êtes dans leurs prières comme
» dans leur cœur.
    » MARIE-ANTOINETTE. »

CHAPITRE HUITIÈME.

« Madame, je ne vous oublierai jamais.
» Marie-Thérèse[1]. »

C'est vers cette époque aussi que la Reine, associant ses enfants à son œuvre de réparation, de séduction en quelque sorte, écrivait encore à celle qu'elle sentait sa meilleure amie, pour lui donner assignation à Trianon, mais cette fois au nom du Dauphin.

« Le Dauphin vous a demandée plusieurs fois pour
» planter son parterre... Son caractère a beaucoup
» gagné, et il promet de se corriger de ses petites
» colères ; il m'adore et je l'aime à la folie. Il m'a dit,
» dans son petit langage, qu'il voulait vous donner
» un déjeuner avec maman Reine; revenez donc au
» plus tôt...[2] »

Par une coïncidence qui atteste le dessein providentiel, c'est au moment où la princesse de Lamballe renouait avec la Reine ces liens qui devaient l'entraîner à la mort, qu'elle perdait, dans son frère Eugène de Savoie-Carignan, l'objet de l'unique affection qui eût quelque droit à un partage. L'amitié mutuelle du

---

[1] Cette lettre collective a été publiée par nous, pour la première fois, dans la *Vraie Marie-Antoinette*, p. 89. M. le comte de Lignerolles, digne propriétaire de cette relique, avait bien voulu nous la communiquer. Elle orne la garde d'un *Office de la Semaine sainte*, imprimé en 1732, relié aux armes de Louis XVI, et envoyé à la princesse de Lamballe pour le jour de sa fête.

[2] *Lettre inédite.*

prince Eugène et de sa sœur n'avait pas été sans nuages et sans amertume. En septembre 1780, elle avait eu le chagrin de voir ce frère se séparer d'elle par une alliance désapprouvée de sa famille, et subir l'affront d'une annulation solennelle par le Parlement de son romanesque mariage avec mademoiselle de Lamotte-Magon, de Saint-Malo. La lutte disproportionnée entreprise par ce malheureux prince pour réhabiliter son union et pour assurer la sanction civile à celle pour laquelle il avait réussi à surprendre les bénédictions de l'Église, abrégea sans doute ses jours, car une mort prématurée l'enleva le 30 juin 1785, à son château de Domart, en Picardie.

La princesse le pleura, et après avoir noblement consolé la veuve et l'orphelin, victimes innocentes des préjugés du rang, elle revint, vêtue de ce prophétique vêtement de deuil qu'elle ne quittait que pour le reprendre et qui semblait son costume naturel, occuper auprès de la Reine cette place jadis enviée, qui n'était plus qu'un poste de dévouement et de danger.

Elle le pouvait d'autant mieux que la mort du duc de Choiseul avait permis au Trésor royal de poursuivre l'extinction de ses dettes vis-à-vis du duc de Penthièvre, tant à cause de l'échange de la principauté de Dombes que pour d'autres objets. Pour décharger le Roi de ces engagements, représentés par le service d'une rente de deux cent mille francs, les ministres avaient offert au duc, qui avait accepté, les terres d'Amboise, de Chanteloup et de Montrichard, dépendantes de la succession du duc de Choiseul. Et le nouveau propriétaire s'était empressé d'aller dans ses domaines, suivant sa paternelllle coutume, saluer ses vassaux à sa manière, c'est-à-dire signaler sa bienvenue par des réparations, des améliorations et des bienfaits de toute espèce. La princesse de Lamballe put donc assister et soutenir Marie-Antoinette au moment où éperdue, malgré son innocence, et frappée dans son triple honneur de femme, d'épouse et de reine, elle chancelait au bruit de la scandaleuse explosion de l'affaire du Collier.

La part d'amitié, de dévouement, de consolation, de défense que la princesse de Lamballe, faisant un rempart à la Reine de sa vertu, prit à cette terrible épreuve, fut sans doute modeste, discrète, intime, comme tout ce qu'elle faisait. Nous ne la voyons point paraître sur la scène de ce dramatique débat, où l'on vit la royauté pour la première fois soupçonnée, obligée de descendre, dans l'arène judiciaire, à l'humiliante nécessité de se défendre.

Par une omission remarquable, madame de Genlis, qui ne perd aucune occasion de gonfler ses hydropiques *Mémoires*, est muette sur l'affaire du *Collier*. Ce silence volontaire est significatif, et exprime à merveille les sentiments secrets qu'elle dissimule en vain sous les apparences d'une modération dont elle s'écarte trop souvent pour qu'on la croie sincère. La vérité est que n'osant attaquer, elle aura mieux aimé se taire que de s'exposer à défendre.

Le 15 août 1785, le scandale éclatait par l'arrestation du cardinal de Rohan.

Le 31 mai 1786, le Parlement rendait cet arrêt équivoque, qui ne frappait que sur les coupables inférieurs, et semblait craindre, par une entière justice, d'absoudre complétement la Reine et d'enlever à la Révolution ce bénéfice du doute dont elle a abusé jusqu'à nos jours, avec la complicité d'historiens pamphlétaires [1].

A la fin de février 1787, madame de Lamotte couronnait par une évasion mystérieuse, dont les facilités étonnent et attestent de puissantes connivences, la série de ses aventures. Elle allait porter dans cette Angleterre, si hospitalière pour les damnés de tous les pays, son tribut de rancunes et de mensonges. Elle allait travailler à cette officine calomnieuse où les proscriptions européennes versent et préparent ces poisons qui, à certaines heures fatales et propices, inondent la publicité, corrompent l'histoire et souillent tout un règne. La digne maîtresse du cardinal de Rohan, devenue la digne maîtresse de Calonne, alla, à l'abri d'une tolérance intéressée, jouer la victime et vivre d'une pitié usurpée, ajoutant à cette aumône de la crédulité les profits plus lucratifs de l'intrigue et de la prostitution. C'est ainsi qu'elle vécut jusqu'à cette catastrophe de

[1] Jusqu'aux récents travaux de MM. de Goncourt, Campardon et Feuillet de Conches, qui ne permettent plus le doute qu'à ceux qui en ont besoin

CHAPITRE HUITIÈME. 185

1791, où la folie du remords, la rage du désespoir brisèrent, sur le pavé de la rue où elle s'était jetée, ce corps déshonoré par la débauche et flétri par le bourreau de la dernière descendante du sang bâtard des Valois, et étouffèrent dans la boue cette bouche de vipère qui avait osé mordre une Reine au talon.

Magnanime jusqu'au bout, cette Reine avait eu le courage de plaindre une misérable, indigne du nom de malheureuse. Elle avait essayé d'adoucir sa captivité, elle lui avait procuré les soulagements d'une héroïque charité. Elle avait, par le pardon, affirmé une fois de plus son innocence, et s'était réservé, par les bienfaits de son incorrigible bonté, de nouveaux droits à l'ingratitude. La facilité étonnante d'une évasion accomplie à travers les mille obstacles de tant de portes, de tant de verrous, de tant de murailles, d'une surveillance minutieuse que devait rendre infatigable la responsabilité d'une telle hôtesse, ces secours venus par de mystérieuses complaisances, ces instruments de fuite et de salut qui lui sont prodigués sans qu'elle les ait demandés, cette provocation, partie du dehors, à en profiter, l'absence de toute mesure prise contre la fugitive ou ses gardiens infidèles : toutes ces circonstances étranges ont fait penser à quelques historiens que cette évasion équivalait à une mise en liberté, et que la main de la Reine elle-même n'y était pas étrangère. Et les uns ont saisi, pour l'insulter encore une fois, cette main libératrice, et ont essayé de faire servir leur prétendue découverte à la confirmation de leurs accusations et de leurs calomnies. Ils ont vu là un explicite aveu de culpabilité, un acte de repentir, de réparation, que sais-je? D'autres ont respectueusement et pieusement baisé cette main qu'ils ont cru reconnaître, et acclamé avec enthousiasme une vengeance assez évangélique, une assez héroïque générosité, une innocence enfin assez intrépide pour accorder la liberté à la calomnie et l'impunité à la haine. Nous nous garderons de ces deux excès également téméraires. Nous respecterons ces mystères sacrés de l'histoire, qui ressemblent à ceux de la conscience, et sont inviolables comme elle. L'auteur de la délivrance de madame de Lamotte, Dieu seul le connaît, puisqu'elle a elle-même ignoré son nom. Dieu seul sait s'il y a eu là une royale, héroïque et téméraire clémence, ou un nouvel attentat de cette grande conspiration de la calomnie acharnée à déshonorer la Reine, et impatiente du silence forcé de la calomniatrice prisonnière. Sans doute, on brûlait de voir gagner à force de mensonges le salaire du collier que son mari vendait effrontément à Londres, et qui demeura aux Lamotte comme une récompense. Nous conclurons qu'il est également téméraire de désigner sans preuves les Soubise ou la Reine comme complices de l'évasion de madame de Lamotte. En prenant comme mobiles de cette coopération les motifs malheureusement les plus ordinaires de toute action humaine, il faut avouer que l'intérêt de Marie-Antoinette, qui ne pouvait espérer aucune réparation, aucun remords, aucun silence d'ennemis foncièrement méchants, fatalement implacables, était de garder sous le verrou, comme un exemple et comme une leçon vivante et effrayante, cette madame de Lamotte, image de la calomnie vaincue et terrassée. Son intérêt était de tarir le mensonge à sa source et de réduire à l'impuissance, par le bâillon brutal mais nécessaire de la prison, cette furie incapable de sentir la grandeur du pardon.

Les *Correspondances* récemment publiées de Marie-Antoinette semblent prouver qu'elle jugea comme nous la question, avec sa raison et son expérience plutôt qu'avec son cœur, car elles la montrent justement inquiète, effrayée, indignée de cette fuite, qui renouvelle pour elle le danger et l'affront qu'elle n'a, par un châtiment incomplet, qu'incomplétement évités. Les *Mémoires* de M. de Lamotte-Valois, annotés avec une si évidente prévention et une sorte de joie maligne par M. Louis Lacour, témoignent, tout en les dénaturant et en les calomniant, de ces transes et de ces efforts si naturels de la Reine et de ses amis pour obtenir, à tout prix, le silence de ces folliculaires que l'on fait parler, mais qu'on peut aussi faire taire. Un des grands soucis de la malheureuse Marie-Antoinette, un de ceux qui ont fait pousser peut-être le plus de cheveux blancs à ses tempes, c'est la crainte d'un nouvel et audacieux assaut de scandale, d'une révision de cet odieux procès, où la haine d'ennemis déguisés en juges lui eût fait boire la lie du calice amer de 1786. Le

voyage de madame de Polignac en Angleterre, en 1787,
ne semble pas avoir eu d'autre but que de sonder le
terrain et de dissoudre ce complot perpétuellement
menaçant des folliculaires qui, après avoir si longtemps tourmenté l'infamie triomphante d'une du Barry,
exploitaient lâchement l'humiliation de l'innocente
Marie-Antoinette, et avaient pris à l'entreprise le
déshonneur d'une Reine de France. Une des notes de
Mirabeau auxquelles la Reine applaudira le plus sincèrement, et qui adouciront le plus en elle la peur et le
mépris du *monstre*, c'est celle où il semble s'associer
à son indignation, et où il dénonce cette machination
favorite des ennemis de la Reine en homme capable
de foudroyer l'hydre toujours renaissante, et prêt à le
faire. La Reine ne crut à Mirabeau avocat de la monarchie, que le jour où elle trouva ainsi en lui un cham-
pion de sa propre cause. Ces considérations appuyées
sur les faits, nous paraissent enlever tout crédit à
l'hypothèse d'une part quelconque prise par la Reine
à l'évasion de madame de Lamotte, et nous croyons
que, sur ce point délicat et important, le doute, si honnête d'ailleurs, de M. Campardon, hésitant à renoncer
à un trait de courage et de clémence qui complète si
bien la physionomie de la Reine, pieusement lavée par
lui de tant d'insultes, pourrait être plus explicite [1]. La

---

[1] « En admettant que ce soit la Reine qui ait coopéré à la fuite de
» madame de Lamotte, il faut y voir plutôt une marque de sa bonté
» d'âme et de sa justice; car dans sa pensée, M. de Rohan était plus
» coupable que madame de Lamotte, et celle-ci avait été punie plus

CHAPITRE HUITIÈME. 189

gloire de Marie-Antoinette n'a pas besoin d'un surcroît d'héroïsme et d'un renfort de vertu ; j'ose même dire qu'elle perdrait quelque chose à la certitude acquise d'une indulgence trop extraordinaire pour n'être pas suspectée. N'abandonnons rien au doute, qui n'a déjà fait, dans cette histoire de la Reine, que trop de ravages. Le premier devoir et le premier hommage des historiens réparateurs et expiatoires, et M. Campardon a pris parmi eux une belle place, c'est de chasser du temple toute conjecture. Les hypothèses ne sont souvent que des calomnies déguisées, qui tentent de s'introduire, à la faveur de leur timidité, dans l'enceinte aujourd'hui purifiée.

La seule chose qu'il soit permis de dire, et que nous répétons parce que nous la trouvons consignée dans le *Journal manuscrit* dont nous faisons usage, avec la réserve qu'exige une source d'informations anonyme, quoique quelquefois creusée évidemment dans un but de glorification, et à une époque qui ne laissait d'intérêt qu'à une pieuse pensée[1], — c'est que cédant à une inspiration de pitié et de pardon dont la Reine peut partager le mérite et l'honneur, la princesse de Lamballe se présenta, peu de temps après le jugement et son exécution douloureuse et dramatique,

» sévèrement que lui. » (*Marie-Antoinette et le procès du Collier*, p. 178.)

[1] Ce journal, qui a pu servir à madame Guénard, et qui contient comme le canevas authentique et anecdotique qu'elle a brodé et simplifié, a été écrit sous le règne de Paul Ier, par conséquent avant le 12 mars 1801.

à la Salpêtrière. Elle demanda à voir la malheureuse, dont la révolte contre l'infamie et la lutte contre le bourreau faisaient l'entretien passionné de Paris. Elle fut arrêtée dans son élan par des mots sévères de la supérieure, qui voyant dans sa visite, dont les motifs nobles et désintéressés lui échappaient, une aggravation de châtiment et comme une humiliation de plus, se crut obligée de prendre sous sa protection celle qu'on ne voulait que consoler, et se permit de dire avec plus de zèle que de convenance (si le fait est vrai) : *Madame, cette malheureuse n'a pas été condamnée à vous voir.* Mots injustes et terribles qui peignent bien les préjugés du temps et le désordre des opinions, en possession de je ne sais quelle incurable méfiance qui gagnait les âmes les plus pures, et sera désormais comme la fatalité de Marie-Antoinette. A cette résistance inattendue, dont elle respecta trop le mobile pour que l'expression l'en blessât, la princesse de Lamballe se retira, laissant comme gage de ses intentions un abondant secours en argent, qui fut, malgré l'intérêt aveugle dont témoigne le *veto* de la trop sensible geôlière de madame de Lamotte, inflexiblement partagé entre toutes les compagnes de la recluse et ne lui apporta qu'un médiocre soulagement.

De 1786 à 1789, nous trouvons peu d'événements à raconter dans cette vie charitable et modeste qui cachait ses vertus comme ses aumônes. Nous voyons la princesse de Lamballe recevoir solennellement au mois de mai 1786, sous les ombrages de Sceaux, la visite de l'archiduc Ferdinand et de son épouse, qui voyageaient en France.

Dans ce même mois de mai la princesse avait failli être victime d'un de ces accidents que l'année 1788 devait renouveler, comme si à mesure que la catastrophe approchait, la Providence avait voulu multiplier pour son élue les occasions d'essayer son courage, de préparer ses forces, de s'aguerrir enfin, par des sacrifices préliminaires, à l'épreuve définitive et tragique.

L'imprudente négligence d'un cuisinier qui laissa refroidir un ragoût dans une casserole de cuivre, faillit être fatale à la princesse et à une de ses convives, madame de Pardaillan. Un moment elle fut considérée comme empoisonnée à mort et comme perdue. Les soins intelligents du docteur Seiffert la rendirent à la vie et y rendirent en même temps son inconsolable beau-père, qui priait et pleurait près de son lit.

Le mois de juin 1787 fut marqué pour la Reine par une perte qui sembla le présage de pertes plus terribles encore pour elle et pour ses ennemis, dont l'indiscrète allégresse humilia son deuil.

Qu'on juge, à l'insulte d'une joie mal dissimulée et d'insolentes espérances, de l'indignation et de la douleur de Marie-Antoinette, que l'impopularité accablait de ses affronts, au moment où la sympathie et l'affection nationales eussent pu seules consoler ce cœur de reine et de mère de la double déception et du double désespoir. C'est pendant cette sorte de déchéance de fâcheux augure, en août 1787, que l'on n'avait pas osé risquer, de peur des outrages, aux premiers jours du Salon, le portrait de la Reine. Et cependant ce portrait n'était plus gracieux, coquet, comme celui dont les gazes légères avaient effarouché la pudeur des bourgeoises.

A l'image de la beauté et des triomphes de la femme avait succédé celle du dépit de la reine et du chagrin de la mère, tout empreinte d'une tristesse mystérieuse et assombrie d'un deuil prophétique. Dans ce portrait ou plutôt dans cette scène de famille où l'art attendri de madame Le Brun avait partout répandu cette grâce touchante qui était le plus éloquent des reproches, la jeune Dauphine, déjà sérieuse, donnait à sa mère affligée des caresses mélancoliques et cherchait à deviner le mal intérieur dont les ravages ridaient déjà l'ivoire de son beau front. Le Dauphin, doux, pâle et tendre enfant, semblait sourire tristement à la mort qui le couvait déjà de son jaloux regard, et qui avait envoyé ses députés aux fêtes de sa naissance[1], et il montrait du doigt le berceau vide de sa sœur envolée. Le duc de Normandie, futur Louis XVII, assis sur les genoux de sa mère, semblait attristé d'enfantins pressentiments.

C'est ce tableau de deuil à qui on avait dû un moment refuser l'hospitalité du Louvre, tant la figure

---

[1] « . . . L'enthousiasme fut si général que la police ayant mal surveillé l'ensemble de cette réunion (*des corps et métiers*), les fossoyeurs eurent l'impudence d'envoyer aussi leur députation et les signes représentatifs de leur sinistre profession... » (Campan, p. 167.)

CHAPITRE HUITIÈME.

de la Reine, même malheureuse, avait perdu, aux yeux d'un peuple inquiet et prévenu, de son ancien attrait et de son empire.

C'est à ce moment unique de première angoisse et de première sueur de son martyre, que Marie-Antoinette dut se rejeter, avec une sorte d'emportement croissant, avec une sorte de confiance désespérée, dans les bras de la seule amie qu'elle pût appeler impunément. D'ailleurs, à ce moment où elle perdit Béatrix, qui sembla, disait-elle, indiquer aux autres anges gardiens de sa vie le chemin du ciel [1], madame de Polignac était malade et absente aux eaux de Bath, et c'est madame de Lamballe qui porta seule le poids de ces maternelles douleurs et l'effort d'un dévouement consolateur, dont elle avait partagé les devoirs, lors de la mort de Marie-Thérèse [2], avec celle qu'on a à tort considérée comme sa rivale [3].

Une digne compagne, une auxiliaire céleste, seconda, dans sa tâche pacificatrice, la princesse de Lamballe, et nous allons dire son nom.

En 1787, la Reine « renonçait à Paris, à ses spec-
» tacles, à ses bouffons italiens, qu'elle aimait tant.
» Désolée, découragée, elle renvoyait mademoiselle

---

[1] Campan, p. 232. (Édition Barrière.)

[2] » La Reine (lors de cette mort, en 1780) ne vit que la famille
» royale et ne reçut que la princesse de Lamballe et la duchesse
» de Polignac. » (Madame Campan, p. 164.)

[3] « Elle n'avait, dit madame Campan de madame de Polignac,
» aucun des défauts qui accompagnent presque toujours ce titre (*de*
» *favorite*). Elle aimait les personnes que la Reine affectionnait, et
» n'était susceptible d'aucune jalousie. » (P. 124.)

» Bertin, elle quittait ses goûts et ses plaisirs; elle
» se sauvait à Trianon et s'y retirait avec ses larmes.
» Que ce théâtre de tant de jeux, que le ton même
» des invitations de la Reine était maintenant changé!
» Appelant ceux qui l'aimaient auprès d'elle, la Reine
» écrivait à Madame Élisabeth : « ..... Nous pleurerons
» sur la mort de ma pauvre petite ange..... j'ai besoin
» de tout votre cœur pour consoler le mien [1] ».

En janvier 1788, la princesse, qui était allée faire à son beau-frère, le duc d'Orléans, justement exilé à Villers-Cotterets pour une résistance d'un mauvais exemple et qui méritait un châtiment plus sévère, une visite de convenance, se laissa choir en jouant avec son neveu, le jeune et charmant prince de Beaujolais, celui-là même qui, plus tard, rompant dans son juvénile enthousiasme avec les traditions de sa famille, faisait dire à Marie-Antoinette qu'il était prêt à mourir pour elle et pour le Roi [2].

Dans cette chute, dont d'abord on n'avait fait que rire, la tête de la princesse avait violemment porté contre une racine d'arbre desséchée, et les conséquences de ce choc se trahirent bientôt par des accidents cérébraux qui mirent sa vie en question, et faillirent nécessiter la terrible opération du trépan. Elle échappa à ce dangereux remède; et la Reine, à qui

---

[1] *Histoire de Marie-Antoinette*, par MM. de Goncourt, 3ᵉ édition, p. 213.
[2] *Correspondance inédite de Marie-Antoinette*, publiée par le comte d'Hunolstein, p. 261.

l'état de son amie avait inspiré des inquiétudes vivement partagées par l'opinion publique, put applaudir avec tout Paris au juste éloge fait en vers et en prose par Florian, de cette charmante providence des pauvres, dont l'ouragan dévastateur de juillet 1788 et le terrible et famélique hiver de 1789 allaient mettre en évidence la tendre et infatigable générosité.

Le 14 mai 1788, le chevalier de Florian fut admis à l'Académie française. Il eût été bien aveugle, ce commensal des Penthièvre, s'il n'eût pas vu leurs vertus, et bien ingrat s'il n'eût pas profité de cette occasion de les louer, qui permettait à sa reconnaissance un hommage sûr du succès. Le duc de Penthièvre, la duchesse d'Orléans et la princesse de Lamballe n'avaient pu se refuser à consacrer par leur approbation le triomphe de l'ancien page, du gentilhomme actuel du duc, du poëte de Sceaux, et rehaussaient de leur présence l'éclat d'une fête qui devait mettre leur modestie à une épreuve si touchante et si imprévue.

Florian profita à merveille des circonstances qui lui permettaient de rejeter sur d'autres mérites que les siens l'honneur précoce de son élection, et d'associer à son triomphe, pour se le faire pardonner, ceux qui en étaient les auteurs indirects et qu'on avait voulu honorer en lui. S'excusant aimablement de sa jeunesse et de son insuffisance, le récipiendaire disait, avec une modestie charmante et une communicative émotion :

« A mon âge, on n'a pu étudier l'homme que dans
» soi-même. Je perdrais trop de mon bonheur en ima-

» ginant le devoir à moi seul, et mon cœur jouit mieux
» d'un bienfait que ma vanité ne pourrait jouir d'un
» triomphe. »

Ici sa reconnaissance se tournait naturellement vers
un prince « que soixante ans d'une vie pure et sans
» tache ont rendu l'objet de la vénération ; dont le
» nom, tant de fois béni par le pauvre, n'a jamais été
» prononcé que pour rappeler une bonne action ; qui,
» né dans le sein des grandeurs, comblé de tous les
» dons de la fortune, ignore s'il est d'autres jouis-
» sances que celle d'être bienfaisant ; celui dont l'aima-
» ble modestie souffre dans ce moment de m'entendre
» révéler ses secrets, et qui aura peine à me pardon-
» ner la douce émotion que je vous cause. Il a daigné
» solliciter pour moi ; son rang n'aurait pas captivé
» vos âmes libres et fières, mais ses vertus avaient
» tout pouvoir sur vos cœurs vertueux et sensibles. »

L'à-propos était heureusement et délicatement saisi ;
mais l'émotion redoubla lorsque, à la faveur d'une tran-
sition ingénieuse, l'orateur passa galamment et naturellement à l'éloge des deux princesses rougissantes,
au milieu desquelles le bon duc inclinait, en pleurant
de douces larmes, sa tête vénérable.

C'est elles, disait l'éloquent dénonciateur, « dont
» l'une, appelée par son rang et par des devoirs ché-
» ris de son cœur auprès d'une Reine bienfaisante, ne
» veut de crédit que pour être utile et de faveur que
» pour être aimée ; dont l'autre, modèle adoré des
» filles, des épouses, des mères, en vivant toujours

» pour les autres, rend impossible à tout ce qui l'en-
» toure de vivre autrement que pour elle, n'a jamais
» cherché que sa propre estime, et s'est attiré un
» culte public; qui s'étonne qu'on lui sache gré de
» devoirs qui sont ses plaisirs, et que nous voyons
» placée entre l'exemple et la récompense de ses ver-
» tus : son père, qu'on aurait cru inimitable sans elle. »

On devine l'accueil enthousiaste fait à ces nobles paroles et les applaudissements, mêlés de larmes d'attendrissement, qui saluèrent cette ingénieuse vengeance d'un cœur reconnaissant, profitant du droit de tout dire pour célébrer ses bienfaiteurs et acquitter sa dette. Heureuse la France si elle eût compté à cette époque plus de ducs comme le duc de Penthièvre, et plus d'hommes de lettres dignes d'être les confrères d'un Florian!

Hélas! voilà le moment où va s'aigrir et s'envenimer cet adoucissement universel des mœurs et des lois, où l'ambition, la haine, la cupidité, la vengeance, toutes les passions funestes vont prendre la place de celles dont Florian a si bien peint l'empire. Voilà que, dans cette bergerie innocente, où Marie-Antoinette regrettait en souriant de ne pas voir de loups, les loups vont entrer. La Révolution approche. Déjà grondent les coups de tonnerre lointains, précurseurs de l'orage; déjà l'Assemblée des notables appelle les États généraux, et Calonne n'a servi qu'à préparer Necker. Et pauvre Reine de France, le peuple du 14 juillet va jeter dans les bassins et sur les parterres de Trianon les pierres monstrueuses de la Bastille ; déjà les fleurs s'inclinent inquiètes, et les cygnes effarouchés s'envolent et disparaissent, image des dernières illusions et des dernières espérances !

Mais qui eût fait attention à ces sinistres présages, qui eût cru aux menaces de l'avenir, alors que dans leur illusion mutuelle le peuple encore honnête et son Roi encore confiant se jetaient dans les bras l'un de l'autre, alors enfin que l'aurore d'une liberté pacifique et cordiale rougissait l'horizon? C'est à cette heure unique et douce, à cette charmante matinée du printemps de 89, que la princesse dut lire en souriant ces vers d'une si noble et si respectueuse galanterie, que vont suivre presque immédiatement les allusions malignes et les réticences envenimées de la *Galerie des Dames françaises*, premier éclair de la foudre populaire :

Lorsque Vénus donna le jour aux Grâces,
Elle leur dit : Enchantez les mortels ;
Les Jeux, les Ris marcheront sur vos traces,
Et tous les cœurs deviendront vos autels.

Vous, Aglaé, vous aurez, pour leur plaire,
Un joli front avec de grands yeux bleus ;
Sur votre taille élégante et légère
A flots dorés joueront vos longs cheveux.

Bouche mignonne et lèvre purpurine,
Perles autour, teint de rose et de lys,

CHAPITRE HUITIÈME.

Seront le lot de la tendre Euphrosine,
Dont le cœur seul connaitra tout le prix.

Un esprit fin, le sel de la saillie,
Une voix tendre, une aimable gaîté,
Le goût des arts embelliront Thalie,
Car le talent ajoute à la beauté.

Jaloux de voir la brillante fortune
Du beau trio que fit alors l'Amour,
Il rassembla les trois Grâces en une,
Belle Lamballe, et vous vîtes le jour.

Il n'est qu'un point où vous et vos modèles,
Douce beauté, ne vous ressemblez pas,
La Volupté marchait toujours près d'elles,
C'est la Vertu qui conduit tous vos pas!

Qui pourrait lire ces vers sans songer au temps prochain où ni la vertu, ni le vice, ni le talent, ne préserveront de la persécution, et où madame du Barry, la princesse de Lamballe et Florian lui-même non guillotiné, mais tué par la Révolution, se rencontreront dans un même sort?

Mais en ce moment on est encore tranquille, sinon heureux. C'est à peine si quelques coups du tonnerre lointain ont grondé sur Trianon. La Reine y va encore. Elle est encore maternellement occupée de ses fleurs et de ses oiseaux. Bientôt elle ne pourra plus songer qu'à ses enfants. Mais à ce moment des derniers sourires, des dernières joies populaires, à ce printemps finissant de la vie et du règne, Marie-Antoinette écrit à la princesse de Lamballe :

« Je ne peux résister au désir d'ajouter un mot à
» ma lettre d'hier. Je pars dans l'instant avec la bonne
» Élisabeth pour mes jardins de Trianon. M. de Jus-
» sieu les est venu visiter, et j'y fais de grandes plan-
» tations nouvelles. J'espère bien, ma chère Lam-
» balle, que j'aurai la consolation d'y aller avec vous
» la prochaine fois. Nous sommes assez tranquilles ici
» dans ce moment. Le bourgeois et le bon peuple sont
» bien pour nous. Adieu, mon cher cœur, je vous
» embrasse.

» MARIE-ANTOINETTE[1]. »

---

[1] Voir la *Vraie Marie-Antoinette*, 2ᵉ édition, Dupray de la Mahérie, p. 88.

CHAPITRE NEUVIÈME

MAI—OCTOBRE 1789

Ouverture solennelle des États généraux. — La Reine se trouve mal au cri de *Vive le duc d'Orléans !* — Négociations domestiques et secrètes, inspirées par la Reine, conduites par la princesse de Lamballe, dans le but de conjurer les dangers du moment. — La princesse de Lamballe et le duc d'Orléans. — Assassinat du banquier Pinel. — Popularité du duc de Penthièvre. — Ovations enthousiastes sur son passage. — La princesse de Lamballe rejoint son beau-père à Aumale. — Mort du premier Dauphin. — Les 5 et 6 octobre 1789. — La princesse vole auprès de la Reine. — Elle envoie son argenterie à la Monnaie. — Dévouement patriotique du duc de Penthièvre.

L'ouverture des États généraux se fit le 4 mai 1789. Ce fut la dernière cérémonie vraiment royale, la dernière solennité où l'autorité souveraine parut avec un éclat digne d'elle. Louis XVI, qui ne gouvernait déjà plus, semblait encore au moins régner. Il semblait encore conduire à ses nouvelles destinées ce peuple qui désormais, comme une orageuse fatalité, l'entraînera à sa chute, et qu'il ne pourra que suivre.

« La princesse de Lamballe, dit notre *Journal* ma-
» nuscrit, se rendit vers les dix heures du matin dans
» l'église paroissiale de Notre-Dame, à Versailles, avec
» les autres princesses du sang, pour y recevoir la
» Reine, qui s'y est rendue peu de temps après le Roi.
» Après y avoir entendu l'hymne *Veni, Creator,* chantée
» par la musique du Roi, la procession s'est mise en
» marche pour se rendre à l'église de la paroisse Saint-

» Louis. Le clergé des deux paroisses, précédé des
» Récollets, seul corps de religieux qui fût à Versailles,
» ouvrait la marche; la compagnie des gardes de la
» prévôté de l'Hôtel venait ensuite, ayant le grand
» prévôt à sa tête. Puis le tiers état, marchant à la file
» par deux lignes parallèles. La noblesse suivait le
» tiers état, et l'ordre du clergé celui de la noblesse.
» La musique du Roi séparait les évêques du clergé du
» second ordre. Les Cent-Suisses, précédés de leurs
» officiers, et un détachement considérable des gardes
» du corps du Roi marchait à droite et à gauche des
» députés et de la cour; les régiments des gardes fran-
» çaises et suisses bordaient les rues où la procession
» a passé.

» Le saint sacrement était porté par l'archevêque
» de Paris, le dais par les grands officiers et les gen-
» tilshommes d'honneur des princes, frères du Roi,
» qui se relevaient successivement. Les cordons du
» dais étaient tenus par Monsieur, le comte d'Artois,
» les ducs d'Angoulême et de Berry; le Roi marchait
» immédiatement après les princes du sang. Les ducs
» et pairs, et autres seigneurs, étaient à droite, à la
» suite du Roi. La Reine était à la gauche de Sa Majesté.
» Elle était suivie par Madame, Madame Élisabeth,
» Mesdames Adélaïde et Victoire, la duchesse d'Or-
» léans, la princesse de Lamballe, la princesse de
» Chimay, dame d'honneur de la Reine, et la com-
» tesse d'Ossun, dame d'atour. Les autres princes
» et princesses du sang étaient absents ou indisposés.

CHAPITRE NEUVIÈME.

» Toutes les personnes formant cette procession por-
» taient un cierge.... Parvenus à l'église Saint-Louis,
» les trois ordres y entendirent la messe, et le sermon
» prononcé par l'évêque de Nancy. »

Au milieu de l'élan général d'étonnement et d'admiration, au milieu du sympathique attendrissement
qui saisissait les cœurs à la vue du cortége de ce bon
Roi, qui conduisait lui-même solennellement son peuple à la liberté, un ironique incident, une dissonance
de funeste augure troublèrent et empoisonnèrent
l'émotion de Louis XVI et de Marie-Antoinette, dont
l'âme, échauffée par ces apparences d'affection populaire, s'ouvrait aux plus douces espérances.

« Je ne passerai pas sous silence, dit madame Cam-
» pan, une anecdote connue, qui prouve qu'avant
» cette époque une faction avait ourdi des trames
» contre cette princesse. Lors de la procession des
» États généraux, des femmes du peuple, en voyant
» passer la Reine, crièrent : *Vive le duc d'Orléans!*
» avec des accents si factieux, qu'elle pensa s'éva-
» nouir. On la soutint, et ceux qui l'environnaient
» craignirent un moment qu'on ne fût obligé d'arrêter
» la marche de la procession. La Reine se remit, et
» eut un vif regret de n'avoir pu éviter les effets de ce
» saisissement. »

Le lendemain eut lieu la première séance des États
généraux. Et à la cérémonie d'inauguration solennelle,
à côté de Marie-Antoinette, prête à la soutenir si quelque déception nouvelle, plus forte que son orgueil,

vient encore à courber cette Reine qui est une femme, nous voyons la princesse de Lamballe, cette fidèle amie des mauvais jours, qui sourit presque à ces épreuves, qui lui permettent d'être utile.

Le 4 juin 1789, la source amère, un moment endormie, se rouvre et coule de nouveau. Un nouveau coup, plus terrible que les autres, frappe Marie-Antoinette. Le Dauphin (Louis-Joseph-Xavier-François), né à Versailles le 22 octobre 1781, mourut à Meudon le jeudi 4 juin 1789. Et la douleur de cette perte cruelle ne fut point seule ; elle alternait avec les préoccupations et les sollicitudes que la réunion des États généraux et la dégénérescence du mouvement national éveillaient au cœur du Roi et de la Reine sur l'avenir réservé à leur unique héritier et à eux-mêmes.

C'est sur ce dernier avertissement que commence d'une façon vraiment salutaire, énergique, efficace, le rôle d'abnégation et d'actif dévouement de la princesse de Lamballe, que le départ de la famille de Polignac va laisser désormais seule au poste de l'amitié et du danger.

C'est alors que Marie-Antoinette comprit et apprécia les mobiles de délicatesse, de dignité et de prévoyance qui avaient fait céder par la princesse de Lamballe à la duchesse de Polignac un titre dont elle ne voulait pas partager, dans l'intérêt de la Reine elle-même, le dangereux honneur. Madame de Lamballe ne voulait être qu'une amie. Elle s'éloigna quand elle entendit cette qualité de favorite imprudemment et indiscrètement donnée à la duchesse de Polignac. « Le sort des » favorites des Reines n'est pas heureux en France ; » la galanterie fait traiter avec bien plus d'indulgence » les favorites des Rois [1]. »

La princesse de Lamballe avait voulu se conserver intacte pour l'avenir et se réserver pure même du soupçon cette réputation de désintéressement et de modestie qui devait plus tard faire l'autorité de son dévouement, et, future victime, se garder vierge de toute intrigue, de toute faveur, pour tomber digne du respect même de ses bourreaux, digne de ce rôle de victime expiatoire auquel elle se préparait déjà, dans l'espoir de sauver par son sang la Reine et la monarchie.

Mais ce n'est pas en vaines démonstrations, en stériles paroles que la princesse se crut permis de dépenser cette sensibilité impatiente dont la source, si longtemps refoulée, trouvait dans les événements tant d'occasions de s'épancher, et de consoler le Roi et la Reine de l'aridité subite de tant d'autres cœurs.

Par un singulier revirement, ces approches de la Révolution, qui laissent madame de Polignac indolente et comme insoucieuse, et la comtesse d'Ossun, cette amie de rechange, gracieusement indifférente, enflamment cette âme timide et ce frêle corps de la princesse de Lamballe d'une sorte d'enivrement d'activité, de fièvre de dévouement. Nous la voyons, devenue femme à projets, à négociations, à entrevues,

[1] Campan, p. 163.

s'employer, avec une gracieuse audace et une habileté imprévue, à rapprocher le duc d'Orléans et la Reine, à les réconcilier, à dissoudre les préventions du Palais-Royal et les préjugés populaires eux-mêmes. Elle court, elle vole au milieu des camps ennemis, qui s'observent en attendant qu'ils se combattent. C'est la messagère confidentielle, l'ambassadrice *in petto*, l'Iris modeste des dernières et intimes diplomaties.

Rien, à ce moment unique de sa vie, ne peut donner une idée du changement de sa physionomie morale et même physique, sous l'inspiration de ce zèle dominant qui va être l'inspiration de toutes ses pensées. Cet œil voilé petille de feu ; cette démarche languissante a repris des ailes ; cette pâleur s'est de nouveau empourprée aux émotions et aux ardeurs de la lutte. Dans tout ce qu'elle dit, dans tout ce qu'elle écrit, on sent palpiter cette éloquence de la fidélité, cette naïveté sublime du dévouement, qu'elle poussera, sans s'en douter, jusqu'à l'héroïsme. C'est quelque chose d'étonnant, pour qui n'a pu pénétrer d'avance les mystères de force que cache ce tendre cœur et les finesses secrètes que cache ce modeste esprit, c'est incroyable, c'est inouï, cette subite transformation, cette métamorphose si imprévue de la compagne solitaire du duc de Penthièvre, de l'amie négligée de la Reine, toute heureuse, toute fière de se sentir enfin appréciée à sa valeur. Elle s'efforce de justifier la tardive confiance qui lui a rendu justice. Elle est pour les suprêmes confidences, pour les efforts suprêmes de

Marie-Antoinette, un auxiliaire autrement discret, autrement précieux qu'un ministre. Elle entend à demi-mot; elle devine ce qu'on n'ose lui dire; elle fait d'elle-même ce qu'on n'ose lui demander. Si elle a échoué, c'est par la trahison seule des circonstances, que du moins, comme tant d'autres serviteurs inhabiles, elle n'a point trahies.

Que lui a-t-il manqué pour réussir, à cette négociatrice dont le tact, la souplesse italienne subitement réveillée, l'abnégation touchante, le sourire naïf et si féminin, au milieu de ces viriles besognes que son charme embellit et que sa vertu parfume, font une si originale, si attrayante, si irrésistible ambassadrice? Que lui a-t-il manqué? Un peu plus de bonheur, peut-être un peu plus de cette habileté spéciale qui comporte trop de concessions, trop de sacrifices de raison, de pudeur et d'orgueil, pour que cette bonne Lamballe, comme l'appelait la Reine, ne demeurât pas parfois désarmée malgré son innocente expérience, et découragée malgré son intrépidité. Aux situations critiques il faut, pour réussir, des diplomates sans trop de scrupules, prêts à violer l'occasion quand elle ne cède pas, et aux époques de corruption, peut-être, hélas! faut-il des négociateurs corrompus.

Vis-à-vis d'un beau-frère ambitieux, avide, ulcéré par des affronts souvent injustes, peut-être la princesse de Lamballe n'usa-t-elle pas assez de ces artifices que ne pouvaient lui suggérer l'ingénuité de son désintéressement, de sa modestie, de sa clémence. Peut-être ne sut-elle pas démêler, dans les désirs et les desseins de ce prince complexe, dont la figure est demeurée si énigmatique, et qui dissimulait la lutte intérieure des passions et des idées contraires avec autant de soin qu'elle en mettait peu à cacher les sentiments si avouables qui l'animaient; peut-être ne sut-elle pas démêler le mot décisif, l'offre tentatrice, ce mot, cette offre qu'il attendait peut-être sans oser les provoquer. La princesse, en un mot, put-elle assez comprendre, assez promettre, assez menacer pour séduire ou ravir cette âme incertaine? Je ne le pense pas. Comment cette vertu innocente eût-elle eu la clairvoyance qui n'appartient qu'aux observateurs vicieux et aux philosophes cyniques? Comment cette main délicate et loyale eût-elle pu saisir, au milieu de cet entre-croisement d'ambitions subtiles, de cette trame captieuse, chef-d'œuvre de la maligne habileté des La Clos et des Lauzun, le fil indicateur, révélateur, le fil, nœud de la trame, clef de voûte des autres fils? Comment enfin eût-elle connu ce prince mystérieux, demeuré un problème pour l'histoire, et qui ne se connut jamais lui-même? ce duc d'Orléans, si fatalement irrésolu, qui, perdu dans les troubles de sa pensée, n'eut jamais la force de l'action, et arriva toujours trop tard pour le bien et le mal?

Il nous est demeuré peu de détails précis sur ces négociations, naturellement secrètes, qui remplirent l'année 1789, et qui avaient même précédé la convocation des États généraux. Si leur conduite a pu laisser à désirer, il n'en est pas de même de leur pensée, qui nous montre deux femmes devinant, par un merveilleux instinct, le danger le plus urgent et le plus menaçant, cherchant à le conjurer par leurs propres forces, et nous forçant, par cette prévoyance, de les admirer, tandis que le Roi et ses ministres nous obligent à les plaindre. Singulière époque où les femmes ont l'intelligence et l'énergie qui manquent aux hommes, réduits à la vertu des femmes, la résignation !

Tandis que l'Assemblée et les ministres s'égareront dans des discussions spéculatives et se disputeront la construction de l'édifice d'une royauté abstraite, Marie-Antoinette et la princesse de Lamballe portent pratiquement la main aux points vraiment rongés, vraiment lézardés de l'édifice du pouvoir. Elles voient clairement que tout est encore sauvé si l'on peut conjurer l'orage des haines du Palais-Royal et des préventions populaires coalisées. Et c'est un spectacle étonnant et touchant que de voir la princesse de Lamballe, guidée par la Reine, circuler et se jouer, en quelque sorte, au milieu de cette électricité révolutionnaire qui se concentre au Palais-Royal.

Le double but au moins de cette activité infatigable qu'elle déploie dans ce rôle, qui ne lui est plus disputé, d'amie intime et confidentielle de la Reine, ne nous est pas caché, si nous ignorons le détail des moyens et surtout le secret des entrevues et des correspondances. La Reine et la princesse de Lamballe avaient parfaitement compris que par sa situation, ses antécédents, sa fortune, son caractère, ses ambitions, ses rancunes, le duc d'Orléans allait être le chef de l'opposition, de la résistance, de la rébellion même ; le chef d'une opposition anti-dynastique, laissant au hasard des événements, à l'indiscrétion de l'adoration populaire, le soin de démasquer, au moment propice, la batterie usurpatrice. La Reine et la princesse de Lamballe avaient aussi parfaitement compris que le caractère du duc d'Orléans et de ses principaux acolytes, tels qu'ils se dessinaient déjà, s'opposait également à une entière confiance, à une entière complicité. Il fallait profiter d'un de ces moments de méfiance lucide où la terreur et le remords lui rendaient une heure d'énergie, pour enlever aux meneurs qui voulaient l'exploiter, sauf à le briser ensuite, cet instrument de la popularité du Palais-Royal. Il fallait aussi ouvrir, fût-ce brutalement, les yeux au peuple affamé par des monopoleurs, ou plutôt ignoblement trompé, et affamé surtout de la crainte de l'être. Il fallait crever les greniers secrets, et inonder de grain cette place publique dont les orateurs prêchaient la révolte en s'appuyant sur la famine.

Tel fut le but de la double négociation qui signala, en 1789, l'intelligence, le dévouement, le courage de la princesse de Lamballe. Elle essaya de corrompre noblement, salutairement, le duc d'Orléans, avec l'aide de sa femme, digne fille des Penthièvre, qui gémissait en secret de toutes les infidélités conjugales et autres

CHAPITRE NEUVIÈME.

d'un époux trop aimé, et se flattait de ramener à son devoir, par son intérêt, le prince irrésolu. Le moyen principal mis en avant, outre sans doute des avantages particuliers, peut-être la survivance de cette charge de grand amiral qui avait été la première et la plus énergique ambition du duc de Chartres, l'occasion des affronts et des chansons qui l'avaient jeté dans les résistances parlementaires, et avaient fait du prince rebelle des lits de justice ce prince député des États généraux, portant comme un défi le mandat du bailliage lieu de son exil; le moyen principal, dis-je, fut la négociation qui alla jusqu'à un projet de contrat du double mariage du duc d'Angoulême, fils du comte d'Artois, avec mademoiselle d'Orléans, et du jeune duc de Chartres avec une fille de la reine de Naples. Cette double alliance était faite pour flatter l'orgueil et l'ambition du duc d'Orléans et le ramener à la neutralité, sinon à la fidélité. Ces négociations auxquelles Louis XVI avait été amené, non sans peine, à faire le sacrifice de son vœu favori, l'union de sa fille avec son neveu, échoua au dernier moment, par suite de la fatalité des circonstances, et aussi, il faut le dire, par suite des intrigues et des témérités des amis du duc d'Orléans et des amis de la Reine, qui envenimèrent habilement des susceptibilités et des méfiances trop faciles à ranimer. Les amis de la Reine, par un de ces calculs égoïstes qui font un fléau de certaines fidélités, voulaient la sauver seuls ou l'entraîner dans leur perte. Les amis du duc d'Orléans, qui s'étaient compromis pour lui, ou plutôt l'avaient compromis pour eux, étaient naturellement hostiles à une réconciliation qui était funeste pour leurs intérêts et même pour leur sûreté. De là, cette singulière coalition des deux camps ennemis, unis pour des motifs si différents dans la même pensée et le même désir d'un avortement.

Ces machiavéliques efforts furent servis par une circonstance qui semblait d'un heureux augure pour l'ambition secrète du duc, ou plutôt celle qu'on lui donnait. La Reine venait de perdre, le 4 juin 1789, son fils aîné, le duc de Normandie, dans un état de rachitisme humiliant pour son orgueil et inquiétant pour son affection. La disparition de cette tête si précieuse n'en présageait-elle pas d'autres? L'édifice de la famille royale ne pouvait-il pas être entraîné tout entier par la chute de cette première pierre? La famille de Louis XV, si nombreuse et si féconde, n'avait-elle pas été un moment décimée jusqu'à la troisième génération, et n'avait-il pas été, enfant, l'unique rejeton épargné de la souche de Louis XIV, le Joas des Français? Déjà la Reine perdait le plus beau et le plus florissant témoignage de sa tardive fécondité, déshonoré par ces infirmités précoces qui semblent la marque d'un sang condamné. La princesse Sophie, dernier enfant de Marie-Antoinette[1], n'avait-elle pas été arrachée par la

---

[1] L'article consacré à la mémoire de Louis XVI dans la *Biographie universelle* de Michaud, signé : *de Bonald*, ne fait point mention de cette princesse, que madame Campan, p. 234, appelle

CHAPITRE NEUVIÈME.

mort à la mamelle de sa nourrice, un an avant la mort de ce Dauphin, dont la fin si prématurée confirmait cette sorte de malédiction qui, à chaque coup, abaissait le trône d'un degré. Et pouvait-on prévoir l'avenir prochain peut-être? N'était-il pas telle circonstance qui pouvait d'un seul coup mettre à la hauteur du pouvoir suprême les droits successifs du Palais-Royal?

Tout en enivrant peut-être le prince de ces espérances, les coupables machinateurs qui allèrent toujours au delà de sa volonté, et doivent porter la plus grande part de responsabilité dans ses erreurs et dans son crime, précipitaient, par des moyens plus décisifs, l'odieux succès duquel dépendait leur fortune. C'est eux, sans nul doute, qui avaient aposté sur le passage de la procession du 4 mai 1789 les poissardes qui avaient poussé ce cri mercenaire si douloureux au cœur de la Reine. Et ce sont d'aveugles ou de coupables amis de la Reine, que leur conduite met presque sur le même niveau que les conseillers du Palais-Royal et a fait à leur insu ses complices, qui profitèrent de toutes les circonstances propres à aigrir ces sentiments de juste indignation. La Reine était d'autant plus portée à s'y abandonner que la perte de son fils aîné, affligeant à la fois son amour et son orgueil, la rendait plus impressionnable, plus inquiète, plus implacable pour des prétentions qu'on lui montrait se réjouissant

---

Sophie et que MM. de Goncourt (3ᵉ édition, p. 213) appellent Béatrix de France. Elle s'appelait Sophie-Hélène-Béatrix de France, née à Versailles le 9 juillet 1786, morte en 1787.

de ses larmes et insultant à son deuil par une sacrilége espérance.

Nous trouvons encore, à n'en pas douter, dans l'échec des tentatives de la princesse de Lamballe pour approvisionner Paris et faire tomber devant l'abondance et le ridicule les alarmes et les haines populaires, la main de ces vigilants et infatigables conseillers, tyrans domestiques et parasites du Palais-Royal, qui devaient contre-miner aussi les démarches tentées à une autre époque dans le même but par Bertrand de Molleville.

Un assassinat dont les auteurs sont demeurés mystérieux, mais dont le mobile et l'intérêt ne l'étaient pas, fut le moyen dont les adversaires secrets et cyniques de madame de Lamballe se servirent pour paralyser et effrayer à la fois son zèle incorrigible et incorruptible. Ce qui exaspérait surtout le peuple contre la cour, c'était la disette factice organisée dans ce but par les chefs avoués ou cachés de la Révolution. Un banquier, nommé Pinel, homme de confiance du duc d'Orléans, passait pour l'agent secret des accapareurs. Madame de Lamballe, d'accord avec Marie-Antoinette, proposa à cet homme une entrevue à Marly : Pinel, flatté d'une pareille ouverture, allait au rendez-vous, lorsqu'il fut arrêté par le poignard des assassins. Son cadavre fut retrouvé dans la forêt du Vésinet, son portefeuille à côté de lui; mais ce portefeuille était vide.

Il ne restait donc plus à la courageuse princesse,

menacée indirectement elle-même par cet attentat, qu'à attendre des événements plus forts que toute volonté, que toute prévoyance, et qui devaient, d'ailleurs, avoir au moins cet avantage de démasquer des adversaires qui ne reculaient pas devant le crime. Ce n'est pas jusqu'à l'audace encore téméraire d'un attentat matériel contre sa personne que se hasarda une haine trop lâche pour ne pas garder toujours cette prudence qui amène l'impunité. Mais ne pouvant se venger de la princesse de Lamballe par l'assassinat, ils s'en vengèrent par la calomnie, et nous verrons, en janvier 1790, le pamphlet de la *Galerie des dames françaises*, où la Révolution trempe d'abord dans le fiel les poignards qu'elle teindra ensuite de sang, payer à la princesse avec usure l'arriéré de rancunes et de jalousies qui sera le premier salaire de son dévouement.

Mais nous n'en sommes pas encore là de ce récit qui s'illumine déjà de lueurs tragiques, et que nous voulons faire minutieux et exact, parce qu'il est l'histoire d'une belle âme et la gloire d'une belle vie, et que le moindre instant qui approche une mort sublime est sacré.

La princesse de Lamballe pouvait d'autant mieux s'abandonner à ce devoir et à ce bonheur de servir la Reine et de la consoler, que la popularité solide du duc de Penthièvre, son beau-père, fondée sur la reconnaissance et l'admiration, la laissait sans inquiétude sur son sort. Sa vertu lui faisait une inviolabilité, et une insulte envers le saint vieillard, image de la piété et de la bonté, dans un rang où elles sont trop rares, eût ressemblé à un sacrilége. A partir du premier coup de tocsin de la Révolution, à partir du premier danger réel non-seulement pour la royauté mais pour la vie royale, la princesse de Lamballe s'installe définitivement à ce poste de dévouement qu'elle ne quittera plus, et nous la verrons constamment aux côtés de la Reine ou plutôt devant la Reine à la place d'honneur du péril. C'est le 8 octobre 1789 que commence cette touchante et funeste mission d'ange gardien, de la princesse de Lamballe.

Elle n'était pas à Versailles pendant ces terribles journées et cette nuit plus terrible encore des 5 et 6 octobre, à cette violation du grand domicile royal, à cette première tentative de la canaille déshonorant le peuple; et si elle n'y était pas, c'est sans doute parce que Marie-Antoinette, qui venait d'éloigner d'elle madame de Polignac et d'obtenir, à force de larmes, qu'elle songeât à se mettre à l'abri d'une haine méritée par son amitié, et qui devait commencer par elle à frapper la Reine, avait exigé, dans le commun intérêt, une séparation momentanée. C'était en promettant un prompt retour, et en s'armant de ce mot de dévouement, irrésistible dans sa bouche, que Marie-Antoinette avait obtenu le retour de son opiniâtre amie à la campagne oubliée, et à ce beau-père chéri, qu'elle aimait moins depuis qu'il avait moins besoin d'être aimé par sa fille, puisqu'il l'était par tout le monde.

Madame de Lamballe était encore à Versailles en

août 1789. Elle était allée, sans doute, y rassurer et y consoler la Reine après les événements du 14 juillet.

Le 21 août 1789, tandis que la princesse de Conti suivait vers Chambéry la route que, dès le 20 juillet, le prince de Conti, après avoir embrassé le duc de Penthièvre à Châteauvillain, lui avait tracée, et que la famille royale, aux prises avec la Révolution naissante, voyait s'éclaircir le groupe de ses membres et de ses serviteurs, le duc de Penthièvre se dirigeait bravement vers Paris, au milieu de la vénération universelle.

« Jusque dans les plus petits villages, » dit le valet de chambre du prince[1], qui nous a laissé sur lui de touchants et intéressants *Mémoires,* « M. de Pen-
» thièvre trouva les habitants spontanément rassem-
» blés sur son passage. Son arrivée et son départ de
» Clairvaut furent annoncés par le son de toutes les
» cloches. En entrant à Bar-sur-Aube, il lui sembla
» que c'était un jour de fête. La milice bourgeoise, qui
» commençait à se nommer garde nationale, était sous
» les armes; les officiers de la ville en corps l'atten-
» daient sur la place. M. de Penthièvre, sensible jus-
» qu'aux larmes à tant d'attention, était descendu de
» voiture, et marchait à pied entre deux haies d'une
» foule immense, qui le comblait de bénédictions.

» Arrivé près des officiers et des personnes notables
» qui venaient au-devant de lui, on lui adressa des
» discours dont l'objet principal était de le prier de ne
» pas quitter la France, où il était si universellement

[1] Fortaire, 1808.

» aimé. Le prince répondit à tout avec le langage du
» cœur, son style naturel. Après avoir reçu ces témoi-
» gnages d'affection à Bar-sur-Aube, M. de Penthièvre
» arriva à Vandœuvre, où il reçut les mêmes hom-
» mages.

» Mais à Troyes, ce fut pour M. de Penthièvre un
» véritable triomphe, un de ces instants où l'âme de
» tout être sensible doit goûter une vive jouissance.
» C'est un sage, c'est un homme doux, humble et
» modeste, qui donne depuis un demi-siècle l'exemple
» de toutes les vertus; qui secourt, console et soulage
» les malheureux. C'est un de ces hommes rares, dont
» la nature est trop avare; rien n'éclate autour de sa
» personne que sa douceur et son amabilité; mais son
» nom seul exprime et annonce tout ce qui mérite
» l'amour et la vénération des hommes.

» Il fallut encore s'arracher à tous ces témoignages
» d'affection de la ville de Troyes, et le même jour
» M. de Penthièvre arrivait à sa petite maison de
» Nogent-sur-Seine, où on l'attendait avec un égal
» empressement. Les habitants de cette ville, qui s'ho-
» noraient avec raison d'un semblable concitoyen, le lui
» témoignèrent avec empressement par tout ce que le
» sentiment connaît de plus affectueux. Sur la route de
» Nogent à Sceaux, par Bray-sur-Seine, Montereau
» et Fontainebleau, on aurait cru que tous les citoyens
» s'étaient entendus pour témoigner dans le même
» jour les mêmes sentiments à M. de Penthièvre. Fon-
» tainebleau fit ce jour-là ce que Troyes avait fait la

» veille. Cette ville avait, de plus que les autres, des
» souvenirs bien chers : elle avait vu souvent ce prince
» y exercer sa charge de grand veneur avec tant de
» dignité. »

A Sceaux, la garde nationale attendait le duc de
Penthièvre, son hôte bienfaisant, au bas de l'avenue,
sur la route d'Orléans, et l'accompagna jusqu'au château. Le lendemain, 23 août, M. de Penthièvre alla
à Versailles, suivant son usage, pour offrir, à l'occasion de la Saint-Louis, ses hommages au Roi, dont
l'attitude contrainte et l'isolement, semblable déjà à
une captivité, contrastaient si fort avec ce voyage
triomphal d'un prince honnête homme comme lui,
mais auquel, de plus qu'à lui, on rendait justice.

A son retour à Sceaux, le 24, il s'assit à la présidence d'un banquet cordial qui réunissait tous les
habitants.

Le 25 août, il arriva à Paris, au milieu des démonstrations d'une respectueuse et sympathique curiosité
pour un prince assez hardi et assez sûr de lui pour
venir se jeter loyalement dans la fournaise, sans peur
comme sans reproche.

Les officiers civils et militaires de sa section vinrent le voir le lendemain, et un détachement de la
garde nationale vint se ranger dans la cour de l'hôtel
de Toulouse, sollicitant l'honneur d'être passé en
revue. Pendant les trois jours que le prince demeura
à Paris, sa modestie fut embarrassée de sa popularité.
L'hôtel ne désemplissait pas de visiteurs respectueux,

avides de saluer un vrai prince, c'est-à-dire un prince vertueux.

Le 2 septembre, la princesse de Lamballe, s'arrachant un moment de cet enfer royal où elle entretenait, à force d'amitié, un peu de sécurité et d'espérance, un coin de paradis, vint rejoindre son illustre beau-père à Aumale, d'où ils partirent ensemble le jeudi 3, pour la ville d'Eu, où ils passèrent tout le mois de septembre.

M. de Penthièvre fut unanimement élu chef de la garde nationale d'Eu, et, en cette qualité, il présida la cérémonie solennelle et touchante du serment.

« Toute la garde nationale de la ville d'Eu, dans la
» plus belle tenue, s'assembla dans la cour du château
» et sous les fenêtres de la grande galerie, où se trou-
» vaient un grand nombre de dames qui accompa-
» gnaient madame la princesse de Lamballe. Toute
» cette troupe bourgeoise, dont la plupart des officiers
» étaient décorés de la croix de Saint-Louis, formait
» un demi-cercle en face de M. de Penthièvre, qui
» pouvait être vu et entendu de tout le monde. »

Ce dut être un étrange et émouvant spectacle que celui de ce prince issu par la bâtardise de Louis XIV, lavant cette tache originelle dans les bénédictions populaires, et essayant de faire à la monarchie menacée un rempart de cette vénération amassée par soixante années de bienfaits et de vertus. Tous les yeux se mouillèrent de larmes, tous les cœurs battirent d'une émotion religieuse, tous les chapeaux voltigèrent en l'air, tous les mouchoirs s'agitèrent aux mains des femmes attendries, quand le duc de Penthièvre, l'épée au côté, le chapeau à la main, et d'un ton majestueux, noble et touchant, dit avec assurance :

« Français! la religion du serment est le lien le plus
» sacré et le plus indissoluble pour réunir les hommes
» en corps de nation ; des circonstances ont amené un
» renouvellement du pacte qui doit nous unir les uns
» les autres, et ne former qu'une seule et grande
» famille. Attachés à un monarque qui doit en être le
» seul et unique chef, et dont la personne a été décla-
» rée inviolable, ainsi que la monarchie indivisible et
» héréditaire, nous allons jurer en face du ciel et sur
» nos armes d'être fidèles à la nation française, à la loi
» et au Roi. »

En disant ces mots, le prince citoyen se couvre, tire son épée, en prend la pointe de la main gauche, l'élève en la ployant, et prononce la formule sacramentelle, que la foule répète en pleurant. O trop courtes églogues de la liberté pacifique et pastorale! ô premiers, généreux et naïfs élans d'un peuple encore innocent vers un Roi honnête homme, pourquoi cessâtes-vous si tôt? Pourquoi ces premières scènes ne sont-elles que l'aurore éclatante et sereine de ce jour orageux sur lequel l'astre maudit de la Terreur se couchera dans le sang? O doux et souriant 89, pourquoi 93 a-t-il jeté son crêpe lugubre sur tes chaleurs et tes lumières?

M. de Penthièvre se trouvait au château d'Eu

avec madame la princesse de Lamballe; il y était assez tranquille, lorsque le 7 octobre, à neuf heures du soir, arriva un courrier poudreux, effaré, sautant en toute hâte en bas d'un cheval fourbu. Ce triste messager apportait au duc et à la princesse la nouvelle que le Roi, la Reine et toute la famille royale étaient aux Tuileries, à Paris, avec quelques détails de ce qui s'était passé à Versailles la veille et l'avant-veille. Nous laissons la parole au modeste témoin oculaire : « Cette affreuse nouvelle les plongea dans
» la plus cruelle consternation. Madame de Lamballe
» dit : « *O mon papa, quel horrible événement! Il faut
» que je parte sur-le-champ !* »

» Ce zèle et ces sentiments étaient trop louables pour
» que M. de Penthièvre s'y opposât; il les partageait,
» et il dit : « Ma fille, je voudrais pouvoir partir en
» même temps que vous, mais je ne le peux; je ne
» partirai que demain, et je passerai par Aumale, où
» je coucherai. Ma santé et mes forces ne me permet-
» tent pas de pouvoir aller à Paris en un jour. »

» Madame de Lamballe, ne prenant plus conseil que
» de son attachement et de son zèle pour la Reine,
» partit à minuit, par un temps affreux et la nuit la plus
» obscure, pour passer par Abbeville et se rendre à
» Paris. Comme elle n'avait dans ce moment pour
» l'accompagner dans sa voiture qu'une seule femme
» de chambre, M. de Penthièvre chargea M. de Cham-
» bonay, un de ses gentilshommes, d'accompagner sa
» belle-fille à Paris, où elle arriva le 8, très-tard. »

M. de Penthièvre partit le 8 octobre pour Aumale, et le 10 il se rendit à Paris, où il resta jusqu'au 19.

C'est durant ce séjour qu'il apporta au grand sacrifice civique et expiatoire destiné à apaiser la jalousie et la colère de l'idole populaire, du Baal démocratique, impatient de victimes, l'offrande magnifique de toute son argenterie. Près de quinze cents marcs d'argent, sa dépouille et celle de la princesse, allèrent sous le balancier de la Monnaie attester la sincérité de son dévouement patriotique. Et le service de faïence qui remplaça sur sa table frugale l'or et l'argent, n'affligea point ni n'étonna son austère simplicité. Indépendamment de cette offrande, il fit le don *volontaire, imposé* par le décret du 18.

Ces dons patriotiques se renouvelèrent plusieurs fois, et dans une impatience qui peint bien sa scrupuleuse générosité, le duc en devançait l'échéance en gourmandant le zèle de ses gens d'affaires, auxquels il n'eût pas pardonné un retard. Il écrit, par exemple, le 8 avril 1790, à M. Périer : « Souvenez-vous, » s'il vous plaît, que voilà l'époque du premier paye- » ment de mon don patriotique. Je ne veux être en » demeure sur aucun objet. Envoyez-moi donc une » expédition de mon codicille relatif au dépôt des » cœurs de mon père et de ma mère[1]. »

« Ce prince, » dit Fortaire, un valet de chambre qui a vu pendant quarante ans son maître toujours grandir à ses yeux contre l'ordinaire, « en poussa

[1] Lettre inédite communiquée par M. Boutron-Charlard.

» l'exécution jusqu'au scrupule le plus délicat, j'oserai
» même dire le plus religieux, car il fit venir de Paris
» un orfèvre et un bijoutier pour estimer tout ce qu'il
» avait en bijoux et tous les objets où il se trouvait
» jusqu'à la moindre partie d'or ou d'argent. »

Vains efforts, stériles sacrifices, précautions tardives pour sauver le navire battu par les vagues, dont l'équipage avait fait cause commune avec la tempête et enlevé le gouvernail au pilote ! En 1789, ce sont des fleurs et des feuilles de chêne qu'on jette à la mer pour apaiser l'abîme à peine soulevé; en 1790, on précipite au gouffre entr'ouvert la dîme de l'or, de l'argent, des bijoux ; parchemins, blasons, couronnes, jusqu'aux flambeaux des dieux lares, tous les trésors de la maison, toutes les reliques de la famille, on sacrifie tout à cette religion insatiable de la destruction, dont l'appétit sinistre augmente sans cesse, et qui ne veut être servie que par des prêtres en fureur ou des fidèles au désespoir. Enfin le vent augmente, la nuit s'abaisse, sillonnée d'éclairs et de tonnerres ; il faut à la foudre des victimes choisies, et alors la France, ivre de terreur, folle de colère, éperdue de désespoir, se déchire le sein, et jette au monstre qui se nourrit de son sang et de ses entrailles, non plus des fleurs, non plus de l'or, mais le juste, mais l'innocent, mais le vieillard, la femme, l'enfant, des têtes blanches, des têtes blondes, des têtes, encore des têtes, toujours des têtes, mêlant leur sang aux blanches écumes de l'océan populaire béant et hurlant sa proie !

CHAPITRE DIXIÈME.

OCTOBRE 1789 AU 20 JUIN 1791.

Retour de Versailles à Paris, le 7 octobre. — La princesse de Lamballe vient le 8 partager le sort de la famille royale. — Intérieur des Tuileries à la fin de 1789. — La *Galerie des dames françaises*. — Balzaïs. — Ovation faite à la princesse de Lamballe à son passage à Tours. — Correspondance entre Marie-Antoinette et la princesse de Lamballe. — Lettres inédites. — Le duc de Penthièvre rend pour la dernière fois visite au Roi et à la famille royale. — La duchesse d'Orléans se retire auprès de son père. — Départ du Roi et de la Reine. — Retour de Varennes. — La princesse de Lamballe s'embarque à Boulogne pour l'Angleterre.

Mais revenons un peu sur nos pas et plaçons-nous sur la route de Versailles à Paris, pour y saluer le cortége de la royauté humiliée, conduite par les sans-culottes victorieux des 5 et 6 octobre, dans sa prison des Tuileries.

« Le peuple emmenait la famille royale. Deux têtes
» de gardes du corps, sur des piques, précédaient son
» triomphe. Les chansons, les ordures, accompagnaient
» la voiture, qui traînait lentement le *boulanger*, la
» *boulangère*, et le *petit mitron*. Sur le siége même, le
» comédien Beaulieu insultait de mille pasquinades la
» famille royale. La Reine, les yeux secs, muette,
» immobile, défiait l'insulte comme elle avait défié la
» mort. « J'ai faim! » dit le Dauphin, qu'elle tenait sur
» ses genoux: la Reine alors pleura.

» Au bout de sept heures, le cortége arrivait enfin à

» l'hôtel de ville, et comme en répétant aux Parisiens
» la phrase de Louis XVI : « C'est toujours avec plaisir
» et avec confiance que je me vois au milieu des habi-
» tants de ma bonne ville de Paris », Bailly oubliait le
» mot *confiance* : *Répétez, avec confiance*, lui disait la
» Reine avec la présence d'esprit d'un Roi.

» Les Tuileries devaient être la nouvelle résidence
» de la famille royale. Rien n'était prêt pour des hôtes,
» dans ce palais sans meubles, abandonné depuis trois
» règnes.

» Les dames de la Reine passèrent la première nuit
» sur des chaises, Madame et le Dauphin sur des lits de
» camp. Le lendemain, la Reine s'excusait auprès des
» visiteurs du dénûment des lieux. « *Vous savez que je
» ne m'attendais pas à venir ici !* disait-elle avec un re-
» gard et d'un ton qui ne pouvait s'oublier[1]. »

Cependant des meubles arrivaient de Versailles, et on improvisait une installation. Le Roi se réservait trois pièces au rez-de-chaussée donnant sur le jardin, où bientôt allaient s'étaler comme des parvenues, entre les vieux arbres humiliés, usurpant la place des fleurs aristocratiques, au parfum suspect, de nourricières et prosaïques pommes de terre. Les appartements de la Reine étaient contigus à ceux du Roi. En bas étaient son cabinet de toilette, sa chambre à coucher, le salon de compagnie. A l'entre-sol, sa bibliothèque, garnie de ces livres de Versailles, calomniés de nos jours par l'aigre critique de nos quakers de lettres, au

[1] *Histoire de Marie-Antoinette*, par E. et J. de Goncourt.

puritanisme si intolérant. Que M. Lacour se rassure, la Reine n'avait plus le temps de lire. Elle allait passer ses journées à écrire, à rallier les protecteurs hésitants, les amis hasardeux, à se rappeler au souvenir des exilés fidèles, à composer, sans autre inspiration que celle d'une précoce expérience et d'un bon sens dont la divination perçait tous les mystères et prévoyait tous les dangers, ces admirables Mémoires qui font de la Reine romanesque une Reine politique, et de l'aimable jardinière de Trianon une femme, un homme d'État, qui se souvient de Marie-Thérèse *le Grand*. Au-dessus, était l'appartement de Madame, dont les grands yeux s'animaient déjà d'une inquiétude virile. La chambre où couchait le Dauphin, innocent et ingénu rejeton, que rendait déjà si touchant le pressentiment du martyre, séparait de l'alcôve du Roi l'appartement virginal. Après le salon de compagnie venait le billard, près des antichambres. La gouvernante des Enfants de France, madame de Lamballe, arrivée le 8 octobre, MM. de Chastellux, d'Hervilly, de Roquelaure, habitaient le rez-de-chaussée du pavillon de Flore, Madame Élisabeth le premier étage, mesdames de Mackau, de Gramont, d'Ossun, et d'autres personnes de la maison ou du service, les étages supérieurs. Au premier étage du palais se trouvaient la salle des gardes, le lit de parade, et des appartements ayant la même destination et le même usage que la galerie de Versailles.

Durant les premiers temps, la Reine eut des moments

d'abattement et de découragement invincibles. Son orgueil si rudement courbé se redressait douloureusement sous la quotidienne humiliation. Son âme, détendue de l'héroïque et immense effort des 5 et 6 octobre, se reposait dans une franche douleur, à laquelle succédait une tristesse morne. Elle essayait en vain de distraire par les lectures, la conversation, la sujétion matérielle d'un travail manuel, son imagination pleine de pressentiments et de fantômes. Elle remplissait d'un doigt fiévreux d'énormes champs de tapisserie[1]. Elle écrivait avec le plus pur de son cœur à madame de Polignac. La sérénité du Roi, les caresses de ses enfants, les discrètes consolations de quelques serviteurs fidèles, la relevaient peu à peu. Son énergie naturelle reprenait son empire. Elle s'attachait tout entière à cette grande tâche du salut. Elle élevait son fils et sa fille de cette éducation sévère et nouvelle qui a fait entrer l'idée du malheur dans les soins donnés désormais aux enfants royaux. Parfois, légère comme un oiseau, la bonne princesse de Lamballe venait l'arracher à ces mâles labeurs, à ces décevants soucis, et elle trouvait la force de sourire encore à cette amie ingénue, qui faisait violence à ses craintes pour dissiper celles de Marie-Antoinette, et animait de sa

---

[1] « Il existe encore à Paris, dit une note de madame Campan, chez mademoiselle Dubucquois, ouvrière en tapisserie, un tapis de pied fait par la Reine et Madame Élisabeth pour la grande pièce de son appartement du rez-de-chaussée des Tuileries. L'impératrice Joséphine a vu et admiré ce tapis, et ordonna de le conserver, dans l'espoir de le faire un jour parvenir à Madame. »

gaieté naïve, de sa vivacité charmante, de son aimable bavardage et de sa voix touchante, cette atmosphère de regret et de crainte.

Pendant son séjour à Paris, en octobre 1789, M. de Penthièvre n'avait pas manqué un seul jour de visiter le Roi et la famille royale. Le 19, il alla à Châteauneuf-sur-Loire, où il resta jusqu'au 12 janvier 1790.

Pendant ce séjour, il reçut la visite de la duchesse d'Orléans et de la princesse de Lamballe.

Mais ces visites filiales étaient de plus en plus courtes, au moins pour la princesse de Lamballe, qui mettait à rentrer à son pavillon de Flore, qu'elle appelait en riant : *Son donjon,* autant d'empressement que sa belle-sœur en mettait peu à rentrer dans ce Palais-Royal aux équivoques conciliabules.

Madame Campan nous a donné quelques détails sur le séjour des Tuileries, à la fin de 1789 et en 1790, et sur les moyens que la princesse de Lamballe employait pour se rendre agréable ou utile.

« La Reine recevait la cour deux fois par semaine,
» avant de se rendre à la messe, et dînait ces jours-là
» en public avec le Roi ; elle passait le reste du temps
» avec sa famille et ses enfants ; elle n'eut point de
» concert et ne fut au spectacle qu'en 1791, après
» l'acceptation de la Constitution.

» La princesse de Lamballe eut cependant, dans son
» appartement aux Tuileries, quelques soirées assez
» brillantes par l'affluence du monde qui s'y rendait ;
» la Reine fut à quelques-unes de ces réunions. Mais

» promptement convaincue que sa position ne lui per-
» mettait plus de se trouver dans des cercles nombreux,
» elle restait dans son intérieur et conversait en tra-
» vaillant. »

En janvier 1790 parut un livre intitulé *Galerie des dames françaises*, rempli de portraits allégoriques où la médisance avait plus de part que l'observation, et c'est sans doute avec un haussement d'épaules de mépris, peut-être même avec un de ces sourires qui mettaient à nu la candeur d'une âme supérieure à toute calomnie et dont la vue eût été pour le malin portraitiste toute une justification, que la princesse put lire, car elle le lut positivement, au dire de ses familiers, ce que les folliculaires, écho servile et mercenaire du Palais-Royal, disaient de *Balzaïs*.

Dans cette image si peu ressemblante d'un modèle entièrement pur, l'auteur anonyme n'avait pu échapper à la nécessité de louer des vertus évidentes; mais il avait pris sa revanche en calomniant, d'une insinuation qui ne les atteint pas, les relations de la Reine et de la princesse. Triste et étrange époque que celle où la plus honnête femme de Paris, après Marie-Antoinette, ne pouvait lire sans rougir un éloge où sa pudeur était offensée autant que sa modestie! Digne monument littéraire de cette époque, ce livre de roués en belle humeur et d'immoraux moralistes, où la plume des *Liaisons dangereuses* et de *Faublas* sert de pinceau, et où l'auteur a perdu à ce point le sentiment de la dignité humaine et de la vertu, qu'il ne croit plus à ce qui n'est pas intéressé, qu'il ne voit plus dans la bienfaisance que l'exercice d'un goût et comme qui dirait une respectable manie, et dans l'amitié qu'une passion, je n'ose dire un vice.

« Balzaïs, disait l'effronté panégyriste, le peintre
» scandaleux de cette pure princesse, eut le bonheur
» d'intéresser presque avant d'être connue. Veuve
» d'un prince qui n'avait point été son mari, sa beauté,
» sa douceur, sa soumission aux événements, lui don-
» nèrent pour partisans tous ceux qui ne pardonnent
» pas l'irrégularité des mœurs. Le compagnon de ses
» destinées avait tant soit peu abusé de son rang et de
» sa fortune. Balzaïs se couvrit de crêpe, et, plus belle
» encore qu'affligée, elle se trouva portée dans le pays
» des consolations.

» Chaque jour fut marqué par des conquêtes, dont
» une, d'un genre un peu nouveau pour elle, gêna
» ses penchants et embarrassa son amour-propre. Mais
» bientôt, se familiarisant avec des faveurs inconnues,
» elle apprit que plus d'une route menait au bonheur,
» et que dans tous les états une grande fortune devait
» être achetée par quelques sacrifices.

» Elle imagina que pour plaire constamment il
» suffisait d'être toujours fidèle. Elle goûta les fruits
» amers de l'inexpérience, et déjà le repentir succédait
» à des complaisances regardées par elle comme des
» titres immortels à l'amitié, et qui n'étaient que les
» résultats passagers d'un caprice partagé.

» Revenue du séjour des illusions, elle s'aperçut

» qu'on avait cru compenser le charme de la confiance
» par des honneurs stériles, et ferma son cœur à
» toutes les espérances dont elle s'était bercée. Il fallut
» devoir à elle-même son bonheur futur, organiser
» son existence sociale sur un autre plan et appeler
» les plaisirs, qui peu auparavant s'empressaient de
» venir au-devant d'elle.

» Balzaïs voulut se créer une fortune indépendante,
» et prêtant une oreille docile à l'un de ces hommes
» exercés qui prétendent que des combinaisons pro-
» fondes peuvent assujettir le hasard, elle donna dans
» ces spéculations qui amoncellent les trésors à vos
» pieds ou vous dépouillent avec une prestesse in-
» croyable [1].

» Ce passage continuel d'une crainte à une espé-
» rance, d'un plaisir à un chagrin, donnent à l'âme
» des secousses qu'elle préfère bientôt à ces jouissances
» paisibles que rien n'augmente, et que l'habitude
» flétrit bientôt.

---

[1] Ici nous ne comprenons plus le logogriphe. Veut-on dire que la princesse était joueuse? Spéculait-elle au quinze ou sur les grains? Le pamphlétaire a tort de nous le laisser ignorer, ce qui prouve qu'il n'en sait rien lui-même. Ce monsieur, aspirant au titre de citoyen, ignorait-il aussi que quatre cent mille livres d'appointements et trente mille livres de douaire mettaient la princesse au-dessus de ces besoins ou de ces désirs qui tentent à la spéculation et au jeu? Du reste, c'est la première fois que nous lisons une pareille inculpation, que les nombreux *Mémoires* ou *Pamphlets* qui nous sont passés par les mains ont regardée comme invraisemblable, car on ne l'y trouve pas; et ils n'eussent pas manqué cette bonne fortune, qu'a dédaignée madame de Genlis elle-même.

CHAPITRE DIXIÈME.

» Pendant l'orage des révolutions, Balzaïs a doublé
» la sévérité de sa retraite sans regretter l'ancien ré-
» gime et rien redouter du nouveau. Elle croit peu à la
» vérité que nous semons pour nos neveux : quand il
» en serait ainsi, il faudrait encore faire le bien, et
» d'ailleurs on peut espérer de voir l'aurore d'un si
» beau jour.

» Une qualité à laquelle nous nous empressons de
» rendre hommage, c'est la bienfaisance : quiconque
» la sollicite chez Balzaïs s'en retourne consolé. Ce
» don du ciel, sans doute, est toujours précieux aux
» mortels ; mais combien l'est-il davantage dans un
» moment où la terre paraît délaissée de la Providence,
» et voit son sein déchiré de toutes parts par les dis-
» cordes civiles ?

» J'ignore quel prix donne Balzaïs à une autre espèce
» de sensibilité : quand on est belle, tant de gens vous
» le répètent qu'il est bien difficile que quelqu'un ne
» trouve la façon de le persuader ; quand on est
» généreuse et bonne, il est encore plus difficile de ne
» pas croire qu'un homme peut être à la fois aimable
» et sincère. De cette double persuasion naît la con-
» fiance, et presque toujours la confiance mène au
» bonheur.

» Quand on habite le temple de la vertu, ou du
» moins qu'on le visite constamment, on s'attache
» bientôt à son culte, et quand on s'affranchirait pour
» un moment de ses préceptes les plus austères, on
» demeure toujours invinciblement lié aux principes,

» et la raison, en imposant aux faiblesses, finit par
» rendre à la vertu ceux que l'amour du plaisir lui
» avait enlevés pour quelques instants. »

« La princesse, dit naïvement notre *Journal* ma-
» nuscrit, eut connaissance de cette pièce. Nous igno-
» rons ce qu'elle en a pensé. »

Nous ne ferons pas, on le comprend, à cette noble mémoire l'injure de la défendre. Il y a des insultes qui honorent. Nous nous bornerons à dire que toute la vie de la princesse dément suffisamment des imputations qui ont à la fois le tort d'être odieuses et invraisemblables. Les lettres de la princesse, de la Reine et de Louis XVI font de madame de Lamballe un tout autre portrait, et c'est celui-là, dont les auteurs sont de ces témoins qu'on ne récuse pas, puisqu'ils ont mieux aimé mourir que mentir, que la postérité trouvera ressemblant, et qu'un jour elle enchâssera dans le monument qui manque, non à l'honneur de la princesse, mais à celui de la ville de Vernon, qui l'a tant aimée et qu'elle a tant aimée.

Jusqu'au mois d'août de l'année 1790, la princesse de Lamballe, sauf peut-être de courtes absences qui ne sont pas notées au *Journal* du fidèle serviteur, ne paraît pas avoir quitté son *poste de danger et de dévouement aux Tuileries*. Comme cette simple phrase résume bien les temps! Le 7 août, M. de Penthièvre alla à Amboise; madame de Lamballe vint l'y joindre, et le 8 octobre, elle vint passer huit jours à Clermont-Gallerande, dans le Maine, et pendant ce

CHAPITRE DIXIÈME.

temps, M. de Penthièvre alla à Fontevrault pour la dernière fois.

Nous citons maintenant Fortaire, car rien ne peut remplacer, pour ces allées et venues, qui étaient les événements de sa vie, le récit de cet annaliste domestique.

«Le 15 octobre, M. de Penthièvre repartit de Fon-
» tevrault pour revenir à Amboise. Cette journée, qui
» fut pénible le matin en quittant Fontevrault, fut un
» peu adoucie dans l'après-midi, en passant à Tours,
» où se renouvela pour lui la scène touchante dont
» nous avions été témoins à Troyes l'année précédente.
» On savait aussi à Tours que madame la princesse
» de Lamballe y allait passer, arrivant par la route du
» Mans et revenant de Clermont-Gallerande; tout ce
» monde qui venait de faire un accueil si affectueux
» à M. de Penthièvre, n'était pas moins disposé en
» faveur de son aimable belle-fille, et on l'attendit.
» Cette princesse arriva presque aussitôt que M. de
» Penthièvre fut passé, et fut accueillie avec les mêmes
» témoignages d'affection que son respectable beau-père.

» Madame de Lamballe réunissait dans sa personne
» toutes les qualités aimables; c'était les grâces, l'en-
» jouement, la gaieté et la politesse; elle n'avait pas
» besoin de parure: un vêtement simple, négligé et de
» voyage lui suffisait. Sa figure toujours riante, ses
» beaux cheveux, même dans un agréable désordre,
» la rendaient séduisante, et ce fut ainsi qu'elle arriva
» à Tours.

» Avec sa vivacité et son enjouement naturels, elle
» dit à tout le monde des choses polies et obligeantes ;
» aussi elle en reçut les compliments les plus flatteurs
» et des témoignages de considération.

» Madame de Lamballe arriva à Amboise, ravie de
» son passage à Tours. Tout en descendant de voiture,
» elle courut embrasser M. de Penthièvre, et après
» s'être informée de sa santé elle lui dit : « O mon
» cher papa, que votre passage à Tours, un peu avant
» moi, m'a valu de choses flatteuses et agréables ! C'est
» un grand bonheur pour moi de vous appartenir et
» de voir l'amour que l'on vous porte partout. Que l'on
» est aimable à Tours, et que le langage qu'on y parle
» est doux et flatteur ! On ne m'y a parlé que de vous,
» mon cher papa. » C'était ainsi que cette charmante
» belle-fille s'efforçait d'adoucir les peines et les amer-
» tumes de son beau-père, et de multiplier ses conso-
» lations quand l'occasion s'en présentait. »

Le lendemain, 16 octobre, madame la duchesse d'Orléans vint rejoindre à Amboise son père et sa belle-sœur, et ces deux tendres amies, dit le serviteur qui les admirait, mettaient tout en usage pour adoucir les chagrins de leur père, dont la santé s'altérait de jour en jour et très-sensiblement.

Le prince séjourna tour à tour à Châteauneuf, à Méréville chez M. de La Borde, et à Sceaux, du 27 octobre au 27 novembre 1790. C'est pendant ces voyages et ces visites à ses divers domaines, où il fut accompagné par la princesse de Lamballe, que retenait l'état de la santé du duc et de la sienne propre, que s'échangea, entre Marie-Antoinette et son amie absente, une correspondance presque journalière, et dont plusieurs fragments nous ont été conservés. Nous les citerons, comme précieux pour l'honneur de la princesse dont ils établissent le doux empire, et pour l'honneur de la Reine dont ils dévoilent la belle âme, si bien faite pour comprendre et pour aimer la vertu.

Marie-Antoinette à la princesse de Lamballe.

(Paris), ce 1er septembre (1791)[1].

« Ne revenez pas de Vernon, ma chère Lamballe,
» avant votre entier rétablissement. Le bon M. de Pen-
» thièvre en serait bien triste et affligé, et nous nous
» devons tous de ménager son grand âge et ses vertus.
» Je vous ai dit si souvent de vous ménager vous-
» même, que, si vous m'aimez, vous devez le faire :
» dans le temps où nous sommes, on a besoin de toutes
» ses forces. Ah! ne revenez pas, mon amie; revenez
» le plus tard possible; votre cœur seroit trop navré,
» vous auriez trop à pleurer sur tous nos malheurs,

---

[1] En septembre 91 la princesse de Lamballe était sûrement ailleurs qu'à Vernon. Elle était depuis le 25 juin à l'étranger, en Angleterre, à Aix-la-Chapelle, d'où elle datait son testament du 15 octobre 1791. Nous attribuons de préférence cette lettre à l'année 1790, contrairement à l'opinion du très-sagace M. Feuillet de Conches. Du reste, convenons-en humblement, à défaut absolu de date, ces attributions ne sauraient être qu'arbitraires, instinctives, divinatoires, et personne, à moins d'erreur grossière, et ce n'est jamais le cas pour M. Feuillet de Conches, ne saurait avoir absolument tort ou raison.

» vous qui m'aimez si tendrement. Cette race de tigres
» qui inonde le royaume jouiroit bien cruellement si
» elle savoit combien nous souffrons. L'acceptation de
» la Constitution, devenue nécessaire, va peut-être
» nous donner quelques instants de répit. Adieu, ma
» chère Lamballe, je suis toujours bien occupée de
» vous : vous savez si jamais je peux changer. »

Le 19 octobre 1790 [1], la Reine écrit :

« J'ai montré votre lettre au Roi, mon cher cœur,
» ainsi que vous l'avez désiré. Il me charge de vous
» dire qu'il est enchanté de faire quelque chose qui
» vous fasse plaisir ; il est tout de bon fâché contre
» vous de ce que vous n'avez pas parlé plus tôt. Nous
» sommes tellement entourés de méchants, nous
» sommes si peu libres, qu'on ne peut plus aujourd'hui
» répondre de rien. Mais le Roi fera tout ce qu'il
» pourra.... Que fait M. de Penthièvre ?.... »

Le 7 (novembre 1790), elle adressa à son amie, qui s'était hasardée à demander quelque légère faveur.... pour une autre, cette lettre, qui fait peut-être allusion à la même affaire que la précédente.

» Je suis arrivée au moment même où le Roi, ma
» chère Lamballe, venait de rentrer de la chasse. Je

---

[1] Cette lettre ne peut être d'octobre 1791. On y demande des nouvelles de M. de Penthièvre, auprès duquel madame de Lamballe était en octobre 1790, tandis qu'en octobre 1791 elle était en Angleterre.

» lui ai sur-le-champ fait remettre le message de
» M. de Penthièvre. On lui avait déjà remis le vôtre.
» Il fera avec plaisir ce que vous désirez. Ainsi, mon
» cher cœur, c'est une chose terminée. Vous pouvez
» le dire à la duchesse, en lui disant la part que je
» prendrai toujours à ce qui pourra lui être agréable.

» Les affaires paraissent prendre une meilleure
» tournure, mais vous savez qu'on ne peut se flatter
» de rien. Ah! mon cher cœur, il faut prier Dieu de
» nous regarder en pitié.

» Adieu; mon amitié pour vous ne finira qu'avec
» ma vie.

» MARIE-ANTOINETTE [1]. »

Nous considérons également comme de cette époque le fragment de lettre suivant.

17 novembre 1790 [2].

» ..... Je connais toute votre amitié pour nous, et
» je sais combien vous devez être affectée de ce qui se
» passe. Ne croyez jamais qu'il soit possible de ne pas

---

[1] Lettre *inédite* qu'a bien voulu nous communiquer M. Gilbert, qui en fixait la date possible à novembre 1791. Toutes ces lettres ne portent ni l'indication de l'année ni souvent celle du mois. Il est difficile, même avec une minutieuse connaissance des faits, de ne pas se tromper. Nous avons, le plus possible, pour ces attributions de date, raisonné du connu à l'inconnu. Nous ne donnerons pas le détail de ce travail aride de conjecture, qui n'a pas plus de valeur que l'instinct, en histoire, où il faut de la certitude.

[2] Et non 1789. En novembre 1789, la princesse de Lamballe était auprès de la Reine qu'elle avait rejointe le 8 octobre.

» vous aimer.... C'est une habitude dont mon cœur a
» besoin. Charles doit partir dans une heure, et vous
» remettra une lettre du Roi.... Ma santé est assez
» bonne ; celle de mes enfants est parfaite ; nous logeons
» tous trois dans le même appartement, et ils font ma
» consolation. »

Au bas de cette lettre sont les lignes suivantes de la sœur de Louis XVI :

« J'entre, et la Reine me permet de vous dire que
» jamais vous ne trouverez une amie plus vraie et plus
» tendre que moi.
» ÉLISABETH-MARIE [1]. »

Le 3 décembre 1790, le duc de Penthièvre, qui était rentré à Paris le 28 novembre, avec la princesse de Lamballe, vit pour la dernière fois le Roi et la famille royale, auprès de laquelle un mot eût sans doute suffi pour fixer ce vieillard tutélaire. Ce mot, Louis ne le dit pas, sans doute dans la crainte d'associer une victime de plus à des malheurs qu'il espérait d'ailleurs encore conjurer.

Au commencement de l'année 1791, un événement qui n'avait d'importance que pour la princesse de Lamballe, lui permit de se consacrer tout entière et sans regret à son ministère de dévouement. La duchesse d'Orléans vint, le 10 février, rejoindre

[1] Lettre inédite.

son père à Eu, « et depuis ce jour-là, dit Fortaire,
» elle ne le quitta plus un instant jusqu'à sa mort,
» c'est-à-dire qu'elle est restée deux ans et vingt-deux
» jours auprès de ce tendre père. »

La princesse de Lamballe put donc, remplacée dans ses devoirs filiaux, ne s'absenter de Paris que rarement et pour peu de temps. C'est sans doute durant une de ces courtes visites qu'elle reçut de la Reine la lettre suivante, datée du 4 mars 1791, par une conjecture assez justifiée, quoique Fortaire, qui a pu d'ailleurs avoir ses oublis ou ses omissions, ne mentionne aucun voyage de la princesse à cette époque auprès du duc de Penthièvre.

« Je ne peux résister au désir de profiter de l'occa-
» sion qui se présente pour vous écrire un mot, mon
» cher cœur. Les circonstances présentes occupent
» trop mon âme pour que je n'aie pas été très-sensible
» à votre lettre et à votre douce amitié ; vous êtes de
» ces cœurs qui ne changent jamais et que les malheurs
» rendent encore plus affectueux. Soyez bien assurée,
» ma chère Lamballe, que mon amitié pour vous est
» inaltérable, et que jamais je ne peux changer. Je ne
» vous parle point des affaires d'ici ; vous savez tout
» ce qui se passe. Il est impossible de sortir sans être
» insultée une douzaine de fois en une heure ; aussi je
» ne vais plus à la promenade, et je reste quelque-
» fois dans ma chambre des journées sans penser à
» changer. Adieu, ma tendre amie, je vous embrasse

» de toute mon âme ; écrivez-moi par des occasions
» sûres.
» MARIE-ANTOINETTE[1]. »

L'événement capital de cette année 1791, c'est la fuite arrêtée fatalement à Varennes et ce retour lamentable qui emporta les derniers prestiges de la royauté, les dernières pudeurs populaires. Madame la princesse de Lamballe ne paraît dans aucun des *Mémoires* révélateurs qui nous ont introduit dans la coulisse du drame et fait assister aux préparatifs des acteurs. Mais ce serait douter de la sincérité de Marie-Antoinette, ce serait douter de l'amitié que de penser que la Reine fît à sa meilleure, à son unique amie, en cette circonstance décisive, l'injure du secret qu'elle ne gardait pas à madame Campan. Or, à ce moment, nous le savons pertinemment par le témoignage de Fortaire, la princesse était aux Tuileries.

« La Reine, dit madame Guénard, fit part à ma-
» dame de Lamballe du projet du Roi, et l'assura que
» sous peu de temps elles se réuniraient ; mais, pour
» ne point donner de soupçons, il fut convenu que la
» princesse se rendrait à Aumale, où la santé de M. le
» duc de Penthièvre le retenait depuis quelque temps,
» et que la Reine lui écrirait dès qu'elle serait arrivée

[1] *Correspondance inédite de Marie-Antoinette*, publiée par le comte d'Hunolstein. Cette lettre pourrait tout aussi bien être datée de 1792, si Fortaire ne nous apprenait que l'unique absence de la princesse cette année-là eut lieu au 6 mai. Elle ne peut pas être non plus de 1790, à cause des détails qu'elle donne sur la situation.

» à Montmédy. Leurs adieux furent très-touchants ;
» il semblait qu'elles éprouvaient l'une et l'autre le
» douloureux pressentiment que ce projet entraînerait,
» par son peu de réussite, tous les maux qui les ont
» accablées [1]. »

Il n'y a pas à douter de la participation de la princesse à cette confidence de l'expédient désespéré du départ, quand on la voit, dans le récit de Fortaire, se considérer comme déliée de ses engagements, et, rassurée sur la Reine et sa famille, songer à son propre salut.

Le duc de Penthièvre était à Aumale depuis le 9 juin avec madame la duchesse d'Orléans. Il était allé y chercher un monastère miraculeusement épargné, où l'ancienne ferveur subsistait toujours, et où le feu sacré brûlait encore. Or, plus que jamais, le pieux duc avait besoin des consolations que la religion prodigue, avec un redoublement de joie, à ces grandes fêtes de la Pentecôte (12 juin), de la Trinité (19 juin) et de la Fête-Dieu (23 juin). C'est pour les célébrer à son aise et impunément que le prince était venu à Aumale.

Une visite des plus imprévues, faite dans les circonstances les plus tragiques, déçut ses pieux projets. Le mardi 21 juin, à six heures du soir, une chaise de poste arrive au galop devant la porte de la maison du bailli, où logeait le duc de Penthièvre. La princesse de Lamballe se précipite de cette voiture, pâle, effa-

[1] T. IV, p. 162, 163.

rée, se trouve sur le chemin de son beau-père et de sa belle-sœur, qui venaient au-devant d'elle fort étonnés, met un doigt sur ses lèvres, et les entraîne avec elle. Quand ils furent seuls, la princesse leur raconta la fuite du Roi et de sa famille, qui nécessitait la sienne.

Aussitôt un mouvement inaccoutumé se manifesta dans ce logis, un moment auparavant si paisible. Les serviteurs ignoraient la nature de cette nouvelle mystérieuse dont ils voyaient les effets. La suite de la princesse de Lamballe, composée de ses deux dames, de leurs maris et d'un enfant, était descendue de sa voiture toute poudreuse, exténuée de fatigue et de besoin, car, dans la précipitation de ce voyage au galop, on n'avait pas pris le temps de manger depuis le matin.

Pendant qu'on servait ces voyageurs affamés, pareils à des fugitifs, le prince faisait appeler son contrôleur et son écuyer, leur donnait des ordres, écrivait des lettres, et, au moment où la porte de sa chambre était restée entr'ouverte, on eût pu voir, dans un fauteuil, la duchesse d'Orléans, renversée, la main sur son front, et pleurant amèrement. La princesse, dans la vivacité de son impatience, marchait à grands pas, tout en donnant à sa belle-sœur éplorée une consolation rapide ou une caresse. Elle ouvrit bientôt, la montre à la main, la porte qui la séparait de sa suite attablée, et dit : « Je vous en prie, doublez les morceaux, s'il » est possible ; il faut que dans un quart d'heure nous » soyons en voiture. »

CHAPITRE DIXIÈME.

Bientôt la princesse de Lamballe put partir avec des chevaux frais, après avoir fait au duc de Penthièvre et à la duchesse d'Orléans des adieux brefs et enjoués, comme si elle ne les quittait que pour quelques jours. Mais en sortant d'Aumale, au lieu du chemin de la ville d'Eu, elle prit celui d'Abbeville.

Le lendemain, M. de Penthièvre et la duchesse, à table au château d'Eu, à dix heures du soir, recevaient d'abord la nouvelle qu'un courrier du district de Dieppe venait d'apporter à la municipalité l'avis du départ du Roi, et peu d'instants après la visite du maire et du procureur de la commune en écharpe, qui, avec une douleur respectueuse, leur annonçaient l'ordre, transmis par le département de la Seine-Inférieure, de veiller sur leurs personnes avec tous les égards à elles dus.

Le 23 juin, au matin, le duc de Penthièvre fit partir en toute hâte son courrier, muni d'un passe-port bien en règle, chargé de lettres pour Boulogne.

A son retour, il apprit au prince que, dès son arrivée à Boulogne, le 22, la princesse de Lamballe et sa suite s'y étaient embarquées sans difficulté sur un navire anglais, grâce aux lettres que son beau-père, en sa qualité de grand amiral, avait pu lui donner pour le commandant du port.

A peine gagnait-elle la pleine mer, qu'un coup de canon tiré à Boulogne annonçant la nouvelle du départ du Roi, qui eût contraint les autorités de retenir prisonnière la princesse fugitive, retentit, mais heureusement pour saluer seulement son départ.

CHAPITRE ONZIÈME.

JUIN A DÉCEMBRE 1791.

La princesse de Lamballe en Angleterre. — Retour de Varennes. — Le Roi se prépare à la mort. — Lutte de Marie-Antoinette contre la fatalité. — Ses efforts et ses négociations à l'intérieur et à l'étranger. — Terreur que lui inspire le nom de Pitt. — Elle fait monter, pour la princesse de Lamballe, une bague de ses cheveux blancs. — La princesse de Lamballe proteste contre les incriminations calomnieuses de la *Feuille du jour*. — Correspondance de Marie-Antoinette avec la princesse de Lamballe. — Deux lettres de la princesse de Lamballe à une amie. — Lutte héroïque de dévouement entre la Reine et la princesse. — La princesse de Lamballe fait son testament à Aix-la-Chapelle. — Elle rentre en France malgré les avis et les prières de ses amis. — Témoignage du comte d'Allonville, de madame Campan. — Rétractation d'une opinion de la *Vraie Marie-Antoinette*. — Dans la logique de la Révolution, l'amie de Marie-Antoinette devait périr. — Lettre de la Reine à la princesse de Lamballe, teinte du sang de la princesse.

La princesse de Lamballe, partie, comme on le voit, le 22 juin 1791, débarqua, selon Fortaire, à Ostende et se rendit de là à Aix-la-Chapelle. Son voyage d'Angleterre, qui occupa l'époque intermédiaire, et que tout va démontrer avoir été concerté avec la Reine, paraît avoir été ignoré du minutieux serviteur. Tout nous fait croire, au contraire, que la princesse alla directement de Boulogne en Angleterre; et c'est là sans doute, plutôt qu'en Allemagne, que vint la rejoindre une lettre expédiée à Vernon par la Reine, pour rassurer et peut-être pour rappeler la fidèle amie dont elle avait plus besoin que jamais.

CHAPITRE ONZIÈME.

De la main du Roi.

(Le 30 juin 1791.)[1]

« Je vous envoie un exprès, Madame ma chère
» Cousine, pour vous rassurer à notre égard. Ce que
» vous marquez à la Reine sur l'état de M. de Pen-
» thièvre ne peut que nous faire de la peine. Ce sera
» me faire plaisir que de nous en donner souvent des
» nouvelles. Mais restez avec M. de Penthièvre.
» Le 29.
» Louis. »

De la main de la Reine.

« J'espère, ma chère Lamballe, que vous vous
» rendrez à ce mot du Roi. Je vous ai dit et je vous
» répète que je vous aime autant de loin que de près.
» Pour vous, il est mieux que vous soigniez cette
» santé ; pour moi il sera mieux de jouir de vous en
» bonne santé que de souffrir à vous voir souffrir.
» Vous voyez que c'est par égoïsme que j'agis. Nous
» sommes revenus assez bien portants. Le Roi est fort
» calme. Mes enfants n'ont pas du tout souffert. Je
» ne puis rien vous dire sur tout ce qui s'est passé,

---

[1] Il y a dans l'envoi de cette lettre à Vernon, immédiatement après le drame de Varennes et le cruel retour à Paris, une délicatesse de cœur remarquable. M. de Penthièvre étant rétabli, avait exigé que la princesse partit dès le 20 pour Ostende, d'où elle s'était rendue en Allemagne dans la supposition du succès du voyage royal et des événements qui en seraient la suite. La précieuse lettre alla donc la trouver en Allemagne. (*Note de M. Feuillet de Conches.*)

» que vous ne sachiez entièrement par la voix publique.
» Adieu, mon cher cœur; j'ai besoin de votre tendre
» amitié, et la mienne est à vous depuis que je vous
» ai vue. Dites bien à M. de Penthièvre de se rassurer,
» et soignez-vous tous les deux. Je vous embrasse.

» MARIE-ANTOINETTE. »

Pour Madame de Lamballe.

Celle-ci, de son côté, impatiente de faire connaître sa retraite, ses sentiments, son impatience d'être utile, avait devancé la Reine par une lettre pleine d'élan et d'effusion. Celle qui suit est la réponse et la récompense.

Ce 29 (juin 1791)[1].

« J'ai eu trop de plaisir, ma chère Lamballe, à
» recevoir votre lettre pour ne pas vous répondre sur-
» le-champ; je l'ai lue et relue, et j'ai pleuré d'atten-
» drissement. Je sais bien que vous m'aimez, et je
» n'avais pas besoin de cette nouvelle preuve. Quel
» bonheur que d'être aimée pour soi-même! Votre
» attachement, avec celui de quelques amis, fait ma
» force. Non, ne le croyez pas; je ne manquerai pas
» de courage. Je ne vous en dis pas davantage, mais
» mon cœur est à vous jusqu'à mon dernier souffle de
» vie. Adieu.

» MARIE-ANTOINETTE. »

[1] Cette belle lettre, à nous communiquée par M. Gautier la Chapelle, a été publiée par nous pour la première fois dans la *Vraie Marie-Antoinette* (2ᵉ édition, p. 91).

CHAPITRE ONZIÈME.

L'histoire de ce voyage, dont le but politique va grandir la princesse et donner, dans les glorieux efforts de Marie-Antoinette pour sauver le Roi et la monarchie, une place digne d'elle à sa meilleure amie, est tout entière dans les *Correspondances inédites* récemment publiées, qui jettent un jour inattendu sur tous les mystères de cette tragique époque.

C'est là que nous la chercherons, suivant pas à pas la princesse de Lamballe dans sa mission confidentielle, admirant son sang-froid, son habileté aux prises avec les méfiantes résistances de l'égoïsme anglais, et enfin cette résolution héroïque qui la fit, quand elle vit déjouer ses efforts pour donner à la Reine un appui sauveur, se jeter elle-même dans le danger et refuser de survivre à son échec.

Le 25 juin 1791, la famille royale, arrêtée, humiliée, menacée, était rentrée aux Tuileries, devenues désormais une prison. Le soupçon planait à jamais, comme un oiseau sinistre, sur cette demeure royale que l'imagination populaire avait remplie de complots despotiques, et qu'elle remplissait maintenant de complots vengeurs. La royauté, considérée jusqu'alors par la Révolution comme une ennemie égale, n'était plus alors qu'une ennemie vaincue; et il ne s'agissait plus, pour la précipiter dans l'abîme, que de lui attacher au cou cette pierre de la Constitution. Roi constitutionnel, dans le sens d'alors, Louis XVI était prêt pour l'holocauste. Il fallait résister, résister à tout prix; conjurer des dangers qu'il n'était plus permis de ne pas prévoir. Et il fallait le faire avec mesure, avec précaution, avec douceur, le sourire sur les lèvres, de peur de provoquer une nouvelle tempête où le peuple se fût rué au châtiment avec d'autant plus de fureur que les fautes du vaincu semblent indignes de clémence, ajoutant l'affront de l'ingratitude à celui de la rébellion; car pour un peuple devenu souverain, le Roi qui résiste est un rebelle.

Pour comble de malheur, Mirabeau était mort, emportant avec lui dans la tombe cette vue de l'aigle et cette voix de tonnerre qui perçaient les événements et faisaient taire les hommes. Barnave, que la pitié du voyage suffisait à rendre suspect, c'est-à-dire impuissant, s'était voué à cette tâche réparatrice de sauver ceux qu'il avait contribué à perdre, et il avait saisi avec plus de courage que de force l'héritage du Titan. Le Roi, éperdu au milieu de cette troupe de conseillers incapables qui se disputaient, avec la puérilité d'un conflit de préséance, l'honneur de faire prévaloir leurs avis tardifs, épuisait dans cette lutte laborieuse le peu de force qui lui demeurait pour l'action. De plus en plus son visage et son âme se tournaient à cette résignation qui sera la dignité de sa chute, et il allait appeler le dernier conseiller des Rois qui se sentent perdus, le confesseur.

A côté de ce monarque condamné par sa propre inertie avant de l'être par la haine des ambitieux, méditait, écrivait, dans les transes d'une solitude surveillée, Marie-Antoinette, à qui l'orgueil de la femme et l'amour de la mère improvisaient un génie, et qui, privée de M. de Mercy et de l'abbé de Vermond, atteignait, par la subite éducation du malheur, à une profondeur de prévoyance et à une éloquence de simplicité que n'avaient jamais connues ces deux maîtres des premiers temps, si dépassés aux derniers par leur royale élève.

Quel monde à soulever, quel héroïque tour de force! Cette femme, de Reine devenue Roi par l'impérieuse fatalité des circonstances, elle cherchait partout des amis assez discrets pour ne pas la compromettre, assez désintéressés pour ne pas faire de la conquête le salaire de leur appui.

Au dehors elle désavouait l'émigration impatiente et intolérante, et elle cherchait sur les trônes des avocats armés, assez modérés pour se contenter de menacer et d'arrêter à la frontière, comme à une barrière inviolable, l'éloquence muette de leur ultimatum.

A l'intérieur, elle cherchait à rallier les constitutionnels honnêtes, et, se résignant aux moyens d'une lutte avilie, à gagner les démagogues corrompus.

En Angleterre, par exemple, et pour nous borner à cet épisode du drame de cette magnanime résistance, à un coin de cette vaste trame qu'elle remplissait du mobile travail de ses négociations; en Angleterre elle cherchait à rallier le ministère à une politique de loyale protection, d'intervention tutélaire, d'autant plus décisive qu'elle partirait du peuple initiateur, et aurait en quelque sorte l'autorité de l'élève au maître.

C'est dans ce but surtout que la Reine écrivait, au dire de madame Campan, « presque toute la journée, et passait une partie des nuits à lire ». C'est dans l'espoir du triomphe qu'elle puisait ce mâle « courage qui soutenait ses forces physiques ». C'est là sans doute l'objet de cette correspondance chiffrée, d'une combinaison si compliquée, dont les lettres du roman de *Paul et Virginie* fournissaient les éléments. Elle sentait à merveille que le salut était dans cette déclaration qu'elle attendait du gouvernement anglais. Auprès de la difficulté de ce succès, tous les autres n'étaient qu'un jeu. C'était un jeu de sauver la noblesse malgré elle, en ayant le *courage de l'affliger*, de lui faire perdre ses préjugés, ses répugnances, ses bouderies, qui laissaient déserte la salle de jeu et le coucher du roi solitaire; de lui apprendre à *juger les nécessités politiques* et à ne pas *punir la royauté de ses malheurs*[1].

C'était un jeu de fermer la bouche à cette incurable légèreté des Français qu'elle envoyait dans les cours étrangères, et de les empêcher, par fatuité, de se parer de la confiance dont ils étaient honorés, et de se laisser, par de faux frères vendus à la Révolution, tirer le secret de leur mission[2].

C'était un jeu de mettre d'accord les conseils du dehors, tant de Coblentz que de Vienne, et ces avis hostiles qui influaient diversement sur les membres

[1] Madame Campan, 310.
[2] Madame Campan, 309.

de la famille royale; de résister à ces émigrés trop entreprenants pour être désintéressés, *qui voulaient réussir pour faire la loi,* et vis-à-vis desquels c'était *contracter une trop grande obligation que de leur devoir la couronne.* C'était un jeu enfin que de balancer la funeste influence de ce Calonne, qu'elle redoutait, mais qu'elle méprisait encore davantage, depuis qu'elle avait vu un manuscrit des infâmes *Mémoires* de madame de La Motte corrigé de sa main [1].

Oui, tout cela était un jeu en présence de la nécessité et de l'impossibilité de séduire à une œuvre de loyale protection, de généreuse vengeance, cet implacable génie de Pitt, de cet homme dont elle ne pouvait parler sans effroi, et dont elle disait à madame Campan : « Je ne prononce pas le nom de Pitt que la » petite mort ne me passe dans le dos [2]. »

Une première fois, avant la princesse de Lamballe, par l'influence touchante de laquelle elle allait tenter de gagner la famille royale à la pitié, ne pouvant triompher de l'égoïste et jalouse neutralité du ministère anglais, — une première fois, elle avait essayé de sonder les dispositions de cet homme d'État à qui la haine de la France servit de génie, et à qui la part impitoyable qu'il a prise à nos désastres a donné une sorte d'apparence fantastique et légendaire. Écoutons madame Campan :

« Cet homme, lui dit la Reine, est l'ennemi mor-

[1] Madame Campan, 270.
[2] Madame Campan, 318.

» tel de la France. Il prend une cruelle revanche de
» l'impolitique appui donné par le cabinet de Ver-
» sailles aux insurgés américains. Il veut, par notre
» destruction, garantir à jamais la puissance mari-
» time de son pays des efforts que le Roi a faits pour
» relever sa marine, et des résultats heureux qui en
» ont été la suite pendant la dernière guerre. Il sait
» que c'est non-seulement la politique mais l'inclina-
» tion particulière du Roi de s'occuper de la marine ;
» que la démarche la plus marquante qu'il ait faite
» pendant son règne a été d'aller visiter le port de
» Cherbourg. Pitt a servi la Révolution française dès
» les premiers troubles ; il la servira peut-être jusqu'à
» son anéantissement. Je veux essayer de savoir jus-
» qu'où il compte nous mener, et, pour cela, j'envoie
» à Londres M.....[1]. Il a été intimement lié avec Pitt ;
» souvent ils ont eu ensemble des entretiens politiques
» sur le gouvernement français. Je veux qu'il le fasse
» parler au moins autant que peut parler un pareil
» homme[2].

» Quelque temps après la Reine me dit que son en-
» voyé secret était revenu de Londres, que tout ce
» qu'il avait pu arracher à Pitt, dans lequel il n'avait

---

[1] Madame Campan, 318.
[2] « J'avais longtemps pensé que cet agent secret était M. Crawfurd. Les *Mémoires* que je me suis empressée de lire m'ont fait perdre cette idée, parce qu'il m'aurait parlé de cette mission, et j'ai oublié le nom de la personne que la Reine avait envoyée à Londres, quoiqu'elle ait eu la bonté de me le confier. » (*Note de madame Campan.*)

» pu trouver qu'une réserve alarmante, était qu'il
» ne laisserait pas périr la monarchie française; que ce
» serait une grande faute, pour la tranquillité de
» l'Europe, de laisser l'esprit révolutionnaire amener
» en France une république organisée. Toutes les
» fois que Pitt, disait-elle, s'est prononcé sur la
» nécessité de maintenir en France une *monar-*
» *chie,* il a gardé le plus absolu silence sur ce qui
» concerne le monarque. Le résultat de ces entretiens
» n'a rien que de sinistre; mais cette monarchie même
» qu'il veut sauver en nous laissant succomber, en
» aura-t-il les moyens et la force? »

C'est cette mission que la discrète, que l'insinuante, que la touchante Lamballe fut chargée de continuer en Angleterre. Le fait ressort du passage suivant d'une lettre de la Reine, qui nous édifie aussi tristement sur les résultats qu'elle y obtint.

« . . . . Il y a des moments, écrivait-elle en
» septembre 1791 à sa sœur Marie-Christine, où je
» serais tentée d'envoyer vers Léopold la bonne et
» aimable Lamballe. Elle vous verrait en passant, et
» vous lui traceriez ses démarches à la cour. Le prince
» mon cher beau-frère la connaît, elle aime beaucoup
» son genre d'esprit et son caractère; elle a fait secrè-
» tement, et pour m'obliger, le pénible voyage d'An-
» gleterre. La Reine et ses filles l'ont accueillie favo-
» rablement; mais la raison du Roi est égarée. C'est
» le chancelier de l'Échiquier qui gouverne, et il a
» dit cruellement et presque en termes exprès à la

» princesse, que nous nous sommes attiré nos mal-
» heurs [1]. »

C'est alors que les cheveux de la Reine, si douloureusement désabusée, devinrent, en une seule nuit, blancs comme ceux d'une femme de soixante-dix ans. Elle prit dans son cœur le deuil de la monarchie, et elle fit monter pour la princesse de Lamballe une bague [2] contenant une gerbe de ces cheveux blancs précoces, avec cette inscription : « *Blanchis par le malheur.* »

Suprême récompense d'un dévouement inutile, triste et éloquent témoignage de reconnaissance où se lit le génie du désespoir et de l'amitié ! La princesse de Lamballe était digne de ce présent prophétique et funèbre. Plutôt que de voir les malheurs qu'elle présageait, elle devait se précipiter dans le gouffre ouvert sous les pas de la Reine et de la royauté.

Il ne nous reste plus qu'à faire appel aux témoignages écrits de ce voyage et de cette absence, et à feuilleter la *Correspondance* de la Reine et de la princesse pendant cette triste fin de l'année 1791, digne aînée de cette année funèbre de 1792 !

La Reine, préoccupée de tant de dangers, cherchait d'abord et surtout à mettre les gouvernements en garde contre les pétulantes mais loyales imprudences du comte d'Artois, et contre les manœuvres plus habiles et plus ambitieuses du comte de Pro-

[1] *Recueil de M. d'Hunolstein.*
[2] Et non un portrait, comme disent MM. de Goncourt, p. 290.

Lettre de Marie-Antoinette à la princesse de Lamballe,
tombée de sa coiffe au premier coup mortel,
et tachée de son sang.

ce 14 juillet

vous ne devez pas douter mon cher coeur
du plaisir que nous avons eu a apprendre
votre heureuse arrivée, dans les nouveaux
malheurs qui m'accablent c'est une
consolation de s'avoir a l'abrit ceux
qu'on aime, je n'ai pas changer d'avis
sur ce dont je vous ai parler puisque les
choses sont toujours les memes, soyez
sure ma cher Lamballe qu'il y a dans
ce coeur la plus d'amour personnel que
d'affection pour son frere et certainement pour moy, sa douleur a été
toute sa vie de ne pas être né le
maitre et cette fureur de se mettre a la
place de tout n'a fait que croitre
depuis nos malheurs qui lui donnent
l'occasion de se mettre en avant, mais
ne parlons pas de nos chagrins parlons
de vous, c'est un sujet aussi inepuisable

et plus agreable, donnez moy souvent de vos nouvelles. le roi a vu toutes vos lettres et en a été fort touché. Adieu mon cher coeur, ecrivez moy que vous m'aimez toujours j'en ai grand besoin. pour moy vous sçavez que jamais je ne peu changer

le roi a reçu ce matin une lettre de Mr. de penthievre et je rouvre ma lettre pour vous prier d'assurer la comtesse que son affaire etoit deja faite et qu'il n'etoit pas besoin d'en faire ecrire de si loin comptez toujours que l'on ne remettera pas au lendemain quand on pourra faire les choses le jour mesme. Adieu mon cher coeur brulez ma lettre

je rouvre une seconde fois ma lettre
chez le roi pour vous dire que votre
seconde lettre m'arrive merci merci
pour lui et pour moi mon amitié
est inalterable vous estes un ange

———————

CHAPITRE ONZIÈME.

vence, qui, au lieu d'organiser une contre-révolution, semblait plutôt disposé à organiser une contre-royauté. Ces sentiments se trahissent dans la première lettre de la Reine à la princesse, celle qui ouvre cette sublime correspondance du voyage.

(Premiers jours de juillet 1791.)

« Vous ne devez pas douter, mon cher cœur, du
» plaisir que nous avons eu à apprendre votre heureuse
» arrivée. Dans les nouveaux malheurs qui m'acca-
» blent, c'est une consolation de savoir à l'abri ceux
» qu'on aime. Je n'ai pas changé d'avis sur ce dont je
» vous ai parlé, puisque les choses sont toujours les
» mêmes. Soyez sûre, ma chère Lamballe, qu'il y a
» dans ce cœur-là plus d'amour personnel que d'affec-
» tion pour son frère, et certainement pour moi. Sa
» douleur a été toute sa vie de ne pas être né le maî-
» tre, et cette fureur de se mettre à la place de tout
» n'a fait que croître depuis nos malheurs, qui lui
» donnent l'occasion de se mettre en avant. Mais ne
» parlons pas de nos chagrins; parlons de vous : c'est
» un sujet aussi inépuisable et plus agréable. Donnez-
» moi souvent de vos nouvelles. Le Roi a vu toutes
» vos lettres et en a été fort touché. Adieu, mon cher
» cœur. Écrivez-moi que vous m'aimez toujours : j'en
» ai grand besoin. Pour moi, vous savez que je ne
» peux changer.

» Le Roi a reçu ce matin une lettre de M. de Pen-
» thièvre, et je rouvre ma lettre pour vous prier d'as-

17

» surer la comtesse que son affaire était déjà faite, et
» qu'il n'était pas besoin d'en faire écrire de si loin.
» Comptez toujours que l'on ne remettra pas au len-
» demain quand on pourra faire les choses le jour
» même. Adieu, mon cher cœur. Brûlez ma lettre.

» Je rouvre une seconde fois ma lettre chez le Roi,
» pour vous dire que votre seconde m'arrive. Merci,
» merci pour lui et pour moi. Mon amitié est inalté-
» rable. Vous êtes un ange [1]. »

« Ma chère Lamballe, » écrivait la Reine à son amie
en juillet 1791, « vous ne sauriez vous faire une idée
» de l'état d'esprit où je me trouve depuis votre
» départ. La première base de la vie est la tranquillité;
» il m'est bien pénible de la chercher en vain. Depuis
» quelques jours que la Constitution remue le peuple,
» on ne sait à qui entendre; autour de nous il se passe
» des choses pénibles. Nous avons cependant fait

[1] L'autographe de cette pièce, un de ceux dont on dit : *Brûlez ma lettre*, et qui pour cela même sont conservés, est un des plus précieux que je possède. C'est une des lettres qui sont tombées de la chevelure de la princesse de Lamballe, au moment où elle fut frappée de mort. Elle est souillée de sang. A cet intérêt spécial, elle joint celui de l'opinion exprimée par la Reine sur le caractère de *Monsieur*, comte de Provence, dont la conduite vis-à-vis d'elle, vis-à-vis même du Roi, n'avait pas toujours été d'une netteté parfaite. *Monsieur*, homme instruit, académique jusqu'au pédantisme, se croyait trop supérieur à Louis XVI pour ne pas s'étonner que la nature se fût oubliée au point de ne pas l'avoir fait naître l'aîné. (*Note de M. Feuillet de Conches.*)—C'est grâce à sa libéralité que nous avons la bonne fortune de donner à nos lecteurs le fac-simile de cette relique marquée du sang du martyre.

» quelque bien. Ah! si le bon peuple le savait! Reve-
» nez, mon cher cœur, j'ai besoin de votre amitié.
» Élisabeth entre et demande à ajouter un mot. Adieu,
» adieu, je vous embrasse de toute mon âme.

» Marie-Antoinette [1]. »

« La Reine veut bien me permettre de vous dire
» combien je vous aime. Elle ne vous attend pas avec
» plus d'affection que moi.

» Élisabeth-Marie. »

Le jeudi 22 août 1791, la Reine disait :

« Je suis heureuse, ma chère Lamballe, de vous
» savoir en sûreté dans l'état affreux de nos affaires ;
» ne revenez point ; je sais bien que votre cœur est
» fidèle, et je ne veux pas que vous reveniez, je vous
» porte à tous malheur. Il est essentiel à ma tranquil-
» lité que mes amis ne se compromettent pas, car ce
» serait se perdre sans nous être utiles. N'ajoutez pas
» à mes inquiétudes personnelles l'inquiétude pour ce
» que j'aime. Les frères du Roi sont malheureusement
» entourés d'ambitieux et de brouillons, qui ne peu-
» vent que nous perdre, après s'être perdus eux-
» mêmes, car ils ne veulent pas écouter ceux qui ont
» notre confiance, sous prétexte qu'ils n'ont pas la
» leur, et les émigrants armés sont ce qu'il y a de plus
» triste en ce moment. Je vous avoue que malgré tout

---

[1] *Catalogue d'autographes* Donnadieu, Piccadilly, 1851.

» mon courage je serais heureuse de succomber, si je
» n'avais pas mes pauvres enfants et mon mari, qui,
» au milieu de tout cela, a une sérénité inouïe. Au-
» tour de nous ce n'est que fourberie, astuce et men-
» terie. Je prévois une dissolution totale de la France.
» Je pleure sur ma famille, sur mes amis, et non sur
» moi-même. Dans la ville, il y a continuellement du
» train, et cependant le bon peuple nous rend justice;
» mais il se tait, baisse la tête et ne sait pas se comp-
» ter. Les scélérats sont forts de cette faiblesse. Ah!
» si l'on comprenait combien nous aimons le peuple,
» comme on rougirait des maux qu'on nous fait souf-
» frir. Mais il ne sera pas possible de tirer un parti
» quelconque de ces bonnes dispositions.

» Adieu, mon cher cœur, aimez-moi comme je
» vous aime.
» MARIE-ANTOINETTE [1]. »

De temps en temps, la pensée du bonheur passé, de la tranquillité à jamais évanouie, revenait à la Reine mélancolique et solitaire. Elle sentait, dans cet air enflammé des factions qui brûlait jusqu'au milieu des Tuileries, passer comme des bouffées de cet air frais et parfumé de Trianon. Alors elle laissait tomber sa tête sur sa poitrine, et elle écrivait à sa compagne des printanières promenades, à celle qui avait joui avec elle de cette aube trop courte de popularité :

« L'heureux temps, mon cher cœur, que celui où

[1] *Recueil de M. d'Hunolstein.* (Dentu, 1863.)

» nous lisions, où nous causions, où nous nous prome-
» nions ensemble, sans cris de populace¹. »

La populace! elle était désormais partout, envahissant la scène où bientôt elle dominera. Elle était partout devant la Reine, tour à tour soumise, calme, presque tendre, puis subitement agitée, insolente, selon le vent qui agitait ses têtes tumultueuses.

Que cette affection importune, jalouse, orageuse, bientôt suivie de tyranniques exigences ou d'effrayantes colères, devait sembler lourde à la Reine, habituée à la sérénité confiante et à la candide affection des peuples allemands !

Toute la correspondance du mois de septembre 1791 est remplie de ces alternatives d'espérance et de crainte, de ces contre-coups, dans une âme fière et sensible, des soubresauts de la multitude. Tantôt la Reine se croyait sauvée. Le peuple lui avait applaudi, lui avait souri. On avait battu les jacobins qui l'insultaient; les poissardes mêmes avaient essuyé leurs yeux et envoyé des baisers à l'enfant royal.

Et la Reine écrivait, partagée entre ses anxiétés et ses dernières illusions, à la suite de ce billet du Roi convalescent :

« Je commence à me rétablir, Madame ma chère
» Cousine. Je vous remercie de toute votre amitié, qui
» m'est toujours bien chère. J'ai voulu mettre un mot
» sur la lettre que va vous écrire la Reine; mais je suis

¹ 30 août 1791. — Nº 3098 du *Bulletin Charavay*. 1851.

» si accablé d'affaires, que j'espère que vous voudrez
» bien que je charge la Reine de vous embrasser pour
» moi et de vous dire tout ce que j'ai sur le cœur.

» Louis. »

« Le Roi, ajoutait la Reine, vient de m'envoyer
» cette lettre, mon cher cœur, pour que je la continue.
» Sa santé est bien rétablie, grâce à sa forte constitu-
» tion. Le calme avec lequel il prend les choses a quel-
» que chose de providentiel, et la bonne Élisabeth est
» touchée de cela comme d'une inspiration qui vient
» d'en haut. Le dérangement qu'il vient d'éprouver
» n'a point été connu du public. Vous avez su sans
» doute l'étrange aventure qui s'est passée à la Comé-
» die le mois dernier, le tapage et les applaudisse-
» ments à mon apparition avec mes enfants. On a
» battu ceux qui voulaient faire du train et contrarier
» l'enthousiasme du moment; mais les méchants ont
» bien vite le moyen de prendre leur revanche. On
» peut voir cependant par là ce que serait le bon
» peuple et le bon bourgeois s'il était laissé à lui-
» même. Mais tout cet enthousiasme n'est qu'une
» lueur, qu'un cri de la conscience, que la faiblesse
» vient bien vite étouffer. On aurait pu espérer d'abord
» que le temps ramènerait les esprits; mais je ne ren-
» contre que de bonnes intentions, mais pas un cou-
» rage pour aller plus loin que l'intention et les projets.
» Je ne me fais donc aucune illusion, ma chère Lam-
» balle, et j'attends tout de Dieu. Croyez à ma tendre

» amitié, et si vous voulez me donner une preuve de
» la vôtre, mon cher cœur, soignez votre santé et ne
» revenez pas que vous ne soyez bien parfaitement
» rétablie.

» Marie-Antoinette [1]. »

« Jamais, Madame, vous ne trouverez une amie plus
» vraie et plus tendre que

» Élisabeth-Marie. »

Le cachet de cette lettre représente une tête d'enfant. Au-dessous un lézard, la gueule ouverte, attire un oiseau éperdu.

Ce cachet, gravé sur une cornaline par Jeuffroy, c'était le portrait du Dauphin, mort à Meudon le 4 juin 1789. Louis XVI le portait en bague. Il l'avait encore au Temple. Il est maintenant au cabinet des médailles de la Bibliothèque impériale, sous le numéro 900 [2].

Pendant qu'elle recevait ces lettres tour à tour résignées ou désespérées, la princesse de Lamballe faisait tous ses efforts pour apprivoiser et adoucir le farouche égoïsme qui était alors la politique anglaise. Ces ten-

---

[1] Les auteurs de l'*Histoire vraie*, où cette lettre a paru pour la première fois, la datent du 4 mars 1790. Nous avons préféré à cette conjecture celle qui placerait en septembre 91 l'époque où elle fut écrite. C'est l'opinion de MM. de Goncourt, qui ont rapproché cette lettre des événements auxquels elle fait allusion et qui avaient lieu en 1791, au moment de ce dernier éclair de la popularité mourante du Roi devenu constitutionnel. En mars 1790, d'ailleurs, Fortaire ne mentionne aucune absence de la princesse de Lamballe.

[2] Voy. l'*Histoire du Cabinet des Médailles*, par Dumersan, p. 105.

tatives ne passèrent pas inaperçues en France, et on peut dire que, dès ce moment, son nom, dénoncé par son dévouement, fut inscrit sur les listes des victimes de la proscription prochaine. A partir de ce moment, obéissant comme à un mot d'ordre, Carra, Gorsas, Marat, Fréron, l'invectivèrent dans leurs feuilles. Ces menaçantes clameurs, où elle était associée à madame de Polignac dans la malédiction de Marie-Antoinette, parvinrent en Angleterre sans troubler son inaltérable sérénité. Elle se crut néanmoins obligée d'étouffer à leur source les bruits accusateurs qui menaçaient de lui fermer le retour.

A la fin de juin 1791, à peine en sûreté, elle faisait adresser à la *Feuille du jour,* qui avait reproduit des insinuations calomnieuses mises en circulation par le *Paquebot,* la lettre suivante :

« Permettez-moi, Monsieur, de relever une erreur
» dans laquelle le rédacteur du *Paquebot* a été induit
» par son correspondant de Londres.
» Madame de Lamballe a appris à Aumale la nou-
» velle du départ du Roi. Elle y était allée à cause d'une
» indisposition survenue à M. de Penthièvre, son beau-
» père. Elle n'avait avec elle qu'un seul nègre. Elle
» n'a donc pu faire prendre à tous ses gens, qui sont
» restés à Paris, la cocarde blanche ni sa livrée. Je
» puis également vous assurer qu'elle n'a jamais été en
» correspondance avec madame du Barry, et qu'elle ne
» lui a point envoyé de courrier.

CHAPITRE ONZIÈME.

» Les honnêtes gens doivent se borner à gémir du
» mal qui existe et ne pas l'augmenter par des erreurs
» calomnieuses. J'attends de votre impartialité que
» vous voudrez bien insérer ma lettre dans votre pro-
» chain numéro. J'ai l'honneur d'être, etc.

» *Signé :* G. Guidou. »

Et ce devoir rempli, la princesse ne s'occupa pas davantage du mal qu'on pouvait dire d'elle dans les journaux démagogiques, et ne s'inquiéta que de le mériter.

C'est à cette époque qu'il faut placer une lettre adressée non à la Reine, mais à une amie, et qui peint bien la charmante sérénité et l'enjouement courageux de cette noble et heureuse nature. La princesse avait voué à une jeune dame attachée à son service, la marquise ou comtesse de Lage de Volude, une affection particulière et toute maternelle. Bonne pour tous ceux qui l'approchaient, adorée de toutes les dames qui s'étaient succédé auprès d'elle, la comtesse de Broc, la marquise de Las-Cases, madame de Ginestous, et sa fidèle femme de chambre madame Navarre, elle l'était encore davantage pour cette jeune femme, objet de sa prédilection. Cette marquise de Lage, qui lui survécut, communiquait en 1835 aux éditeurs de *l'Iconographie* ce billet si affectueux et si aimable dans sa grâce familière.

« Ce mercredi.

» Je n'ai pu vous écrire, ma chère enfant ; vous
» savez que je ne le peux pas toujours toutes les fois

» que je le voudrais. Je vous écris avant mon accident
» (*son accès nerveux périodique*), pour n'y pas manquer
» encore, et vous dire que votre petit billet m'a char-
» mée. Cependant je vous défendrai d'écrire. Il faut
» bien ménager vos yeux. Je ne veux pas que mon
» enfant perde ses jolis yeux; je veux qu'elle soit tran-
» quille. Point d'impatience, ce qui nuirait au réta-
» blissement de sa santé. Vos trois semaines finiront
» dimanche, et j'irai sûrement vous voir dans les pre-
» miers jours. Adieu, chère petite; vous m'avez donné
» bien de l'inquiétude, mais je ne vous en aime pas
» moins de tout mon cœur. J'aurais encore bien des
» choses à vous dire, mais je suis dans une vilaine
» attente. Je me borne à vous demander de bien vous
» soigner, si vous m'aimez un peu. »

Sans doute madame de Genlis eût mis plus d'esprit dans un pareil billet; mais elle n'y eût pas mis tant de cœur. Elle n'y eût pas mis ce naturel, cette bonté souriante et gazouillante qui donne à ces lignes si simples le charme attendrissant de l'oiseau qui trouve dans la répétition de la même note un chant qui fait rêver.

C'est à cette même jeune amie qu'elle écrivait des bains d'Angleterre :

« Mes bains me font un bien extrême, ma chère
» petite. Je partirai d'ici dimanche prochain pour
» Blenheim, Oxford, Bath et différentes maisons de
» campagne que je verrai sur ma route. Si vous m'écri-

Lettre de la princesse de Lamballe
à madame de Lage de Volude.

mes bains me font un bien Extreme
m'achere petite, je partirai dis
dimanche prochain, pour Blenef
Oxfont Bath et differentes maisons
de Campagne que je verrai sur
ma route, si vous m'aimiez vous
adresserez vos lettres à Londres
où je ne serai que le deux ou
trois du mois prochain, comme
je courrai beaucoup d'ici là vos
lettres pourroient se perdre, je
vous manderai de Londres le jour
de mon retour, attendu que je
serai enchantée ma petite de
vous revoir et de vous Embrasser

vous ne croirez jamais que je
suis venu à Bourg-la-Reine tout exprès
y entendre Line Ninon, j'ai eu
cette satisfaction ce matin, par
une anglaise; je mourais de rire
je n'ai jamais rien entendu ny
rien vu de si ridicule, ce que
vous croirez sans difficulté,
elle jouoit le rôle de Ninon
et son oreille celui de Gersainvil
et la pauvre dame se donnoit
tout de peine pour sa déclamation qu'elle étoit en nage, sa
sensibilité au lieu de porter
à l'âme portoit aux rirs, elle

fameuse actrice s'appelle Mde
obrinki que vous avez vue à
Paris, elle est angletesse. La
pauvre Mde de Mussurus qui
était toujours dans les bains
du ridicule, adieu ma petite
je vais aux Cucules, je vais être
demain de bonne heure dans
les bains, je vous embrasse de
tout mon cœur,

M. L. P. de Savoye

» vez, vous adresserez vos lettres à Londres, où je ne
» serai que le 2 ou le 3 du mois prochain. Comme
» je courrai beaucoup d'ici là, vos lettres pourraient
» se perdre. Je vous manderai de Londres le jour de
» mon retour, attendu que je serai enchantée, ma
» petite, de vous voir et de vous embrasser.

» Vous ne croiriez jamais que je suis venue à
» Brighthelmston pour y entendre lire *Nina*. J'ai eu
» cette satisfaction ce matin par une Anglaise. Je mou-
» rais de rire : je n'ai jamais rien entendu de si ridi-
» cule, ce que vous croirez sans difficulté. Elle jouait
» le rôle de *Nina*, et son oreille celui de *Germeuil*, et
» la pauvre dame se donnait tant de peine pour la
» déclamation, qu'elle était tout en nage. Sa sensibi-
» lité, au lieu de porter à l'âme, portait aux ris. Cette
» fameuse actrice s'appelle madame *Obanks*, que vous
» avez vue à Paris. Elle est, en Angleterre, la pauvre
» madame de Mazarin, qui était toujours dans les bras
» du ridicule. Adieu, ma petite, je vais me coucher,
» pour être demain à six heures dans les bains. Je vous
» embrasse de tout mon cœur.

» M.-Th. de Savoie [1]. »

Cette lettre et quelques autres que nous avons vues, avec leurs imperceptibles pattes de mouches, sont curieuses à comparer à la ferme et virile écriture de Marie-Antoinette. Il y a entre les deux écritures et les deux styles la différence des deux esprits et des deux

[1] *Isographie.*

caractères. D'une vivacité douce, d'un enjouement légèrement et innocemment moqueur, qui égratignait en souriant le ridicule, d'un genre d'esprit net et fin, mais peu étendu, la princesse de Lamballe, par le cœur, par la sensibilité exquise, par le dévouement spontané, était digne, toute proportion gardée, de cette Reine sérieuse, énergique, faite pour la majesté de la représentation ou l'entraînement de la lutte, dont l'âme élevée et mélancolique se reposait dans la sérénité de cette amie au sourire appelant irrésistiblement le sourire.

Le 4 septembre 1791, Marie-Antoinette reprenant sa correspondance favorite, écrivait à la princesse :

« Je ne peux sortir, ma chère Lamballe, sans vous
» avoir écrit. Votre lettre m'a fait trop de plaisir, j'y
» vois trop votre amitié. Je suis bien triste et affligée;
» le désordre ne cesse point. Je vois l'audace s'aug-
» menter chez nos ennemis, et le courage diminuer
» chez les honnêtes gens. On ne peut penser qu'au
» jour le jour, avec la crainte d'un lendemain affreux.
» Non, encore une fois, ne revenez pas, mon cher
» cœur. *Ne vous jetez pas dans la gueule du tigre.* J'ai
» déjà trop de mes inquiétudes pour mon mari et mes
» pauvres petits enfants.

» Ce que vous avez désiré est fait; la personne
» vraiment et fidèlement attachée a emporté tous les
» papiers. Votre autre affaire paraît prendre une meil-
» leure tournure, mais se gâterait si vous reveniez.

» Ma fille se porte bien. Vous savez combien cette
» pauvre petite vous aime, ainsi que le *chou d'amour*.
» Il est sur mes genoux en ce moment, et il veut vous
» écrire.

» Louis. (*Signature de la main du Dauphin.*)

» Adieu, mon cher cœur, votre amitié fait ma con-
» solation et mon *seul bonheur*[1]. » (*Souligné ainsi au manuscrit.*)

La princesse de Lamballe avait manifesté l'intention de revenir prendre sa place auprès de la Reine. Elle s'ennuyait de n'être plus utile. La tempête parisienne, dont le bruit arrivait jusqu'à Londres, l'attirait. Elle sollicitait son rappel, menaçant tendrement de prendre la permission de son amitié, si celle de la Reine la lui refusait. Désormais la correspondance ne sera plus qu'un combat, un noble et touchant assaut de dévouement entre celle qui s'offre et celle qui refuse.

Tout le mois d'octobre et le commencement de novembre sont employés par les deux amies à se donner les raisons les meilleures, les plus touchantes, l'une pour rentrer, l'autre pour s'y opposer.

« Non, ma chère Lamballe, non, ne revenez pas. » Tel est le cri de détresse et de terreur qui cherche sans cesse à retenir dans son inviolable asile celle qui

---

[1] Nous devons la communication de cette précieuse lettre, alors *inédite*, depuis publiée dans le beau recueil de M. Feuillet de Conches, à l'obligeance du savant et éloquent auteur lauréat de l'*Éloge* de Vauvenargues et de celui de Regnard, M. Gilbert. Cette lettre a été vendue sept cents francs à la vente Lajarriette, en 1860.

brûle de le quitter. Mais, ô fatalité des cœurs vraiment épris et qui se sont une fois donnés! plus la Reine résiste, plus la bonne Lamballe devient impatiente. Elle est prête à se fâcher, à se révolter. On ne l'aime donc plus? Elle menace alors de ne plus se soigner. L'exil la tue. Eh bien, elle mourra! La Reine se radoucit malgré elle. Ce n'est plus que son silence qui résiste. Elle n'exige plus l'obéissance, elle l'implore.

Ces douces lettres collectives qui portaient un triple baume au cœur de l'exilée se multiplient et deviennent comme une charmante habitude.

De la Reine.

Le 12 (septembre 1791)[1].

» Je vous remercie, mon cher cœur, de tout ce que
» vous m'avez écrit d'aimable à l'occasion de l'indis-
» position de ma fille. Elle se porte à merveille au-
» jourd'hui. Le Roi va aussi très-bien, après avoir
» été fort inquiet et indisposé par inquiétude. Il a été
» fort touché de ce que lui a écrit M. de Penthièvre,
» et n'a pu sur cela s'empêcher de rappeler la surprise
» si aimable que vous lui avez faite tous deux quand
» il (*M. de Penthièvre*) a ouvert les États dans cette
» bonne province si française et fidèle de Bretagne où
» vous avez été des modèles.

» Les choses sont toujours dans le même état. Les
» honnêtes gens ont la même faiblesse; les méchants,

---

[1] Cette lettre appartient à madame la comtesse de Nettumières, à Rennes. (*Note du recueil de M. Feuillet de Conches.*)

» la même audace et le même concert. Le Roi tient
» bon; mais qu'arrivera-t-il? Dieu seul le sait. Ne
» revenez pas, ma chère Lamballe; rien n'est encore
» fixé sur l'adoption de la Constitution. J'ai du cou-
» rage, et je me mets sous la main de Dieu. Je compte
» toujours sur votre amitié, mon cher cœur. Je vous
» embrasse de toute mon âme. »

Du Roi.

« Ma chère Cousine, je vous remercie du fond du
» cœur de vos bons souhaits. Je suis bien, et,
» ce qui me touche davantage, ma fille est parfaite-
» ment. Laissez faire et dire : les clameurs et les men-
» songes ne m'émeuvent point. Restez où vous êtes :
» nous nous reverrons toujours avec plus de plaisir
» plus tard. Encore pour quelque temps. Je vous
» embrasse. »

De Madame Élisabeth.

« Le Roi me permet de vous embrasser ici. Je suis
» heureuse de pouvoir le faire avec effusion. »

Samedi (octobre 1791).

« Je ne veux pas manquer l'occasion du départ de
» M. (*illisible*) pour vous écrire, ma chère Lamballe.
» J'ai le cœur navré de tout ce qui se passe, et je ne
» peux que vous dire de ne pas revenir; le moment
» est trop affreux; mais j'ai du courage pour moi, et
» je ne sais si j'en aurai pour mes amis, et surtout

» pour une telle que vous. Je ne veux pas que vous
» vous exposiez inutilement. C'est déjà trop d'avoir à
» tenir tête aux circonstances à côté du Roi et de nos
» enfants. Adieu, mon cher cœur; plaignez-moi, car
» par mon amitié votre absence me fait peut-être plus
» de peine qu'à vous. Priez Dieu, qui vous aime, qu'il
» fasse cesser les scènes sanglantes qui nous font pleu-
» rer. Adieu encore, je vous embrasse de toute mon
» âme.
» MARIE-ANTOINETTE [1]. »

« Je ne peux résister au plaisir de causer avec vous
» un instant, mon cher cœur. Je n'ose vous écrire
» longuement, parce que le médecin m'a défendu
» toute application, mais je veux me forcer, car vous
» êtes ma consolation. Votre lettre m'a fait bien
» plaisir et peine à la fois. J'y ai vu combien vous
» m'aimez; mais vous ne voulez pas vous soigner, et
» cela me chagrine. Tenez, ma chère Lamballe, je
» me fâcherai tout de bon avec vous. Ma santé est
» assez bonne, celle de mes enfants est excellente; ils
» sont presque toujours avec moi et m'occupent beau-
» coup. Le Dauphin a l'humeur plus facile, il n'est
» plus si colère; ma fille est très-aimante, la pauvre
» petite voudrait vous voir. M. de Penthièvre a
» été un peu malade, mais les dernières nouvelles
» étaient très-bonnes. Je suis bien triste et affligée de

---

[1] Nous devons la communication de cette lettre *inédite* à l'obligeance de M. Feuillet de Conches.

CHAPITRE ONZIÈME.

» l'état des affaires, quoiqu'elles paraissent prendre
» une meilleure tournure ; mais on ne peut se flatter
» de rien, car je ne vois dans nos amis mêmes que des
» caractères sans solidité et qui ne savent tenir contre
» les moindres violences des méchants.

» Adieu, mon cher cœur, vous savez si je vous
» aime et si jamais je peux changer.

» MARIE-ANTOINETTE [1]. »

A la réception de cette lettre, saisie d'une sorte de tendre délire, de fureur aveugle de dévouement, la princesse n'hésite plus, elle part pour venir soigner M. de Penthièvre malade et pour attendre de plus près l'occasion de profiter des circonstances et de retourner auprès de la Reine remplir ce vide insupportable de trois mois d'absence.

Les témoignages sont formels sur ce point délicat. La princesse rentra en France volontairement, spontanément, malgré les prières de ses amis plus clairvoyants, ou moins désintéressés, malgré les objurgations et l'éloquent veto de la Reine, qui savait préférer le salut de celle qui lui était chère à ce dernier bonheur de la revoir et de l'embrasser.

[1] Cette lettre est datée du 9 novembre 1790 dans le *Recueil* de M. d'Hunolstein. Elle ne peut cependant pas, à notre sens, être de novembre 1790. La Reine y donne à la princesse, éloignée en ce moment d'elle et de son beau-père, des nouvelles du duc de Penthièvre. Or, en novembre 1790, nous savons par Fortaire que la princesse était avec son beau-père. C'est en novembre 1791 qu'elle le rejoint à son retour d'Angleterre, et cette lettre nous parait avoir été écrite avant son retour.

« La seule amie qui lui restât encore (à la Reine),
» dit M. d'Allonville [1], était madame de Lamballe.
» Cette belle et bonne princesse était revenue d'Aix-
» la-Chapelle pour consoler Marie-Antoinette de l'ab-
» sence de son autre amie exilée. En vain s'était-on
» jeté à ses genoux pour la dissuader de ce funeste
» voyage. « La Reine me désire, dit-elle, je dois
» vivre et mourir près d'elle. »

Le même auteur répète son honorable déposition :
« Cette bonne et dévouée princesse de Lamballe,
» nous l'avons vue quitter une terre hospitalière, en
» dépit des prières de ses amis, pour venir soulager les
» peines et partager les dangers d'une Reine qu'elle
» aimait autant qu'elle en était chérie [2]. »

La Reine cependant, effrayée autant que charmée
de ce dangereux retour, si naïvement magnanime, et
de cette sublime désobéissance de l'amitié, cherchait
au moins à diminuer le danger en retenant auprès du
lit de souffrance du duc de Penthièvre, au milieu de
la protection de cet amour universel qui la rendait
inviolable, son imprudente et impatiente amie.

« Non, ma chère Lamballe, non, ne revenez pas.
» Dans l'état où est le bon M. de Penthièvre, et dans
» l'état où sont les affaires, vous auriez trop à pleurer
» sur nous, et votre absence de Vernon serait trop
» sentie. Que vous êtes une bonne et une vraie amie !

[1] *Mémoires secrets du comte d'Allonville* (1838), t. II, p. 216, 217.
[2] *Ibid.*, t. II, p. 402.

» Je le sens bien, je vous assure, mais il faut aimer les
» gens pour eux-mêmes, et je vous défends, de toute
» mon amitié, de retourner ici; attendez l'effet de
» l'acceptation de la Constitution. Mandez-moi, je
» vous prie, de vos nouvelles, et dites à M. de Pen-
» thièvre tout l'intérêt que le Roi et moi portons à son
» état. Adieu, ma chère Lamballe, croyez que ma
» tendre amitié pour vous ne cessera qu'avec la vie.
» Je vous embrasse.

» MARIE-ANTOINETTE [1]. »

Et voici la dernière lettre de celles qui ont poussé si loin l'éloquence du cœur, et forment un immortel monument de l'amitié.

« Non, je vous le répète, ma chère Lamballe, ne
» revenez pas en ce moment; mon amitié pour vous
» est trop alarmée; les affaires ne paraissent pas
» prendre une meilleure tournure, malgré l'accepta-
» tion de la Constitution, sur laquelle je comptais.
» Restez auprès du bon M. de Penthièvre, qui a tant
» besoin de vos soins; si ce n'était pour lui, il me
» serait impossible de faire un pareil sacrifice, car je sens
» chaque jour augmenter mon amitié pour vous dans
» mes malheurs. Dieu veuille que le temps ramène les
» esprits; mais les méchants répandent tant de calom-
» nies atroces, que je compte plus sur mon courage
» que sur les événements. Adieu donc, ma chère

[1] Lettre *inédite*, à nous communiquée par M. Dubrunfaut.

» Lamballe ; sachez que de près comme de loin je
» vous aime, et que je suis sûre de votre amitié.
» MARIE-ANTOINETTE [1]. »

Nous trouvons dans un catalogue fort bien fait, mais dont les attributions peuvent être erronées, trace d'une correspondance de la princesse de Lamballe avec Madame Élisabeth, si bien faite pour l'apprécier. Sans pouvoir garantir le moins du monde que ce fragment appartienne à cette correspondance ou tout simplement à la correspondance de la princesse avec madame de Raigecourt, ce qui serait plus probable, nous le citons tel que nous le trouvons au *Catalogue Donnadieu* [2].

« On dit ici qu'il va y avoir un congrès à Aix-la-
» Chapelle, que l'Empereur a eu réponse des autres
» cours qui adhèrent à la déclaration de Pilnitz, et
» qu'en conséquence ils vont assembler leurs minis-
» tres ou ambassadeurs. Dieu veuille que cela soit !
» au moins nous aurions l'espoir de voir nos maux
» finir. Voilà où doivent tendre tous nos vœux. Je
» t'avoue que cette position m'occupe plus que je ne
» voudrais ; je suis poursuivie dans mes prières des
» conseils que je voudrais donner, et je suis bien mé-
» contente de moi ; je voudrais être calme. »

[1] Lettre communiquée par M. le marquis de Riancourt.—*Histoire de Marie-Antoinette*.
[2] *Catalogue Donnadieu*, n° 313 ; Élisabeth de France, l. a. s. 1 p. 1/2, in-8°, à la princesse de Lamballe, 4 octobre 1791.

CHAPITRE ONZIÈME.

Nous avons cité avec un soin respectueux jusqu'aux moindres vestiges de cette correspondance admirable, et nous avons pieusement baisé ces traces, qui sont celles du martyre. Nous tenions à bien constater la marche et la progression des sentiments qui l'inspirèrent, à laisser intacte la sublimité du sacrifice de la princesse de Lamballe, intacte aussi la générosité de celle qui jusqu'au dernier moment le refusa dans les termes les plus nobles et les plus touchants. Nous avions à cœur de réparer une involontaire erreur de notre livre de la *Vraie Marie-Antoinette,* où quelques confusions de date, quelques transpositions nous avaient fait altérer cet admirable duo de deux cœurs sublimes, et nous avaient fait entendre, dans la partie de la Reine une plainte discrète, un appel étouffé auquel aurait obéi la princesse habituée à ne pas entendre impunément cette voix irrésistible même pour ses ennemis.

Nous nous étions trompé en écrivant cette page, que nous reproduisons pour la placer à côté de sa réfutation.

« Et madame de Lamballe, comment s'étonner
» de sa générosité imprévoyante, de son zèle de sacri-
» fice, de son impatience du martyre? Comment
» s'étonner de la voir, malgré les prières de celle qui
» à la fois désire la revoir et craint de la perdre,
» quitter avec sa sublime étourderie, sa confiance
» tenace, l'asile sûr de l'Angleterre, et l'inviolable

» protection de ce nom de Penthièvre, vénéré du
» peuple, pour courir, pour voler aux Tuileries, au
» Temple, à la Force, à la mort?

» Pouvait-elle résister à ces lignes si tendres et si
» tristes qui l'appelaient, elle le sentait, de toute la
» force de leurs restrictions? « Croyez à ma tendre
» amitié, et si vous voulez me donner une preuve de
» la vôtre, mon cher cœur, soignez votre santé, et ne
» revenez pas que vous ne soyez bien parfaitement
» rétablie. »

« Comme elle entend ce combat que se livrent dans
» l'âme de la Reine le besoin d'une consolatrice et la
» crainte d'un malheur! Comme elle pénètre le vœu
» caché, obstiné, vivace, sous ces contradictions appa-
» rentes : *Revenez, mon cher cœur, j'ai besoin de votre*
» *amitié.* Puis se ravisant, se reprochant d'avoir cédé
» au premier mouvement d'élan irréfléchi de cette
» impatience du cœur, la plus impérieuse de toutes,
» s'accusant presque d'égoïsme, la Reine s'écrie :

« *Non, ne revenez pas; dans l'état où sont les affaires,*
» *vous auriez trop à pleurer sur nous.*

» *Non, je vous le répète, ma chère Lamballe, ne reve-*
» *nez pas en ce moment.* »

« Mais déjà madame de Lamballe était revenue.
» Pourquoi faire? Pour mourir! Et elle mourut, attes-
» tant de son sang une de ces amitiés auxquelles il
» faut bien croire et qu'il faut bien reconnaître, quand
» ce sont des martyrs qui s'en font les témoins. »

Eh bien, nous le disons hautement, maintenant qu'une étude approfondie nous a fait pénétrer en quelque sorte jusqu'au cœur des événements et des personnes; non, si la princesse revient, ce n'est pas à la prière de Marie-Antoinette, c'est malgré elle, par une sublime et irrésistible violence de son dévouement. Madame Campan, qui pouvait avoir contre la princesse la secrète rancune que gardent les serviteurs survivants à ceux qui se sont fait tuer, l'affirme, et il faut l'en croire.

« A l'époque de l'acceptation de la Constitution, la
» princesse voulut rentrer en France. La Reine, qui
» ne croyait nullement au retour de la tranquillité, s'y
» opposa; mais l'attachement que lui avait voué ma-
» dame de Lamballe la fit venir chercher la mort. »

Car c'était bien la mort qu'elle venait chercher. Elle le savait si bien, qu'avant de partir elle écrit d'une main ferme et d'un esprit serein ce curieux et touchant testament, qu'une haute bienveillance nous a communiqué, et où elle n'oublie personne, *pas même ses chiens*, et qu'il est impossible de lire sans larmes, tant il respire à la fois l'émotion des derniers adieux et la sublime joie d'une âme qui pressent le martyre. Nous donnerons, si nous pouvons en retrouver l'original, ce testament en *fac-simile*; mais comme l'écriture de la princesse, toute *en pattes de mouches,* comme on dit, est assez difficile à lire, nous mettons immédiatement sous les yeux du lecteur attendri ce document sacré.

« Cecy est mon testament.

» Au nom du Père, du Fils et du Saint-Esprit.

» Je fais et institue mon héritier et légataire universel le prince de Savoie-Carignan, mon neveu, de tous mes biens tant mobiliers qu'autres, et à son deffaut à monsieur le duc d'Enghien, mon cousin du côté de ma mère.

» Je prie monsieur de la Vaupalière et monsieur de Clermont-Gallerande d'être exécuteurs testamentaires. Je suplie la Reine de recevoir une marque de reconnoissance de celle à qui elle avoit donné le titre de son amie, titre précieux qui a fait le bonheur de ma vie, et dont je n'ai jamais abusé que pour lui donner des thémoignages d'attachement et des preuves de mon sentiment pour sa personne, que j'ai toujours aimée et chérie jusque à mon dernier soupir. Je lui demande donc pour dernière grâce d'accepter ma montre à réveil, pour luy rappeller l'heure de notre séparation et celles que nous avons passé ensemble; en outre, une Madelaine peinte en émail de Tounon.

» Je donne et lègue à monsieur le duc de Penthièvre, mon beau-père, le portrait de la Reine, peint en émail, avec celuy de Louis XIV, peint également en émail, avec une bague de turcoise garnie de diamant, bague que je lui demande de porter souvent, pour luy rappeller mon union dans sa famille et ma tendresse filiale.

» Je donne et lègue à madame la duchesse d'Orléans, ma belle-sœur, un déjeuner avec la cassette en laque qui le renferme, présent qui m'a été fait par testament de madame la comtesse de Toulouse ; plus une boete, où sont les portraits de ses enfants, messieurs de Chartres et de Montpensier. Je me flatte qu'elle voudra bien regarder ces deux legs comme une marque d'amitié de ma part.

» Je donne et lègue à la princesse de Carignan, ma belle-sœur, les glands de diamants, et une bague de saphir garnie de diamants, qui lui rappellera notre amitié et confiance réciproque.

» Je donne et lègue à madame la princesse de Conty, ma tante, connoissant son goût pour la peinture, un petit tableau peint en émail, représentant un paysan. Je la suplie d'accepter cette marque de ma tendresse pour elle.

» Je donne et lègue à madame de Kercado ma grande écrittoire verte et la pendule qui est dans ma chambre. Je demande à cette tendre amie que cette pendule soit déposée dans la chambre qu'elle occupera le plus, ce qui me rappellera toutes les heures à son souvenir.

» Je donne et lègue à madame de Brunoy deux tableaux, l'un représentant la Mélancolie et l'autre le Bonheur. Je désire que ce dernier luy rapelle celui que j'éprouvais d'être aimée par elle.

» Je donne et lègue à madame de Vauban mon grand secrétaire en bois jaune.

» Je donne et lègue à madame de Luynes tous mes livres de l'imprimerie de Didot et reliez par Deromme.

» Je donne et lègue à monsieur de Choiseul-Gouffier mes cassettes angloises entourés d'ascier. Je veux qu'elles lui soient remises sans être ouvertes, comme une marque de mon amitié et confience en luy.

» Je donne et lègue à monsieur de la Vaupalière et à monsieur de Clermont-Gallerande, mes deux exécuteurs testamentaires, toutes mes boetes.

» Je donne et lègue à monsieur de Ségur l'aîné les Voyages de Naples et des deux Cecilles (*Siciles*), reliez en maroquin par Deromme.

» Je donne et lègue au chevalier de Durfort mon Encyclopédie.

» Je donne et lègue à la baronne de Montboissier un coffre de laque avec des tiroirs, où étoient renfermés mes boetes.

» Je donne et lègue à madame de Donissan une table, que la Reine m'a donnée, en boix précieux avec des camées montés en or moulu ; mais, venant d'une main chère, je ne peux mieux en disposer qu'en la transmettant à mon amie intime.

» Je donne et lègue à madame de Las Cases, ma dame d'honneur, mon déjeuné à thé, table et tout ce qui le compose, et la moitié de son appointement en pension viagère.

» Je donne et lègue à madame Delage-Volude la moitié de son appointement en pension viagère.

» Je donne et lègue à madame de Ginestous mon service de porcelaine de Sève et la moitié de ses appointements en pension viagère.

» Je donne et lègue à madame de Brunoy mon grand canapé en bois d'acajou avec le paravent.

» Je donne et lègue à monsieur d'Yauville, mon écuyer, douze cent francs de pension viagère avec deux chevaux et ma belle voiture.

» Je donne et lègue à mes trois femmes de chambre ma garde-robbe à partage égal entr'elles, plus une pension viagère de huit cent francs à chaqune.

» Je donne et lègue à mademoiselle Mertin, ma première femme, mes robes en pièce et mes dentelles à partage avec madame Coste, ma troisième femme.

» Je donne et lègue à ma femme de garde-robe une pension viagère de six cent francs, et partage avec mes femmes dans mes grands habits de cour.

» Je donne et lègue à ma sous-femme de garde-robe, si elle est encore au service, trois cent francs de pension viagère ; si non une année de ses gages et nourriture en gratification.

» Je donne et lègue au (*sieur?*) Chevalier, mon valet de chambre, une pension viagère de huit cent francs.

» Je donne et lègue à Magnat huit cent francs de pension viagère.

» Je donne et lègue à mes autres valets de chambre une année de leurs gages en gratification.

» Je donne et lègue à mes gens de livrée une année de leurs gages en gratification ; et à ceux qui auront dix années de service une pension viagère de quatre cent francs.

» Je donne et lègue à Aza six cent francs de pension

viagère et une année de ses gages et nourriture ; plus cent cinquante livres de pension viagère pour avoir soin de mes chiens, cette pension à finir à la mort des chiens.

» Je donne et lègue aux gens de ma bouche une pension viagère de cinq cent francs, s'ils ont les années de service, aux chefs, et aux inférieurs trois cents, et ceux qui n'auront pas, chefs et autres, les années pour avoir la pension, une gratification proportionnée au temps qu'ils auront servi.

» Je donne et lègue à mon trésorier une pension viagère de mille livres.

» Toutes pensions faites de mon vivant aux personnes de ma maison, comme mon médecin, monsieur Seiffert et autres, mon intention est que lesdites pensions leurs soient conservées.

» Je donne et lègue deux mille francs une foix payés pour délivrer des moix de nourrice.

» Je donne et lègue trois mille francs une foix payés à l'Hôtel-Dieu.

» Je veux être enterrée dans la plus grande simplicité et point par des prêtres sermentaires, ni dans une paroisse intru.

» Je veux être gardée trois jours, et que mon médecin ou chirurgien m'examine pendant ces trois jours.

» Comme je laisse des biens fonds, je prétends qu'ils soient vendus, et l'argent placé de manière que ce soit les intérêts qui payent les pensions, et, à mesure que les pensionnaires s'éteindront, alors les héritiers jouiront des fonds.

» Fait à Aix-la-Chapelle le présent testament, aujourd'hui ce quinze octobre mille sept cent quatre-vingt-onze.

» Signée : Marie-Louise-Thérèse de Savoie. »

» Il est ainsi à l'original dudit testament duement enregistré par Lezau et déposé à Me Thion de la Chaume, l'un des notaires soussignés, par procès-verbal du président du tribunal du deuxième arrondissement du département de Paris en date du dix septembre mil sept cent quatre-vingt-douze, duement enregistré.

» Signé avec paraphe : Dufour *et* Thion. »

Il était impossible que la princesse de Lamballe pût éviter le sort funeste qu'elle prévoyait sans le redouter. J'ose même dire que, dans la logique cruelle de la Révolution, abandonnée à ses instincts carnassiers, la princesse devait être la première victime et la première proie. Il fallait s'armer contre toute possibilité de repentir, de remords. Une fois cette pieuse et innocente et inoffensive femme immolée, par la vitesse acquise, par la force même des choses, le couteau fatal remontait jusqu'à la hauteur des fronts couronnés. Une fois cette lâcheté accomplie, tous les autres crimes, en vertu de cet enchaînement qui est la fatalité du mal, devenaient nécessaires. Il fallait du sang pour effacer ce sang. Quel pardon pouvait-on espérer de

Louis XVI, de Marie-Antoinette, revenant victorieusement au pouvoir, alors que fumerait encore sur les pavés de la rue des Ballets ce sang innocent criant doucement vengeance? De même que le désespoir du malheureux se réfugie dans la mort, où il espère trouver le néant, de même celui du coupable qui n'espère plus l'impunité se vautre de nouveau dans le crime. D'ailleurs, en dehors de ces considérations morales, de ces arguments tirés de la nature humaine, en frappant sa meilleure amie, son unique confidente, son fidèle conseil, l'infernale prévoyance de ceux qui avaient depuis longtemps juré la mort de la Reine espérait peut-être lui enlever une partie de cette énergie qui faisait rougir les juges, de ce courage qui scandalisait les bourreaux. Le même homme qui devait songer à *affaiblir* par l'inanition et même par la *saignée* des condamnés plus tranquilles que leurs assassins, était digne d'avoir eu et d'avoir soufflé à un Marat cette idée de désarmer, de troubler, d'efféminer la Reine par la double privation de la liberté et de l'amitié, par la prison du Temple et le sacrilége meurtre de la Force.

Ces considérations, qui éclairent d'avance, comme une torche funèbre, cette route du drame où nous allons entrer et où nous allons marcher avec la rapidité même des événements tragiques, cette rapidité qui entraîne au but en dépit de toute résistance; — ces considérations, comment les éviter, quand on voit, dès la fin de 1791, le duc de Penthièvre avoir comme une illumination de l'avenir prochain, comme un prophétique déchirement de cœur, et dire à son fidèle serviteur, à Anet, où la princesse était arrivée le 14 novembre pour en repartir le 18 : « *Je loue fort l'attache-* » *ment de ma belle-fille pour la Reine ; elle a fait un bien* » *grand sacrifice de revenir auprès d'elle. Je tremble* » *qu'elle n'en soit victime.* »

Comment surtout ne pas les faire, quand, comme nous, on a touché et baisé, toute maculée du sang de septembre, une de ces lettres que la Reine écrivait à la princesse pendant son voyage d'Angleterre, et que le brutal coup de sabre qui déchira sa coiffe et dénoua ses cheveux en fit tomber : trahissant ainsi cette amitié qui était son crime, et justifiant aux yeux de ces lâches bourreaux à vingt livres par jour le second coup qui l'étendit parmi les victimes?

CHAPITRE DOUZIÈME.

NOVEMBRE 1791 AU 13 AOUT 1792.

Dernière visite de la princesse de Lamballe au duc de Penthièvre. — Le 20 juin 1792. — La princesse de Lamballe au 20 juin. — Napoléon Bonaparte au 20 juin. — Ministère secret de conciliation et d'épuration confié à la princesse de Lamballe. — Témoignage rendu à son courage et à son dévouement par Marie-Antoinette. — Extrait confirmatif des *Mémoires* de madame de la Rochejaquelein. — Du rôle des assemblées en temps de révolution. — Scène racontée par madame Campan. — Le 10 août 1792. — Témoignage de Barbaroux. — Le Roi, la Reine et la princesse de Lamballe à l'Assemblée. — La Passion de la royauté commence.

« Madame de Lamballe, dit le bon et prolixe » Fortaire, fut bien constante et bien assidue auprès » de la Reine depuis son retour, car malgré son » tendre attachement pour son beau-père, depuis le » 18 de novembre qu'elle partit d'Anet, où elle n'avait » passé que quatre jours, elle ne revint l'y voir que le » 6 mai suivant, et elle y resta jusqu'au 12, et ces » six jours furent les derniers qu'ils passèrent en- » semble. »

Nous avons hâte, comme la princesse de Lamballe elle-même, de la voir aux prises avec les premières épreuves et de l'y admirer. Nous arrivons donc au 20 juin 1792, à ce second assaut donné à la demeure royale par le peuple, à cette violation de tous les respects, de toutes les pudeurs qui annonçait si bien l'avenir, que le soir de ces jours funèbres, le Roi cessait de préter l'oreille à ces inutiles conseils de ses ministres, pour ne plus écouter que les exhortations de son confesseur. « Venez, lui écrivait-il, j'en ai fini avec » les hommes, et n'ai plus à m'occuper que de Dieu. »

Nous arrivons donc au 20 juin, à cette émeute provoquée ou plutôt motivée (car on n'en était plus à chercher des causes, et on se contentait de prétextes) par ce refus de sanction de décrets attentatoires à son autorité, et qu'en vertu de sa prérogative constitutionnelle, le Roi avait, non sans avoir besoin d'y être excité par la fière et intrépide Marie-Antoinette [1], légalement refusé d'approuver.

Quand la Reine, bravant le danger, veut se précipiter, à la suite du Roi, au-devant des piques factieuses, en s'écriant : « Ma place est aux côtés du Roi », cette voix tendre qui lui dit doucement, « Votre place est » auprès de vos enfants », c'est la voix de la princesse de Lamballe.

Notre intention n'est pas de refaire un récit déjà et à plusieurs reprises admirablement fait. Il y aurait de la présomption à toucher aux tableaux diversement excellents de M. de Beauchesne, de M. Mortimer-Ternaux, et de MM. de Goncourt. Nous emprunterons plutôt à ces derniers, passés maîtres dans l'art de peindre vivement les choses, et dans l'art d'introduire la populace sur cette scène usurpée des Tuileries où elle s'agite et se tord d'une façon à la fois shakspearienne et parisienne, tantôt peuple grandiosement

---

[1] Madame Campan.

brutal, tantôt canaille effrontée, cynique et obscène, mélant des épigrammes, des injures et des bons mots à ses mauvais coups, — nous emprunterons, disons-nous, aux auteurs de l'*Histoire de Marie-Antoinette* cette esquisse pleine de couleur, de chaleur et de bruit, qui palpite d'une vie si intense et si profonde. Ce sont des têtes à la Bonneville, dans un de ces cadres lumineux animés par Duplessis-Bertaux d'une foule si leste et si vive. Il y a le caractère, le mouvement et le trait. Nous ne saurions placer dans un fond plus juste et plus saisissant cette tendre et pâle figure aux yeux encore souriants, que pâlissent peu à peu la terreur et la douleur tragiques.

« Le 20 juin était venu. La moitié de la journée
» s'était passée au château, comme les autres journées,
» à attendre. Il était quatre heures et demie, quand
» une clameur annonce le peuple : c'est Octobre qui
» revient ! Le Roi fait ouvrir la porte royale. Cours,
» escaliers, en un instant tout est inondé d'une foule
» qui se précipite et monte. Le Roi, la Reine, la
» famille royale, sont dans la chambre du Roi, serrés,
» résignés, écoutant les coups de hache dans la porte
» d'entrée des appartements. Les deux enfants pleu-
» rent. La Reine est à essuyer leurs larmes. Le chef
» de la deuxième légion de la garde nationale, Aclocque,
» saisissant le Roi à bras le corps, le conjure de se mon-
» trer au peuple. Louis XVI sort. Madame Élisabeth,
» qui le veillait de l'œil, le suit. La Reine, ses enfants
» un peu consolés et pleurant moins haut, se retourne.

» Le Roi n'est plus là! Refoulant aussitôt son cœur de
» mère, Marie-Antoinette veut suivre son mari. *«N'im-*
» *porte*, dit-elle d'une voix frémissante, *ma place est*
» *auprès du Roi!* » Et se dégageant des prières qui l'en-
» tourent, elle s'avance vers la mort d'un pas de
» reine. Un gentilhomme l'arrête par le bras, un autre
» lui barre le passage. Quelques gardes nationaux ac-
» courent. Ils assurent la Reine de la sûreté du Roi.
» Cependant le palais mugit, des cris de mort arrivent
» comme par bouffées à l'oreille de la Reine. De la
» salle des gardes, le fracas sourd, le cliquetis, la vic-
» toire marchent et s'avancent. Les gardes nationaux
» n'ont que le temps d'entraîner la Reine dans la salle
» du conseil. Vite, ils poussent devant elle la grande
» table. Ainsi, entre la Reine et le fer qui la cherche,
» il n'y a plus que le morceau de bois où se sont
» agitées les destinées de la monarchie! Une poignée
» de gardes nationaux défend la table. Tout autour de
» la salle, la foule roule. Ce sont des armoires qu'on
» enfonce, des meubles qu'on brise, des rires : « *Ah !*
» *le lit de M. Veto! Il a un plus beau lit que nous,*
» *M. Veto!* » Bientôt les rires sont des éclats; les portes
» de la salle du conseil, brisées, vomissent le peuple...
» La Reine est debout, Madame est à sa droite, se
» pressant contre elle. Le Dauphin, ouvrant de grands
» yeux comme les enfants, est à sa gauche. Madame de
» Lamballe, madame de Tarente, mesdames de la
» Roche-Aymon, de Tourzel et de Mackau, sont çà et
» là autour de la Reine, sans places, sans rang, comme

» le dévouement. Les hommes, les femmes, les piques
» et les couteaux, les cris et les injures, tout se rue
» contre la Reine. De ces cannibales, l'un lui montre
» une poignée de verges avec l'écriteau : *Pour Marie-*
» *Antoinette ;* l'autre lui présente une guillotine, l'autre
» une potence et une poupée de femme, l'autre, sous
» les yeux de la Reine, qui ne baissent point leur re-
» gard, avance un morceau de viande en forme de
» cœur qui saigne sur une planche... »

Nous ne pousserons pas jusqu'au bout le récit de ces infamies, qui fait monter le sang au visage. Nous l'avons reproduit en partie, afin de bien mettre sous les yeux du lecteur la décoration du dénoûment, avec sa foule hurlante et ses têtes au bout des piques. Le courage, chez les femmes de la Révolution, est si naturel, et l'héroïsme semble si bien leur seconde nature, qu'on en vient à oublier l'effort de leur vertu et le combat de leur sacrifice. Montrons, au contraire, par cette mise en scène authentique du 20 juin et du 10 août, qu'il y avait de quoi glacer le sang de toute autre femme que Marie-Antoinette d'Autriche ou Marie-Thérèse de Savoie, habituées par leurs mères à voir

---

[1] Ne perdons pas une occasion de rappeler la liste complète de ces courtisans du malheur, et, avec le respect dû à la fidélité, partout où elle est courageuse et désintéressée, saluons les duchesses de Duras, de Luynes et de Mailly, la marquise de Soucy, la comtesse de Ginestous, le duc de Choiseul, les comtes d'Haussonville et de Montmorin, le vicomte de Saint-Priest, le marquis de Champcenets et le baron de Wittinghoff. Nommons aussi M. de Saint-Pardoux et l'intrépide Aclocque. M. de Beauchesne a donné soigneusement tous les noms à retenir de cette terrible journée.

en face le danger, à combattre ou à se résigner, dans cette irruption sauvage d'une populace ivre de vin et de sang, qui ne mérite pas le grand nom de peuple, et auquel, avec un officier d'artillerie qui assistait en frémissant à cette indigne humiliation de la royauté, nous restituons son vrai nom : *Canaille !*

Après le 20 juin, on essaya au château de prévenir ou de vaincre la nouvelle irruption qu'on prévoyait avec trop de raison, et c'est dans ces préparatifs secrets, dans ces services intelligents d'épurement, de choix des intimes serviteurs, dans ces mesures délicates de prévoyance et de conservation, que nous avons à admirer désormais le sang-froid, la finesse, la bonté, et en même temps la fermeté de la princesse de Lamballe. Madame Campan nous l'a peinte dans ce ministère de police domestique, dans l'exercice de cette double et délicate mission, si importante au salut, qui consistait à rallier autour de la Reine les dévouements incertains ou les passagères infidélités, et à éloigner, sans bruit et sans scandale, du service particulier du château, toute personne qui ne justifierait pas cette confiance.

Jusqu'en juin 1791, c'est la princesse de Lamballe qui s'était vouée et sacrifiée à cette pénible corvée, qui exigeait tant de patience et de tact, de recevoir les femmes des fonctionnaires publics élus par le peuple, et d'admettre à ces thés hospitaliers à l'anglaise, qui animaient trois fois par semaine la solitude de son pavillon de Flore, pour étudier ou déjouer leurs desseins, les femmes de la cour et du service même, compromises par ce zèle démocratique dont l'indiscrétion ne fut pas sans influence sur l'avortement du voyage de Varennes. Au moment où on allait avoir besoin de toutes les ressources du dévouement et de la fidélité, où tout habitant des Tuileries devait être dévoué ou écarté, où il fallait enfin, sous peine de mort, savoir sur qui on pouvait compter, la part secrète de la princesse de Lamballe aux préparatifs de résistance, aux mesures de salut est capitale, décisive.

Elle n'attendait que l'occasion pour montrer sa valeur. Madame Campan lui rend cette justice, qu'elle avait si bien réussi dans son œuvre d'épurement, que, sans choquer personne, elle n'avait laissé autour du Roi et de la Reine que des personnes sûres. On en eut la preuve dans le premier élan de la résistance, au 10 août, et dans le courage de tous ceux qui n'ayant pu trouver la mort en combattant à leur poste, l'y attendirent si stoïquement. La princesse de Lamballe avait choisi son bataillon sacré de fidèles, digne de Marie-Antoinette et d'elle. L'absence de toute direction,

1 Dès le 16 décembre 1791, la Reine écrivait à la duchesse de Polignac : « La bonne L... (*Lamballe*), *qui semblait n'attendre que le danger* pour montrer ce qu'elle vaut, est un peu malade de ne pouvoir sortir sans entendre les plus atroces propos; pour moi, je n'ai pas besoin de sortir, je jouis de tout cela dans ma propre maison, et il suffit que je me mette à la fenêtre. Je découvre de temps en temps des hommes fidèles sur qui je ne comptais pas, mais nous avons, autour de nous et dans notre propre service, des coureurs de club qui nous trahissent. » (*Catal. Chavaray*, 1855.)

de tout enthousiasme, faute fatale de l'incertitude de Louis XVI, de son incurable timidité, donnèrent à l'insurrection étonnée, déconcertée par l'intrépide fusillade des Suisses, le temps de se reconnaître, de se compter, de s'exciter. En pareil cas, une minute fait tout, la victoire ou la défaite. Si Louis XVI eût possédé, au lieu de ce courage passif dont il est demeuré le type et parfois l'admirable modèle, le courage actif de la résistance (et jamais elle ne fut plus légitime), si ce roi trop civil eût pu tirer son épée, et laissé Marie-Antoinette, son enfant dans les bras, monter à cheval à ses côtés, la monarchie était peut-être sauvée. Il y a des jours où le canon est la voix même du droit qui se défend, et qui triomphe quand il se défend.

Au lieu de se fier ainsi à son droit, à sa fortune, Louis XVI préféra aller à l'Assemblée, donnant un exemple qui a été suivi plus d'une fois depuis, malgré tant de leçons.

Qu'on ne l'oublie pas; ce n'est jamais aux assemblées, où la peur est contagieuse et où sont impossibles l'unité et la rapidité des décisions qui sont le salut dans ces circonstances critiques, que les rois menacés doivent aller chercher un asile. C'est là une hospitalité maudite, et qui leur coûta toujours cher. Oui, de par l'histoire, malheur aux rois qui vont chercher un asile contre la multitude dans les assemblées délibérantes qui auront attendu leur visite! Une vitre crevée, un coup de fusil, une irruption de blouses, une bouffée de populace, et voilà tout perdu! L'orateur debout pour parler pour, parle contre. Le sentiment de la conservation s'empare des consciences et étouffe égoïstement leur cri. Un roi réfugié est un roi livré. C'est un fait remarquable, que jamais les assemblées envahies n'ont fait preuve, autrement que par exception, de courage contre l'émeute, quoique composées de membres individuellement courageux. Boissy d'Anglas est une exception personnelle. D'ailleurs, il salua la tête sanglante de Féraud, mais c'était protester et non lutter.

Protester, voilà donc l'unique genre de courage possible aux assemblées, qu'embarrassent dans leur élan les plis de la robe législative. Les grands corps sont impropres à l'action. La providence d'un gouvernement, en temps de révolution, c'est l'armée. Habituée à la discipline, à l'ordre, à l'autorité, l'armée est inintimidable et incorruptible. Il ne sort rien de grand de la délibération, en temps de commotions civiles. La délibération est essentiellement prudente et égoïste. C'est l'armée qui seule peut lutter contre la révolution armée. L'armée est le salut de la France !

Et maintenant écoutons le récit de madame Campan, et voyons à quoi la princesse de Lamballe employait le temps, aux approches d'août 1792, dans ce pavillon des Tuileries qu'elle appelait gaiement son *donjon*. Car elle fut gaie jusqu'au bout, comme toutes les belles natures; et douce envers le danger comme envers la mort.

Quand elle n'écrivait pas, pour avoir des nouvelles, des billets semblables à celui-ci :

Au cousin E..... (*Illisible*).

« Je vous remercie de votre politique, je la trouve
» parfaite, et mon nouvelliste m'a fait grand plaisir.
» Il m'en fera toujours, s'il veut continuer, car je suis
» ravie, dans mon donjon, de savoir ce qui se passe dans
» le lointain, étant aux premières fenêtres. Je re-
» nouvelle encore tous mes remerciments. La poste
» presse[1]. »

Quand elle n'écrivait point de ces billets, d'une insouciance italienne et d'une belle humeur française,
narguant la tempête prochaine, voici ce que faisait la
bonne Lamballe.

« Le lendemain, la princesse de Lamballe me fit
» demander de très-grand matin. Je la trouvai assise
» sur un canapé, en face d'une fenêtre qui donnait
» sur le pont Royal. Elle occupait alors l'appartement
» de Flore, de plain-pied à celui de la Reine. Elle me
» dit de m'asseoir auprès d'elle. Son Altesse tenait sur
» ses genoux une écritoire. « Vous avez eu bien des en-
» nemis, me dit-elle. On a voulu vous perdre auprès de
» la Reine ; on est bien loin d'avoir réussi. Savez-vous
» que moi-même, vous connaissant moins particuliè-
» rement que la Reine, on m'avait mise en défiance
» de vous, et qu'au commencement de l'arrivée de la
» cour aux Tuileries, je vous ai donné un espion de

[1] Fac-simile qui suit, avec beaucoup d'autres, de personnages divers, le t. Ier des *Mémoires sur les Reines et régentes de France*, par Dreux du Radier, dernière édition.

» société, et vous en fis donner un autre de la police
» à votre porte? On m'assurait que vous receviez cinq
» ou six des plus violents députés du Tiers ; mais c'était
» cette femme de garde-robe qui logeait au-dessus de
» vous. Enfin, dit la princesse, les gens vertueux
» n'ont rien à redouter des méchants quand ils sont
» attachés à un prince aussi juste que l'est le Roi.
» Quant à la Reine, elle vous connait et vous aime
» depuis qu'elle est en France. Vous allez juger de
» l'opinion du Roi sur vous. Hier au soir, dans le
» cercle de famille, il a été décidé que dans un mo-
» ment où les Tuileries peuvent être attaquées, il fal-
» lait avoir les détails les plus vrais sur les opinions et
» la conduite de tous les individus qui composent le
» service de la Reine. Le Roi prend de son côté, pour
» ce qui l'entoure, la même précaution. Il a dit qu'il
» avait chez lui une personne d'une très-grande inté-
» grité qu'il chargerait de ce soin, et que pour la
» maison de la Reine il fallait s'en rapporter à vous ;
» qu'il avait jugé votre caractère depuis longtemps et
» qu'il estimait votre véracité.

» La princesse avait mis sur son écritoire les noms
» de tous les individus qui composaient la chambre de
» la Reine. Elle me demanda des notes sur chacun de
» ces noms. Dans un semblable moment, l'honneur
» et le devoir viennent effacer jusqu'au souvenir des
» haines dont on a été l'objet. J'eus le bonheur de n'avoir
» que les notes les plus favorables à donner. Il y en
» eut une qui concernait mon ennemie déclarée dans

» la chambre de la Reine, celle qui aurait le plus désiré
» que je fusse responsable des opinions politiques de
» mon frère.....; j'en fis le plus grand éloge.

» La princesse écrivit sous ma dictée et me regardait
» de temps en temps avec étonnement. Quand j'eus
» fini, je lui dis que je suppliais Son Altesse d'écrire
» à mi-marge que cette dame était mon ennemie dé-
» clarée. Elle m'embrassa en me disant : « Ah ! l'écrire !
» on ne doit pas écrire une injustice qu'il faut oublier. »
» Nous en vînmes à un homme d'esprit qui était très-
» attaché à la Reine, et je le lui peignis comme né
» uniquement pour la dispute, et se montrant, par
» esprit de contradiction, aristocrate avec les démo-
» crates, démocrate avec les aristocrates, mais homme
» de bien et attaché à son souverain. La princesse dit
» qu'elle connaissait beaucoup de gens de ce caractère,
» et qu'elle était charmée que je n'eusse que du bien
» à dire de cet homme, parce que c'était elle qui
» l'avait placé auprès de la Reine. »

Il résulte du même témoignage de madame Campan que le 9 août, Pétion était venu prévenir l'Assemblée qu'une grande insurrection se préparait pour le lendemain, que le tocsin sonnerait à minuit, et qu'il craignait de n'avoir pas les moyens de résister à l'événement qui se préparait. *Sur cet avertissement, l'Assemblée passa à l'ordre du jour.*

Jamais insurrection plus préméditée que ce 10 août, dont on a voulu faire une subite explosion de l'enthousiasme et de l'indignation populaires. Pétion est averti, l'Assemblée est avertie, le Roi est averti; chacun tire sa montre tranquillement et attend l'ennemi, Pétion pour trahir, le Roi pour céder, l'Assemblée pour livrer.

Quoique averti, le Roi refusa de passer un gilet plastronné. Incroyable mélange de timidité et de grandeur d'âme, de courage et de pusillanimité : ce même Roi qui ne savait ni fuir, ni se cacher, ni se garantir, ne savait aussi ni vouloir, ni commander, ni résister ! C'était l'unique vertu qui lui manquât; oui, mais c'est la vertu des rois.

Nous ne raconterons pas le 10 août. Le récit des mêmes attentats de plus en plus audacieux, de plus en plus impunis, mettant à d'inutiles épreuves la patience du Roi et le courage de la Reine, réduite à imiter le silence et l'inaction de son époux, est à la fois navrant et monotone. Toutes ces invasions populaires, qui précipitent le gouvernement dans la rue, se suivent et se ressemblent, et il arrive un moment où l'historien, comme Louis XVI et Marie-Antoinette elle-même, se sent envahi par le dégoût de son sujet, et demande à en finir à tout prix.

Je ne raconterai donc pas le 10 août. Je dirai seulement qu'après les scènes que l'on connaît, cette morne revue du Roi qui glace ses meilleurs serviteurs, ces apostrophes de la Reine à Pétion déconcerté, ces reproches à Rœderer, qui n'en peut mais, qui est un homme de loi et ne voit de refuge que *dans le sanctuaire de la loi,* madame de Lamballe, qui n'avait pas quitté la Reine, suit avec madame de Tourzel le triste cortége du Roi allant à l'Assemblée, et semblant conduire lui-même ou plutôt suivre les funérailles de la royauté.

Ce n'est pas sans résistance que, la colère de la honte au visage, l'intrépide Marie-Antoinette avait renoncé aux chances de la lutte [1] et accepté l'humiliation de cette démarche illusoire et inutile, de cette demande de secours à une assemblée gagnée à l'émeute par l'ambition ou par la peur, et qui attendait, anxieuse, au bruit du canon populaire, un moyen de se sauver elle-même.

Après une longue et fiévreuse discussion avec Rœderer, qui insistait pour un parti qu'il considérait loyalement comme le seul moyen de salut, le Reine se tait un moment, à bout de voix et de forces.

— Il n'y a plus rien à faire ici, murmure le Roi avec sa flegmatique résignation ; et élevant la voix :

« Je veux que, sans plus tarder, on nous conduise à
» l'Assemblée législative, je le veux.

» — Vous ordonnerez avant tout, Monsieur, s'écrie

---

[1] Voici ce que pensait des chances de cette lutte un homme qu'on n'accusera pas de partialité : « Les fautes commises par la municipalité
» et par Santerre, les mauvaises dispositions de l'attaque, la terreur
» des uns, l'insouciance des autres, les forces du château, tout assu-
» rait la victoire à la cour. Si le Roi n'eût pas quitté son poste, s'il
» se fût montré, s'il fût monté à cheval, la très-grande majorité des
» bataillons de Paris se fût déclarée pour lui. Mais il aima mieux se
» rendre à l'Assemblée nationale. La Reine n'était pas de cet avis : on
» assure qu'arrachant un pistolet de la ceinture de M. d'Affry et le
» présentant au Roi, elle lui dit de faire son devoir. » (Barbaroux, *Mémoires*.)

» la Reine exaspérée, *que je sois clouée aux murs de ce
» palais!*

» Mais les femmes qui l'entourent, la princesse de
» Tarente, madame de Lamballe, Madame Élisabeth,
» la supplient avec des pleurs, et la Reine fait au Roi
» le sacrifice de sa dernière volonté. «*Monsieur Rœ-
» derer, Messieurs*, fait-elle en se retournant vers la
» députation, *vous répondez de la personne du Roi, de
» celle de mon fils?* —

» — Madame, répond Rœderer, nous répondons
» de mourir à vos côtés.

» — *Nous reviendrons!* dit la Reine, qui poursuivait
» je ne sais quelle chimérique espérance, en essayant
» de consoler ses femmes désolées ; et, accompagnée de
» madame de Lamballe et de madame de Tourzel,
» elle suit le Roi.

» Dans ce trajet à pas lents, du palais aux Feuillants,
» elle pleure, elle essuie ses larmes et pleure encore.
» A travers la haie des grenadiers suisses et des grena-
» diers de la garde nationale, la populace l'entoure et
» la presse de si près, que sa montre et sa bourse lui
» sont volées. Arrivée vis-à-vis le café de la Terrasse,
» c'est à peine si la Reine s'aperçoit qu'elle enfonce dans
» des tas de feuilles. «Voilà bien des feuilles, dit le Roi ;
» elles tombent de bien bonne heure cette année [1]. »

Nous laissons, pour continuer ou compléter ce mélancolique tableau de la royauté marchant ainsi à la
tombe au milieu des feuilles desséchées d'un précoce

[1] *Histoire de Marie-Antoinette*, par MM. de Goncourt, p. 345.

automne, la parole à M. François de la Rochefoucauld, témoin oculaire, dont les *Mémoires* inédits sont cités par M. de Beauchesne [1].

« Il était près de sept heures du matin. On sortit
» par la grille du milieu. M. de Bachmann, major
» des gardes suisses, marchait le premier entre deux
» haies de ses soldats. M. de Poix le suivait à quelque
» distance et marchait immédiatement avant le Roi.
» La Reine suivait le Roi en tenant M. le Dauphin
» par la main. Madame Élisabeth donnait le bras à
» Madame, fille du Roi. Madame la princesse de
» Lamballe et madame de Tourzel les suivaient. Je
» me trouvai dans le jardin à portée d'offrir mon bras
» à madame de Lamballe, et elle le prit, car elle était
» celle qui avait le plus d'abattement et de crainte.
» Le Roi marchait droit, sa contenance était assurée.
» Le malheur cependant était peint sur son visage.
» La Reine était tout en pleurs ; de temps en temps
» elle les essuyait et s'efforçait à prendre un air con-
» fiant qu'elle conservait quelques minutes.

» Cependant s'étant appuyée un moment contre
» mon bras, je la sentis toute tremblante. M. le Dau-
» phin n'avait pas l'air très-effrayé ; Madame Élisa-
» beth était la plus calme, elle était résignée à tout ;
» c'était la religion qui l'inspirait. Elle dit en voyant
» ce peuple féroce : Tous ces gens sont égarés ; je
» voudrais leur conversion, mais pas leur châtiment.
» La petite Madame pleurait doucement. Madame de

[1] *Louis XVII*, etc., t. Ier, p. 154.

» Lamballe me dit : Nous ne retournerons jamais au
» château. »

Marie-Antoinette était affligée et tremblante à la suite de ce paroxysme d'énergie inutile, par suite d'une réaction plus physique que morale. Madame de Lamballe était abattue. Nous l'aimons mieux ainsi. Quelle est la chair qui s'accoutume sans révolte à la prévision du martyre? Quels sont les sens assez mortifiés pour ne pas avoir un dernier sursaut? Quels sont les grands capitaines que l'approche de la bataille, avant l'enivrement de la lutte, n'a pas éprouvés? Quel est le martyr que le premier coup de dent du tigre ou la première morsure des tenailles rougies a laissé indifférent? Ce n'est pas avant la mort qu'il faut juger des vrais courages. Tel hésite qui y était allé en chantant. Tel la regarde en face qui y marchait les yeux baissés. Or, ne l'oublions pas, la princesse de Lamballe n'était ni un grand capitaine, ni un héros. C'était une femme frêle et maladive qui mourut pour avoir refusé de renier son amitié et sa fidélité. Tout est là, et la mort vue en face et simplement choisie et préférée à une lâcheté, voilà ce qui, en dépit des inévitables faiblesses du tempérament et du sexe, en dépit de cette première surprise devant le danger, la sacre martyre. Madame Roland, Charlotte Corday sont mortes avec un courage plus exalté, plus dramatique. La pose n'est rien, le sacrifice est tout[1].

[1] Écoutez, sur l'attitude de la princesse de Lamballe en juillet 1791, le témoignage d'une femme qui passait sa vie chez elle et qui

CHAPITRE DOUZIÈME.

La Constitution défendant de délibérer devant le Roi (nous abrégeons ce récit navrant), la famille royale est menée dans la loge grillée de fer, derrière le fauteuil du président, la loge du *Logotachygraphe*, nom barbare issu de cette fécondité néologique qui, après avoir aboli la royauté, menaçait d'abolir la langue. Aristocrate elle aussi, cette belle langue qu'on parlait sous les rois, la langue de Racine, de Corneille et de Bossuet parlant à Louis XIV !

« Un roi, une reine, leurs enfants, leur famille,
» leurs derniers ministres et leurs derniers serviteurs,
» s'entassent dans dix pieds brûlés de soleil. Au de-
» hors, ce sont les hurlements de joie des promeneurs
» de têtes ; puis un feu roulant de mousqueterie, puis
» le canon.... ; dans l'Assemblée, à quelques pas, sous
» les yeux de cette reine qui eût voulu mourir en
» roi, ce sont les députations de la Commune, les
» orateurs des faubourgs, les motions de déchéance,
» les égorgeurs sanglants, vidant leurs poches sur
» le bureau ; et bientôt le décret lu par Vergniaud :
« Le peuple français est invité à former une Conven-
» tion nationale..... Le chef du pouvoir exécutif est
» suspendu [1]. »

se connaissait en courage : « ..... Je n'allais guère que chez madame
» la princesse de Lamballe. Je voyais toutes ses inquiétudes, tous ses
» chagrins ; jamais il n'y eut personne de plus courageusement dé-
» vouée à la Reine. *Elle avait fait le sacrifice de sa vie.* Peu de temps
» avant le 10 août, elle me disait : Plus le danger augmente, plus je
» me sens de force. Je suis prête à mourir. Je ne crains rien... »
(*Mémoires de madame de la Rochejaquelein.*)

[1] *Histoire de Marie-Antoinette*, p. 347.

Le soir, à sept heures, n'ayant pris pour toute nourriture que quelques gouttes d'eau de groseille, toute mouillée de larmes et de sueur dans ces cellules des Feuillants, véritables *plombs* de l'Assemblée, échauffées en dehors par le bruit et les fièvres des séances, et en dessus par les rayons d'un soleil d'août, la Reine de France demandait un mouchoir et n'en trouvait pas qui ne fussent tachés de sang.

Linge, vêtements, tout manquait à la Reine, tout manquait aux siens. Elle était obligée d'accepter pour le Dauphin les vêtements des fils de l'ambassadrice d'Angleterre, la comtesse de Sutherland; elle faisait la grâce à M. d'Aubier d'accepter un rouleau de cinquante louis.

Et quand elle partit pour le Temple, presque heureuse de respirer enfin dans une prison tranquille, *dans une prison à elle,* la Reine de France avait un soulier brisé qu'elle montrait en souriant, et d'où sortait son pied.

Qui que vous soyez, vous qui souffrez, que vos douleurs sont petites en présence de ces douleurs qui ont atteint, pour ainsi dire, les dernières limites de la sensibilité humaine, et épuisé sa capacité de souffrir!

CHAPITRE TREIZIÈME.

13 AOUT AU 1ᵉʳ SEPTEMBRE 1792.

Détails sur l'installation de la famille royale au Temple. — Récit de madame la duchesse d'Angoulême. — Déclarations hostiles de deux gardes nationaux. — La Commune donne l'ordre de séparer la famille royale prisonnière des serviteurs fidèles qui l'avaient accompagnée. — Récit des adieux du Temple par Hue et madame de Tourzel. — Interrogatoire de la princesse de Lamballe à l'hôtel de ville. — Son incarcération à la Force avec mesdames de Tourzel. — Lettre de madame de Buffon au duc de Lauzun. — Manuel réunit dans le même cachot la princesse de Lamballe et mesdames de Tourzel.

« Le 13 août 1792, disent MM. de Goncourt, des
» lampions s'allumèrent au Temple et l'illuminèrent
» toute la nuit, en signe de réjouissance. »

Qui donc nous donnera quelques détails authentiques sur cette installation et ce premier séjour au Temple? Qui? Le témoin de tous le plus fidèle, le plus naïf, celui dont la minutieuse simplicité, plus puissante que toute éloquence, fait jaillir les larmes. Madame, fille de Louis XVI, future duchesse d'Angoulême, a laissé de cette captivité historique et qui semble déjà légendaire, un *Journal* que nous avons publié dans son intégrité pour la première fois. Écoutons donc respectueusement la déposition de la fille de Louis XVI.

« Le Roi mon père arriva au Temple avec sa fa-
» mille le lundi 13 août 1792, à sept heures du soir.
» Les canonniers voulurent conduire mon père à la

» Tour seul et nous laisser au château de la commune.
» Manuel avait reçu dans le chemin un arrêté pour
» nous conduire tous à la Tour. Pétion calma la rage
» des canonniers, et nous entrâmes tous au château.
» Les municipaux gardèrent à vue mon père. Pétion
» s'en alla, Manuel resta; mon père soupa avec nous;
» mon frère mourait d'envie de dormir, madame de
» Tourzel le conduisit à onze heures à la Tour, qui
» devait être décidément notre demeure; mon père y
» arriva avec nous à une heure du matin. Il n'y avait
» rien de préparé; ma tante coucha dans une cuisine,
» et on prétend que Manuel fut honteux en l'y con-
» duisant.

» Voici les noms des personnes qui s'enfermèrent
» avec nous dans ce triste séjour : madame de Lam-
» balle, madame de Tourzel et Pauline, sa fille;
» MM. Hue et de Chamilly, appartenant à mon père,
» et qui couchaient dans sa chambre en haut. Madame
» de Navarre[1], à ma tante, couchait avec elle, ainsi
» que Pauline, dans la cuisine. Madame de Saint-
» Brice, à mon frère, couchait dans un billard, ainsi
» que mon frère et madame de Tourzel; madame

[1] Selon madame Guénard, notre *Journal* manuscrit et d'autres témoignages, madame Navarre était la femme de chambre de la princesse de Lamballe. Elle a, selon la *Biographie* Michaud, laissé un récit de sa captivité. Mais il est certain que l'attribution qu'on en fait au service de madame de Lamballe est une erreur. Elle n'est pas nommée dans son testament, qui enveloppe de ses libéralités les moindres serviteurs de sa maison. D'un autre côté, des documents authentiques nous autorisent à dire qu'elle appartenait à Madame Élisabeth, auprès de laquelle elle avait remplacé madame de Cimery.

CHAPITRE TREIZIÈME. 309

» Thibaut, à ma mère, et madame Bazire, à moi, cou-
» chaient toutes deux en bas. Mon père avait à la cui-
» sine trois hommes à lui, Turgy, Chrétien et
» Marchand. Le lendemain, 14, mon père vint dîner
» avec ma mère, et après nous allâmes voir les grandes
» salles de la Tour, où l'on dit que l'on ferait des loge-
» ments, parce que où nous étions, dans une tourelle,
» c'était trop petit pour tant de monde. L'après-dînée,
» Manuel et Santerre étant venus, nous allâmes nous
» promener dans le jardin. On murmurait beaucoup
» contre les femmes qui nous avaient suivies. Dès
» notre arrivée, nous en avions trouvé d'autres nom-
» mées par Pétion pour nous servir ; nous n'en voulûmes
» pas ; le surlendemain, à dîner, on apporta un arrêté
» de la Commune, qui ordonnait le départ des per-
» sonnes qui étaient venues avec nous ; mon père et
» ma mère s'y opposèrent ainsi que les municipaux de
» garde du Temple. L'ordre fut pour lors révoqué.

» ...... La nuit du 19 au 20 août, on apporta, à
» une heure du matin, un arrêté de la commune qui
» ordonnait d'emmener du Temple toutes les personnes
» qui n'étaient pas de la famille royale, et on enleva
» MM. Hue et Chamilly de chez mon père, qui resta
» seul avec un municipal. On descendit ensuite chez
» ma mère pour enlever madame de Lamballe ; ma
» mère s'y opposa en vain, en disant, ce qui était
» vrai, qu'elle était sa parenté : on l'emmena toujours.
» Ma tante descendit avec Pauline de Tourzel et ma-
» dame Navarre. Les municipaux assurèrent que ces

» dames reviendraient après avoir été interrogées. On
» traîna mon frère dans la chambre de ma mère pour
» ne pas le laisser seul. Nous embrassâmes ces dames,
» espérant les revoir le lendemain ; deux municipaux
» restèrent chez ma mère. Nous restâmes tous les
» quatre sans dormir. Mon père, quoique éveillé par
» le bruit, resta chez lui. Le lendemain, à sept heures,
» nous apprîmes que ces dames ne reviendraient pas
» au Temple, et qu'on les avait conduites à la Force ;
» nous fûmes bien étonnés, à neuf heures, en voyant
» arriver M. Hue, qui dit à mon père que le conseil
» général l'avait trouvé innocent et renvoyé au
» Temple. »

Suivant notre habitude de ne demander les éléments de nos récits qu'à des témoignages authentiques et autant que possible oculaires, c'est à Hue et à madame de Tourzel que nous empruntons les détails qui suivent.

L'arrestation et l'incarcération des femmes inoffensives et fidèles qui avaient suivi volontairement au Temple le Roi et la famille royale, étonne au premier abord, et il est impossible de ne pas soupçonner quelque mobile mystérieux, peut-être puéril, à cette rigueur inutile. Les motifs apparents, ou plutôt le prétexte, furent dans les communications épistolaires entretenues au dehors, par les prisonniers dénués de tout et vêtus d'habillements qui ne leur appartenaient pas. Le Roi portait la défroque de M. Pascal, officier des Cent-Suisses, et le petit Dauphin, des hardes du jeune comte de Sutherland. On craignit l'abus de ces rapports avec le dehors; on redouta aussi, pour une surveillance qui allait être si ombrageuse et si étroite, l'embarras du nombre. Enlever d'avance à une évasion toute complicité, inaugurer, par la privation de toute consolation d'amitié, ce système d'intimidation progressive, d'influence cellulaire qui paraît avoir été le mot d'ordre de la Commune, tels sont les hypothèses qui se présentent pour expliquer sinon pour justifier cette impatiente persécution de la Commune, qui ne laissa jouir la famille captive de la société de quelques amis fidèles que six jours, et qui, après les avoir interrogées, incarcéra rigoureusement des femmes qui n'étaient coupables que de dévouement. Mais le dévouement est le plus grand des crimes quand la révolte est un droit et la délation un devoir.

D'ailleurs, le zèle sans doute mercenaire de deux accusateurs fournit à la Commune un prétexte plausible pour une incarcération préventive dont il lui répugnait de dévoiler les vrais motifs et surtout le but.

« Par-devant nous, commissaires préposés à la sur» veillance de Louis XVI, le 18 août, à midi, est
» comparu le citoyen Devin, sous-officier de la com» pagnie ci-devant *Monsieur*, section du Luxembourg,
» lequel nous a déclaré qu'étant en sentinelle sur l'es» calier où donne la chambre de Louis XVI, il a vu,
» vers les onze heures, sortir de la chambre du milieu
» une dame qui tenait trois lettres d'une main et de

» l'autre a ouvert avec précaution la porte de la cham-
» bre à sa droite, d'où elle est sortie les mains vides,
» quelques instants après, pour rentrer dans la chambre
» du milieu. Devin ajoute qu'il a vu très-distinctement,
» pendant les deux fois que cette dame avait ouvert sa
» porte, une lettre à moitié écrite et toujours avec
» précaution, et nous témoignant ses inquiétudes sur
» la correspondance qu'il soupçonne exister, il nous a
» requis de saisir toutes lettres et papiers qu'il pour-
» rait apercevoir entre les mains de toutes les per-
» sonnes qui approchent Louis XVI ; sur quoi nous
» avons arrêté d'en référer aux représentants de la
» Commune. »

» A l'instant est comparu J.-P. Priquet, garde na-
» tional de la section de Saint-Sulpice, lequel nous a
» dit qu'étant en sentinelle ce matin sur la galerie
» entre les deux tourelles, il a vu par la fenêtre de la
» chambre du milieu une dame écrire avec beaucoup
» d'attention et d'inquiétude, pendant tout le temps
» de sa faction.

» Lesquelles déclarations les susnommés n'ont pu
» signer, pour ne le savoir, ainsi qu'ils l'ont dé-
» claré. »

Tel fut le filet grossier que la Commune employa pour attirer et retenir à sa portée cette troupe fidèle, où, dans leurs cauchemars nocturnes, les tyranneaux sans-culottes voyaient peut-être déjà le noyau d'une future armée. Le conseil général abaissa la solennité de ses séances jusqu'à discuter le plus ou le moins de danger de ces relations avec le dehors, entretenues dans un but innocent de dignité et même de pudeur ; car les royaux prisonniers manquaient de bas, de chemises, des choses les plus nécessaires, et la barbare imprévoyance de la Commune les forçait de les quêter au dehors.

Dans les registres du conseil général de la Commune, à la date du 18 août, nous lisons :

« Le conseil autorise ses commissaires à faire exé-
» cuter son arrêté du 13 du courant[1].

» Que madame de Lamballe, sa fille, madame de
» Tourzel et toutes les femmes de chambre seraient
» mises en état d'arrestation au haut du donjon de la
» Tour ;

» Et que les deux valets de chambre seront égale-
» ment mis en état d'arrestation dans le haut du
» donjon ;

[1] Exécution un moment suspendue, par suite d'un accès de pitié de Manuel, qui n'avait pu résister aux regrets et au désespoir de la famille royale, désolée de cette séparation. Singulière figure que celle de ce Manuel : homme double, tête à deux visages, dont l'un sourit et dont l'autre menace, dont l'un insulte et dont l'autre console !

Au 2 septembre, c'est Manuel qui, corrompu par la pitié ou par l'or, apporte leur délivrance aux femmes de la Force. Il n'est pas impossible de penser qu'il essaya de sauver aussi la princesse de Lamballe, mais qu'il y renonça, dans la crainte de se perdre lui-même. Et le même homme au Temple est rogue, provocateur, cynique, tandis que dans son cabinet il est affable, tolérant, serviable. Ce Manuel, enfin, qui a aux mains le sang de septembre à demi effacé par des larmes de reconnaissance, se trouve mal au procès de la Reine et dénonce bruyamment son admiration et son repentir par ses larmes. Que de Janus révolutionnaires comme lui, humains par caractère, implacables par peur, tuant le matin, sauvant le soir !

» Le conseil arrête que mesdames de Navarre,
» Bazire, femme de chambre de Madame Royale;
» Thibault, première femme de chambre de la Reine;
» Saint-Brice, femme de chambre du prince royal;
» Tourzel, gouvernante des enfants du Roi; demoi-
» selle Pauline Tourzel, Marie-Thérèse de Savoie de
» Bourbon-Lamballe; M. de Lorimier de Chamilly,
» premier valet de chambre du Roi et du prince royal,
» seront mis en état d'arrestation et renfermés sépa-
» ment à l'hôtel de la Force;

» Arrête en outre que les scellés seront mis sur-le-
» champ sur leurs meubles, effets et papiers; nomme
» pour commissaires MM. ..., chargés de l'exécution
» du présent arrêté. »

La nuit du 19 au 20 août, à minuit, l'ordre de séparation, un moment suspendu, éclata comme la foudre sur la tête des prisonniers du Temple.

On frappa brusquement à la porte du réduit où couchaient Madame Élisabeth et mademoiselle de Tourzel, et, à travers la porte, on leur signifia l'arrêté de la Commune.

Madame Élisabeth se leva sur-le-champ; elle aida Pauline de Tourzel à s'habiller, l'embrassa silencieusement et tendrement, et la conduisit chez la Reine.

Les mêmes commissaires chargés de cette sinistre mission de recrutement pour la Force étaient entrés chez le Roi. « Êtes-vous les valets de chambre? » demandèrent-ils aux deux serviteurs étendus sur le matelas qui formait leur lit commun. Sur leur réponse

CHAPITRE TREIZIÈME.

affirmative, ils leur enjoignirent de se lever. et de les suivre. Hue et Chamilly obéirent en s'encourageant mutuellement d'une fraternelle étreinte.

» Descendus dans l'antichambre de la Reine, pièce
» très-étroite où couchait la princesse de Lamballe,
» dit Hue, nous y trouvâmes cette princesse et ma-
» dame de Tourzel déjà prêtes à partir. Leurs bras
» étaient enlacés avec ceux de la Reine, de ses enfants et
» de Madame Élisabeth. Elles en recevaient de tendres
» et déchirants adieux. »

« Notre séparation d'avec la famille royale fut
» déchirante, » répète dans son récit Pauline de Tourzel.

Enfin le triste cortége se mit en marche. On traversa, à la lueur fumeuse des flambeaux, les souterrains et ce morne jardin du Temple. Les prisonniers, soigneusement coupés de municipaux, furent entassés dans des fiacres, et les voitures s'ébranlèrent, sous l'escorte de gendarmes. Arrivés à la Commune, on les conduisit, à travers la salle des séances, encombrée d'une foule curieuse et brutale, véritable ogre populaire flairant la chair fraîche, à la chambre du secrétariat, où les suspects furent soigneusement isolés l'un de l'autre sur les banquettes où ils attendaient l'appel de leur nom.

Cette attente dura trois heures.

L'interrogatoire de la princesse de Lamballe, la première mandée, dura un quart d'heure.

La salle d'interrogatoire était publique. Là, montée

sur une estrade, la personne soumise à cette question morale était en présence d'une foule immense qui s'agitait dans la salle, et percée, pour ainsi dire, du feu de mille regards. Il y avait aussi des tribunes remplies de femmes et d'enfants. A six heures du matin, quand Hue fut interrogé, la scène avait un peu changé. Il y avait toujours l'assemblée des membres de la Commune, revêtus du ruban tricolore, mais une partie de la foule très-éclaircie était couchée sur les bancs et dormait. Et c'est à ce peuple souverain que Billaud ordonnait aux suspects de répondre en lui faisant face.

Billaud-Varennes, debout, faisait les questions, et un secrétaire écrivait les réponses sur un grand registre.

Voici l'interrogatoire de la princesse de Lamballe :

D. Quels sont vos noms?

R. Marie-Thérèse-Louise de Savoie Bourbon-Lamballe.

D. Quels sont les renseignements qui sont à votre connaissance sur la journée du 10 août?

R. Aucun.

D. Où avez-vous passé cette journée?

R. Comme parente, j'ai suivi le Roi à l'Assemblée nationale.

D. Vous êtes-vous couchée dans la nuit du 9 au 10?

R. Non.

D. Où étiez-vous alors?

R. Dans mon appartement, au château.

D. Ne vous êtes-vous pas rendue chez le Roi dans la nuit?

R. Voyant qu'il pourrait y avoir du bruit, j'ai passé dans son appartement vers une heure du matin.

D. Vous devez avoir eu connaissance que le peuple était insurgé?

R. Je l'ai appris en entendant sonner le tocsin.

D. Avez-vous vu les Suisses et les gardes nationaux qui ont passé la nuit sur la terrasse?

R. Je me suis mise à ma fenêtre, mais je n'en ai vu aucun.

D. Le Roi était-il chez lui quand vous vous y êtes rendue?

R. Il y avait beaucoup de monde, mais le Roi n'y était pas.

D. Vous avez su que le maire de Paris était aux Tuileries?

R. J'ai appris qu'il y était venu.

D. A quelle heure le Roi s'est-il rendu à l'Assemblée nationale?

R. A sept heures.

D. N'avait-il pas, avant de s'y rendre, passé les troupes en revue? Savez-vous le serment qu'il leur a fait prêter?

R. Je n'ai pas entendu dire qu'il y eût eu serment.

D. Avez-vous connaissance qu'il y ait eu des canons montés et braqués dans les appartements?

R. Non.

D. Avez-vous vu dans le château MM. Mandat et d'Affry?

R. Non.

D. Connaissez-vous les portes secrètes des Tuileries?

R. Je ne les connais pas.

D. N'avez-vous pas, depuis que vous êtes au Temple, reçu et écrit des lettres que vous avez cherché à faire passer d'une manière furtive?

R. Je n'ai jamais reçu ni écrit de lettres qu'elles n'aient été remises à un officier municipal.

D. Avez-vous connaissance d'un ameublement qui se fait pour Madame Élisabeth?

R. Non.

D. N'avez-vous pas reçu, depuis peu de temps, des livres de dévotion?

R. Non.

D. Quels sont les livres que vous avez au Temple?

R. Je n'en ai aucun.

D. Avez-vous connaissance d'un escalier barré?

R. Non.

D. Quels sont les officiers généraux que vous avez vus aux Tuileries dans la nuit du 9 au 10?

R. Je n'ai point vu d'officiers généraux, je n'ai vu que M. Rœderer.

Il était impossible d'éviter avec plus de présence d'esprit et de souplesse les piéges d'un interrogatoire captieux, brutal, souvent puéril. L'interrogatoire terminé, le patient disparaissait et allait attendre dans une pièce voisine le résultat de l'enquête et une décision trop souvent dictée par le public.

« On me demanda, dit Pauline de Tourzel, mon
» nom, mon âge, et on me questionna beaucoup sur

» la journée du 10 août, m'engageant à déclarer ce
» que j'avais vu, ce que j'avais entendu dire au Roi et
» à la famille royale.

» Ils ne surent que ce que je voulus bien leur dire,
» car je n'avais nullement peur; je me trouvais comme
» soutenue par une main invisible qui ne m'a jamais
» abandonnée et m'a fait toujours conserver ma tête
» et beaucoup de sang-froid.

» Je demandai très-haut d'être réunie à ma mère et
» de ne la plus quitter; plusieurs voix s'élevèrent pour
» dire « Oui..., oui, » d'autres murmurèrent.

» On me fit descendre les marches du gradin sur
» lequel on était élevé, et après avoir traversé plu-
» sieurs corridors, je me vis ramener à ma mère, que
» je trouvai bien inquiète de moi : elle était avec la
» princesse de Lamballe, nous fûmes toutes les trois
» réunies.

» Nous étions dans le cabinet de Tallien, et nous y
» restâmes jusqu'à midi. »

Nous lisons dans notre *Journal* manuscrit et dans les *Mémoires* rédigés par madame Guénard, que, par un raffinement d'ironique bienveillance et de décevante sympathie, on demanda à chaque personne, après l'avoir interrogée, si elle désirait rentrer au service du Temple, et que, sur sa réponse affirmative, on lui promit cette faveur peu enviée. Nous y trouvons aussi qu'on donna aux prisonnières le choix entre la Force et la Salpêtrière comme séjour, et que, justement froissée de cette alternative, la princesse de Lamballe répondit fièrement : « Qu'on nous conduise dans la » prison que vous avez nommée la première. » Le récit de mademoiselle de Tourzel, mieux informée que personne, ne mentionne pas ces deux scènes, en effet assez invraisemblables.

« On vint alors nous chercher (à midi), continue-
» t-elle, pour nous conduire à la prison de la Force.
» On nous fit monter dans un fiacre ; il était entouré
» de gendarmes, suivis d'un peuple immense. C'était
» un dimanche ; il y avait un officier de gendarmerie
» avec nous dans la voiture.

» Ce fut par le guichet donnant sur la rue des Ba-
» lais, près la rue Saint-Antoine, que nous entrâmes
» dans cette triste prison. On nous fit d'abord passer
» dans le logement du concierge pour inscrire nos
» noms sur le registre...

» Madame de Lamballe, ma mère et moi nous fûmes
» séparées. On nous conduisit dans des cachots diffé-
» rents. Je suppliai qu'on me réunit à ma mère ; mais
» on fut inexorable. Ainsi, je me trouvai seule dans
» cette infâme demeure... »

Dans l'après-midi, vers six heures, Manuel se présenta au Temple. Il annonça au Roi, de la part de la Commune, que la princesse de Lamballe, madame et mademoiselle de Tourzel, Chamilly et les autres personnes de service ne rentreraient pas au Temple. « Que » sont-ils devenus ? » demanda le Roi. « Ils sont pri-
» sonniers à l'hôtel de la Force, » répondit Manuel.

En sa présence, dans l'irrésistible élan de leur amicale sollicitude, la Reine et Madame Élisabeth, avec l'aide de Hue, le seul des serviteurs de la famille royale qui lui eût été rendu, préparèrent immédiatement pour les prisonniers de la Force les choses qui leur étaient le plus nécessaires. L'activité que ces deux princesses mettaient à faire les paquets de linge et de hardes étonna Manuel. Ce républicain ne pouvait comprendre qu'un roi et une reine pussent s'habituer si vite à se servir eux-mêmes.

Le lendemain, Madame Élisabeth quitta son premier logement pour s'établir dans celui du Dauphin. Depuis ce jour, Madame passa les nuits dans la chambre de Madame Élisabeth, et le Dauphin coucha dans la chambre de la Reine. C'est là que, tous les soirs et depuis le 19 août, avec un redoublement de ferveur, cet enfant royal, cet ange, joignait les mains devant sa mère et répétait les deux prières qu'elle lui avait apprises, l'une pour la princesse de Lamballe, l'autre pour madame de Tourzel.

Pendant qu'on pleurait et qu'on priait au Temple, on se réjouissait ailleurs. Voici quelques passages de l'insoucieux et malin *Bulletin des événements du 10 au 20 août*, envoyé par madame de Buffon, l'hôtesse illégitime du Palais-Royal, celle qui avait succédé, dans l'intimité du duc d'Orléans, à madame de Genlis et à miss Elliott, envoyé, dis-je, à ce digne interlocuteur : Lauzun [1].

---

[1] *Histoire de Marie-Antoinette*, par MM. de Goncourt, 2ᵉ édition, p. 351.

Paris, le 20 août 1792.

« ..... Les chevaliers du poignard, faible soutien
» de Louis XVI, après avoir été les uns pris et ren-
» fermés, les autres tués, les autres se claquemurant
» pour se rendre introuvables, ont encore eu la dou-
» leur de voir ou de savoir que l'on a mis leur gros
» chef au Temple, où il est avec sa femme, sa fille et
» le prince royal, plus Madame Élisabeth... Si nous
» connaissions de l'esprit au Roi, nous pourrions pren-
» dre son insouciance pour du courage. Il se promène
» dans son jardin, en calculant combien de pieds
» carrés en tel sens ou en tel autre; il mange et boit
» bien, — et joue au ballon avec son fils. — La Reine
» est moins calme, dit-on; elle n'a, depuis hier, au-
» cune dame auprès d'elle. Mesdames de Lamballe,
» Tarente, Sainte-Aldegonde, Tourzel, encore deux
» autres dont je n'ai pu savoir le nom, ont été trans-
» férées à la Force... Le complot de la cour était atroce
» et gauche, comme à l'ordinaire; il faut avouer que
» nous avons une étoile préservatrice, et qu'avec bien
» de l'argent, bien des ruses, bien des moyens, ils
» ont toujours si fort précipité leurs projets, que le
» succès qu'ils attendaient a toujours été pour nous;
» les plus enragés aristocrates sont furieux contre le
» Roi de ce qu'ils se sont laissé couper le cou pour lui
» et que, bravement, il s'en est allé trouver les députés,
» trop heureux que l'Assemblée ait bien voulu lui per-
» mettre de dormir et de manger au milieu d'elle...

CHAPITRE TREIZIÈME.

» J'oubliais de vous dire que madame d'Ossun est à
» l'Abbaye. — Celles qui sont à la Force ne savent
» point pour combien de temps, et la ci-devant prin-
» cesse (de Lamballe) est sans femme de chambre;
» elle se soigne elle-même. Pour une personne qui se
» trouve mal devant un *oumard* en peinture, c'est une
» rude position... J'ai été hier à l'Opéra, etc... »

On comprend, en lisant ce frivole, mordant et égoïste bavardage, cette malédiction du vieux Buffon à l'indigne belle-fille qui avait déshonoré son nom.

Mais revenons à la Force, et pour mieux faire comprendre les scènes qui vont suivre, reproduisons les documents qui en établissent nettement le lieu et les acteurs.

« Le registre de la petite Force, dit M. de Beau-
» chesne, conservé dans les archives de la Préfecture
» de police, nous apprend que cette prison, lors des
» événements de septembre, renfermait cent dix
» femmes, la plupart étrangères aux choses politiques.
» Parmi elles, on comptait un grand nombre de filles
» publiques et de malheureuses créatures de tout âge,
» accusées d'avoir volé du linge ou de la vaisselle au
» château des Tuileries, dans la journée du 10 août
» et dans la nuit du 10 au 11. »

Parmi ces cent dix femmes, il n'y en avait que neuf qui fussent détenues pour des motifs politiques. Voici leur écrou :

A la date du 19 août.

Madame de Navarre, *première femme de chambre de Madame Élisabeth.*

Madame Bazire, *femme de chambre de Madame Royale.*

Madame Thibault, *première femme de chambre de la Reine.*

Madame Saint-Brice, *femme de chambre du prince royal.*

Madame Tourzel, *gouvernante des enfants du Roi.*

Mademoiselle Pauline Tourzel, *gouvernante des enfants du Roi.*

Marie-Thérèse-Louise DE SAVOIE DE BOURBON-LAMBALLE. *De l'ordre de M. Pétion, maire, et de MM. les commissaires des quarante-huit sections.*

A la date du 30 août.

Angélique-Euphrasie Peignon, *épouse de M. de Septeuil, native de Paris, âgée de vingt et un ans et demi; envoyée dans cette prison pour y être détenue jusqu'à nouvel ordre. De l'ordre de MM. les administrateurs du département de police.*

A la date du 2 septembre.

Madame Mackau, *envoyée dans cette prison avec la demoiselle Adélaïde Rotin, sa femme de chambre, prisonnière volontaire auprès de sa maîtresse. De l'ordre de MM. les administrateurs de police, membres de la commission de surveillance et de salut public.*

Voilà la reproduction exacte, la photographie, pour ainsi dire, du livre d'écrou de la Force. « Il est facile
» de voir, dit M. de Beauchesne, en examinant celui
» de madame de Lamballe, qu'une destinée particu-
» lière attendait cette malheureuse princesse ; l'absence
» de profession, les mots de *Savoie* et de *Bourbon-*
» *Lamballe,* mis avec intention en saillie, tout semble
» indiquer qu'un sort exceptionnel lui était réservé. »
Ce soulignement équivalait, en effet, pour le juge-bourreau du 2 septembre, à une désignation, à un conseil, à un ordre.

La princesse, qui, par moments, cédait à de cruelles anxiétés, se sentit un peu rassurée et consolée quand elle se vit réunie à madame de Tourzel et à sa fille. Elle devait cette faveur tutélaire à la pitié de Manuel, qui n'avait pu voir impunément celle que les prisonniers du Temple et les émissaires du duc de Penthièvre lui recommandaient d'une façon si pressante, mais qui se recommandait encore mieux elle-même par sa beauté touchante, sa grâce modeste et le courage de sa fidélité. Écoutons le récit de Pauline de Tourzel. Elle avait eu le bonheur de rencontrer un guichetier compatissant, qui lui avait laissé son chien pour compagnon, et qui lui faisait part de toutes les nouvelles qui pouvaient la rassurer.

« ... Quelque temps après, j'entendis tirer les ver-
» roux du cachot voisin, puis ceux du mien : je vis
» entrer trois hommes, dont un que je reconnus très-

»*bien être Manuel, le même qui avait conduit le Roi
» au Temple.

» Il trouva le cachot où j'étais très-humide, et parla
» de m'en faire changer.

» Je saisis cette occasion de lui dire que tout m'était
» égal, que la seule grâce que je sollicitais de lui parti-
» culièrement, était d'être réunie à ma mère. Je le lui
» demandai avec une grande vivacité, et je vis que ma
» prière le touchait... Il réfléchit un moment et me
» dit : « Demain je dois revenir ici, et nous verrons.
» Je ne vous oublierai pas. »

» Le pauvre guichetier, en fermant la porte, me dit
» à voix basse : « Il est touché. Je lui ai vu des larmes
» dans les yeux. Ayez courage. A demain. »

» ... Le lendemain, à sept heures du matin, ma
» porte s'ouvrit et je vis entrer Manuel, qui me dit :
« J'ai obtenu de la commune la permission de vous
» réunir à votre mère; suivez-moi. »

» Nous montâmes dans la chambre de ma mère. Je
» me jetai dans ses bras, croyant tous mes malheurs
» finis, puisque je me trouvais auprès d'elle...

» Elle remercia beaucoup Manuel; elle lui demanda
» d'être réunies à la princesse de Lamballe, puisque
» nous avions été transférées avec elle... Il hésita un
» instant, puis il dit : « Je le veux bien, je prends
» cela sur moi. » Il nous conduisit alors dans la
» chambre de madame de Lamballe, et, à huit heures
» du matin, nous étions toutes les trois seules. Nous
» éprouvâmes un moment de bonheur de pouvoir par-
» tager ensemble nos infortunes.

» Le lendemain matin, nous reçûmes un paquet
» venant du Temple. C'étaient nos effets que nous
» renvoyait la Reine. Elle-même, avec cette bonté
» qui ne se démentit jamais, avait pris soin de les
» rassembler...

» L'incommodité de notre logement, l'horreur de
» la prison, le chagrin d'être séparées du Roi et de sa
» famille, la sévérité avec laquelle cette séparation
» semblait nous annoncer que nous serions traitées,
» tout cela m'attristait fort, je l'avoue, et effrayait
» extrêmement cette malheureuse princesse de Lam-
» balle[1]. »

[1] *Souvenirs de quarante ans, 1789-1830. Récits d'une dame de madame la Dauphine.* Paris, J. Lecoffre, 1861, p. 156 à 163.

CHAPITRE QUATORZIÈME

2-3 SEPTEMBRE 1792

Massacres de la Force. — Délivrance de mesdames de Tourzel. — Détails sur les premiers égorgements. — Angoisses de la princesse de Lamballe. — Sa translation à la grande Force. — Extraits des registres du conseil général de la Commune. — Mission de Truchon et Duval-Destaing. — Détails topographiques sur la Force. — Rapport de la veuve Hianere, concierge du petit hôtel de la Force. — Le tribunal de la grande Force. — Sa composition. — Ses formules de jugements. — L'auditoire. — Les bourreaux. — Les exécutions. — La princesse de Lamballe est mandée au guichet. — Sa résistance. — Son interrogatoire. — Son immolation. — Récits divers. — Punition des assassins de la princesse de Lamballe. — Procès-verbaux de récolement des effets trouvés sur la princesse de Lamballe. — Profanations infâmes accomplies sur le cadavre. — Promenades cannibalesques dans les rues de Paris. — Madame le Bel. — On coiffe et l'on pare la tête sanglante. — Émissaires du duc de Penthièvre mêlés au cortége pour sauver ces tristes restes. — Leurs efforts. — Station aux Tuileries. — Rencontre du comte de la Motte-Valois. — Visite au Temple. — Triple récit de madame la duchesse d'Angoulême, de Cléry, de M. de Beauchesne. — Où est la tête de la princesse de Lamballe. — Procès-verbal de son inhumation. — Où sont les autres restes absents des caveaux de Dreux. — Étrange passage d'un livre de Mercier.

Enfin commencèrent, au signal parti de la Commune, ces hideux et lâches massacres, cette Saint-Barthélemy d'innocents désarmés, cet égorgement systématique, horrible satisfaction donnée aux appétits carnassiers du peuple; non, je me trompe, d'une horde d'assassins, car le peuple, le vrai peuple, n'est pour rien, que pour son inertie et son indifférence, dans la responsabilité de septembre. Les historiens révolutionnaires ont essayé de donner le change sur ces funestes journées, qui noyèrent la liberté dans le sang. Mais les circulaires de la Commune, la présence constatée de ses membres, l'absence de toute surveillance ou de toute répression, la liste d'émargement de ces bouchers de la vindicte populaire à vingt-quatre livres *par tête et par jour,* tous ces documents établissent irréfragablement la préméditation, la complicité, les moyens, le but, et il faut renoncer à cette légende de *grande convulsion nationale,* de *délire passager de l'opinion,* à toutes ces excuses inventées enfin pour sauver au moins l'horreur de l'attentat, par ces imaginations complaisantes qui ont vu dans le 10 août une épopée.

Le récit de madame de Tourzel nous fait pénétrer avec elle, jusqu'aux derniers instants, sur cette scène de carnage.

Sa fille Pauline, séparée d'elle, avait été, quelques heures auparavant, sauvée par un inconnu. Le 2 septembre, quand on apporta leur déjeuner aux deux captives, elles apprirent « que les passions fermentaient
» dans Paris depuis la veille au soir, qu'on appré-
» hendait des massacres, que les prisons étaient me-
» nacées, et que plusieurs étaient déjà forcées.

» C'est alors que je ne doutai plus que ce fût pour
» sauver Pauline qu'on me l'avait enlevée, et il ne me
» resta plus que le regret de ne pas savoir dans quel
» lieu elle avait été menée. Je voyais clairement le sort
» qui était réservé à madame de Lamballe et à
» moi. Je ne vous dirai pas que je le voyais sans

» frayeur, mais au moins je supportais cette idée avec
» résignation. Il me sembla que s'il y avait des moyens
» de me sauver des dangers que je prévoyais, je ne les
» traverserais que par une grande présence d'esprit,
» et je ne pensai plus à rien qu'à tâcher de la con-
» server.

» Ce n'était pas une chose facile, car l'extrême agi-
» tation de ma malheureuse compagne, les questions
» continuelles qu'elle m'adressait, ses conjectures
» effrayantes me troublaient beaucoup.

» Je tâchai de la rassurer, de la calmer, mais voyant
» que je ne pouvais y réussir, je la priai de vouloir
» bien ne plus me parler. Nous ne faisions en effet
» qu'augmenter nos craintes en les échangeant. Je
» voulus essayer de lire : je pris un livre, puis un
» autre; rien ne pouvait me distraire; j'en essayai plu-
» sieurs, mais je ne pouvais fixer mon attention sur
» aucun . . . . .

» Vers l'heure du dîner, on vint prendre ma com-
» pagne et moi; on nous fit descendre dans une petite
» cour, dans laquelle je trouvai plusieurs autres prison-
» niers et un grand nombre de gens mal mis, qui
» avaient tous l'air féroce; la plupart étaient ivres...

» . . . . . Quelques gens d'aussi mauvaise mine que
» ceux qui m'entouraient, arrivèrent alors de l'autre
» côté de la cour, pour me demander de venir au se-
» cours d'une femme qui se trouvait mal. J'allai, et je
» vis une jeune et jolie personne absolument évanouie;
» ceux qui la secouraient avaient en vain essayé de la

CHAPITRE QUATORZIÈME.

» faire revenir, elle paraissait étouffer. Pour la mettre
» plus à l'aise, ils avaient détaché sa robe, et lorsque
» j'arrivai, l'un d'eux se disposait à couper son lacet
» avec le bout de son sabre...... Je frémis pour elle
» d'un tel secours, et demandai qu'on me laissât le
» soin de la délacer.....

» ..... Cette femme, qui était celle du premier valet
» de chambre du Roi (madame de Septeuil), étant
» revenue à elle, fut emmenée hors de la cour. Il n'y
» restait plus que moi, qu'on vint prendre peu de temps
» après. L'infortunée princesse de Lamballe avait
» disparu pendant que je répondais aux questions des
» gens qui m'entouraient.

» Je savais par ces hommes que les prisonniers
» étaient menés tour à tour au peuple, qui était attroupé
» aux portes de la prison, et qu'après avoir subi une
» espèce de jugement, on était absous ou massacré...

» Je me présentai tranquillement devant le tribunal.
» Je fus interrogée pendant environ dix minutes, au bout
» desquelles des hommes à figure atroce s'emparèrent
» de ma personne. Ils me firent passer le guichet de la
» prison, du côté de la rue des Balais, et je ne puis
» vous exprimer le trouble que j'éprouvai à l'horrible
» spectacle qui s'offrit à moi.

» Une espèce de montagne s'élevait contre la mu-
» raille; elle était formée par les membres épars et les
» vêtements sanglants de ceux qui avaient été massa-
» crés à cette place; une multitude d'assassins entou-
» raient ce monceau de cadavres; deux hommes étaient

» montés dessus, ils étaient armés de sabres et couverts
» de sang.

» C'étaient ceux qui exécutaient les malheureux
» prisonniers qu'on amenait là l'un après l'autre.

» On les faisait monter sur ce monceau de cadavres,
» sous le prétexte de prêter le serment de fidélité à la
» nation; mais dès qu'ils y étaient montés, ils étaient
» frappés, massacrés et livrés au peuple; leurs corps,
» jetés sur les corps de ceux qui les avaient précédés,
» servaient à élever cette horrible montagne, dont
» l'aspect me parut si effroyable. »

Madame de Tourzel fut arrachée à ces assassins, entraînée, escamotée à l'ogre populaire affamé de chair innocente et de sang aristocratique. On pouvait, même en ce moment, avec de l'énergie et de l'éloquence, sauver qui on voulait. La princesse de Lamballe elle-même, nous le verrons tout à l'heure, si quelqu'un eût osé parler pour elle et charmer le monstre, déjà touché de sa beauté et de ses larmes, eût pu être arrachée à ses griffes. Mais personne ne l'osa.

Mais c'est le moment de la suivre au milieu de ses agitations sinistres, de nous attacher à elle, de ne plus la quitter et de la voir tomber. Tâche funèbre qui a sa nécessité, et dont, en dépit de ses dégoûts, il faut achever la leçon!

Et d'abord, nous n'avons qu'à recourir aux pièces officielles, et tout doute cesse, toute incertitude se dissipe. Nous voyons au livre d'écrou cette note: *Conduite le 3 septembre au grand hôtel de la Force.*

CHAPITRE QUATORZIÈME. 333

Quel fut le but de cette translation? Ce but est demeuré mystérieux. Est-ce pour la sauver plus aisément, est-ce pour l'immoler plus sûrement, qu'elle fut séparée de ses compagnes délivrées? Des tombes seules pourraient parler aujourd'hui sur ce point, et la tombe est muette.

Quoi qu'il en soit, le fait de la translation subsiste, et à en juger par les conséquences, il doit être interprété plutôt contre les bourreaux qu'en leur faveur; le plus probable est que la mort de la malheureuse princesse était résolue. Manuel, comme on l'a dit, avait-il promis de la sauver? l'essaya-t-il jusqu'au moment où cet intérêt devenant suspect, il dut l'abandonner pour se faire absoudre de sa pitié? Cet homme à la grande barbe, dans lequel nous reconnaissons Truchon, le farouche président de la Commune au 10 août, et qui était venu avec son collègue, Duval-Destaing, protéger la sortie de toutes les femmes incarcérées, n'osa-t-il pas se prêter à l'évasion de la princesse? Se borna-t-il à l'envoyer à la grande Force, lui faisant recommander le silence, et espéra-t-il la faire oublier? Il est certain que gagner du temps, le 2 septembre, était déjà la moitié du salut; mais il est certain aussi que ces efforts timides, ces tentatives occultes de préservation échouèrent, malgré les arguments de toute sorte que les émissaires du duc de Penthièvre, envoyés par lui en toute hâte avec pleins pouvoirs au secours de sa malheureuse fille, durent ajouter à leurs supplications, malgré les efforts enfin de ces émissaires, mêlés, sous un déguisement, aux tueurs gagés, pour tâcher de leur escamoter leur proie.

Et maintenant, essayons de dégager des contradictions des historiens la vérité précise de cette tragique agonie et de cette tragique mort.

Nous voyons, par les registres des délibérations du conseil général de la Commune, sous la date de la *nuit du 2 au 3 septembre,* que la section du conseil en permanence, sous la présidence de Méhée, décide « que
» MM. Truchon et Duval-Destaing sont nommés com-
» missaires pour faire une visite à l'hôtel de la Force,
» au quartier des femmes. »

C'est à ce moment, évidemment, que se rapporte la sortie miraculeuse de mesdames de Tourzel, de Septeuil et de leurs compagnes, à ce moment aussi que doit se rapporter la translation de madame de Lamballe à la grande Force.

Nous lisons encore au procès-verbal de la séance de la *nuit du 2 au 3 septembre* : « Les commissaires,
» de retour de l'hôtel de la Force, rendent compte
» de ce qui s'y passe, et il est arrêté qu'ils s'y
» transporteront derechef pour tâcher de calmer les
» esprits.

» La commission du corps législatif demande au
» conseil général des renseignements sur les prisons.
» MM. Truchon, Duval-Destaing, Tallien et Guiraud
» sont nommés commissaires pour instruire l'Assemblée
» nationale de l'état des choses, et se concerter avec

« elle sur les mesures à prendre dans ces circon-
» stances. »

Dans le procès-verbal de la séance du 3 septembre au matin (présidence de M. Huguenin), nous sommes d'abord frappé par la mention de l'envoi au Temple, en qualité de commissaires, de MM. Deltroy, Manuel et Robespierre.

Manuel avait donc renoncé à son dessein de sauver la princesse, ou, écarté de la Force par une décision impérative, il n'avait pu que se résigner et remettre au hasard, car il ne devait point croire à la Providence, la destinée dont il s'était un moment chargé? A trois heures, au Temple, il ne pouvait répondre aux questions pressantes de la Reine sur le sort de madame de Lamballe, que par ces mots troublés : « Elle est tou-
» jours à la Force », qui doutaient d'eux-mêmes. En effet, à ce moment, la princesse n'était plus à la Force, la princesse n'était plus vivante, et la Reine allait en avoir la preuve palpitante et sanglante sous les yeux.

Dans ce même procès-verbal de la séance du 3 septembre au matin, nous lisons : « Le conseil général
» renvoie au comité de surveillance l'examen de ce
» qui peut se trouver dans une des poches de madame
» de Lamballe, prise sur elle au moment où elle a été
» immolée. »

Racontons maintenant, dans ses moindres détails, ce sanglant épisode, qui clôt notre histoire, et où l'humanité se trouve à la fois honorée par la victime et déshonorée par les bourreaux.

Ce fut dans la nuit du 2 au 3 septembre et à peu près vers minuit, comme nous l'avons vu, que commencèrent les massacres de la Force.

La prison de la Force, située entre la rue du Roi de Sicile, la rue Culture et la rue Pavée, servait, en 1792, de supplément aux prisons de l'Abbaye et du Châtelet, devenues insuffisantes.

On distinguait les bâtiments neufs de cette prison en *grande* et *petite Force*. Le petit hôtel avait une entrée séparée sur la rue Pavée, au Marais, tandis que la porte du grand hôtel s'ouvrait sur la rue des Ballets, à deux pas de la rue Saint-Antoine. Ces deux entrées étaient très-éloignées l'une de l'autre et séparées par un lot de maisons considérable[1].

Le rapport de Truchon, envoyé par la Commune à la Force, vers minuit, rapport qu'il vint faire vers deux heures du matin, porte [2] « que la plupart
» des prisons étaient actuellement vides; qu'environ
» quatre cents prisonniers avaient été détruits; qu'à la
» prison de la Force, où il s'était transporté, il avait
» cru devoir faire sortir toutes les personnes détenues
» pour dettes; qu'il en avait fait autant à Sainte-Pé-
» lagie; que, revenu à la maison commune, il s'était
» rappelé qu'il avait oublié à la maison de la Force
» la partie où sont renfermées les femmes; qu'il y était

---

[1] La grande et la petite Force existaient encore, il y a quelques années, telles qu'elles étaient au moment des événements de 1792. Elles ont été détruites un peu avant 1848.

[2] *Procès-verbaux de l'Assemblée nationale*, t. XIV, p. 218.

L'ancienne Force, rue du Roi de Sicile. N.º 2.
M.ᵐᵉ de Lamballe y fut égorgée sur la 2.ᵐᵉ borne à gauche.
en 7.ᵇʳᵉ 1792 — démolie en 1854.

» retourné aussitôt et en avait fait sortir vingt-quatre;
» qu'il avait principalement mis sous sa protection et
» celle de son collègue madame et mademoiselle de
» Tourzel et madame Saint-Brice, observant que cette
» dernière était enceinte; qu'ils ont conduit ces deux
» dames à la section des *Droits de l'Homme,* en atten-
» dant qu'on les jugeât. »

Personne ne parle, comme par une sorte d'implicite concert, de la princesse de Lamballe. Personne
n'avait de grief particulier contre elle, mais par suite
de cette pudeur révolutionnaire qui fit alors tant de
victimes, personne n'osait s'inquiéter du sort d'une
malheureuse flétrie de ce nom de *Bourbon*, inscrit en
grosses lettres sur le registre d'écrou. On l'abandon-
nait à sa destinée, non sans compter sur l'intelligence
du peuple.

«Ainsi, au moment même où les dames de la Reine
» étaient mises en liberté et sortaient de la partie des
» bâtiments nommés la *Petite Force*, la princesse de
» Lamballe était retenue, conduite et écrouée au grand
» hôtel de la Force; son sort était donc décidé dès ce
» moment [1]. »

Il y a là une erreur. La princesse ne fut pas écrouée
de nouveau. Il n'y a qu'une mention d'écrou au registre où le transfèrement est indiqué par une simple
note.

Un rapport obscur et diffus, plein de réticences,

[1] Granier de Cassagnac, *Histoire des Girondins et des Massacres de septembre*, t. II, p. 399.

de la veuve Hiancre, concierge ès prisons du petit hôtel de la Force, donne une idée assez nette, malgré ces ambages, de la façon dont les choses s'étaient passées. Ce rapport a son importance d'ailleurs, en ce qu'il établit irréfragablement la connivence, la coopération perpétuelle au massacre des officiers municipaux, et la présence de la gendarmerie et de la force armée des sections, non pour protéger les détenus, mais pour protéger *les travailleurs*.

L'obscurité de ce document consiste en ce que, émané d'une concierge troublée et justement effrayée par la responsabilité qui pèse sur elle, elle confond deux épisodes distincts : l'un appartenant à la fin de la journée du 2, l'autre appartenant au commencement de la journée du 3, et qu'elle commence par celui qui fut évidemment postérieur à l'autre, le transfèrement de la princesse de Lamballe, et sur lequel elle glisse, en raison même de l'absence de toute décharge du mandat résultant de l'écrou de son registre. C'est par suite d'une violation de ses devoirs, en effet, qu'elle laissa entraîner, sans décharge, la princesse de Lamballe du petit hôtel au grand hôtel de la Force.

Ces réserves faites, voici ce curieux document :

« Le lundi 3 septembre 1792, l'an IV de la » liberté, etc..., une multitude d'hommes armés est » entrée dans le petit hôtel de la Force par le moyen » de l'ouverture des portes de la prison des hommes.

CHAPITRE QUATORZIÈME.

» Aussitôt qu'ils ont été dans la prison, ils ont de-
» mandé les prisonnières. *On leur a observé qu'on ne*
» *pouvait pas leur livrer sans l'autorisation de la muni-*
» *cipalité.* Ils ont commencé par demander *madame*
» *Lamballe,* ils ont forcé le guichetier dépositaire des
» clefs de marcher avec eux et de leur ouvrir les
» portes de la chambre dans laquelle elle se trouvait,
» ainsi que celles des autres dames qui étaient déte-
» nues dans ledit hôtel, et ils les ont fait passer du
» côté de la prison des hommes pour leur faire subir
» un interrogatoire. Une heure et demie après, ils sont
» venus le contraindre de leur ouvrir les portes de
» toutes les chambres et lieux où étaient renfermées
» toutes les autres femmes. Le peuple qui était au
» dehors a demandé qu'on ne laissât point sortir ces
» femmes en liberté sans faire justice des coupables.
» Dans cet instant, la force armée du dedans s'est
» transportée du côté de la rue Pavée pour forcer les
» guichetiers à laisser sortir toutes les femmes libre-
» ment; on a *observé* au peuple que la consigne donnée
» à la gendarmerie qui était de garde à la porte, était
» de ne laisser sortir par cette même porte aucune
» prisonnière; alors cette multitude d'hommes armés
» est allée chercher M. Dangé, officier municipal; il
» est venu au même moment. Après en avoir interrogé
» plusieurs, il s'est transporté à la porte de la prison,
» où il a dit qu'on pouvait laisser sortir les prison-
» nières; il lui a été observé que la majeure partie de
» ces femmes étaient criminelles, et qu'il y en avait

» plusieurs de jugées et de condamnées à des peines
» quelconques. M. Dangé a fait cette observation au
» peuple armé, en déclarant qu'il n'entendait pas mettre
» en liberté les femmes coupables. Il a même invité la
» force armée à boucher les rues pour les faire arrêter,
» ce qui n'a pas été exécuté.

» Le nombre des femmes détenues était de deux
» cent douze.

» Veuve HIANCRE [1]. »

L'unique souci de la concierge, qui avait laissé échapper deux cent douze détenues, de cette oiselière dont la cage était vide, est évidemment d'expliquer, de justifier cette absence du personnel confié à sa garde. Elle ne sait rien ou peu de chose par elle-même. Elle a réuni quelques ouï-dire pour en faire une déclaration, qui nous donne une idée du désordre des opinions, de l'interversion de toutes les hiérarchies, de l'absence de toute forme légale, enfin de tous ces hideux symptômes qui signalèrent les massacres.

Avant d'introduire la victime, donnons quelques détails sur le tribunal et les bourreaux.

Il a régné pendant longtemps une grande incertitude sur la composition du tribunal improvisé qui régularisa les massacres de la Force. Maton de la

---

[1] *Pièces justificatives* de l'*Histoire de la Terreur*, de M. Mortimer-Ternaux, t. III, p. 495.

CHAPITRE QUATORZIÈME.

Varenne déclare que Dangé, Michonis, Lesguillon et Monneuse, membres du conseil général de la Commune, décorés du titre de *grands juges du peuple*, composaient le sanguinaire tribunal installé à la Force. Roch Marcandier prétend que madame de Lamballe fut interrogée par Fieffé, greffier de la Force, et que le tribunal improvisé n'était composé que de quelques particuliers. De son côté, Peltier rapporte que c'était Hébert lui-même qui présidait ce tribunal lorsque madame de Lamballe y fut amenée le 3 septembre à sept heures du matin. M. de Beauchesne, qui résume ces opinions, trouve fort problématique ce prétendu interrogatoire et sans doute ce prétendu tribunal. La présence des commissaires de la Commune aux prisons ne saurait être niée. Elle résulte de la délégation formelle à cet effet du conseil général, dans sa séance du 2 septembre, à quatre heures du soir, et de leurs propres déclarations.

L'historien le plus autorisé des massacres nous semble avoir exactement déterminé leur part aux jugements de la Force, si l'on peut prostituer ce nom à un simple choix fait pour les bourreaux.

Il y avait à la Force un tribunal dit *du peuple;* il siégeait dans la chambre du concierge Bault [1]. Ce tri-

[1] Réduit à être le témoin muet et passif de ces saturnales. « Mon » mari, dit la veuve Bault dans son intéressante *Relation*, était con- » cierge de la maison de la Force à l'époque de la Révolution. Je » partageais ses travaux, et j'élevais près de lui mes enfants. Nous » fûmes témoins des massacres des 2 et 3 septembre. Il eut le bon- » heur de faire sauver près de deux cents détenus et s'échappa avec

bunal fut même le plus complet de tous ; il avait son président, son accusateur public et ses juges.

Le président du tribunal de la Force changea plusieurs fois ; les forces humaines n'auraient pas suffi à cette besogne sanglante, qui dura quatre jours et quatre nuits. Ce fut tantôt un nommé Chépy, fils d'un ancien procureur, tantôt l'Huillier, tantôt quelque autre.

L'accusateur public était un nommé Pierre Chantrot, avocat, rue de la Coutellerie, 3, natif de Paris.

Il déclara lui-même, dans le procès qui fut fait aux septembriseurs, en 1796, qu'il avait fait les fonctions de juge à la Force et qu'il avait lu les écrous sur les registres, mais que c'était après y avoir été contraint au nom de la loi.

Les juges étaient au nombre de six ou sept, qui se relevaient sans doute tour à tour, et dont les uns jouaient un rôle délibératif, les autres actif. C'étaient, pour la plupart, des commissaires de la Commune, ceints de leurs écharpes et présidant de force, ont-ils dit plus tard, mais sans trop de mauvaise grâce, aux massacres qu'ils avaient mission apparente d'empêcher, mais mission secrète de régulariser. C'étaient

» eux. Mais nous eûmes la douleur de ne pouvoir pas arracher à la
» mort la plus illustre des victimes qui périrent dans ces fatales
» journées. Les assassins se rendirent maîtres de notre domicile, de
» nos meubles, de nos provisions, et nous leur abandonnâmes tout
» ce qui était à nous, en détournant les yeux des horreurs dont ils
» se souillaient en notre présence. Ils quittèrent enfin, quand il ne
» leur resta plus rien à immoler. »

Marino, Dangé, Monneuse, Michonis, James, Lesguillon, Rossignol et René Jolly. Ce dernier ne paraît pas être un membre de la Commune. A ces noms, mentionnés par M. Granier de Cassagnac, il faut ajouter ceux d'Hébert et de l'Huillier, qui, d'après l'ensemble des témoignages, sont ceux qui paraissent avoir pris la part la plus active à la direction de l'égorgement.

Les bourreaux principaux de la Force étaient, d'après la minutieuse enquête de 1795, forcément incomplète, au nombre de treize. C'étaient les nommés Jean-Pierre Gonard, Jean-Gratien-Alexandre Petit-Mamin, Pierre Renier, dit le *Grand-Nicolas*, Claude-Antoine Bodot, Jean-Nicolas Bernard, Michel Marlet, Antoine-Victor Crappier, François-Baptiste-Joachim Bertrand, Pierre Laval, François La Chèvre, Simon-Charles-François Vallée, Jacques Laty, et enfin une horrible mégère, nommée Angélique Voyer.

Le public se composait de fédérés, de Marseillais, de sans-culottes des sections, de gardes nationaux, de femmes brutales et lascives, d'enfants farouches et cyniques, de la foule imbécile qui fait à tous les spectacles, quels qu'ils soient, comiques ou terribles, une ceinture de curiosité indifférente [1]; et mêlés à cette foule, de quelques prisonniers, échappés à la faveur du désordre, déguisés, guettant l'occasion propice; de quelques parents dévoués, de quelques amis fidèles,

---

[1] Pas si indifférente, que de temps en temps, excitée par l'odeur du sang, elle ne mît aussi la main à la besogne et ne portât quelque dernier coup au mourant. (*Weber.*)

apostés là par une dernière espérance, par une dernière illusion, et hasardant de temps en temps un cri, rarement contagieux, de clémence et de pardon. Pour la force armée des sections, qui eût pu dissiper d'une charge cette poignée de sanguinaires goujats, elle attendait, selon l'habitude du temps, — *faute d'ordre*, ont dit plus tard les chefs, comme si on avait besoin d'ordre pour courir sus à l'assassinat, — que tout fût fini pour venir rétablir l'ordre... parmi des cadavres.

« Il fut donné, dit Peltier, à un petit nombre de
» prisonniers de conserver quelque sang-froid dans
» ces affreux moments. Des hommes très-signalés
» trompèrent les bourreaux en affectant leurs formes
» et leur ton. Un zèle héroïque, et qu'à peine on peut
» comprendre, poussa des amis, des parents, des
» domestiques, à se mêler au milieu des assassins, à
» fraterniser, à boire avec eux; et quand le prisonnier,
» objet de leur sollicitude, paraissait devant le tribunal
» de mort, des cris de *Grâce!* s'élevaient tout à coup
» en leur faveur, et les juges, entraînés, répétaient :
» *Grâce!* Des commissaires de section parurent, tra-
» versèrent une voûte de piques, de sabres, de mas-
» sues, pour venir réclamer des citoyens qui, presque
» tous, leur furent rendus. »

La forme de ces sentences laconiques était digne du tribunal, des exécuteurs, du public. Selon le rapport du commissaire de la Commune Guirault, l'expression ironique employée pour désigner la victime au sacrifice était : *Élargissez Monsieur* ou *Madame*, ou bien : *À l'Abbaye,* ou : *A Coblentz*. Le signal d'absolution était le cri de *Vive la Nation!* répété frénétiquement, avec accompagnement des chapeaux tournant au bout des sabres et des piques.

L'exécution, commencée quelquefois en sa présence, avait le plus souvent lieu loin de la vue du tribunal. On entraînait le condamné incertain, qui à la Force croyait à un simple transfèrement à l'Abbaye, et à l'Abbaye à un simple transport à la Force. Le premier coup de hache ou de sabre, bientôt suivi d'une grêle de coups mortels, foudroyait le malheureux en plein rêve, et il n'avait pas même le temps de regretter la confiance qui l'avait rendu docile et presque reconnaissant. C'est dans la rue des Balais, qui formait alors une impasse appelée cul-de-sac des Prêtres, que les massacres avaient leur principal théâtre. On poussait les condamnés hors du guichet, qui figurait l'enceinte du tribunal, on les immolait et on les traînait à ce monceau de cadavres nus qui dominait le ruisseau de la rue Saint-Antoine et égouttait le sang dans sa boue. C'est aussi sur ce monceau de cadavres, digne autel de la Fraternité, qu'on faisait prêter le serment civique aux prisonniers absous et délivrés.

Heureux ceux qui, comme les compagnons de Maton de la Varenne, se dérobaient à cette terrible épreuve et à cette douloureuse formalité, en corrompant en chemin le gendarme sans-culotte qui était monté les chercher! Heureux encore ceux qui, comme Maton de la Varenne et Weber eux-mêmes, échappaient miraculeusement à une condamnation presque inévitable en raison de leurs antécédents!

« Il était dix heures du matin, a raconté ce dernier,
» lorsque je fus introduit. Je vis un homme fort replet,
» à l'uniforme de garde national et décoré d'une
» écharpe tricolore, assis près d'une grande table sur
» laquelle étaient placés les registres de la prison. A
» côté de l'homme à écharpe qui faisait les fonctions
» de président du tribunal populaire, siégeait le commis
» des prisons, et autour de la table deux grenadiers,
» deux fusiliers, deux chasseurs et deux forts de la
» halle. Voilà quels étaient les personnages qui com-
» posaient ce tribunal. Enfin, beaucoup de Marseillais
» et d'autres fédérés remplissaient la chambre d'au-
» dience comme spectateurs. »

Selon Bertrand de Molleville, Peltier et plusieurs autres, Hébert et l'Huillier siégeaient lors de la comparution de la princesse de Lamballe.

« Cette princesse infortunée », dit Peltier, dont le récit, combiné avec celui de Bertrand de Molleville et puisé aux meilleures sources d'informations, sera notre guide, « ayant été épargnée le 2 au soir, s'était
» jetée sur son lit, accablée de tous les genres d'inquié-
» tude et d'horreur. Elle ne fermait les yeux que pour
» les rouvrir presque aussitôt, réveillée en sursaut par
» des songes affreux.

» Sur les huit heures du matin, deux gardes natio-
» naux entrèrent dans sa chambre pour lui signifier
» qu'elle allait être transférée à l'Abbaye. Elle répondit

CHAPITRE QUATORZIÈME.

» à cela que prison pour prison, elle aimait autant
» rester dans celle où elle était que d'entrer dans une
» autre. En conséquence, elle refusa absolument de
» descendre et demanda avec instance qu'on la laissât
» tranquille. Un de ces gardes nationaux s'approcha
» alors d'elle, et lui dit avec dureté [1] qu'il fallait obéir
» et que sa vie en dépendait. Elle répondit qu'elle
» allait faire ce qu'on désirait, et pria ceux qui étaient
» dans sa chambre de se retirer. Elle passa une robe,
» rappela le garde national, qui lui donna le bras, et
» elle descendit dans le redoutable guichet, où elle
» trouva les deux officiers municipaux, revêtus de
» leur écharpe, qui jugeaient les prisonniers. Pétion,
» qui les vit encore le lendemain matin, n'a pas jugé
» à propos de les nommer. Mais on a su bientôt que
» c'étaient *Hébert* et *l'Huillier* [2]. »

Arrivée devant ce tribunal implacable, la vue des bourreaux à la figure féroce, brandissant leurs armes rougies, cette odeur de sang et de vin qui formait l'atmosphère cadavérique, nauséabonde, de cet étroit guichet, l'air sordide et sinistre des juges, les cris étouffés, les râles lointains qu'on entendait par moments, la mort enfin qui passait dans l'air, tout cela saisit à la fois la délicate princesse aux yeux, à la gorge et au cœur, et elle s'évanouit, selon le témoignage

---

[1] Notre manuscrit nomme le *Grand-Nicolas*. Il fait demander par la princesse des nouvelles de mesdames de Tourzel, de Saint-Brice, etc. On lui répond qu'elles *sont en sûreté*.

[2] La majorité est pour ces noms. Notre manuscrit dit : Dangé et Monneuse. M. Mortimer-Ternaux dit : Hébert et Rossignol.

conforme de Peltier et de Bertrand de Molleville. Ce dernier ajoute ces mots, où nous retrouvons la mention de cette insaisissable compagne de captivité de la princesse, au nom douteux, à la présence non constatée, que quelques historiens appellent madame de Navarre et attribuent au service de madame de Lamballe, — quoiqu'elle soit partout désignée comme femme de Madame Élisabeth et comme ayant été délivrée avec madame de Tourzel :

« A peine commençait-elle à reprendre ses sens, » dit Bertrand, par les soins d'une de ses femmes de » chambre qui l'avait accompagnée, que de nouveaux » cris la faisaient retomber dans le même état. »

Enfin l'interrogatoire commence, et voici que maintenant, l'âme ayant dominé la chair, la femme qui se tordait et s'évanouissait tout à l'heure, comme madame du Barry, devient et demeure l'héroïne digne d'Élisabeth.

Cet interrogatoire n'avait pas d'autre but que de jouer un moment avec la victime et d'essayer de lui arracher un blasphème inutile; si, comme nous le lisons dans les *Mémoires de Weber*, il avait été précédemment saisi à l'Hôtel de ville, lors de sa comparution du 19 août, trois lettres, dont une de la Reine, dans le bonnet de la princesse.

Cette lettre fut-elle, entre les mains sanglantes du juge ou de ses acolytes, un témoignage accusateur suffisant pour légitimer une immolation qui n'était pas sans exciter quelques répugnances? Fut-elle lue

CHAPITRE QUATORZIÈME.

au peuple pour justifier la mort de cette femme qui semblait inoffensive, et est-ce par suite de cette communication et de cette circulation qu'elle a été souillée de ce sanglant stigmate qui l'a suivie dans la collection de M. Feuillet de Conches [1] ?

Nul ne peut aujourd'hui éclaircir ces mystères. Mais il n'est pas moins intéressant de noter le passage suivant de Weber, qui apporte à l'enquête un fait nouveau, qu'on ne trouve dans aucun autre *Mémoire*, et qui peut aider à authentiquer historiquement cette tache de sang, matériellement trop réelle.

« Trois lettres, dit Weber, qui avaient été trouvées
» dans le bonnet de madame de Lamballe, au moment

---

[1] Ce qui pourrait confirmer cette conjecture, c'est le passage suivant de notre manuscrit : « Ces deux individus (le *Grand-Nicolas et son acolyte*), qui allèrent chercher la princesse pour la conduire devant le tribunal, sur son refus de descendre, « firent rendre compte
» de cette résistance aux officiers municipaux qui présidaient le tri-
» bunal sanguinaire de la grande Force. Ceux-ci se hâtèrent d'ex-
» pédier un agent sûr à Pétion et à Manuel, pour savoir d'eux le
» parti qu'il fallait prendre à l'égard de la princesse. » La Commune était voisine et d'une facile et permanente communication avec la Force. « Au retour du messager, les avis furent donnés à plusieurs ci-
» toyens de quitter leurs armes et de se placer parmi la foule qui
» entourait les cadavres des malheureux sacrifiés la veille, et d'y
» répandre le bruit de la trahison de la princesse avec la cour, dans
» la nuit du 9 au 10 août. Cet ordre fut ponctuellement exécuté. Vers
» onze heures, on entendit plusieurs voix dans la multitude crier :
» *La Lamballe! la Lamballe!* Quand les deux municipaux virent que
» les esprits étaient disposés à voir périr la victime, ils l'envoyèrent
» chercher une seconde fois, avec ordre d'employer la force si elle
» résistait encore. »

La lettre de la Reine à la princesse joua peut-être à ce moment, à titre de pièce de conviction, un rôle décisif dans le drame.

» de son premier interrogatoire, rendaient sa perte
» presque certaine. Une de ces lettres était de la Reine.

» Ce fait, dont il n'est question dans aucun des *Mé-
» moires* du temps, a été certifié par un officier de
» Mgr le duc de Penthièvre, qui avait, par ordre du
» prince, suivi la princesse à l'Hôtel de ville. Il entendit
» distinctement des commissaires signaler ces malheu-
» reuses lettres, qui en effet furent découvertes. Cet
» infâme dénonciateur avait été attaché huit ans à la
» princesse et comblé de ses bienfaits. »

Nous pourrions penser que l'auteur des *Mémoires de Weber* s'est trompé, et a placé à l'Hôtel de ville, le 19 août, une scène de perquisition et de fatale découverte qui eut lieu à la Force le 3 septembre, si nous n'avions un minutieux *procès-verbal* du récolement de tous les objets trouvés sur la princesse après sa mort, et où figurent, comme nous le verrons, une lettre également tachée de sang, mais non de la Reine. Mais poursuivons ce lamentable récit.

« Lorsqu'elle fut, dit Peltier, en état de subir son
» interrogatoire, on eut l'air de le commencer. Voici
» cet interrogatoire, qui fut, à peu de mots près,
» recueilli par la famille de la princesse, de la bouche
» d'un témoin oculaire [1].

---

[1] Ceci pourrait bien nous révéler le véritable auteur du *Journal manuscrit inédit* que nous avons sous les yeux, et qu'a bien voulu nous communiquer M. Feuillet de Conches. Nous avions pensé d'abord qu'il avait pu servir de canevas à madame Guénard. Mais certaines phrases qui établissent qu'il a été écrit postérieurement à la publication de ces prétendus *Mémoires*, et surtout la minutieuse abondance

» *D.* Qui êtes-vous?

» *R.* Marie-Louise, princesse de Savoie.

» *D.* Votre qualité?

» *R.* Surintendante de la maison de la Reine.

» *D.* Aviez-vous connaissance des complots de la
» cour au 10 août?

» *R.* Je ne sais pas s'il y avait des complots au
» 10 août; mais je sais que je n'en avais aucune con-
» naissance.

» *D.* Jurez la liberté, l'égalité, la haine du Roi, de
» la Reine et de la royauté.

» *R.* Je jurerai facilement les deux premiers, je ne
» puis jurer le dernier, il n'est pas dans mon cœur.

» Ici, un assistant lui dit tout bas : « *Jurez donc;*
» *si vous ne jurez pas, vous êtes morte.* »

» La princesse ne répondit rien, leva ses deux
» mains à la hauteur de ses yeux [1], et fit un pas vers le
» guichet.

» Le juge dit alors : *Qu'on élargisse madame.* On
» sait que cette phrase était le signal de la mort.

des renseignements et témoignages recueillis par l'auteur anonyme, relativement à la mort de la princesse de Lamballe, sur laquelle madame Guénard, à court de faits et n'osant inventer, est fort brève et fort incomplète, nous font croire maintenant avoir affaire, dans l'auteur de ce *Journal* très-bien informé pour tout ce qui concerne l'épisode de septembre et très-hostile au duc d'Orléans, à un de ces serviteurs dévoués qui assistaient déguisés aux scènes de la Force, pour essayer de disputer la vie de la princesse à ses juges ou au moins son corps à ses assassins. Cet écrit a dû servir à Peltier ou à Bertrand de Molleville, peut-être à tous les deux.

[1] Bertrand de Molleville dit : « Et en couvrit son visage. »

» On a répandu le bruit que l'intention du juge
» n'avait pas été de l'envoyer au supplice; mais ceux
» qui ont voulu atténuer par là l'horreur de sa mort,
» ont oublié de dire quelles précautions on avait prises
» pour la sauver [1].

» Les uns disent que lorsqu'on ouvrit le guichet,
» on lui avait recommandé de crier *vive la Nation!*
» mais qu'effrayée à la vue du sang et des cadavres
» qu'elle aperçut, elle ne put répondre que ces mots :
» *Fi! l'horreur!* et que les assassins, appliquant cette
» exclamation si naturelle aux cris qu'ils demandaient
» de *Vive la Nation!* l'avaient frappée à l'instant.
» D'autres prétendent qu'elle ne dit à la porte du
» guichet que ces seuls mots : *Je suis perdue.*

» Quoi qu'elle eût dit, sa mort était si bien résolue,
» qu'à peine eut-elle passé le seuil de la porte, elle
» reçut derrière la tête un coup de sabre qui fit jaillir
» son sang. Deux hommes la tenaient fortement sous
» le bras, et l'obligèrent de marcher sur des cadavres.
» Elle s'évanouissait à chaque instant. Elle se trouvait
» alors dans le passage étroit qui mène de la rue
» Saint-Antoine à la prison, et qu'on nomme *cul-de-*
» *sac des Prêtres.*

[1] Mercier prétend qu'il y eut quelques cris de *Grâce! grâce!* « A
» l'aspect effrayant des bourreaux couverts de sang, il fallait un courage
» surnaturel pour ne pas succomber. Plusieurs voix s'élèvent du milieu
» des spectateurs et demandent grâce pour madame de Lamballe; un
» instant indécis, les assassins s'arrêtent; mais bientôt après elle
» est frappée de plusieurs coups, elle tombe baignée dans son sang;
» elle expire. »

CHAPITRE QUATORZIÈME.

» Lorsque enfin elle fut tellement affaiblie qu'il ne
» lui fut plus possible de se relever, on l'acheva à
» coups de pique sur un tas de corps morts. »

Faisons immédiatement la part de chaque complice de ce grand crime, et, pour soulager l'indignation impatiente du lecteur, plaçons, auprès de la mention de responsabilité, la consolante constatation du châtiment subi, dès ici-bas, par chaque assassin.

La *Biographie Michaud*, dans l'excellent article qu'a signé Duval, l'auteur des *Souvenirs de la Terreur* (souvenirs parfois... *romancés* à la façon de Charles Nodier, son ami et son maître), fait ainsi la part de chaque coupable :

« A ce moment, un des monstres qui l'entouraient [1]
» imagina de lui enlever son bonnet avec la pointe de son
» sabre; mais comme il était ivre de sang et de vin, il attei-
» gnit la princesse au-dessus de l'œil; le sang jaillit, et ses
» longs cheveux tombèrent sur ses épaules. Deux hommes
» la tenaient fortement sous les bras, et la forçaient de
» marcher sur des cadavres. Elle s'évanouissait à chaque
» instant. Elle se trouvait alors dans cet espace étroit qui
» conduit de la rue Saint-Antoine à la prison, et qu'on
» nomme la rue des Ballets. Une demi-douzaine d'indivi-
» dus, postés dans ce passage, hasardèrent quelques cris
» de : *Grâce! grâce!* « Mort aux laquais déguisés du duc
» de Penthièvre! ». s'écrie Mamin, qui tombe sur eux à
» coups de sabre. Deux furent tués sur place; les autres
» trouvèrent leur salut dans la fuite. Dans le même instant,

[1] Dans ses *Souvenirs de la Terreur*, G. Duval nomme Charlat, garçon perruquier de la rue Saint-Paul, tambour au bataillon des Arcis, comme ayant donné le premier coup avec une pique.

» Charlat[1] décharge sur la tête de la princesse, évanouie
» dans les bras des deux hommes qui la soutenaient, un
» coup de bûche qui l'étend à ses pieds, sur une pile de
» cadavres. Un autre scélérat, Grison[2], garçon boucher, lui
» coupe la tête avec son couteau de boucherie..., et, accom-
» pagné de quelques autres égorgeurs, il va la déposer sur
» le comptoir d'un marchand de vin, qu'ils veulent forcer
» de boire *à sa santé*. Cet homme refuse; on le maltraite,
» on le traîne sur un monceau de cadavres, et on l'oblige,
» le couteau sur la gorge, à crier : *Vive la nation !* Il s'éva-
» nouit, on le laisse là, et quand il rentre chez lui, il trouve
» son comptoir vide : les brigands avaient tout enlevé. »

Selon le même auteur, c'est le nègre Delorme et Petit-Mamin qui épongeaient le cadavre pour en faire admirer la blancheur à la féroce et obscène galerie. C'est Charlat qui lui déchira les entrailles et lui arracha le cœur.

M. Mortimer-Ternaux nomme Charlat, Grison et Petit-Mamin.

Notre manuscrit désigne comme ayant fait sauter, d'un coup de pointe de sabre, le bonnet de l'infortunée princesse, un homme dont le nom finit par lui échapper, et Charlat comme ayant frappé la victime du coup de bûche qui l'étendit à terre.

Le *Grand-Nicolas* (Pierre-Nicolas Renier, dit le *Grand-Nicolas*) fut condamné à vingt ans de fers le 12 mai 1796.

Il était âgé de quarante et un ans au moment de la

---

[1] Dans les *Souvenirs de la Terreur*, G. Duval désigne Grison.
[2] Dans les *Souvenirs de la Terreur*, c'est Charlat qui coupe la tête.

procédure dérisoire de 1796, dont il fut l'unique victime expiatoire [1]. Il était ci-devant fort au port Saint-Paul, puis gendarme licencié, demeurant rue des Prêtres-Paul, section de l'Arsenal.

Voici la note qui le concerne dans le résumé de Gohier.

« Pierre Nicolas Régnier, dit le Grand-Nicolas, est
» accusé d'être un des plus farouches assommeurs des
» détenus de la Force. Il était à la porte, armé d'une
» batte à plâtre, frappant les détenus qu'on faisait
» sortir du guichet. Il avait assommé un prisonnier
» sur les marches du portail des Jésuites. Il traînait les
» cadavres sur le tas.

» Sa concubine, Angélique Voyer, dite femme
» Nicolas, est accusée d'être montée sur une charrette
» de cadavres, de les avoir foulés aux pieds, d'avoir
» achevé à coups de sabot une victime qui respirait
» encore ; elle mangeait sur la voiture, les mains teintes
» de sang. »

Nous lisons aussi, dans le résumé de Gohier, en ce qui concerne le nommé Jean-Gratien-Alexandre Petit-Mamin, âgé de trente-trois ans, natif de Bordeaux (Gironde), rentier, demeurant à Paris, place de l'Égalité, section des Tuileries :

---

[1] M. Granier de Cassagnac n'y compte, pour la Force, que treize accusés ; M. Mortimer-Ternaux seize, qu'il cite. Nous empruntons à ces deux historiens, consciencieux et énergiquement honnêtes, des *Massacres de septembre,* les éléments de cette galerie d'assassins sans-culottes. Voir aussi le recueil si complet des *Pièces et relations,* dû à M. Barrière (*Didot*).

« Petit-Mamin est accusé de s'être vanté d'avoir
» assassiné à la Force la ci-devant princesse de Lam-
» balle.

» Le témoin Barré nous a déclaré que Petit-Mamin
» s'était vanté d'avoir commis le crime; mais il a
» ajouté qu'il ne savait si cela était vrai, et s'il ne
» l'avait pas dit par forfanterie.

» L'accusé Petit-Mamin a nié tous ces faits, et sou-
» tenu qu'il n'avait été accusé qu'en haine de son
» excès de patriotisme; que non-seulement personne
» ne l'avait vu commettre un assassinat, mais encore
» qu'il était incapable d'en commettre et que jamais il
» ne s'était flatté de pareilles horreurs; quant aux
» autres inculpations, il les a également repoussées par
» la dénégation, et a dit que le jour même de l'assas-
» sinat de la femme Lamballe, il était allé à Saint-
» Germain pour faire une arrestation. Plusieurs té-
» moins ont été entendus en faveur de l'accusé. La
» femme Millet a dit qu'elle avait vu celui qui portait,
» rue Antoine, le cœur de la ci-devant princesse de
» Lamballe, qu'il le mordait; mais que cet individu
» forcené était parti avec son mari pour la Vendée, et
» qu'il y avait péri en voulant commettre encore de
» nouvelles horreurs. »

Ces faits ne peuvent s'appliquer qu'à Charlat, que notre manuscrit et les *Mémoires de Weber* désignent formellement comme ayant porté la tête de la princesse de Lamballe au bout d'une pique. Ce Charlat était un tambour de la garde nationale (section des

CHAPITRE QUATORZIÈME.

Arcis), qui partit bientôt après pour la Vendée, avec un bataillon de volontaires parisiens, et qui fut massacré par ses camarades eux-mêmes, lorsqu'ils apprirent qu'ils avaient dans leurs rangs un abominable assassin. Cette absence de Paris et cette mort expliquent son absence des listes d'inculpation de 1796, et des listes d'assassins de M. Granier de Cassagnac.

« Petit-Mamin, que, malgré son acquittement, on a
» toujours considéré comme un des assassins de la
» princesse de Lamballe, dit une note de M. Mortimer-
» Ternaux, passait sa vie dans les bouges du Palais-
» Royal. Il était tous les soirs au théâtre du Vaudeville,
» alors établi rue de Chartres. Il en terrifiait les habi-
» tués et les acteurs par le récit de ses sinistres
» exploits. Le témoin Barré, qui dépose contre lui,
» était l'un des directeurs du Vaudeville avec Nodet et
» Desfontaines. Dans son interrogatoire devant le juge
» d'instruction, Petit-Mamin répond avec indifférence
» à la question s'il a assassiné quelqu'un? « Au dix
» août, il peut bien se faire que j'aie tué quelques
» Suisses. »

Petit-Mamin, acquitté par le jugement du 4 floréal an IV, fut déporté par le sénatus-consulte de sûreté publique, rendu le 15 nivôse an IX (5 janvier 1801) à l'île d'Anjouan, l'une des Comores, située à trois cent quarante lieues des Séchelles, par 12 degrés de latitude sud. Il y mourut de fièvres endémiques, dans les plus atroces douleurs, ainsi que Rossignol, l'un des municipaux du 10 août et du 2 septembre, l'un des juges de la Force, le compagnon orfévre devenu général et dévastateur de la Vendée. Monneuse, après avoir résisté six ans au climat dévorant des Séchelles, alla mourir en 1808 à l'hôpital de l'Ile de France.

C'est ce Monneuse dont il est dit dans le résumé de Gohier :

« Monneuse était membre du conseil général de la
» Commune. Il est accusé d'être allé aux prisons, no-
» tamment à la Force, revêtu de l'écharpe municipale,
» d'y avoir fait les fonctions d'officier municipal et
» de juge.

» Le vingt et unième témoin vous a dit avoir vu
» Monneuse arriver à la Force avec plusieurs autres
» et envoyer chercher quatre flambeaux.

» Le trente-cinquième témoin vous a dit avoir vu
» Monneuse à côté d'un homme à grande barbe, dans
» une salle en bas, à côté d'une table ; il jugeait les
» détenus qu'on assommait.

» Le quarante-troisième et le quarante-sixième vous
» ont dit l'avoir vu aller et venir à la Force, se réjouir
» des tristes événements qui venaient d'y avoir lieu,
» y témoigner beaucoup d'immoralité, ajoutant qu'on
» joua du violon devant lui et que son collègue dansa.

» Le soixante-quatrième témoin, le citoyen Hurault,
» vous a expliqué comment on jugeait à la Force. Il
» vous a dit que c'était Monneuse qui était assis à un
» des bouts de la table, que Chantrot faisait les fonc-
» tions d'accusateur public, qu'il faisait les *interro-*
» *gatoires*, qu'ils étaient près d'une table, sous un

» hangar à la Force, laquelle table était encore sur-
» chargée de bouteilles vides et de débris de comes-
» tibles. »

Hébert périt sur l'échafaud le 4 germinal an II.

Dangé, impliqué dans l'affaire des *Chemises rouges,* y monta également le 29 prairial an II.

Grison fut condamné à mort quelques années après par le tribunal criminel de l'Aube, comme affilié à une bande de brigands et de chauffeurs[1] (janvier 1797).

Le nègre Delorme, sur lequel on trouvera, à l'*Appendice,* une *Notice* empruntée à Duval, ainsi que sur un autre tueur, appelé Allaigre, le seul qui soit mort dans son lit, fut condamné à mort et exécuté le 8 prairial, comme convaincu d'avoir été l'un des assassins du député Féraud, et d'avoir porté sa tête au bout d'une pique.

L'Huillier n'est point porté sur cette liste d'accusation de floréal an IV.

Maintenant, la conscience vengée, l'indignation apaisée, poursuivons jusqu'au bout notre tâche et suivons pieusement, dans ses tragiques et scandaleuses pérégrinations, le cadavre déchiré de la princesse de Lamballe, de cette inoffensive victime que tous les historiens, depuis Peltier jusqu'à Mercier lui-même, peu suspect de partialité, ont déplorée et glorifiée comme morte en expiation de la vertu, de l'amitié et de la fidélité, ces crimes des temps de révolution.

« On l'eut bientôt, dit Peltier, dépouillée de ses

[1] Voir le *Moniteur* de l'an V, n° 125.

» vêtements [1]. On exposa ensuite son cadavre à la vue
» et aux insultes de la populace. Il resta plus de deux
» heures dans cette position. A mesure que le sang
» qui coulait de ses blessures ou celui des cadavres
» voisins salissait les formes du corps de cette mal-
» heureuse victime, des hommes apostés exprès étaient
» occupés à le laver afin de faire remarquer sa blan-
» cheur aux spectateurs.

» Je n'ai pas le courage de peindre tous les excès

---

[1] Voici les documents, publiés successivement par M. de Beauchesne et M. Barrière, qui établissent le relevé de ces funèbres épaves. Nous faisons grâce des fautes de français et d'orthographe.

Municipalité de Paris.

« L'an 1792, le quatrième de la liberté, le premier de l'égalité,
» le huitième* jour de septembre, une heure trois quarts de relevée:
» Nous, commissaire du conseil général de la Commune, nommé
» par arrêté de ce jour, à l'effet d'examiner une lettre trouvée dans
» la poche de madame de Lamballe, détenue en la prison de l'hôtel
» de la Force, *où elle vient d'être fait mourir par le peuple,* cette
» lettre apportée à la Commune et déposée sur le bureau avec un

* M. de Beauchesne dit le troisième. C'est le huitième qu'il faut lire sur le procès-verbal d'inventaire *domiciliaire*. L'inventaire *corporel* est du 3, et M. Mortimer-Ternaux, t. III, p. 497, donne en outre un *procès-verbal d'inventaire* fait à la section des *Quinze-Vingts*, au comité civil et de police, des effets trouvés dans un portefeuille saisi sur la ci-devant princesse de Lamballe, à la réquisition de cinq individus, que nous ne calomnions pas en les supposant avoir fait partie de la troupe des malfaiteurs. On trouve dans ce portefeuille 90 livres en assignats de 5 livres, une bague d'or, un porte-crayon, une image et un médaillon. On lit au bas de ce procès-verbal la mention suivante qui donne une médiocre idée de la délicatesse des comparants :

« Les citoyens dénommés au présent procès-verbal reconnaissent avoir
» retenu par devers eux (*en payement sans doute*) les assignats dénoncés de
» l'autre part.
                                Signé : HERVELIN, TERVEUX, ROUSSEL.
» Ce jour, 3 septembre 1792. »

CHAPITRE QUATORZIÈME.

» de barbarie et de lubricité dont on le souilla. Je me
» contenterai de dire que l'on chargea un canon avec
» une de ses jambes. »

Nous aurons, dans l'intérêt de la vérité, dans l'intérêt de la moralité de ce récit, qui doit être brutale pour être sûre, le courage que n'a pas eu Peltier. Écoutez ce récit de Mercier :

« Aussitôt (*après le coup mortel, peut-être avant le*
» *dernier soupir*), on lui coupe la tête et les mamelles.

» anneau d'or, avec inscription en dedans et en dehors, et un paquet
» de neuf petites clefs dans un même anneau d'acier, un étui en ga-
» luchat, contenant une paire de lunettes montées en acier, le tout
» apporté par Pierre Robbe, fort de la Halle, demeurant rue de la
» Muette, n° 10, faubourg Saint-Antoine, et M. François Pernel,
» marchand, officier, rue Saint-Antoine, n° 347, canonnier volontaire
» de la section armée des Droits de l'Homme, lesquels ont requis qu'il
» leur en soit donné décharge par nous commissaire. Et ont signé
» *Pernet-Robbe.* »

» Procédant de suite à l'examen de ladite lettre, nous n'avons
» rien trouvé de suspect, pourquoi nous concluons à ce que cette
» lettre soit jointe au procès-verbal de levée des scellés apposés chez
» madame de Lamballe, ainsi que les clefs et objets désignés ci-des-
» sus, et avons signé après dépôt fait au secrétariat.

» Le Gray,   Mareux,
» *officier municipal.*   *officier municipal.* »

Cette lettre, écrite tout entière de la main de la duchesse de Bourbon, mère du duc d'Enghien, est ainsi conçue :

« Je viens d'apprendre, ma princesse, tous les nouveaux malheurs
» arrivés à Paris. J'aurais désiré m'aller présenter devant le Roi et la
» Reine, dans ces tristes circonstances ; mais la crainte d'être enfermée
» dans Paris m'arrête. Soyez assez bonne, ma princesse, pour leur faire
» part du contenu de ma lettre, et pour me donner des nouvelles
» de toute la famille royale, ainsi que des vôtres. Je n'ajouterai rien,
» les termes sont trop faibles pour exprimer tout ce que le cœur
» éprouve dans de telles circonstances. »

Cette lettre est tachée de sang.

» Son corps est ouvert, on lui arrache le cœur. Sa tête
» est ensuite portée au bout d'une pique et promenée
» dans Paris; à quelque distance, on traînait son
» corps...

» Tout ce que la férocité peut produire de plus hor-
» rible et de plus froidement cruel fut exercé sur ma-
» dame de Lamballe.

» Il est un fait que la pudeur laisse à peine d'ex-
» pression pour décrire. Mais je dois dire la vérité tout
» entière et ne me permettre aucune omission. Lorsque
» madame de Lamballe fut mutilée de cent manières
» différentes, lorsque les assassins se furent partagé
» les morceaux sanglants de son corps... »

Mais non, nous avons trop présumé de notre courage. Nous voulons bien faire pleurer nos lectrices, mais nous nous reprocherions de les faire rougir. Nous n'achèverons pas. Le lecteur trouvera à l'*Appendice*, s'il ose l'y chercher, le dernier et affreux détail du supplice.

Allons maintenant jusqu'au bout, il le faut, afin de justifier cette parole d'un éloquent historien, qui résume notre impression et notre but :

» Cette civilisation, qui s'était séparée de Dieu, dé-
» passait ainsi d'un seul bond les fureurs des sauvages,
» et le dix-huitième siècle, si fier de ses lumières et de
» son humanité, finissait par l'anthropophagie [1]. »

« Vers midi, dit Peltier, on détermina de lui couper
» la tête et de la promener dans Paris. Les autres

[1] M. de Beauchesne, *Louis XVII*.

» membres, dispersés, furent également livrés à une
» troupe de cannibales qui les traînèrent dans les rues. »

« Les abords de la Force, dit M. de Beauchesne,
» comme ceux de toutes les prisons ce jour-là, étaient
» encombrés d'une populace composée en grande
» partie de femmes et d'enfants en haillons. Au spec-
» tacle qu'on voulait donner ne devaient point man-
» quer les spectateurs. Il était midi quand les piques
» se dressèrent dans les airs; des cris et des hurlements
» saluèrent les sanglants trophées, et le cortége hideux
» se mit en marche. Une femme qui avait été à même
» de connaître les qualités touchantes de madame de
» Lamballe et qui lui gardait une reconnaissante affec-
» tion, madame Lebel, femme d'un peintre distingué,
» essayait en ce moment de s'approcher de sa prison,
» dans l'espoir d'apprendre de ses nouvelles. A la vue
» du grand mouvement qui se fait dans la foule, elle
» s'informe de ce qui se passe : « C'est, lui répondit-
» on, la tête de *la Lamballe* qu'on va promener dans
» Paris. » Saisie de douleur et d'effroi, madame Lebel
» retourne en toute hâte sur ses pas, et se réfugie, place
» de la Bastille, chez un perruquier qu'elle avait connu
» valet de chambre d'une grande maison, et dont elle
» appréciait les sentiments royalistes. Elle n'a pas eu
» le temps de s'y reposer que déjà la multitude est
» arrivée sur la place. Elle y fait une halte, et les
» principaux acteurs du drame viennent précisément
» s'adresser au perruquier, *pour accommoder la tête de*
» *madame de Lamballe*. A cet aspect, madame Lebel

» s'évanouit ; tombée entre la boutique et la pièce du
» fond, elle échappe aux regards, grâce au sang-froid
» du perruquier, qui se place devant elle et du pied
» la repousse dans la chambre, tandis qu'en causant
» avec ses horribles visiteurs, il lave, il décolle, il
» tresse et il poudre la blonde chevelure souillée de
» sang. « Au moins maintenant Antoinette pourra
» la reconnaître ! » s'écrie le porteur en redressant sa
» pique, au bout de laquelle il a replacé la tête de la
» victime. Et le cortége se remet en route. »

Cette histoire, peut-être cette légende de l'aventure de madame Lebel, se retrouve, avec quelques variantes, dans notre manuscrit. Ce ne fut pas le seul effrayant épisode de cette promenade cannibalesque.

« J'ai entendu bien des fois, dit l'éditeur des *Mé-*
» *moires de la baronne d'Oberkirch* [1], M. Charpentier,
» raconter à l'un de mes parents ce qui suit : Il passait
» rue Saint-Antoine au moment du massacre des pri-
» sonniers de la Force. Des monceaux de cadavres
» étaient çà et là ; le sang coulait dans les ruisseaux
» comme l'eau de la pluie. Épouvanté d'horreur et se
» sentant défaillir, il entra chez un marchand de vin
» et demanda un verre d'eau. Au moment où il buvait,
» une troupe d'égorgeurs entre dans la boutique du
» marchand et se fait servir du vin. L'un de ces mons-
» tres avait à la main une tête de femme fraîchement
» coupée et dont la magnifique chevelure blonde était
» enroulée autour de son bras nu. Pour vider son verre,

[1] T. II, p. 157.

CHAPITRE QUATORZIÈME.

» il posa cette tête toute droite sur le comptoir de
» plomb du marchand. C'était la tête de la princesse
» de Lamballe. »

Mais c'est le moment de parler des efforts que fit
le duc de Penthièvre pour sauver la vie à sa chère
belle-fille, ou pour avoir au moins la consolation
d'ensevelir pieusement ses restes [1].

Voici le billet qu'il écrivit à l'un des administrateurs
de ses domaines, après avoir reçu sans doute la dernière lettre, datée de l'Assemblée nationale, que lui
avait écrite la princesse de Lamballe [2] :

« Je vous prie, mon cher de... [3], s'il arrive malheur
» à ma belle-fille, de faire suivre son corps partout où
» il sera porté et de le faire enterrer au plus prochain
» cimetière, jusqu'à ce qu'on puisse le transporter à
» Dreux. »

« Cet administrateur fit venir un officier du prince,
» lui donna communication du billet de Son Altesse,
» et ajouta : « Je vous charge, monsieur, de faire rem-
» plir les intentions du prince. » C'était le 1er sep-
» tembre, et il y avait une extrême fermentation.
» M. de... fit venir trois hommes, dont deux étaient
» attachés au prince et le troisième à sa belle-fille, et,
» leur faisant prendre un costume qui les rendit mé-
» connaissables pour les brigands qui se portaient déjà
» aux prisons, il leur donna une somme assez forte en

[1] *Mémoires de Weber.*
[2] Fortaire, *Mémoires*, etc.
[3] De Mutrécy, son secrétaire?

» petits assignats, et leur recommanda de ne rien épar-
» gner pour remplir les intentions de leur auguste
» maître, si le malheur voulait qu'on ne pût sauver la
» princesse... »

... Quand la princesse eut succombé, « ces trois
» fidèles serviteurs, surmontant l'horreur que ces can-
» nibales leur inspiraient, se mélèrent à eux pour
» tâcher de leur enlever le corps de cette infortunée. »

Le cortége hideux porta d'abord la tête et le cœur de la princesse au bout de deux piques à l'abbaye Saint-Antoine, où elle avait passé quelque temps. On la présenta à madame de Beauvau, ci-devant abbesse de cette abbaye, et l'amie particulière de madame de Lamballe.

Ce premier exploit accompli, on songea à traîner ces restes sanglants à l'hôtel de Toulouse.

« On en vint prévenir, dit Weber, les officiers du
» prince, qui frémirent à cette seule idée; cependant
» on ne voulut pas y opposer de résistance; on ouvrit
» les galeries et on attendit en tremblant l'affreux cor-
» tége. Déjà ils étaient dans la rue de Cléry, lorsqu'un
» homme, frappé de la douleur que les officiers du prince
» allaient éprouver si leurs yeux étaient obligés de con-
» templer cet horrible spectacle, s'approcha de Charlat
» qui portait la tête et lui demanda où il allait : « *Faire*
» *baiser à cette.... ses beaux meubles.* — *Vous vous*
» *trompez, ce n'est pas ici chez elle, et elle n'y demeure*
» *plus; c'est à l'hôtel de Louvois ou aux Tuileries.* » En
» effet, la princesse avait ses écuries rue de Richelieu et

» un appartement au château, ce qui n'empêchait pas
» que sa véritable habitation ne fût à l'hôtel de Tou-
» louse. Heureusement les brigands crurent cet homme
» sensible, qui épargna ainsi cette profonde douleur
» aux serviteurs du prince. Cette horde de barbares ne
» s'arrêta donc pas à l'hôtel et alla aux Tuileries, mais
» on ne les y laissa pas entrer. Alors ils revinrent au
» coin de la rue des Ballets, faubourg Saint-Antoine. »

Et c'est sans doute en ce moment que leur vint l'idée d'aller au Temple insulter et effrayer les royaux prisonniers de cette menaçante apparition, symbole de leur destinée.

C'est en ce moment sans doute aussi que, par une coïncidence des plus étranges et des plus dramatiques, le cortége, porteur des restes sanglants de l'innocence immolée, rencontra la voiture où le coupable M. de Lamotte-Valois, triomphalement acquitté, se rendait, accompagné d'une foule sympathique, chez M. de Gentil, rue de Choiseul, réclamer du domaine, dans la personne de son directeur, la restitution de ses biens confisqués.

« J'eus, dit M. de Lamotte dans ses *Mémoires*[1], la
» douleur de rencontrer sur mon passage l'affreux cor-
» tége qui portait la tête de la princesse de Lamballe
» au bout d'une pique. Nous fûmes obligés de nous
» arrêter pour laisser passer cette foule. Les canni-
» bales!... Quand ils apprirent que j'étais dans la voi-
» ture, ils vinrent me présenter leur exécrable trophée,

[1] P. 228.

» comme s'ils eussent voulu m'en faire hommage,
» croyant sans doute que j'en serais très-flatté. Un
» homme qui faisait partie du cortége tenait dans sa
» main une poignée des cheveux de la malheureuse
» princesse. Je lui proposai de me les donner en
» échange de deux assignats de cent sous. Il accepta.
» Je fis parvenir, quelques jours après, ces restes pré-
» cieux au duc de Penthièvre [1]. »

Suivant notre habitude, c'est à Madame elle-même que nous demanderons le simple et par cela même plus pathétique récit de cette terrible scène de la Passion du Temple.

[1] Et il ajoute : « On a assuré que l'on a trouvé le moyen de se » procurer depuis la tête de la princesse et qu'il l'avait fait injecter. » Un détail très-curieux, que nous devons à ces mêmes *Mémoires*, est celui-ci : « Nous descendîmes à la Conciergerie, il me fit donner une » chambre qui avait été construite par les ordres de la princesse de » Lamballe, et destinée pour les dames de la Charité, lorsqu'elles » venaient apporter des secours aux prisonniers. Les croisées de cette » pièce donnaient sur la cour des femmes. C'est dans cette dernière » pièce qu'on entassa d'abord tout l'état-major des Suisses après le » 10 août; et *c'est aussi dans la même chambre que Marie-Antoi-* » *nette fut renfermée, et dont elle ne sortit que pour aller à la mort.* » C'est dans cette même chambre, deux fois sacrée, qu'il y a, nous assure-t-on, deux ou trois années, une dame voilée, accompagnée d'une autre dame, est venue un jour s'agenouiller, prier et pleurer sur ces dalles, où une reine de France s'est agenouillée, a prié et a pleuré, à la pensée de son mari et de ses enfants. Le respect nous empêche de nommer cette mystérieuse et auguste visiteuse, venant rendre un pieux et touchant hommage à la mémoire de la glorieuse martyre de la Révolution. C'est là un de ces exemples qui portent bonheur. — Nous ne pouvons nous empêcher de signaler, à propos de Marie-Antoinette et de la Conciergerie, un admirable article de J. Janin dans l'*Indépendance belge* du mardi 25 octobre 1864.

CHAPITRE QUATORZIÈME.

« Le 3 septembre, à dix heures du matin, Manuel
» vint voir mon père et l'assura que madame de Lam-
» balle et les autres personnes qu'on avait ôtées du
» Temple se portaient bien et étaient toutes ensemble
» et *tranquilles* à la Force.

» A trois heures, nous entendîmes des cris affreux.
» Comme mon père sortait de table et jouait au tric-
» trac avec ma mère, le municipal se conduisit bien,
» et ferma portes et fenêtres ainsi que les rideaux, pour
» qu'on ne vît rien [1]. Ce qui était bien fait. Les ou-
» vriers du Temple et le guichetier se joignirent aux
» assassins, ce qui augmenta le bruit ; plusieurs mu-
» nicipaux et officiers de la garde arrivèrent. Ces der-
» niers voulaient que mon père se montrât aux fené-
» tres. Les premiers s'y opposèrent avec raison. Mon
» père ayant demandé ce qui se passait, un jeune
» officier lui dit : « *Eh bien, monsieur, puisque vous*
» *voulez le savoir, c'est la tête de madame de Lamballe*
» *qu'on veut vous montrer.* » Ma mère fut glacée d'hor-
» reur. Les municipaux grondèrent l'officier. Mais
» mon père, avec sa bonté ordinaire, l'excusa en
» disant que c'était sa faute et non pas celle de l'of-
» ficier, qui n'avait fait que lui répondre.

» Le bruit dura jusqu'à cinq heures. Nous sûmes
» depuis que le peuple avait voulu forcer les portes ; que
» les municipaux les en empêchèrent en mettant à la
» porte un ruban tricolore ; qu'enfin ils avaient permis

[1] Ce municipal était Mennessier et non Danjou, comme dit M. Barrière.

» que les assassins fissent le tour de la Tour avec la tête
» de madame de Lamballe, mais qu'on laisserait à la
» porte le corps qu'on voulait traîner. Quand cette
» députation arriva, Rocher poussa mille cris de joie
» en voyant la tête de madame de Lamballe, et gronda
» un jeune homme qui se trouva mal, saisi d'horreur
» à ce spectacle.

» A peine le tumulte était-il fini que Pétion, qui
» aurait dû s'occuper d'arrêter le massacre, envoya
» froidement un secrétaire à mon père compter de
» l'argent. Cet homme était très-ridicule et dit mille
» bêtises, qui auraient fait rire dans un autre mo-
» ment; il voyait que ma mère se tenait debout pour
» lui. *Le municipal qui avait sacrifié son écharpe en*
» *la mettant à la porte* se fit payer par mon père...
» Ma malheureuse mère ne put pas dormir de la
» nuit [1]. »

Nous ne savons si nous ne nous trompons, mais le récit de Cléry, plus coloré que celui-ci, nous touche moins, et nous préférons même ce dessin naïf et sévère, mais fait de traits tous caractéristiques, à l'abondant, éclatant et éloquent tableau de M. de Beauchesne.

Nous donnons ces trois récits, qui se complètent l'un l'autre, afin que le lecteur suive cette progression frappante, où l'avantage demeure au crayon d'une royale enfant, et où l'esquisse triomphe du tableau

[1] V. aussi Bertrand de Molleville. Il dit que la Reine tomba évanouie.

et le naturel de l'art, l'auteur qui n'est qu'une femme de l'homme qui est un auteur.

« A une heure, dit Cléry (le 3 septembre), le Roi et
» sa famille témoignèrent le désir de se promener; on
» s'y refusa. Pendant le dîner, on entendit le bruit de
» tambours, et bientôt les cris de la populace. La
» famille royale sortit de table avec inquiétude, et se
» réunit dans la chambre de la Reine. Je descendis
» pour dîner, avec Tison et avec sa femme, employés
» au service de la Tour.

» Nous étions à peine assis, qu'une tête au bout
» d'une pique fut présentée à la croisée. La femme de
» Tison jeta un grand cri. Les assassins crurent avoir
» reconnu la voix de la Reine, et nous entendions le
» rire effréné de ces barbares. Dans l'idée que Sa
» Majesté était encore à table, ils avaient placé la
» victime de manière qu'elle ne pût échapper à ses
» regards; c'était la tête de madame de Lamballe;
» quoique sanglante, elle n'était point défigurée; ses
» cheveux blonds, encore bouclés, flottaient au bout
» de la pique [1].

» Je courus aussitôt vers le roi. La terreur avait tel-
» lement altéré mon visage, que la Reine s'en aperçut;
» il était important de lui en cacher la cause. Je vou-
» lais seulement avertir le Roi ou Madame Élisabeth,
» mais les deux municipaux étaient présents.

» — Pourquoi n'allez-vous pas dîner? me dit la Reine.

[1] Nous savons qu'un coiffeur avait été obligé de laver et de parer cette tête pour la funèbre et fatale visite au Temple.

» — Madame, lui répondis-je, je suis indisposé.

» Dans ce moment un municipal entra dans la Tour, » et vint parler avec mystère à ses collègues. Le Roi » leur demanda si sa famille était en sûreté.

» — On fait courir le bruit, répondirent-ils, que » vous et votre famille n'êtes plus dans la Tour; on » demande que vous paraissiez à la croisée; mais nous » ne le souffrirons point : le peuple doit montrer plus » de confiance à ses magistrats.

» Cependant les cris du dehors augmentaient : on » entendit très-distinctement des injures adressées à » la Reine. Un autre municipal survint, suivi de quatre » hommes députés par le peuple, pour s'assurer si la » famille royale était dans la Tour. L'un d'eux, en habit » de garde national, portant deux épaulettes et armé » d'un grand sabre, insista pour que les prisonniers » se montrassent à la fenêtre; les municipaux s'y » opposèrent. Cet homme dit à la Reine, du ton le plus » grossier : « On veut vous cacher la tête de la Lamballe, » que l'on vous apportait pour vous faire voir comment » le peuple se venge de ses tyrans. Je vous conseille de » paraître, si vous ne ne voulez pas que le peuple » monte ici.

» A cette menace, la Reine tomba évanouie : je volai » à son secours, Madame Élisabeth m'aida à la placer » sur un fauteuil; ses enfants fondaient en larmes, et » cherchaient, par leurs caresses, à la ranimer. Cet » homme ne s'éloignait pourtant point; le Roi lui dit » avec fermeté : « Nous nous attendons à tout, mon-

CHAPITRE QUATORZIÈME.

» sieur; mais vous auriez pu vous dispenser d'ap-
» prendre à la Reine ce malheur affreux. » Il sortit alors
» avec ses camarades : leur but était rempli.

» La Reine, revenue à elle, mêla ses larmes à celles
» de ses enfants et passa avec la famille royale dans la
» chambre de Madame Élisabeth, d'où l'on entendait
» moins les clameurs du peuple. Je restai un instant
» dans la chambre de la Reine; et regardant par la
» fenêtre, à travers les stores, je vis une seconde fois
» la tête de madame la princesse de Lamballe. Celui
» qui la portait était monté sur les décombres des
» maisons que l'on abattait pour isoler la tour; un
» autre, à côté de lui, tenait au bout d'un sabre le
» cœur tout sanglant de cette infortunée princesse.

» Ils voulurent forcer la porte de la Tour; un muni-
» cipal nommé Daujon[1] les harangua, et j'entendis
» très-distinctement qu'il leur disait : « *La tête d'An-*
» *toinette ne vous appartient pas, les départements y ont*
» *des droits;* la France a confié la garde de ces grands
» coupables à la ville de Paris : c'est à vous de nous
» aider à les garder, jusqu'à ce que la justice natio-
» nale venge le peuple. » Ce ne fut qu'après une heure
» de résistance qu'il parvint à les faire éloigner. »

M. de Beauchesne a ajouté quelques traits, d'un art
plus savant, mais d'un effet peut-être moins sûr, à
ces esquisses de mains inexpérimentées, mais que
guidait encore l'horreur inspiratrice de leurs souvenirs. Pour ces récits-là le meilleur écrivain ne vaut pas

[1] Ou Danjou.

toujours un simple témoin oculaire. Il y a des procès-verbaux plus éloquents que tous les livres.

« Nous avons dit que Manuel avait quitté le Temple.
» Sa visite et certaines rumeurs y avaient laissé de
» l'inquiétude.

» A une heure, la promenade au jardin n'eut pas
» lieu ; les municipaux s'y refusèrent. Pendant le dîner,
» on entendit le bruit des tambours, et au loin comme
» un sourd bourdonnement. Ce bruit peu à peu se
» rapprochait, et bientôt une foule innombrable arri-
» vait en vue du Temple, couverte de poussière, de
» plâtre, les vêtements déchirés, les cheveux pendant
» en désordre, les mains ensanglantées. Cette *fange*
» humaine formait une horrible *armée* qui approchait,
» ayant pour généraux un vieillard et un enfant qui se
» démenaient comme des possédés du démon et hur-
» laient comme des bêtes fauves. Parmi leurs lieute-
» nants, ceux-ci brandissaient des haches, ceux-là des
» sabres, d'autres des bâtons et des piques ; c'était un
» tableau diabolique, qui eût demandé pour peintre
» Milton, ce peintre de l'abîme.

» Des groupes dispersés accouraient de toutes parts
» et formaient une cohue compacte, composée d'élé-
» ments divers ; des femmes ivres chantaient, des enfants
» en *lambeaux* dansaient, des hommes déguenillés
» s'agitaient en poussant mille clameurs. Et parmi
» tous ces cris confus, un nom se faisait entendre,
» prononcé à la fois par les femmes, par les enfants
» et par les hommes : *La Lamballe ! la Lamballe !*

CHAPITRE QUATORZIÈME. 375

» Grossissant en chemin et entraînant tout sur son
» passage, cette avalanche s'arrêtait de loin en loin
» devant les cabarets, et des voix hurlantes deman-
» daient à boire ; puis on se mettait en route avec tant
» d'ardeur, que ceux qui étaient en tête du cortége,
» poussés avec impétuosité par les derniers rangs, se
» sentaient comme portés sur une vague.

» Le bruit et le tumulte allaient toujours croissant ;
» l'air retentissait de clameurs, de hurlements, de blas-
» phèmes et de rugissements de triomphe.

» Arrivée devant le Temple, au commandement de
» *Halte !* la masse s'arrêta, l'élite des émeutiers prit
» position devant la porte ; mais plus bruyants encore
» dans leur repos que dans leur marche, les hideux
» bataillons saluèrent le sombre édifice d'une clameur
» assourdissante, qui devint un appel pour tous les
» habitants du quartier.

» Leurs rangs s'ouvrirent alors, et l'on aperçut un
» cadavre sans tête et mutilé, que des hommes et des
» enfants se disputaient l'abominable honneur de
» traîner avec une corde dans le ruisseau. »

On le voit, l'écrivain distingué auquel nous devons une belle et pathétique *Histoire de Louis XVII*, que jamais une mère n'a lue sans larmes, a lutté avec plus de talent que de bonheur contre l'involontaire et innocente concurrence de deux récits, inférieurs sans doute en style, mais supérieurs peut-être en émotions, et qui portent l'empreinte saisissante de la réalité, le fruste témoignage de Madame d'Angoulême et la déposition plus soignée, mais encore naïve, de Cléry. M. de Beauchesne, trop préoccupé de peindre, touche peut-être moins. Nous ne prolongerons pas cette comparaison, qui n'est dans notre pensée ni une étude frivole ni une indirecte critique, et nous n'emprunterons au travail de M. de Beauchesne que les faits nouveaux apportés par lui à l'enquête, et que nous voudrions voir accompagner, selon l'habitude des historiens consciencieux et savants comme l'auteur de *Louis XVII*, de l'indication de provenance, qui permet d'en vérifier et d'en apprécier la valeur.

« Les municipaux de service avaient envoyé en
» toute hâte chercher des rubans tricolores, rue Phé-
» lippeaux, pour faire une barrière à la porte du palais,
» afin d'imposer à cette multitude et de l'arrêter. A
» ces rubans ils avaient attaché cette inscription :

« *Citoyens, vous qui à une juste vengeance savez*
» *allier l'amour de l'ordre*, respectez cette barrière
» nécessaire à notre surveillance et à notre responsa-
» bilité. »

» La populace cependant, avec des rugissements
» de bêtes féroces, avait pris le corps défiguré de la
» princesse qui n'avait plus qu'une chemise, et elle le
» lava dans la fontaine du Temple, à la gauche de la
» grande porte. »

Le reste du récit de M. de Beauchesne reproduit, en l'amplifiant et en l'ornant, la version de Cléry, sauf quelques détails, tels que celui de l'honorable mouvement du commissaire Mennessier, qui s'opposa à ce que le Roi parût à la fenêtre : élan généreux dont Louis XVI se montra plus tard touché et reconnaissant ; et cette autre assertion plus contestable, et à laquelle nous ne voudrions pas croire sans preuves, de la demande cannibalesque du monstre qui portait le cœur sanglant de la princesse de Lamballe. Suivant M. de Beauchesne, ce misérable voulut obtenir de Meunier, le cuisinier du Temple, le service de lui faire cuire ce lambeau sanglant, et de lui en préparer un hideux repas. Et plus tard, rencontrant un marchand de vin plus docile, il aurait, par les soins de ce digne acolyte, satisfait sa voracité d'anthropophage et consommé cet infernal festin.

Nous connaissons la probité historique de M. de Beauchesne, et sa critique ne nous est point suspecte ; nous savons aussi de quoi étaient capables les héros du 10 août et du 2 septembre ; mais nous voudrions, pour l'effet même et la leçon de cette tragique histoire, qu'aucun détail n'en pût être contesté et qu'aucun ne pût être taxé d'exagération ou de fantaisie. La vérité suffit à la moralité de semblables épisodes.

C'est au retour de cette promenade du Temple, dernière violation qui mettait le comble et, pour ainsi dire, le surcroît à cette immense insulte à tous les sentiments de la nature humaine, que miss Elliott rencontra le cortége sur le boulevard qu'elle traversait pour aller consoler et sauver un malheureux proscrit, le marquis de Champcenets.

Le hideux cortége, rassasié de terreur, saoul d'infamies, repu de crimes, se dirigeait alors sans doute vers la dernière station, la plus logique de toutes, quoique aussi injuste et aussi cruelle que les autres, de cette promenade infernale qui avait lassé les plus infatigables et assouvi les plus barbares des meneurs. Une dernière émotion, une suprême volupté de honte et de lâcheté, manquait à ces féroces raffinés, à ces curieux démoniaques, pour consommer l'orgie qu'ils trainaient dans les rues effrayées.

Après avoir contemplé, comme ils le disaient en leur sinistre argot, la *grimace* de Marie-Antoinette, ils voulaient voir quelle figure on ferait au Palais-Royal, à l'heure du diner, à ce spectacle imprévu, à cette délicate surprise, de la tête de la princesse de Lamballe. Quelques-uns, plus lettrés que les autres, regrettaient sans doute de ne pouvoir la présenter sur un plat.

Ils allèrent donc au Palais-Royal, le fait est certain. Miss Elliott, Peltier, Mercier et la plupart des *Mémoires* de septembre l'affirment, sans raconter les détails de cet épisode final, de cette dernière visite, digne clôture d'une si belle journée.

Le duc d'Orléans allait se mettre à table avec sa maîtresse, celle que son illustre beau-père appelait *feu* madame de Buffon, quelques Anglais et les commensaux habituels du Palais-Royal, quand il entendit les cours se remplir d'un bourdonnement immense, et vit se dresser, à la fenêtre même de la salle à manger, au bout d'une pique, le trophée spectral.

Dès que madame de Buffon aperçut cette pâle tête

aux longs cheveux blonds, aux yeux fermés, aux lèvres encore entr'ouvertes par le dernier soupir, elle n'en put supporter le muet et touchant reproche, le menaçant avertissement, et elle se renversa dans son fauteuil, éperdue, couvrant de ses deux mains tremblantes son visage aveuglé par le rayonnement, invisible pour tout autre que pour elle, de cette tête d'albâtre, souillée de sang et de boue, mais respirant l'immortalité. Le duc, plus calme, mais non moins terrifié, se contint, et prêt à s'évanouir, eut la force de se retenir à la vie, au sang-froid, à une tardive dignité. Il considéra avec une sorte de respectueux attendrissement les restes de celle dont il n'avait jamais été l'ennemi, et il s'écria : « La malheureuse ! si elle m'avait cru, elle ne serait pas là ! »

Et vous, monsieur le duc d'Orléans, si vous l'eussiez crue, vous ne seriez pas monté où vous montâtes un an après !

Que signifie cette visite au duc d'Orléans de la multitude féroce, qui ne songea peut-être au duc que parce que, allant au Palais-Royal, cette grande sentine de Paris, ce rendez-vous universel des démagogues, ce foyer toujours ardent de l'insurrection, elle passa sous ses fenêtres ?

Quelques écrivains, indignes du nom d'historiens, ont vu dans cette station du cortége triomphal de l'assassinat une sorte d'hommage à celui qui paraissait alors être le chef occulte de tous les mouvements parisiens. On pourrait y voir bien plutôt une insulte humiliante, car jamais, même pendant la Révolution, la brusque invasion, sur la table d'un festin, d'une tête fraîchement coupée, n'a paru une aimable plaisanterie, une flatterie du meilleur goût. Marat lui-même eût perdu l'appétit devant un pareil plat. Il est donc permis de croire que ce fut à son insu, et bien malgré lui, que le duc d'Orléans fut gratifié d'une démonstration qui, lors même qu'il eût pris une part quelconque au sacrifice dont on lui apportait les palpitants débris, n'avait rien qui pût le flatter beaucoup. Son attitude, si elle ne fut pas aussi courageuse que celle de Boissy d'Anglas saluant la tête de Féraud, ne fut certainement pas insultante ou insoucieuse.

Nous ne croyons donc pas (et, dans l'unique intérêt de la dignité de l'histoire, nous repoussons à la voirie des pamphlets toutes ces calomnies inutiles), nous ne croyons donc pas que, dans cette terrible épreuve, le duc d'Orléans, comme on l'a dit, ait affiché le sang-froid dont il manqua à Ouessant, et se soit montré un fanfaron d'insensibilité.

Nous ne croyons pas à ceux qui voient dans le transport de la tête de la princesse de Lamballe sous les yeux de son beau-frère une horrible adulation, un muet compte rendu appuyé des pièces de conviction, saignantes encore.

Le duc d'Orléans n'avait aucun motif de haïr l'inoffensive victime de septembre, et une femme qui l'a intimement connu se porte au contraire garante de sa douleur et de ses regrets.

« Il me parla, dit-elle, de l'abominable meurtre de
» madame de Lamballe, de sa tête qu'on lui avait
» apportée au Palais-Royal pendant son dîner. Il me
» parut très-impressionné de cette mort ; et il avait
» fait, me dit-il, tout ce qui était en son pouvoir pour
» l'empêcher. D'après ce que j'appris ensuite, je suis
» sûre qu'il me disait vrai, car je l'ai toujours entendu
» exprimer une vive affection pour cette princesse in-
» fortunée[1]. »

Le duc d'Orléans n'avait aucun intérêt à la mort de la princesse de Lamballe. Il ne devait rien lui revenir de ses dépouilles. Il n'était pas et ne pouvait être son héritier.

Le mariage du duc d'Orléans avec mademoiselle de Penthièvre est du 4 avril 1769. Celui de la princesse de Savoie-Carignan avec le prince de Lamballe était du 17 janvier 1767. Par le contrat de mariage qui porte cette date, le duc de Penthièvre assurait à sa future belle-fille, en cas de veuvage, un douaire de 30,000 livres de rente viagère, rente qui lui fut payée jusqu'au 2 septembre 1792. La mort de la princesse n'était profitable, au point de vue de l'intérêt, s'il eût pu abaisser ses yeux jusqu'à ce honteux mobile, qu'au duc de Penthièvre, dont elle éteignait l'obligation.

De plus, le 5 décembre 1791, madame la duchesse d'Orléans avait renoncé à la communauté à l'égard de son époux, et la sentence de séparation de biens

[1] *Mémoires de Miss Elliott*, édit. Michel Lévy, p. 101.

ayant été prononcée le 25 juillet 1792, et l'assassinat de la princesse de Lamballe étant du 3 septembre, tous les droits résultant de sa succession devaient médiatement ou immédiatement tomber à madame d'Orléans et non à son époux ; ce que prouve un inventaire après décès du 17 janvier 1793 [1].

Cependant, les courageux émissaires du duc de Penthièvre suivaient patiemment, attendant une occasion favorable, les porteurs de la tête et du cœur et les traineurs du cadavre.

« Ils revinrent, dit le récit (*de Weber*) qui résume
» les péripéties de leur dramatique expédition, au
» coin de la rue des Ballets, faubourg Saint-Antoine,
» en face du notaire, entrèrent dans un cabaret où
» l'on espérait leur arracher ce cadavre meurtri ; mais
» ils le reprirent et jetèrent le corps sur un monceau
» de cadavres, près du Châtelet. Les émissaires de
» Mgr le duc de Penthièvre se flattaient de l'y retrouver
» facilement, et ils ne s'occupèrent plus que d'avoir
» la tête.

» Sa belle chevelure l'ornait encore, lorsque les
» monstres prirent une nouvelle résolution, celle de
» faire revoir à cette infortunée les lieux où elle avait
» cessé d'être ; car, dans leur horrible délire, ils
» croyaient que les restes insensibles de leur victime
» pouvaient encore sentir leurs outrages. Au moment
» où la tête passait sous la porte de la Force, un per-

[1] Le comte d'Allonville, *Mémoires secrets*, t. II, p. 402, 403.

CHAPITRE QUATORZIÈME.

» ruquier s'élança, et avec une dextérité inimaginable
» il coupa les tresses des cheveux.

» Les émissaires de Mgr le duc de Penthièvre en
» furent vivement affligés, car ils savaient que le prince
» aurait tenu infiniment à conserver les cheveux de la
» princesse; mais ils n'en devinrent que plus empressés
» à se saisir de ce qui restait, et après avoir troublé
» entièrement la raison de Charlat, ils le déterminèrent
» à laisser la pique à la porte d'un cabaret où deux
» entrèrent avec lui. On dit que le nommé P... saisit
» cet instant pour arracher le fer qui transperçait
» cette tête, et la mettant dans une serviette dont il
» s'était pourvu à dessein, il avertit ses camarades et
» se rendit avec eux à la section Popincourt, où il dé-
» clara qu'il avait dans ce linge une tête qu'il de-
» mandait à déposer dans le cimetière des Quinze-
» Vingts, et que le lendemain il viendrait avec deux
» autres de ses camarades pour la reprendre, et
» donnerait cent écus en argent aux pauvres de la
» section. »

Le fond seul du récit de Weber est vrai. Deux pièces authentiques viennent lui donner une éclatante confirmation, quoique se contredisant en apparence mutuellement.

Voici la première de ces deux pièces, qui doit porter la date non du 4, mais du 3 septembre; de même que la seconde doit porter celle du 4 et non du 3, à moins, ce qui est possible, que toutes deux soient du 4.

La première a été retrouvée et publiée par M. Mortimer-Ternaux [1]. La deuxième, publiée d'abord dans la *Revue rétrospective* [2], appartient aujourd'hui à M. Boutron, dans la riche et hospitalière collection duquel nous l'avons vue.

Extrait du registre des délibérations de la section des Quinze-Vingts.

« 4 septembre 1792. — Un individu introduit à » l'assemblée générale au nom de M. de Penthièvre, a » présenté la somme de six cents livres en trois assignats, » pour que la tête de madame de Lamballe fût inhumée » dans la section des Quinze-Vingts. L'assemblée a mis » en arrestation l'individu, qui se nomme François-» Jacques Pointel, jusqu'à ce que des renseignements » fussent pris à cet effet. L'assemblée a refusé de re-» cevoir le corps de la ci-devant dame Lamballe, » parce qu'*étant traître à la patrie*, elle *ne mérite* » *d'autre* place que celle des conspirateurs. »

Heureusement que les assemblées sont inconstantes. Sans doute les renseignements donnés furent favorables; sans doute, plutôt, les commissaires de la section changèrent, et un plus humain, remplaçant à à son poste le farouche rédacteur du premier arrêté, prit sur lui de satisfaire le vœu du bon duc de Penthièvre.

[1] T. III, p. 496.
[2] 1re série, t. III, p. 153. — Puis par nous dans la *Gazette de France* du 27 décembre 1859; puis dans plusieurs journaux.

CHAPITRE QUATORZIÈME.

Voici une seconde pièce qui le prouve. Cette pièce doit être datée du 4, ou l'extrait du registre doit l'être du 3. En tout cas, si ces deux pièces se succèdent à un jour d'intervalle, la première doit être celle que nous avons donnée la première.

Le rédacteur s'est tiré par un véritable rébus d'une difficulté d'orthographe. Nous lisons, en effet, en tête de ce *Procès-verbal d'inhumation de la tête de la princesse de Lamballe*, cette rubrique facétieuse :

SECTION DES 15-20.

Comité permanent le 3 septembre l'an IVe de la Liberté et le premier de l'Égalité.

« Le citoyen Jacques Pointel, de la halle au Bled, » rue des Petits-Champs, 69, est *venus* au comité » nous *requiérir* pour faire inhumer la tête de la ci-» devant princesse de Lamballe, dont il était venu à » bout de s'emparer. Ne pouvant qu'applaudir au » *patriotisme* et à l'*humanité* dudit citoyen, nous nous » sommes transporté sur-le-champ et avons fait inhu-» mer dans le cimetière des Enfants-Trouvés, voisin » de notre comité, et sur notre section, ladite tête, » et avons donné le présent pour lui servir de décharge » et valoir ce que de raison.

» Fait au comité, les jour et an que dessus.

» Signé DESESQUELLE,
Commissaire des 15-20.

» Pour extrait, etc. »

Écoutons maintenant, sûr de le comprendre, le récit de Weber, qui interprète et explique ces deux pièces.

« Ils (les émissaires du duc de Penthièvre) rendi-
» rent compte à M. de ... de ce qu'ils avaient fait.
» Celui-ci leur recommanda d'aller le lendemain de
» grand matin à la section, et d'un autre côté il fit des
» dispositions pour retrouver le corps. Une maison à
» moitié démolie avait servi à recevoir les restes de ces
» tristes victimes. M. de ... n'épargna ni soins ni ar-
» gent pour y retrouver ceux de madame de Lamballe,
» sans pouvoir y réussir. Il fit fouiller dans les dé-
» combres, mais sans aucun succès. Cependant M. de ...
» ne voyant pas revenir ceux qu'il avait envoyés, com-
» mençait à suspecter leur fidélité, car il leur avait
» compté tout l'argent qu'ils avaient demandé, quand
» on vint lui dire que ces trois hommes étaient arrêtés
» comme ayant assassiné madame de Lamballe.

» M. de ..., sans perdre de temps, courut à la
» section, et rendit hommage à la vérité d'une manière
» si persuasive que les commissaires de la section,
» non-seulement accordèrent la liberté aux serviteurs
» du prince, mais l'autorisèrent à enlever la tête de
» madame de Lamballe. M. de ... se rendit au cime-
» tière des Quinze-Vingts avec un plombier, fit mettre
» dans une boîte de plomb tout ce qu'on avait pu
» sauver de ces restes précieux, et les fit partir pour
» Dreux, où ils furent placés dans le même tombeau
» qui attendait M. de Penthièvre. »

Cette dernière assertion nous paraît inexacte. Elle

est invraisemblable. Il y allait de la vie alors à accéder même à un si légitime désir d'un prince aussi vénéré que le duc de Penthièvre. Le rapport de Bazire à la Convention, du 6 novembre 1793 [1], et où les pieux efforts du prince à la poursuite de restes chéris sont dénoncés comme des manœuvres, nous font penser que personne ne se prêta à l'exhumation, d'ailleurs inutile, de restes informes et incomplets.

Nos doutes sont fortifiés par le témoignage péremptoire de Fortaire, qui, en sa qualité de valet de chambre du duc, devait être bien informé, et qui, se fondant sur le procès-verbal d'exhumation des caveaux de Dreux, du 1er frimaire an II, fait en vertu d'arrêtés du comité de salut public de la Convention des 13 et 15 septembre précédents, affirme que parmi les dix corps exhumés du caveau de la collégiale de Saint-Étienne et jetés dans une fosse du cimetière des chanoines près de ladite collégiale, au bas du chœur, où l'on se borna à planter une croix de bois, il n'était aucun reste de la princesse de Lamballe. « La tête de madame de Lam-
» balle, lui écrit un des commissaires, n'y était pas,
» et personne n'a connaissance qu'elle y ait été ap-
» portée [2]. »

Nous savons donc enfin ce qu'est devenue cette superbe tête blonde aux yeux bleus, qui, plantée au bout de la pique de septembre, fut l'horrible drapeau

---

[1] *Moniteur*, 312, 313.

[2] *Mémoires pour servir à la vie de M. de Penthièvre*, par M. Fortaire. Paris, Chaumerot, 1808, p. 338, 339.

du massacre et le digne trophée d'un triomphe de cannibales. Nous savons donc enfin que, sous la république, le *patriotisme* et l'*humanité* consistaient à dérober à la foule et à l'égout une tête sanglante. Le courage, en un pareil temps, consiste alors sans doute à frapper une femme, et la pitié à la tuer du premier coup? Ah! ne songeons pas trop longtemps à ces choses-là, gardons la force d'adorer jusqu'en ses plus terribles rigueurs la volonté divine, et reconnaissons encore la Providence aux coups qui nous étonnent le plus; et comme il n'est pas de médaille qui n'ait son revers, de malheur sans consolation, de larmes sans sourire, admirons le hasard qui donne aux restes de la princesse, mère des pauvres, une sépulture si digne d'elle, et qui place la tête inanimée de la princesse de Lamballe à côté de ces enfants trouvés dont elle fut la mère!

Nous savons donc maintenant où il faut aller s'agenouiller pour prier sur tout ce qui reste de mortel de la princesse de Lamballe.

Pour les autres membres dispersés, pour le tronc sanglant de ce corps admirable, pareil encore, dans la boue, à un fragment brisé de statue antique, ils allèrent sans doute, sur le tombereau mercenaire qui transporta à la Tombe-Issoire les cadavres de septembre, à cette hideuse fosse commune des massacres. Qui pourrait, après nous avoir lu, n'être pas frappé, illuminé, foudroyé de cette éloquente fantaisie du bizarre Mercier? Pour moi, j'y ai toujours vu une sorte d'intuition inspirée, une sorte de coup de génie.

« Le lendemain des massacres de septembre, dit
» l'enthousiaste, l'original, le trivial, le sublime
» auteur du *Tableau de Paris*, je descendais à pas
» lents la rue Saint-Jacques, immobile d'étonne-
» ment et d'horreur, surpris de voir les cieux, les élé-
» ments, la cité et les humains tous également muets.
» Déjà deux charrettes de corps morts avaient passé
» près de moi ; un conducteur tranquille les menait en
» plein soleil, et à moitié ensevelis dans leurs vête-
» ments noirs et ensanglantés, aux plus profondes
» carrières de la plaine de Montrouge, où j'habitais
» alors. Une troisième voiture s'avance..... Un pied
» dressé en l'air sortait d'une pile de cadavres. A cet
» aspect je fus terrassé de vénération ; ce pied rayon-
» nait d'immortalité ! Il était déjà céleste, celui à qui
» il avait appartenu, et sa dépouille portait un signe de
» majesté que l'œil de ses bourreaux ne pouvait aper-
» cevoir. Je l'ai vu, ce pied, je le reconnaîtrai au
» grand jour du jugement dernier, lorsque l'Éternel,
» assis sur ses tonnerres, jugera les rois et les septem-
» briseurs ! »

O Mercier ! ce pied délicat, ce pied rayonnant, ce pied céleste, quel pouvait-il être, si ce n'est celui que l'âme de la princesse de Lamballe, montant au ciel, délivrée du corps, avait laissé pour marquer la trace sanglante de son dernier passage sur la terre ?

CHAPITRE QUINZIÈME.

ÉPILOGUE

Vie du duc de Penthièvre à partir du 10 août 1792. — Dernière lettre de la princesse de Lamballe au duc de Penthièvre. — Arrivée à Vernon de la nouvelle de la mort de la princesse de Lamballe. — Comment on l'apprend au duc de Penthièvre. — Sa douleur et sa résignation. — Témoignage d'affection des habitants de Vernon. — Lettre du prince de Conti à ce sujet. — Le 21 janvier 1793. — La nouvelle de la mort du Roi achève de tuer le duc de Penthièvre. — Son agonie. — Il bénit en mourant, sur leur demande, les autorités de Vernon. — Translation de ses restes à Dreux. — Violation de sa sépulture en l'an II. — Monument expiatoire élevé à Vernon en 1816. — Le corps de la princesse de Lamballe manque à l'appel.

Cette étude ne serait point complète et son but ne serait pas entièrement atteint, si nous la fermions impitoyablement sur le mépris et l'horreur, qui sont les seuls sentiments avec lesquels on puisse assister au sanglant spectacle de septembre. La vue consolante, après tant d'agonies innocentes, de la fin sereine et honorée d'un grand homme de bien, la surprise du contraste inouï d'un prince du sang mourant dans son lit, inviolablement défendu par l'admiration, la reconnaissance et le respect, et, sanctifié par une vie de vertus et de bienfaits, pardonnant aux bourreaux de sa fille et inclinant, à sa demande, ses mains bénissantes sur le front de la Révolution agenouillée, tel est le tableau sur lequel nous voulons laisser nos lecteurs, que ce beau soir d'un jour si terrible pénétrera d'une émotion triste encore, mais d'une tristesse plus douce que celle que lui a donnée le drame de la Force. Tous ceux qui ont pris quelque plaisir à notre trop incomplète esquisse de la physionomie du duc de Penthièvre, qui, quoique au second plan, domine, pour ainsi dire, l'histoire de la princesse de Lamballe, l'anime d'une sorte de céleste lumière et l'embaume du parfum d'une vertu encore plus parfaite, tous ceux-là ne nous pardonneraient point d'avoir brusquement laissé tomber la toile, et de les avoir abandonnés en suspens sur des questions qui naissent, pour ainsi dire, de notre récit même. Nous achèverons donc notre tâche en donnant satisfaction à une curiosité si légitime. Nous dirons comment le duc de Penthièvre apprit, comment il supporta la nouvelle fatale des événements du 3 septembre, qui frappaient à la fois son cœur dans sa fidélité, dans ses affections les plus intimes, et son esprit dans ses dernières espérances. Dès ce moment, le bon duc ne fit plus que mourir lentement, et le lundi 4 mars 1793, il rendait son âme à Dieu, et allait au ciel rejoindre sa noble et pure belle-fille, couronnant une vie exemplaire par une fin plus exemplaire encore.

C'est à partir du 10 août que nous voulons étudier cette grave et sainte figure, et que nous suivrons pieusement dans cette âme d'élite le contre-coup funeste d'événements qui devaient mettre sa résignation et sa piété à de si nombreuses et à de si terribles épreuves, qu'on peut dire qu'un saint put seul porter, sans plier sous son poids, un si lourd fardeau de douleurs. Grâce à ce récit supplémentaire, l'effet et la moralité de notre livre seront complétés, sans trouble pour l'unité d'un sujet dont l'harmonie, loin d'y perdre, gagne à ce double hommage rendu tour à tour ou à la fois à ce père et à cette fille, dont on peut dire qu'ils passèrent leur vie à se ressembler de plus en plus et à se confondre pour ainsi dire dans de communs sentiments et de communs malheurs : le prince d'une vertu plus mûre, plus mâle, plus parfaite; la princesse ornant encore la sienne des dernières grâces profanes de la beauté, et animant, attendrissant de son doux sourire cette grave figure de patriarche chrétien qui lui renvoie en échange comme un reflet du ciel. Cette réflexion douloureuse : Combien une telle fille était digne d'un tel père ! Combien un tel beau-père était digne d'une telle belle-fille ! sera l'exclamation involontaire de tous ceux que ne laisse point insensibles une mort tragique ou une mort sainte, tous ceux qui ont gardé le culte éternel de la vertu, du courage et du malheur; et nous n'ambitionnons pas pour nous de plus bel éloge.

M. de Penthièvre était à Vernon le 10 août, avec sa société ordinaire, à laquelle, depuis quelque temps, s'était joint un homme bien digne de son amitié et de son hospitalité, l'ancien garde des sceaux, M. Hue de Miroménil.

CHAPITRE QUINZIÈME.

Le soir de cette journée, vers les neuf heures et demie, arriva presque sans bruit à la porte du château un cabriolet duquel descendirent deux personnes inconnues qui demandèrent à parler à M. de Miroménil, avec qui elles s'entretinrent un instant. M. de Miroménil alla bientôt après prévenir le duc dans sa chambre à coucher, et par son ordre les deux messagers furent introduits dans le cabinet, où madame la duchesse d'Orléans vint les rejoindre. Peu de temps après, ayant rempli leur mission, les deux étrangers s'en retournèrent aussi doucement qu'ils étaient venus.

On se mit à table, mais le souper fut morne et bref. En proie à des réflexions absorbantes, nul n'y mangea que du bout des lèvres, et le silence de chaque convive en fit une sorte de repas funèbre. C'est ainsi que des sujets fidèles et leurs serviteurs, s'associant à leur deuil dont ils ignoraient encore la cause, célébrèrent la nouvelle du 10 août, la nouvelle des funérailles de la monarchie.

Vers les onze heures et demie, le bruit des événements de la capitale arriva enfin à Vernon. Des courriers, en passant à toute bride, mettaient le feu, comme à une traînée de poudre, à la curiosité et à l'anxiété universelles. La petite ville était en rumeur, s'agitant, en attendant des renseignements moins laconiques, aux environs de la municipalité et des cabarets.

M. de Penthièvre, pâle et grave, passa dans sa chambre à son heure ordinaire. Il contenait, par prudence et par dignité, une douleur muette. Mais pendant ses lectures d'usage des mouvements convulsifs étouffèrent sa voix, et ses yeux, aveuglés par les larmes, ne lui permirent plus d'y voir. Il quitta son livre et se coucha, toujours silencieusement. Le combat fut terrible entre la résignation et le désespoir, car le lendemain, au dire de Fortaire, son visage était décomposé, ses jambes chancelantes, et cette nuit dévorante avait en quelque sorte desséché sa verte vieillesse.

Le surlendemain matin, il reçut une lettre de la princesse de Lamballe, datée de sa première prison, la loge du *Logotachygraphe*, à l'Assemblée nationale. A partir de ce moment il se fit dans le saint vieillard comme une transfiguration. Son corps parut s'effacer devant l'âme victorieuse. Déjà mort à la vie matérielle, il ne semblait plus animé que de la vie morale, et il se traîna doucement, ouvrier épuisé dont finit la journée, et qu'attire l'étoile céleste vers le lit du repos mérité. On n'entendit sortir de sa bouche ni plaintes ni reproches; seulement il murmurait de temps en temps : *Mon Dieu! que vos jugements sont terribles! Usez, je vous en supplie, de miséricorde envers ma malheureuse patrie! Sauvez le Roi! ayez pitié de ma famille!*

Toutes ses pensées, toutes ses actions, toute sa vie, sont désormais bornées au cercle étroit de ces méditations douloureuses, de ces prières permises, où il adore en la suppliant de pardonner, la main de Dieu appesantie sur la France et sur sa famille, et où il s'offre en holocauste.

CHAPITRE QUINZIÈME.

L'épouvantable catastrophe du 3 septembre allait fournir de nouveaux aliments à sa douleur, de nouveaux sujets à ses prières, une suprême épreuve à sa pitié, et attiser la flamme de cette purification sublime par laquelle il détruisait peu à peu l'homme en lui, pour ne plus apporter au ciel que le saint.

Le 3 septembre, vers minuit, la nouvelle fatale de la mort de la princesse de Lamballe avait franchi les dix-huit lieues qui séparent Vernon de Paris, et venait, sous la figure d'un serviteur effaré, frapper à la porte de la demeure princière... Mais écoutons Fortaire, ce valet de chambre historien, que son exactitude rend précieux, et que parfois son dévouement élève jusqu'à l'éloquence.

« Je l'appris (cette nouvelle) au moment que M. de
» Penthièvre allait se coucher ; heureusement que peu
» de personnes le surent, et que le prince et sa fille
» l'ignoraient encore. Au coucher de M. de Penthièvre,
» je le regardais, le cœur déchiré ; mais il fallait se con-
» tenir. Ce prince n'avait encore aucune notion de ce
» qui s'était passé ; mais ses craintes étaient continuelles :
» depuis plusieurs jours il s'occupait vivement des
» moyens de retirer sa malheureuse belle-fille de cet
» antre infernal, de cette horrible maison de la Force.
» Il se coucha à son ordinaire, et donna l'ordre d'en-
» trer chez lui le lendemain à neuf heures.

» Tous les jours on recevait les lettres à Vernon
» entre six et sept heures du matin. Les courriers, en
» passant dans la nuit, ne manquaient pas d'annoncer

» les événements extraordinaires de la veille ; de sorte
» que, de grand matin, on fut instruit dans toute la
» ville de la mort de madame de Lamballe et de ses
» circonstances déplorables. Toutes les personnes de la
» société et au service de M. de Penthièvre et de ma-
» dame d'Orléans se trouvèrent levées, prêtes, habillées
» de bonne heure, et communiquèrent ensemble. On
» passait les uns chez les autres pour se concerter,
» mais tous dans le plus grand accablement; il fallait
» pourtant convenir de la manière de se conduire dans
» une si triste circonstance. Madame d'Orléans était
» toujours éveillée de bonne heure, et empressée de re-
» cevoir ses lettres; tout le monde se disposa à entrer
» chez elle au moment où elle les demanderait; on
» s'attendait à un instant horrible, et qu'il n'était plus
» possible d'éloigner.

» M. de Miroménil, ce vénérable vieillard, devait,
» dans un instant aussi fâcheux, être le guide et le con-
» seil de tous, et remplir la principale fonction ; il ne
» fallait pas moins, dans une telle occurrence, que la sa-
» gesse et la prudence d'un ancien chef de la magistra-
» ture, pour trouver les moyens d'empêcher les funestes
» effets d'un premier mouvement.

» Dans le moment que madame d'Orléans demanda
» ses lettres, M. de Miroménil les tenait dans ses mains,
» et, suivi de tout le monde, il entra dans la chambre
» de la princesse, qui s'était déjà aperçue d'un certain
» embarras sur les figures de ses femmes. Cette espèce
» de cérémonial lui fut d'un mauvais présage. Un

» grand silence en disait plus que le discours le plus
» étudié, parce que l'on était alors dans des circon-
» stances où à chaque moment cette sensible princesse
» pouvait apprendre un de ces événements sinistres
» qu'on n'exprime que par le silence. Il fallut bien
» en venir cependant à des questions entrecoupées et
» laconiques, à des monosyllabes....., des *Oui, Ma-*
» *dame !.....* *Non, Madame !* et par de petits strata-
» gèmes, éloignant et rapprochant le funeste sujet, en
» atténuer, en affaiblir le coup et les dangereux effets. »

A ce mot trop significatif de *mort* qui échappa au plus hardi, tout cet échafaudage de précautions inutiles s'écroula, écrasant la malheureuse princesse sous des incertitudes pires que la vérité. Elle tomba sur le parquet, évanouie et comme foudroyée.

Quand elle revint à elle, on dut employer les paroles les plus précises, l'éloquence la plus énergique, pour cautériser, pour ainsi dire, la plaie par la violence même du remède. M. de Miroménil prit la parole, et avec l'autorité de son âge, de sa position, de son amitié, il fit sentir à la princesse que le malheur était irréparable, et qu'il ne fallait songer qu'à en amortir l'effet sur l'âme paternelle; que son devoir d'épouse, de mère, de fille, s'opposait à ce qu'elle s'abandonnât à l'excès d'une douleur dont les éclats pouvaient frapper mortellement le duc de Penthièvre désarmé; que le meilleur hommage à rendre à la victime de l'amitié et de la fidélité, était de se montrer digne de ce douloureux et glorieux martyre, en imitant son sacrifice et en s'immolant à ce ministère de consolation et de salut. Et il entraîna vers son père la princesse électrisée, dont la crainte d'un nouveau malheur avait séché les larmes, et qui se sentait des ailes pour devancer chez le duc de Penthièvre la fatale nouvelle dont la voix et les caresses d'une fille pouvaient seules amortir le coup.

Quelle scène ! On la devine. Mais la main d'un témoin oculaire a pris soin de nous la peindre, et il l'a fait assez heureusement pour que, suivant le système de préférence héroïque que nous avons déjà donnée plusieurs fois à nos dépens à des récits auxquels l'influence directe des événements a conféré une autorité supérieure à celle de l'art et une éloquence inimitable, nous laissions le pas à l'humble chroniqueur domestique. Nous ne le suppléons que lorsque cessant d'être inspiré par ces sentiments qui ne trahissent pas, il est rendu à son insuffisance et à sa trivialité.

Les ménagements avaient trop peu réussi auprès de madame d'Orléans, et trompé trop cruellement la naïve habileté des meilleures intentions pour qu'on y recourût vis-à-vis du duc de Penthièvre. On résolut d'employer, pour parler à son cœur sans le briser, l'intermédiaire du silence, si éloquent, quand dans le visage des assistants, leur attitude, leur attente, tout dénonce sans l'exprimer la sinistre réalité et adoucit en même temps, par la certitude de la sympathie et de la pitié, l'effort si dangereux quand il est solitaire, du premier tête-à-tête avec l'ombre qui remplace l'être aimé, de la première rencontre avec l'irréparable mort. C'est donc par une sorte de tableau symbolique, significatif sans brutalité, par une visite de solennelle condoléance, qui porterait en elle-même l'aveu implicite de son objet, qu'on résolut de prévenir pour le duc de Penthièvre le danger foudroyant d'une surprise.

« Les amis et le service entrèrent tous ensemble
» doucement dans la chambre de M. de Penthièvre,
» et s'y rangèrent avant que l'on en ouvrit les fenêtres.
» Madame d'Orléans se plaça dans un fauteuil près de
» la porte et en face du lit de son père, qui devait la
» voir tout en ouvrant les yeux. Les autres formaient
» un cercle qui bordait tous les côtés de la chambre.
» Dans cette disposition, M. de Penthièvre fut un
» peu de temps sans donner des marques qu'il fût
» éveillé. Enfin, il ouvre les yeux, regarde, voit sa
» fille qui tenait son visage caché dans ses mains, et
» sa chambre garnie d'un cercle de monde, dans le
» plus grand silence. Il le parcourt des yeux, fixant
» chacun en particulier, et lisant sur toutes les figures
» un sinistre événement auquel ce cher prince ne s'at-
» tendait que trop depuis plusieurs jours.
» Deux personnes s'approchèrent du lit, en silence;
» il les regarda, et sans prononcer une seule parole, il
» détourne son regard, sort ses bras du lit, joint ses
» mains, élève ses yeux vers le ciel, où il semblait que
» son âme s'élançât, garde un profond silence qui
» paraissait le commander à tout le monde. Enfin, ce
» cher prince rompt le silence, et du ton le plus tou-

» chant, les bras élevés et les mains jointes, il profère
» ces seules paroles : « *Mon Dieu! vous le savez, je*
» *crois n'avoir rien à me reprocher.* »

Ces pieuses paroles, qui contenaient à la fois une élévation vers Dieu, une protestation de sa conscience, un aveu de sa confiance dans la justice céleste, qui le défendait de toute accusation d'indifférence ou de négligence, furent comme un signal pour les témoignages de douleur et de pitié dont le respect et la crainte retenaient l'expansion. Un déluge de larmes, les gestes les plus touchants, les exclamations les plus affectueuses, donnèrent au prince cette consolation, la seule qu'il pût goûter, de voir sa douleur partagée par tout le monde. Et les embrassements passionnés de sa fille, qui s'était précipitée à son cou et sanglotait sur sa poitrine, lui rappelèrent qu'il était encore un heureux père.

Cette pensée lui donna sur-le-champ, et comme par une sorte de grâce, une telle force, que cet homme si sensible, si bon, en eut assez pour se résigner d'un seul coup, et qu'il ne versa pas, au grand étonnement de Fortaire, qui le rapporte, une seule larme dans cette occasion qui en fit tant répandre aux autres.

Pendant qu'on transportait chez elle la duchesse d'Orléans défaillante et épuisée par un si viril effort, M. de Penthièvre se levait en silence.

« Je l'observais attentivement, dit son serviteur, et je
» crus voir en lui quelque chose de surnaturel. Il passa
» sur-le-champ dans son cabinet pour y faire ses prières,

» qui durèrent longtemps, ensuite il se fit coiffer ; mais
» point de travail, point de secrétaire ; méditation,
» silence et recueillement le plus profond ; ce qui ré-
» gnait dans toute la maison, où l'on n'osait se regarder ;
» il semblait que l'on n'avait plus rien à se dire. A
» l'heure de la messe, la chapelle se trouva tendue de
» noir et l'on y fit l'office des morts. »

C'est à ce moment que se place un témoignage naïf et touchant de l'affection et du respect de cette honnête population de Vernon, dans laquelle semble avoir passé, à cette heure de corruption universelle, un peu de la vertu de ses maîtres, et par laquelle la Révolution triomphante donna ce noble et trop rare exemple de convier les vaincus eux-mêmes aux fêtes fraternelles de sa victoire, et d'honorer dans la vertu des princes l'exemple donné à la vertu du peuple. Par une sorte de mouvement spontané, de généreuse inspiration, la commune entière de Vernon, sans distinction de rang, de sexe, d'âge, réunie dans la principale église du lieu, délibérait solennellement sur les moyens de préserver de toute espèce d'insulte et de prendre sous sa protection spéciale cette famille adorée des Penthièvre, dont le peuple de Paris avait méconnu et frappé l'ange.

Et voici le monument protecteur, pacificateur, réparateur, qui fut choisi comme le naïf symbole des sentiments de ce pays qui ne formait qu'une famille. Par un choix qui était déjà un hommage délicat, on l'emprunta à la nature, qu'aimait tant le patriarcal et champêtre ami du poëte des dernières pastorales.

Il fut arrêté qu'on chercherait l'arbre le plus beau du pays pour être planté à la porte du château hospitalier et devant les fenêtres mêmes du père et de la fille; que toute la ville en masse, les femmes, les enfants, les jeunes filles vêtues de blanc, accompagneraient l'arbre processionnellement, qu'on le planterait solennellement à la porte qu'il devait rendre inviolable, et qu'au milieu de la hauteur de cet obélisque verdoyant, couronné des attributs de la liberté, il serait attaché un tableau où on lirait en gros caractères :

HOMMAGE A LA VERTU.

Ce qui fut dit fut fait. Le jeudi 20 septembre 1792, un beau soleil d'automne éclaira cette cérémonie touchante, cette fête populaire qui, différente de toutes les autres, ne coûtait de larmes à personne, ou n'en coûtait que de bonheur. Le duc de Penthièvre et sa fille, auxquels la joie universelle et le touchant honneur d'une manifestation sans exemple avaient un moment fait oublier tout le reste, goûtèrent leurs derniers plaisirs et embellirent de leurs derniers sourires cette solennité, que couronna un festin vraiment fraternel, ou plutôt vraiment filial, dont l'auguste président ressemblait si bien à un père.

Mais ce ne fut pas le dernier témoignage de l'affection populaire, si inconstante ailleurs; elle demeura

CHAPITRE QUINZIÈME.

à Vernon fidèle à son objet, et ne brisa point ses idoles. Est-ce parce qu'il n'y a de durable que la popularité fondée sur la vertu et qui n'enlève rien au respect? Et à l'exemple des habitants de Vernon, tout régiment de passage sur ce carrefour où se croisent deux grandes routes, celle d'Évreux à Gisors et celle de Paris à Rouen, se détournait de son chemin pour aller faire au château ce pèlerinage d'où l'on revenait meilleur. Et l'enthousiasme des visiteurs retombait flatteusement sur ce petit pays qu'avaient illustré deux fois le séjour de la vertu et son empressement à l'honorer.

Le prince de Conti, qui était rentré en France à cette époque, écrivit alors à ce duc de Penthièvre qui après avoir abaissé par sa naissance la race des Bourbons, la réhabilitait en quelque sorte, aux yeux mêmes des démagogues, par ses vertus :

« M. de Conti embrasse de tout son cœur
» M. de Penthièvre et le félicite avec le plus grand em-
» pressement sur le témoignage d'amour et d'affec-
» tion qu'il vient de recevoir de la part de ses con-
» citoyens de Vernon. Dans tous les temps, ces
» marques d'attachement ont été délicieuses; mais
» maintenant c'est le bonheur suprême. »

Après l'avoir goûté, après avoir épuisé, à une époque où rien n'était modéré, la coupe des plus grandes douleurs et des plus grandes joies, M. de Penthièvre n'avait plus qu'à mourir.

C'est en 1793, au printemps, que pliant sous le poids

des années, alourdi par l'infortune et les bonnes actions, comme un arbre chargé de fruits, M. de Penthièvre termina cette vie expiatoire des fautes de sa race, qui, dans les derniers temps surtout, a une douce odeur de rédemption et de sainteté.

« Déjà, dit Fortaire, ce prince n'existait plus que
» dans un état de langueur qui augmentait sensible-
» ment de jour en jour, malgré les soins que l'on pre-
» nait de lui. Mais, comme je l'ai déjà dit tant de fois, à
» mesure que le corps se détruisait en lui, l'âme sem-
» blait acquérir des forces nouvelles...

» Depuis le 10 août, il ne donna plus d'attention
» sérieuse qu'à ce qui concernait la trop malheureuse
» famille royale, avec laquelle il eut un intermédiaire
» tant que son infortunée belle-fille partagea leurs
» peines et leurs malheurs; mais maintenant tous les
» liens sont rompus...... »

Le dernier de tous, le dernier qui le retint encore à l'existence, fut tranché par le coup de hache du 21 janvier.

« La perte du monarque déchira le reste de l'enve-
» loppe de son âme. » Le dimanche 20 janvier se trouva le deuxième après l'Épiphanie et en même temps la fête de saint Sébastien, martyr, un des patrons du diocèse d'Évreux. Comme alors M. de Penthièvre ne sortait plus de sa maison, il avait obtenu la grâce de donner l'hospitalité à son Dieu, et le Saint Sacrement était exposé dans la chapelle du château de Bisy, ainsi que dans celle du château d'Anet.

Le duc de Penthièvre s'était fait le pieux gardien du Saint Viatique, et c'est de sa maison que partaient, à l'appel des mourants, cette suprême consolation de l'Eucharistie, et les huiles sacrées dont le juste oint ses reins à la veille du dernier voyage.

« Le dimanche 20 janvier, M. de Penthièvre assista
» à tout l'office et passa la plus grande partie du jour
» et de la nuit à adorer le Saint des saints, en qui il
» avait une foi et une confiance si parfaites. Son silence
» et son recueillement furent continuels; son exemple
» commandait le respect, et la tristesse régnait dans
» toute sa maison. On ne voyait plus que la présence
» de son corps. Son âme ne fut plus occupée que des
» choses du ciel toute cette journée ainsi que celle du
» lendemain.

» Le 20, avant de se coucher, le prince fit ses
» exercices de piété dans sa chambre comme il en avait
» l'usage, mais avec des manières si touchantes qu'il
» ne semblait plus un homme mais un ange. » Il se coucha, mais se releva bientôt, comme oppressé par une sorte de besoin de ne pas perdre un seul instant la vue de Dieu, et dévoré d'une soif inextinguible de prière et de méditation; et l'aube le trouva à genoux, comme un de ces moines dont il avait plus d'une fois voulu revêtir la bure et partager les austérités à ce grand couvent de la Trappe qu'il préférait à ses palais, et où un des roués du siècle [1], dans un désespoir d'amour, n'avait pu imiter plus de trois jours son exemple.

[1] *Mémoires de Tilly*, t. II, p. 90.

Le 21 janvier, après cette nuit de veille, de prière et d'angoisse, le duc de Penthièvre, se levant de son lit, semblait quitter son tombeau. Il ne tarda pas longtemps à s'y recoucher, mais ce ne fut qu'après avoir courageusement lutté avec douceur et comme avec modestie contre la mort. Pour lui, la mort n'était pas un malheur, mais un honneur. Il voulait que le messager funèbre, son céleste introducteur, le trouvât debout, attendant dans une attitude respectueuse et soumise l'arrêt de délivrance. Le 3 mars, veille de sa mort, il voulut encore, malgré les observations de son médecin, se mettre à genoux. A midi, il assista, dans sa tribune, à demi couché, à la messe, et si faible, que l'abbé Lambert, son aumônier, dut se tenir auprès de lui pour lui annoncer successivement les phases diverses et comme les actes du drame du saint sacrifice, l'avertissant à l'*Introït*, à l'*Épître*, à l'*Évangile*, à la *Consécration* et à la *Post-communion*.

A deux heures, il reçut le viatique en pleine lucidité d'esprit, en tendre effusion de cœur. Son aumônier lui parlait déjà avec le respect qu'inspire la sainteté, et c'était lui qui semblait, en face de cette agonie si pure, si douce, si rayonnante, non l'exhortateur, mais l'exhorté, non le maître, mais le disciple.

Il trouva le lit trop doux pour mourir, et c'est dans son cabinet de recueillement et de dévotion, dans son oratoire, comme le soldat dans sa tente, près de son petit autel domestique, assis dans son fauteuil, qu'il expira tranquillement.

Quelques heures avant sa mort, les habitants notables de Vernon, réunis dans un conseil général, délibérèrent sur la dernière grâce à demander à ce maître qui n'avait été qu'un bienfaiteur, et il fut arrêté que le maire se rendrait, accompagné des autorités, auprès du noble moribond, pour lui demander, au nom de tous, sa bénédiction.

Et c'est quelques minutes après s'être soulevé sur son séant et avoir déféré au vœu filial de la ville de Vernon, que, le 4 mars 1793, à quatre heures du matin, le duc de Penthièvre quitta la terre pour ne plus exaucer qu'au ciel les prières de ses enfants, comme il les appela toujours.

L'examen des médecins chargés de l'autopsie et de l'embaumement de ce corps vénéré leur révéla la cause incontestable d'une fin prématurée, et ils trouvèrent, correspondant à la date du 3 septembre, la trace empoisonnée de la source de douleur qui s'était ouverte ce jour-là pour s'agrandir le 21 janvier, et étouffer dans son flot amer les principes d'une santé encore florissante. La Révolution avait tué celui-là même qu'elle avait semblé et peut-être cru épargner.

Le mercredi 6 mars, le corps fut transporté à Dreux, sans pompe, accompagné de deux prêtres et de quelques serviteurs, et descendu, le jeudi 7, dans le caveau de la collégiale de Saint-Étienne, à côté des cercueils de sa famille. Le 1er frimaire an II, les dix corps de la famille du prince, le sien compris, furent arrachés de leurs lits funèbres, dont l'argent, le plomb, le cuivre et le fer allèrent à Paris se confondre dans le butin que la Monnaie transformait en pièces et l'Arsenal en canons, et furent jetés, sans respect et sans précaution, dans une fosse du cimetière des chanoines. Cette sacrilége sépulture fut marquée d'une pierre par un ami fidèle, et le 19 septembre 1816, la duchesse d'Orléans put, à Vernon, inaugurer un monument expiatoire élevé aux morts outragés de sa famille.

Seuls les restes de la princesse de Lamballe, jouets de l'infâme indifférence de la boue et du ruisseau, et qu'a sans doute dévorés le lit de chaux de la Tombe-Issoire, manquaient à l'appel de cette tardive et domestique réparation !

FIN.

APPENDICE.

DOCUMENTS ET PIÈCES JUSTIFICATIVES.

I

Détails sur les outrages à l'humanité et à la pudeur commis sur le cadavre de la princesse de Lamballe. — Récit du *Nouveau Tableau de Paris*, par Mercier. — Détails sur la *Relation* de Jourgnac de Saint-Méard, vendue à deux cent quatre-vingt mille exemplaires. — Sa visite à Marat. — Récit de G. Duval. — Relation de M. de Blanzy. — Extrait du *Cimetière de la Madeleine*, par Regnault-Warin. — Le *Mérite des femmes*, de Legouvé.

Le courage nous a manqué pour accomplir jusqu'au bout notre mission d'historien, et pour raconter, jusque dans leur dernier raffinement, les excès d'une rage survivant à la mort elle-même et prolongeant jusque sur des restes inanimés l'assouvissement d'une obscène barbarie. Il faudrait être bourreau pour analyser sans frémir cette œuvre de bourreaux ivres de sang et de vin. Mais d'un autre côté, nous avons promis de tout dire. Il faut que la leçon soit complète. Nous avons donc, pour concilier nos devoirs avec nos scrupules, relégué dans l'ombre de la note, où ne doivent pénétrer que les hommes, les affreux détails qui pourraient blesser des regards délicats. Voici donc, dans son intrépide sincérité, le récit d'un contemporain, qui s'est exposé assez souvent, dans son *Nouveau Tableau de Paris*, à faire rougir le lecteur, pour avoir affronté une dernière fois ce danger. Pour atténuer l'effet de ces révélations hideuses, pour relever l'historien cynique des mœurs de Paris à la fin du dix-huitième siècle de la déchéance de pareils aveux, pour préparer enfin progressivement à l'épreuve de ce dernier tableau et donner à ceux qu'il affligerait trop le temps de s'esquiver à propos, nous faisons précéder ce terrible passage de ces pages où respire l'indignation éloquente de l'honnête homme, et qui sont d'une signification décisive et d'une autorité écrasante contre ceux qui voudraient non justifier (qui l'oserait ?) mais excuser les massacres de septembre par un délire de patriotique fureur, par une revanche de la Saint-Barthélemy, etc… Vains efforts. Est-ce qu'une nation perd jamais la conscience? Est-ce que tout un peuple se déshonore du même coup? Est-ce qu'un crime en excuse un autre?

Voici donc comment Mercier, un des premiers qui osèrent élever la voix contre des excès inutiles et flétrir ces haltes de la liberté dans le sang, Mercier, proscrit avec les Girondins et qui eût partagé leur sort sans la révolution du 9 thermidor, a peint, d'une main encore tremblante de douleur et de honte, le tableau de Paris en septembre 1792, et voici comment il a décrit le supplice, postérieur à la mort, de la princesse de Lamballe.

« Les générations futures se refuseront à croire que ces forfaits exécrables ont pu avoir lieu chez un peuple civilisé, en présence du Corps législatif, sous les yeux et par la volonté des dépositaires des lois, dans une ville peuplée de huit cent mille habitants, restés immobiles et frappés de stupeur à l'aspect d'une poignée de scélérats soudoyés pour commettre des crimes.

» Le nombre des assassins n'excédait pas trois cents; encore faut-il y comprendre les quidams qui, dans l'intérieur du guichet, s'étaient constitués les juges des détenus.

» Les promoteurs de l'anarchie, les agitateurs du peuple, en un mot les partisans du crime, ne cessent de nous dire qu'une grande conspiration devait éclater dans Paris les premiers jours de septembre. Personne, hélas! ne leur conteste cette vérité, que l'événement a justifiée d'une manière aussi atroce que cruelle ; mais pour connaître les conspirateurs, et de quelle nature était leur conspiration, il faut remonter à la source.

» En établissant une chaîne de faits, il ne faudra point une pénétration surnaturelle pour se convaincre que ces massacres sont l'ouvrage de cette faction dévorante qui est parvenue à la domination par le vol et l'assassinat.

» Quelle que soit l'horreur que m'inspirent ces journées de sang et d'opprobre, je les rappellerai sans cesse aux Parisiens, jusqu'à ce qu'ils aient eu le courage d'en demander vengeance.

» La situation de la ville paraissant exiger une surveillance plus active et plus étendue, le conseil général de la Commune créa un comité de douze commissaires.

» Les partisans des massacres ne diront pas sans doute que les diamants et les bijoux, etc., des personnes arrêtées étaient suspects. Cependant on s'emparait avec soin des personnes et des choses : ce seul fait suffit, ce me semble, pour donner la clef des massacres. Quand on demande aux anarchistes pourquoi le comité de surveillance faisait enlever les propriétés avec les personnes, ils ne savent que répondre.

» Les magasins de dépôt étaient les salles mêmes des bureaux du comité de surveillance ; c'était notoirement dans ce bureau où étaient déposés les malles, boîtes, cartons, etc. Il y avait en outre dans cette salle une ou deux grandes armoires qui étaient remplies d'objets précieux. Seulement, on avait placé dans une chambre haute quelques objets peu dignes de l'attention des hommes de proie, tels que pistolets, sabres, fusils, cannes à sabre, etc.

» Ce fut dans cette caverne que furent préparés les massacres de septembre ; ce fut dans cet abominable repaire que fut prononcé l'arrêt de mort de huit mille Français, détenus la plupart sans aucun motif légitime, sans dénonciation, sans aucune trace de délit, uniquement par la volonté et l'arbitraire des voleurs du comité de surveillance.

» Quelques jours avant les massacres, des membres du comité, effrayés de cette violation des principes, touchés du spectacle affreux d'une multitude de citoyens enfermés à la mairie, qui réclamaient contre leur arrestation, et demandaient à grands cris qu'on leur en fît connaître les motifs; ces commissaires, dis-je, voulurent consacrer le jour et la nuit à les interroger, pour remettre en liberté ceux qui étaient détenus sans grief, et envoyer en prison ceux qui étaient dans le cas d'être traduits devant les tribunaux.

» Le 2 septembre, on apprend que la ville de Verdun est prise par les Prussiens, qui, ajoutent les colporteurs de cette nouvelle, s'y sont introduits par la trahison des Verdunois, après une résistance simulée de leur part; aussitôt on tire le canon d'alarme, la générale bat, le tocsin sonne. Des municipaux à cheval courent sur les places publiques, confirment cette nouvelle, font des proclamations pour exciter les citoyens à marcher contre l'ennemi.

» Au premier coup du tocsin, chacun se demandait avec raison pourquoi au moindre danger on se complaisait à jeter ainsi l'alarme dans Paris et à frapper de terreur tous ses habitants, loin d'entretenir dans leur âme cette mâle énergie qui convient à des guerriers et assure le gain des batailles : n'était-ce pas, en effet, un moyen puissant d'énerver leur courage? Mais ceux qui ne connaissaient pas le secret des conjurés furent bientôt instruits par leur propre expérience. O jour de deuil et d'opprobre! c'était à ce signal que devaient se réunir les assassins qui se portèrent aux prisons; c'était le prélude du plus affreux carnage.

» Les brigands, distribués par bandes, se portent aux prisons. Aux unes ils fracturent les portes; aux autres ils se font livrer les geôliers, et s'emparent des victimes que le comité de surveillance y avait amoncelées pendant quinze jours.

» Ces assassins, armés de sabres et d'instruments meurtriers, les bras retroussés jusqu'aux coudes, ayant à la main les listes de proscription dressées quelques jours auparavant, appelaient nominativement chaque prisonnier.

» Des membres du conseil général, revêtus de l'écharpe tricolore, et d'autres particuliers s'établissaient au guichet, dans l'intérieur de la prison. Là était une table couverte de bouteilles et de verres; autour étaient groupés les prétendus juges et quelques-uns des exécuteurs de leurs sentences de mort. Au milieu de la table était déposé le livre d'écrous.

» Les assassins allaient d'une chambre à l'autre, appelaient chaque prisonnier à tour de rôle, puis le conduisaient devant le tribunal de sang, qui lui faisait ordinairement cette question : Qui êtes-vous? Aussitôt après que le prisonnier avait décliné son nom, les cannibales en écharpe inspectaient le registre, et, après quelques interpellations aussi vagues qu'insignifiantes, ils le remettaient entre les mains des satellites de leurs cruautés, qui le conduisaient à la porte de la prison, où étaient d'autres assassins, qui le massacraient avec une férocité dont on chercherait en vain des exemples chez les peuples les plus barbares.

» A la prison de l'Abbaye, ils étaient convenus entre eux que toutes les fois que l'on conduirait un prisonnier hors du guichet en prononçant ce mot : *A la Force*, ce serait l'équivalent d'une sentence de mort. Ceux qui remplissaient à la Force le même emploi, c'est-à-dire le métier de bourreau, étaient convenus de même qu'en prononçant ce mot : *A l'Abbaye*, cela voudrait dire qu'il fallait donner la mort au prisonnier qui était condamné. Ceux qui étaient absous par le sanglant tribunal étaient mis en liberté, et conduits à quelque distance de la prison, au milieu des cris de *Vive la nation!*

» L'Assemblée législative députa plusieurs de ses membres qu'elle chargea de rappeler à la loi les brigands qui s'en écartaient d'une manière aussi atroce. Mais que pouvait le langage de la raison et de la morale sur des assassins altérés de sang et la plupart plongés dans la plus crapuleuse ivresse? Cette mesure était insuffisante; toute harangue devenait vaine, attendu que pour dompter des tigres il fallait de la force armée; il fallait que l'Assemblée sortît tout entière, et qu'elle vînt former autour de chaque prison un rempart inexpugnable. Ils repoussèrent par des menaces tous les avis et les conseils de paix qui leur étaient portés. L'abbé *Fauchet*, évêque du Calvados, membre de la députation, fut menacé, injurié, et peu s'en fallut que de la menace on n'en vînt aux coups : il vit l'instant où les assassins allaient le comprendre au nombre de leurs victimes. Il se retira, et vint rendre compte à l'Assemblée, qui était elle-même dans la stupeur et l'avilissement, menacée d'une dissolution totale par l'infâme *Robespierre*, qui exerçait une tyrannie sans bornes dans Paris.

» Les prêtres renfermés dans l'église des Carmes furent tous massacrés, à l'exception d'un seul ; on les faisait sortir les uns après les autres, et souvent deux ensemble : d'abord les assassins les tuaient à coups de fusil ; mais sur l'observation d'une multitude de femmes qui étaient là présentes, que cette manière était trop bruyante, on se servit de sabres et de baïonnettes. Ces malheureuses victimes se prosternaient au milieu de la cour, et se recueillaient un instant, abandonnées de la nature entière, sans appui, sans autre consolation que le témoignage de leur conscience ; elles élevaient les yeux et les mains vers le ciel, et semblaient conjurer l'Être suprême de pardonner à leurs assassins.

» Vous, partisans de ces massacres, conjurés féroces qui n'avez cessé de tromper la multitude crédule, direz-vous qu'il était impossible d'arrêter les bras des assassins? direz-vous qu'il n'était point en votre puissance de les réprimer? Vous avez dit au département, par l'organe imposteur de vos commissaires, que vous n'aviez pu arrêter la colère du peuple. Malheureux! vous prostituez le nom du peuple ; vous ne l'invoquez que pour le déshonorer et couvrir vos turpitudes et vos crimes! Était-ce donc le peuple qui commettait ces forfaits exécrables? Non, il gémissait en silence ; c'est vous, administrateurs féroces, qui, d'intelligence avec le conseil général de la commune et le ministre *Danton*, avez tout fait préparer, tout fait exécuter. C'est vous qui avez fait commettre tous ces crimes par un petit nombre d'affidés, afin de vous enrichir des dépouilles sanglantes de vos nombreuses victimes ; c'est vous qui avez fait de Paris le coupe-gorge du riche, et préparé la misère du peuple, en brisant tous les liens sociaux, en tarissant tous les canaux de la circulation, et détruisant la confiance publique, si nécessaire, si indispensable à la prospérité commune et au bonheur de tous.

» S'il n'était pas prouvé qu'à vous seuls appartient l'opprobre des premiers jours de septembre, je vous rappellerais deux faits que vous ne pouvez nier : je vous rappellerais ce payement de 850 livres fait par ordre du conseil général au marchand de vin qui fournissait vos assassins à la Force, pendant leurs horribles exécutions ; je vous rappellerais le comité de surveillance louant, la veille du massacre, les voitures qu'il destinait et qui ont servi à conduire à la carrière de Charenton les cadavres de septembre.

» Si la garde nationale eût été requise, si on l'eût commandée au nom de la loi, que des chefs perfides et sanguinaires s'appliquaient à paralyser, combien elle eût été forte et courageuse! Elle se serait levée tout entière, mais cette garde nationale, dont la masse est restée pure au milieu de tous les genres de corruption et de brigandage, n'a-t-elle pas craint qu'on ne l'accusât d'avoir agi sans réquisition? n'a-t-elle pas craint qu'en voulant punir le crime on ne l'accusât elle-même de s'être rendue criminelle? Retenue par ces motifs, elle est restée immobile.

» J'ai vu la place du Théâtre-Français couverte de soldats que le tocsin avait rassemblés ; je les ai vus prêts à marcher, et tout à coup se disperser parce qu'on était venu traîtreusement leur annoncer que ce n'était qu'une fausse alerte, que ce n'était rien. Ce n'était rien, grands dieux ! Déjà la cour des Carmes et celle de l'Abbaye étaient inondées de sang, et se remplissaient de cadavres : ce n'était rien !

» J'ai vu trois cents hommes armés faisant l'exercice dans le jardin du Luxembourg, à deux cents pas des prêtres que l'on massacrait dans la cour des Carmes : direz-vous qu'ils seraient restés immobiles si on leur eût donné l'ordre de marcher contre les assassins ?

» Aux portes de l'Abbaye et des autres prisons étaient des épouses éplorées redemandant à grands cris leurs époux, qu'une fin tragique venait de séparer d'elles ; d'autres avaient la douleur de les voir massacrer à leurs pieds.

» Le même carnage, les mêmes atrocités se répétaient en même temps dans les prisons et dans tous les endroits où gémissaient les victimes du pouvoir arbitraire : partout on exerçait des cruautés, toujours accompagnées de circonstances plus ou moins douloureusement remarquables.

» Au séminaire de Saint-Firmin, les prêtres qu'on y retenait en chartre privée attendaient paisiblement, comme les autres prêtres détenus aux Carmes, que la municipalité de Paris leur indiquât le jour de leur départ et leur délivrât des passe-ports pour sortir de France, selon les termes d'un décret tout récent, qui leur faisait cette injonction, en leur accordant trois livres par jour pendant leur voyage.

» Il est incontestable qu'il n'a tenu qu'aux autorités du jour que ce décret eût son exécution avant les massacres ; mais les prêtres détenus étaient désignés et réservés pour ce jour : ils furent mutilés et déchirés par lambeaux. A Saint-Firmin ils trouvèrent plaisant d'en précipiter quelques-uns du dernier étage sur le pavé.

» A l'hôpital général de la Salpêtrière, ces monstres ont égorgé treize femmes, après en avoir violé plusieurs.

» A Bicêtre, le concierge, voyant arriver ce ramas d'assassins, voulut se mettre en devoir de les bien recevoir : il avait braqué deux pièces de canon, et dans l'instant où il allait y mettre le feu, il reçut un coup mortel ; les assassins vainqueurs ne laissèrent la vie à aucun des prisonniers.

» A la prison du Châtelet, même carnage, même férocité : rien n'échappait à la rage de ces cannibales ; tout ce qui était prisonnier leur parut digne du même traitement.

» A la Force, ils y restèrent pendant cinq jours. Madame la ci-devant princesse de Lamballe y était détenue : son sincère attachement à l'épouse de Louis XVI était tout son crime aux yeux de la multitude ; au milieu de nos agitations elle n'avait joué aucun rôle ; rien ne pouvait la rendre suspecte aux yeux du peuple, dont elle n'était connue que par des actes multipliés de bienfaisance. Les écrivains les plus féroces, les déclamateurs les plus fougueux ne l'avaient jamais signalée dans leurs feuilles.

» Le 3 septembre, on l'appelle au greffe de la Force; elle comparaît devant le sanglant tribunal, composé de quelques particuliers. A l'aspect effrayant des bourreaux couverts de sang, il fallait un courage surnaturel pour ne pas succomber.

» Plusieurs voix s'élèvent du milieu des spectateurs, et demandent grâce pour madame de Lamballe. Un instant indécis, les assassins s'arrêtent; mais bientôt après elle est frappée de plusieurs coups : elle tombe baignée dans son sang, et expire.

» Aussitôt on lui coupe la tête et les mamelles ; son corps est ouvert ; on lui arrache le cœur ; sa tête est ensuite portée au bout d'une pique et promenée dans Paris ; à quelque distance on traînait son corps.

» Les tigres qui venaient de la déchirer ainsi se sont donné le plaisir barbare d'aller au Temple montrer sa tête et son cœur à Louis XVI et à sa famille.

» Tout ce que la férocité peut produire de plus horrible et de plus froidement cruel fut exercé sur madame de Lamballe.

» Il est un fait que la pudeur laisse à peine d'expressions pour le décrire ; mais je dois dire la vérité tout entière et ne me permettre aucune omission. Lorsque madame de Lamballe fut mutilée de cent manières différentes, lorsque les assassins se furent partagé les morceaux sanglants de son corps, l'un de ces monstres lui coupa la partie virginale et s'en fit des moustaches, en présence des spectateurs saisis d'horreur et d'épouvante. »

Voilà les faits que Peltier et Bertrand de Molleville n'ont pas eu le courage d'exprimer, et que Roch Marcandier et Mercier attestent. Un fait moins certain, quoique affirmé par les deux premiers, c'est qu'on chargea un canon avec une jambe détachée du tronc de la princesse de Lamballe.

Le premier récit des massacres de septembre parut le 20. Il était l'œuvre éloquente et courageuse de Jourgnac-Saint-Méard, et son immense succès atteste que la conscience publique indignée s'associait à l'inspiration vengeresse de cet émouvant tableau, et que les honnêtes gens, dont la surprise et la terreur avaient glacé le courage, réprouvaient du moins ces meurtriers qu'ils n'avaient pas osé combattre. Jourgnac nous a donné lui-même des détails curieux sur ce succès caractéristique d'une protestation publique qui trouva un écho dans la protestation muette de tant de cœurs.

« Le 15 septembre 1792, onze jours après ma sortie de l'Abbaye, je fis présent à Desenne, libraire au Palais-Royal, du manuscrit de mon *Agonie;* il le mit en vente. Le 20 du même mois, deux jours après, il fut obligé d'en faire une seconde édition, et son succès fut si rapide que, malgré douze contrefaçons qui ont paru à Paris, il en a fait paraître *quinze éditions*, dont la dernière, à laquelle il ajouta mon portrait, parut le 20 juin. Tous les journaux de Paris sans exception et plusieurs des départements ainsi que toutes les brochures qui parurent dans ce temps, en ont fait l'éloge, et je ne crois pas dire trop en disant qu'à l'époque du 1er mai 1793, il s'en est vendu à Paris *deux cent quatre-vingt mille exemplaires.*

Je fus curieux de savoir ce qu'en pensait l'ami du peuple, Marat; je lui en donnai six exemplaires. Quelques jours après, je retournai chez lui et je le priai de me dire franchement son avis; il me répondit qu'il l'avait lue avec le plus grand intérêt, mais qu'il était seulement fâché que j'eusse cherché à apitoyer le public sur le sort du mercenaire Reding et que j'eusse parlé de la bénédiction que nous donna l'abbé Lenfant. »

G. Duval, *Souvenirs de la Terreur*, 1842, tome II, page 258, indique comme ayant jugé à la Force, en écharpe d'officier municipal, l'Huillier, Hébert, Dangers et Monneuse [1], et il raconte en ces termes la scène principale du drame :

« Il n'est pas possible de parler des massacres de la Force

---

[1] Monneuse, ancien mercier, puis marchand de vins, déporté par arrêté des consuls du 14 nivôse an IX. Dangers, condamné à mort et exécuté le 29 prairial an XI avec Cécile Renault, Hébert et l'Huillier, etc.

et d'oublier la plus intéressante de toutes les victimes qui périrent dans cette prison. Je serai bref cependant, attendu qu'à peu près toutes les circonstances de son horrible assassinat sont connues. Je dirai seulement quelques-unes de celles qui le sont moins. Je dirai, par exemple, qu'au moment où, soutenue par Truchon, dit le *Grand Nicolas*, et un autre scélérat de sa trempe, on la forçait de passer sur le monceau de cadavres amoncelés à la porte, et qu'elle s'évanouissait à chaque instant, Charlat, garçon perruquier de la rue Saint-Paul, imagine de lui enlever son bonnet avec le bout d'une pique; mais comme le misérable était ivre, il l'atteint au-dessus de l'œil et le sang jaillit aussitôt. Grison l'étend à ses pieds d'un coup de bûche[1]. On la frappe ensuite à coups de sabre, vingt piques sont enfoncées dans son corps, et quand elle n'est plus qu'un cadavre, Charlat lui coupe la tête, et son corps mutilé est livré à la populace, qui lui fait subir des outrages que la plume se refuse à décrire.

Sa tête est portée par Charlat, Grison, Mamin, le tisserand Radi, chez un marchand de vin du cul-de-sac des Prêtres; ils la déposent sur le comptoir et exigent que le marchand de vin boive avec eux *à sa santé!* puis on met cette tête au bout d'une pique. Je ne suivrai pas l'horrible procession à l'abbaye Saint-Antoine, au Temple, au Palais-Royal, à l'hôtel de Toulouse, et je resterai encore quelque temps à la Force, où je vais présenter à vos yeux cet effroyable nègre qui égorgea pendant les trois jours entiers, sans autre interruption que celle dont il avait besoin pour aller prendre à la hâte quelques rafraîchissements dans les cabarets voisins. Ce monstre, vomi par la terre africaine, était horrible à voir, plus horrible vingt fois que les autres tueurs. Les

[1] Charlat, poursuivi par l'exécration publique, se rendit à l'armée vers la fin de septembre; ses camarades, indignés de l'entendre se vanter continuellement de ses prouesses au 2 septembre, le massacrèrent. Quant à Grison, il fut condamné à mort et exécuté en janvier 1797 à Troyes. L'arrêt portait: « *Comme chef de la bande de voleurs qui désolait la contrée, et l'un des assassins de septembre.* » Ceci est remarquable, Grison étant le seul qui ait été condamné pour sa participation aux massacres de septembre.

bras nus, la poitrine découverte, sa peau noire presque entièrement rougie par le sang qu'il répandait à flots et poussant d'affreux éclats de rire à chaque victime qu'il voyait expirer sous ses coups, il inspirait l'horreur et l'effroi à ceux-là mêmes qui *travaillaient avec lui*. On a su depuis qu'il était venu en France avec Fournier l'Américain, qui s'est aussi grandement distingué dans les journées de septembre comme chef des assassins des prisonniers d'Orléans. Fournier, qui avait déjà employé avec succès cet homme en octobre 89, l'employa utilement encore dans beaucoup d'autres occasions, jusqu'à ce qu'enfin, ayant figuré aux 4 et 5 prairial parmi les assassins du député Féraud, dont il promena la tête au bout d'une pique, il fut guillotiné le 8 sur la place de la Bastille.

Je nommerai encore parmi ceux qui montrèrent le plus de zèle à *l'affaire* de la Force, un garçon boucher de la rue Cloche-Perce, nommé Allaigre, qui ne se montra pas moins infatigable que le nègre Delorme. Cependant, vers la fin du second jour, il eut un moment de lassitude et de découragement; et, s'appuyant d'un air triste sur la massue avec laquelle il assommait les victimes, la même massue qui lui servait à assommer ses bœufs, il se prit à dire : « Est-ce que Billaud-Varennes se f... dans la tête
» que pour la pièce de vingt-quatre francs qu'il m'a donnée hier
» je n'en ai pas fait assez? S'il veut que je continue, qu'il double la
» paye. » Et il abandonna l'ouvrage à l'instant. Sans doute Billaud-Varennes se montra accommodant, car Allaigre s'était remis à l'ouvrage le lendemain avec une nouvelle ardeur; il ne le quittait de temps en temps que pendant une minute ou deux pour aller se laver les mains à une pompe qui se trouvait vis-à-vis l'église des Jésuites. Allaigre figura depuis aux journées de prairial, à côté du nègre Delorme, et fut du nombre des assassins de Féraud; mais, plus heureux que Delorme, il ne monta pas sur l'échafaud. Il est mort il y a quelques années aux Bons pauvres de Bicêtre, par la protection d'un personnage de la cour de Charles X (le marquis de R...), qui, comme plusieurs autres, protégeait à tort et à travers, sans trop s'inquiéter des antécédents. Je suppose toutefois qu'il ne connaissait pas bien précisément ceux d'Allaigre. »

Nous devons à un homme qui cache sous le modeste pseudonyme de *Laurence*, qu'il honore par des travaux artistiques dont nos lecteurs peuvent juger par cette *Vue de la Force* qu'a tracée son habile et pieux burin, un nom plus aristocratique, quelques détails sur les massacres de la Force, dont son grand-père, mort en 1861, commensal du duc de Penthièvre à Sceaux (1784-1788), et son père, furent les témoins oculaires, d'autant plus attentifs et d'autant plus terrifiés que le drame s'accomplissait sous leurs fenêtres. Derrière les rideaux, ils épiaient en vain l'occasion propice de sauver un ami, M. de la Chesnaye, un des chefs de légion de la garde nationale parisienne, qui fut immolé quelques instants avant la princesse de Lamballe, pour laquelle leur cœur appelait aussi en vain un sauveur.

« ... Un des témoins involontaires de cette scène effroyable fut M. de Blanzy, qui, jeune encore, demeurait en ce temps dans la rue du Roi de Sicile, avec son père, ancien maître des eaux et forêts de Champagne... Leurs fenêtres donnaient vis-à-vis la porte basse, du côté où plus tard, sous la Restauration, fut placée une guérite de factionnaire : ils purent voir la fin horrible de ce drame.

Après avoir été assassinée, le corps de la princesse fut roulé sur cette borne, où, à force de coups de sabre, on en détacha la tête.

Cette borne (la deuxième à gauche) resta tout le jour maculée de sang et de restes de chair : ce fut *la fille d'un perruquier de la rue des Balais* qui vint l'éponger et la laver. — M. de Blanzy, dont le fils, plus tard, a connu ces détails et a pris un dessin exact des lieux, fut si ému de ce drame, que jamais il n'a voulu passer dans la rue du Roi de Sicile, dont il donna congé forcément quand, transféré au donjon de Vincennes, il fut assez heureux pour recouvrer sa liberté et rentrer à Paris...

C'est sur ce dessin original et historique qu'a été fidèlement reproduite l'eau-forte qui se voit ci-contre. »

« *Je certifie la vérité de cette note, ayant tenu tous ces détails de la bouche même de mon père, en 1860-61.*

» L. DE BLANZY. »

Un homme qui ne peut pas passer pour un historien, a écrit en 1801 un livre qui dut un très-grand succès à son sujet et aux persécutions de la police. C'est le *Cimetière de la Madeleine*, par Regnault-Warin. Manuel y joue le rôle de héros de la clémence et du dévouement, et la princesse de Lamballe y parait aussi. Il nous a paru curieux d'exhumer du juste et profond oubli qui a succédé à son succès, en en citant quelques passages, ce livre sur lequel on trouvera tout un curieux chapitre dans le tome III des *Mémoires tirés des Archives de la police de Paris*, par Peuchet, page 245 et suivantes.

« On venait (dit Manuel) de la faire descendre au guichet (la princesse de Lamballe) qui précède celui où siégeait le tribunal assassin. Quand j'ai paru, vêtue d'une simple robe blanche et les cheveux épars, elle offrait l'image parfaite de l'innocence devant le crime. Ma présence a produit une sensation difficile à décrire. Je m'étais déjà présenté, et par les conjurations les plus véhémentes j'avais suspendu le carnage; il reprenait l'exercice de son affreuse puissance; je venais encore essayer d'en arrêter l'effet. A mon aspect donc, un morne silence s'empare des égorgeurs; les deux satellites qui tenaient madame de Lamballe laissent tomber leurs sabres, qu'ils tenaient croisés sur sa poitrine. A travers la porte entr'ouverte, le président, inquiet, se lève et demande de quoi il s'agit? « De quoi il s'agit! m'écriai-je. De remettre à la justice constituée le jugement et la punition des coupables, la grâce des égarés, l'absolution des innocents. Citoyens, organe de la loi, je pourrais vous dire qu'elle l'ordonne; mais au nom de l'humanité, je vous en supplie. Quoi! des hommes désarmés, des vieillards malades, de faibles enfants, sont-ce là des ennemis dignes du courage français? Quoi! l'on dira que tandis que vos frères d'armes se mesuraient avec les nombreuses phalanges de la Prusse, vous essayiez votre bravoure et vos forces contre une femme? Auriez-vous la cruauté de tremper vos mains dans son sang? Ne l'oubliez pas, citoyens, le sang versé par l'assassinat crie sans cesse et ne s'efface jamais. — Procureur de la commune, répond un des égorgeurs, tu n'es point ici au parquet, et tout ce que tu dis là, pour être beau, n'en est pas meilleur. La Lamballe a trahi la patrie; elle est la complice d'Antoinette; il faut qu'elle périsse! — Oui, oui, s'écrient les brigands furieux, il y a trop longtemps que la justice nous endort, nous voulons la rendre nous-mêmes. A ces mots, les cris redoublent; je veux me faire entendre, ma voix est couverte par les rugissements.

Cependant madame de Lamballe, pâle et tremblante parmi les bourreaux, se soutenait à peine; elle avait la tête penchée, et à travers ses paupières je voyais couler quelques larmes. Quels cœurs de bronze n'eussent point été attendris! Ceux des égorgeurs s'endurcissaient sans doute, car, la poussant par les épaules, ils la traînent aux pieds du président en lui criant: Fais ton devoir. Je m'élance en même temps et réclame au milieu du tumulte. Le président, le calme un peu rétabli, veut commencer une espèce d'interrogatoire. La princesse réunit ses forces pour lui répondre: «L'on m'impute à crime mon attachement pour la Reine. Je ne puis m'en défendre. Je suis coupable. Oui, j'ai donné à une cour perverse et à un siècle corrompu l'exemple d'une amitié constante et parfaite entre une souveraine et une sujette. J'ai vécu pour elle, et je ne me plains pas de mourir.» — «Non, vous ne mourrez point, m'écriai-je, dussé-je moi-même périr. Barbares! ajoutai-je tout en larmes et en découvrant ma poitrine, s'il vous faut du sang, répandez le mien, épargnez cette femme infortunée!» Je n'avais point achevé ces mots, qu'à un signal donné par le président, madame de Lamballe était enlevée, transportée au guichet du dehors et frappée de plusieurs coups de sabre qui ont fait rejaillir son sang jusque sur mon écharpe. La douleur de son supplice, le spectacle des cadavres amoncelés dans des ruisseaux de sang et de boue l'ont fait évanouir fréquemment et mourir ainsi plusieurs fois. Avant d'avoir reçu la mort, ses bourreaux, mêlant à l'horreur de cette boucherie le délire de la débauche, ont souillé son corps de leurs infâmes turpitudes, jusqu'à ce que, enivrés d'une rage cannibale, ils se soient partagé ses membres palpitants. »

La mort de la princesse de Lamballe était digne d'inspirer mieux qu'un roman. La poésie se fût honorée en jetant des fleurs sur sa tombe. C'est avec regret qu'en relisant le *Mérite des femmes*, de cet honnête et éloquent Legouvé, dont le fils continue dignement la tradition et peut placer, avec un juste orgueil, auprès du chef-d'œuvre paternel, l'*Histoire morale des femmes*, nous n'y avons trouvé de beaux vers qu'à l'éloge d'Élisabeth Cazotte et de mademoiselle de Sombreuil. M. de Ségur, dans son ouvrage *les Femmes*, Delille, Treneuil, ont partagé ce même oubli, et la muse des poëtes manque encore au cortége de ce deuil expiatoire conduit par la muse des historiens.

II

Qui a porté le premier coup à la princesse de Lamballe? — Qui l'a achevée? Qui lui a coupé la tête? — Qui l'a promenée au bout d'une pique dans les rues de Paris? — L'histoire et la tradition. — M. Tissot et le colonel Dupuis des Islets. — Le bouquiniste Angelo. — Le libraire Vente. — M. de Sainte-Agathe. — Itinéraire exact du cortége cannibalesque. — La relation de M. Menessier. — La déclaration de Jourdan. — Les deux Anglais de l'Abbaye.

Il y a des histoires qui appellent naturellement la légende et ses poétiques mensonges, fruits de l'imagination populaire échauffée par un grand événement, glorieux ou honteux, sublime ou sinistre. L'histoire de la princesse de Lamballe et de sa passion sanglante, dont les rues de Paris furent les stations, ne pouvait échapper aux broderies de la tradition et aux broderies de l'histoire elle-même. Plus d'un roman s'est glissé subrepticement dans le récit des odieuses profanations infligées à son cadavre et de l'itinéraire de l'horrible et cynique procession à laquelle furent soumis ces déplorables restes, trophées hideux des piques de septembre. La plus grande incertitude règne encore sur ces divers points, et, pris entre plusieurs témoignages souvent contradictoires, l'historien hésite, de peur de se tromper, dans la distribution de ses flétrissures. Obligé d'écarter autant que possible, dans notre récit, toute importune controverse, nous avons donné rendez-vous aux lecteurs curieux de pénétrer dans le détail des raisonnements et des critiques qui ont laborieusement formé notre conviction, rendez-vous à la note, où nous aurons toute liberté de discuter, d'apprécier, de démonter enfin loyalement et minutieusement l'échafaudage de nos preuves.

Et tout d'abord, procédons par ordre, et divisons en trois points, comme un sermon, notre exercice d'argumentation historique, destiné à établir :

1° Le nom des assassins de la princesse de Lamballe, avec la part de chacun dans l'assassinat ;

2° Le nom des auteurs des profanations subies par le cadavre sacré de la martyre et comme qui dirait des acteurs du dernier acte de sa passion ;

3° L'itinéraire exact du cortége cannibalesque et le nom du porte-drapeau de cette promenade triomphale de l'assassinat, arborant pour trophée une tête sanglante.

Le nom des assassins de la princesse de Lamballe résulte de l'ensemble des dépositions, des témoignages divers, des probabilités, car il n'y a jamais eu d'enquête sérieuse et de débat contradictoire sur ce point. Ni Peltier, ni Bertrand de Molleville, ni Mercier, ni M. Granier de Cassagnac, ni M. Mortimer-Ternaux, ne nous donnent de lumières précises. G. Duval, dans ses *Souvenirs de la Terreur*, auxquels une *Préface* de Charles Nodier n'est pas un suffisant passeport d'authenticité historique, et dans son article de la *Biographie Michaud* (t. LXX), et notre *Journal manuscrit*, uniques autorités sur ce sujet mystérieux, désignent, d'accord avec la tradition la plus persistante et la plus spécieuse :

Charlat comme ayant frappé le premier coup, le coup de sabre ou de pique destiné à enlever le bonnet de la malheureuse princesse, et qui lui déchira l'œil.

Mamin comme ayant fondu à coups de sabre sur une demi-douzaine d'individus postés dans le passage de la rue Saint-Antoine à la prison (la rue des *Balais* ou des *Ballets*), et répondant à leurs cris timides de *Grâce ! Grâce !* en criant : *Mort aux laquais déguisés du duc de Penthièvre !* Deux de ces malheureux, selon Duval, furent tués sur place, les autres réussirent à s'échapper.

C'est Grison, garçon boucher, qui coupa la tête avec son couteau. C'est le nègre Delorme et Petit-Mamin qui lavaient avec un soin obscène, aux yeux d'un public cynique, les restes de la princesse immolée, dont les blessures ouvertes joignaient leur sang à celui des cadavres voisins, pour faire un voile de pourpre à sa nudité. C'est Charlat qui fouilla dans les entrailles et en arracha le cœur. De ce qui précède, il résulte que la principale responsabilité de l'assassinat et de la sacrilége exhibition dans les rues de Paris porte surtout sur Charlat et sur Grison. Ce sont là les deux maudits par excellence de cette exécrable journée, sans qu'il soit possible, en présence de l'interversion de rôles que contient le double récit de Duval, de préciser d'une façon décisive la part de collaboration de ces deux misérables.

C'est déjà un triomphe pour la justice de la postérité que de ne plus hésiter qu'entre deux coupables. On appréciera davantage ce résultat quand on apprendra par cette curieuse *Note* de M. Feuillet de Conches, par quelles erreurs

DOCUMENTS ET PIÈCES JUSTIFICATIVES.   427

et quelles calomnies la tradition jusqu'à ce jour a dû passer avant d'arriver à cette demi-vérité.

Une note de notre *Journal manuscrit*, d'une écriture différente du texte, porte ceci :

« La tête de la princesse de Lamballe fut portée dans les rues de Paris par un nommé Angelo, mort bouquiniste sur le pont au Change, en avril 1825, *d'un coup de sang.* »

M. Feuillet de Conches ajoute :

« On n'a jamais su bien précisément quel est celui qui avait porté dans les rues de Paris, au bout d'une pique, la tête de la princesse de Lamballe. J'ai entendu attribuer cet infâme honneur à un mauvais marbrier établi rue des Postes, et auquel, à raison de cette accusation, je trouvais une figure sinistre.

Plusieurs autres malheureux m'ont été nommés, sur lesquels il n'y avait pas plus de certitude.

On avait répandu le bruit que Tissot, de l'Académie française, fils du parfumeur de la cour à Versailles, avait donné dans tous les excès de la Révolution, et que c'est lui qui avait porté au bout d'une pique la tête de la princesse de Lamballe. C'est une abominable calomnie[1], car Tissot n'était point à Paris lors du 2 septembre. Il était alors en mission en Savoie. L'abbé Burnier-Fontanel, qui était avec lui, me l'a affirmé. A Tissot, comme à la Harpe, comme à tant d'autres, la vanité et la peur firent faire alors plus d'une sottise. Mais il n'y en a pas moins une lâche et brutale injustice dans le trait suivant.

Le bruit que nous combattons avec indignation s'était accrédité, et il en était resté quelque chose dans les meilleurs esprits.

Un jour, dans les premières années de la Restauration, le colonel Dupuis des Islets, ennemi politique acharné de Tissot, le rencontrant dans un salon, affecta de le regarder avec mépris, et passant rapidement près de lui, lui marcha sur le pied sans daigner s'excuser. « Vous portez bien haut la tête, lui dit M. Tissot

[1] Et après M. Feuillet de Conches, nous ne la mentionnons que pour l'écraser, nous l'espérons, à force de preuves et de mépris.

justement indigné de cette évidente provocation. — Je ne porte que la mienne, » répondit le colonel. Le mot était injuste. Tissot n'a jamais porté que sa tête, et c'était bien assez. L'explication qui s'ensuivit fut vive et tout à l'honneur de Tissot; mais le mot de son adversaire n'en fit pas moins fortune. »

Naguère encore, dans un journal, nous avons retrouvé la mention d'une autre tradition populaire qui attribuait à un sieur Vente, libraire au Palais-Royal, ancien éditeur et ennemi de Rétif de la Bretonne, qui lui avait pris sa femme, une terrible part de responsabilité dans cette fatale journée[1].

Aujourd'hui le champ de la controverse et du doute est singulièrement rétréci. C'est Charlat ou Grison, et probablement Grison, qui ont coupé et porté la tête de la victime qu'ils avaient immolée.

Voilà pour l'assassinat et les scènes qui le suivirent immédiatement. Quant à l'itinéraire de cette marche cannibalesque et carnavalesque avec tambours et fifres, à travers les rues de Paris, il semble qu'il doit se préciser ainsi :

1° L'abbaye Saint-Antoine, où madame de Lamballe avait séjourné plusieurs fois et fait de pieuses retraites, et dont l'abbesse, madame de Beauvau, était son amie.

Notre *Journal manuscrit* prétend que c'est là une erreur, que les assassins ne furent que vers le milieu de la rue de Charenton, où un particulier étant venu leur parler, ils rebroussèrent chemin et prirent la route du Temple par le boulevard. Tout porte à croire néanmoins, ajoute l'auteur anonyme, que leur intention était de revenir par la grande

[1] Aujourd'hui même, dans un *Catalogue d'Autographes* rédigé par M. Charavay, et qui seront vendus le 2 décembre, nous trouvons, au n° 95, cette mention : « *Sainte-Agathe, l'un des assassins de la princesse de Lamballe*, reçu autographe signé. Paris, 13 août 1792. » Sur quelle autorité repose cette terrible étiquette ?

rue du faubourg, après avoir parcouru en entier celle de Charenton; mais il est à croire que celui qui leur a parlé leur aura fait observer que l'heure du dîner des prisonniers du Temple approchait.

Cependant, il faut le dire, la visite à l'abbaye Saint-Antoine réunit la presque unanimité des témoignages.

2° Selon Duval, la seconde station fut rue de Jouy, à l'entrée de la rue, chez une jeune personne de dix-huit ans, femme de chambre de la Reine, que l'on contraignit de baiser la tête sanglante, et qui mourut huit jours après du saisissement de cette funèbre accolade. Notre manuscrit indique les mêmes faits. Peut-être la femme Lebel, dont parle M. de Beauchesne, et cette jeune suivante de la Reine, ne sont-elles qu'une seule et même personne.

3° Le Temple. Nous connaissons les détails de ce tragique épisode, auquel il faut ajouter ceux que donne une *Note* historique, présentée en 1817 par le commissaire Menessier, de service au Temple ce jour-là, et qui y fit preuve d'une humanité courageuse, au roi Louis XVIII lui-même [1]. Cet ancien municipal, impliqué en 1797 dans l'affaire de Babeuf, fut condamné par contumace à la déportation. Il fut encore du nombre des cent soixante-treize également condamnés à la déportation en 1801, après l'explosion de la machine infernale. Il parvint à s'y soustraire en travaillant comme garçon jardinier pendant plusieurs années chez un maraîcher du faubourg du Temple. En 1814, il reparut et donna des leçons d'écriture. Il est mort à Paris, le 2 juin 1818.

4° Le Palais-Royal.

[1] Le cortège entra avec l'horrible trophée conduit par les commissaires du Temple dans la principale cour du Temple, traversa le passage du Bailli, et vint dans le jardin sous les croisées du bâtiment latéral, dit la Petite-Tour, que la famille royale occupait alors.

«Les assassins, dit, dans son article de la *Biographie Michaud*, M. G. Duval, se dirigèrent vers le Palais-Royal, et plantèrent la pique qui soutenait cette tête sous les fenêtres mêmes du duc d'Orléans. Ils y arrivèrent au moment où le prince allait se mettre à table avec madame de Buffon, sa maîtresse, et quelques Anglais. A cette vue, madame de Buffon se jeta sur un fauteuil, se couvrit la figure de ses deux mains en criant, tout éperdue : « Ah! mon Dieu! ma tête se promènera un jour de cette manière! » Le duc pâlit, chancela et fut près de se trouver mal [1]. Un des Anglais qu'il avait invités ne put tenir à ce spectacle, et il se retira avant qu'on se fût mis à table. »

Cet Anglais avait moins de curiosité et de sang-froid que ses deux compatriotes que la *Relation* si curieuse de Jourdan [2], président de la section des Quatre-Nations, nous a montrés à l'Abbaye la bouteille et le verre à la main, excitant par l'or et le vin les travailleurs et gourmandant leur fatigue.

« L'on me fit passage. J'allai dans l'église; j'y fis deux fois le tour de l'assemblée, je n'y vis point le commandant de bataillon. Mon malaise augmentant, je me décidai à me rendre chez moi. En sortant de l'église, je fus arrêté dans la cour par une haie de spectateurs qui regardaient passer une victime que l'on traînait à la mort, en la tirant par les pieds et en la hachant à coups de sabre.

Je vis alors deux Anglais, un de chaque côté de la haie, vis-à-vis l'un de l'autre; ils tenaient des bouteilles et des verres; ils offraient à boire aux massacreurs, et les pressaient en leur portant le verre à la bouche. J'entendis un de ces massacreurs, qu'ils voulaient faire boire de force, leur dire : « Eh! f.....! » laissez-nous tranquilles; vous nous avez fait assez boire; nous » n'en voulons pas davantage. » Je remarquai, à la lueur de

[1] Peltier et Mercier, ses ennemis personnels, lui prêtent une impossible attitude d'impassibilité, ou plutôt de secrète satisfaction.
[2] 12 floréal an III.

quelques flambeaux qui entouraient la victime, que ces deux Anglais étaient en redingotes; elles descendaient jusqu'aux talons. Celui à côté de qui j'étais me parut être un homme d'environ trente-huit ans, de la taille d'environ cinq pieds quatre à cinq pouces, d'une complexion grasse; sa redingote était d'un vert clair, tirant sur l'olive. L'autre Anglais était plus maigre; sa redingote me parut d'une couleur foncée, tirant sur l'ardoise. Je reconnus que c'étaient des Anglais parce que je les entendis parler entre eux, et, quoique je ne sache pas leur langue, je la connais assez pour la distinguer de toute autre et en reconnaître l'accent. Je rentrai chez moi, où je pris quelques eaux spiritueuses. Je passai le reste de la nuit dans un état cruel, qui continua pendant environ six semaines, et qui aboutit à un coup de sang ou d'apoplexie, dont je me ressentirai toute la vie. »

C'est entre ces diverses stations que doit se placer la rencontre de Lamotte-Valois et du hideux cortége que nous avons racontée.

III

Preuves de la préméditation de l'assassinat de la princesse de Lamballe. — Brochure rarissime publiée et vendue dans les rues de Paris le jour même de sa mort. — Le *Testament de la ci-devant princesse Lamballe.*

Il est facile de démontrer la préméditation de l'assassinat de la princesse de Lamballe. Entre autres faits, nous citerons les deux suivants. Le premier est que le jour même de sa mort, le lundi 3 septembre, on criait et vendait dans les rues de Paris une brochure aujourd'hui *rarissime*, que nous avons acquise récemment, non sans peine, à un prix qui à lui seul suffirait à témoigner de l'ardeur incroyable de curiosité et de recherche qui s'attache aux moindres vestiges de ces journées tragiques et sanglantes. Nous la donnons *in extenso* ci-après. Le second, c'est l'acquittement triomphal de la princesse de Tarente, sauvée par le courage et le dévouement qui devaient perdre la princesse de Lamballe, victime désignée, choisie, et dans la logique atroce de la Révolution, *nécessaire*.

LA NATION ET LA LOI.

LIBERTÉ, ÉGALITÉ.

LE TESTAMENT

DE LA CI-DEVANT PRINCESSE LAMBALLE,

écrit de sa main, pendant son séjour dans la prison de la Force, et rendu public le jour que le peuple a massacré les brigands dans toutes les prisons de Paris; son corps traîné dans toutes les rues de la Capitale, et sa tête portée au bout d'une pique.

« Aujourd'hui, 21 août 1792, moi, ci-devant princesse Lamballe, quoique plus d'une fois j'aie fait courir des risques à ma santé, dans mes fougues amoureuses, saine de tête et d'esprit, pour la première fois de ma vie, réfléchissant à la multitude et à l'énormité des crimes que m'ont fait commettre mon orgueil, mon ambition, et mon goût désordonné pour le libertinage et les débauches en tout genre; considérant que la mort est certaine, mais que le moment auquel elle m'enlèvera de ce monde est incertain ; convaincue, même par l'expérience de mes anciens et fidèles serviteurs, de Launay, de Flesselles, Foulon, Berthier, et autres, que, lorsqu'on est aussi coupable que je le suis, la vengeance publique peut accélérer ce moment fatal ; et qu'en pareille position il est prudent de mettre ordre à ses affaires, pour éviter les inconvénients d'une surprise, ai fait et écrit de ma main mon présent Testament.

» Je recommande mon âme à Dieu, s'il est encore possible de la garantir des griffes du diable ; et je supplie la Vierge et tous les saints du paradis d'être mes intercesseurs auprès de l'Être suprême, dont j'ai jusqu'ici méconnu la grandeur et la justice. Oui, Vierge sainte, et vous, glorieux habitants de la cour céleste! daignez jeter un regard de compassion sur une misérable pécheresse qui n'a plus de ressource que dans la miséricorde divine; ce n'est que par votre puissante médiation que je puis en obtenir les effets salutaires.

» Je supplie le ci-devant Roi, la ci-devant Reine et la Nation, de m'accorder le pardon de tous mes forfaits, dont j'ai déjà fait, en partie, l'aveu par ma confession. Les remords cuisants qui déchirent ma conscience me forcent à leur avouer encore que cette confession, que j'ai eu grand soin de cacher au Roi et à la Reine, n'étoit qu'une ruse de ma part, afin de rassurer les François, en leur persuadant, par mon feint repentir, que la cabale infernale qu'ils redoutoient étoit anéantie jusque dans ses fondements, et de profiter de leur sécurité pour rallier sous mes drapeaux les membres de cette odieuse cabale, et les encourager avec une nouvelle ardeur, et dans l'ombre du mystère, à perfectionner l'horrible plan dont l'intrépidité des Parisiens a su prévenir l'exécution. Je dois enfin confesser à toute la terre que mes intentions et celles de mes complices et adhérents étoient bien réellement d'employer les moyens les plus criminels de faire couler, s'il l'eût fallu, jusqu'à la dernière goutte du sang du peuple.

» Un malheureux prisonnier a tout découvert. Nos espérances sont perdues à présent; chère Antoinette, il faut mourir toi et ton gros cochon; il n'y a plus d'avoine; ton trône si florissant, qui faisoit l'admiration des étrangers, est anéanti. A force de vouloir faire des projets, voilà le dernier dans l'eau. Ton Lafayette, que tu baisois au c.. avant son départ, est hors de France, après t'avoir promis de dissoudre à jamais l'Assemblée nationale. Le motif qui nous avoit portés à un parti si exécrable, étoit d'empêcher le paiement des dettes de l'État et l'admission des projets d'économie et des réformes par lesquelles on se propose de l'effectuer : nous considérions cette opération comme notre anéantissement, parce qu'elle devoit nous réduire, comme de simples roturiers, à borner nos dépenses à nos revenus, et nous laisser à la merci de nos créanciers, qui ne sont pas en petit nombre. C'étoit une banqueroute qu'il nous falloit; peu nous importoit l'honneur de la monarchie et du monarque : par cette voie infâme, les revenus de la France se trouvoient doublés, sans faire crier le peuple par de nouveaux impôts, puisque tous les capitaux une fois éteints, il n'y auroit plus eu d'intérêts à payer, plus de caisse d'amortissement ; la recette eût alors excédé la dépense de plus de deux cents millions par année, et cet excédant de recette, sur lequel nous avions jeté notre dévolu, nous assuroit la possibilité de continuer, aux dépends de l'État, notre vie débauchée et nos orgies scandaleuses. L'avouerai-je, enfin ? c'est dans mon cœur corrompu, dans mon âme de boue, que de si noirs projets avoient leur source ; c'est moi qui ai tout avisé, tout conseillé, tout dirigé : je suis la femme la plus criminelle qui fut jamais ; je suis un monstre ; mais enfin je suis repentante. Pour cette fois, mon repentir est sincère ; j'ai été arrachée de la cour avec la rage dans le cœur ; je ne trouve plus que le remords accompagné de ses plus horribles tourments. Je mérite la mort ; que dis-je ? la mort la plus affreuse n'expieroit pas mes crimes, mais elle répareroit encore moins les malheurs qu'ils ont causés. Qu'on laisse donc en moi agir la nature ou le désespoir, c'est la seule grâce que j'implore de tous ceux qui ont tant de sujets de me détester.

» Je donne et lègue au ci-devant Roi, et je supplie très-humblement Sa ci-devant Majesté d'accepter un tonneau d'élixir.

» Je donne et lègue à la ci-devant Reine une pierre de touche du cœur humain, de laquelle je me suis toujours servie avec succès pour distinguer les coquins d'avec les honnêtes gens, les imbéciles d'avec les gens spirituels et clairvoyants. Tant que j'ai eu quelque influence sur l'organisation de la cour, et sur les opérations du gouvernement, mes vues criminelles m'ont toujours déterminée à donner ou à faire donner aux premiers les places, la confiance et l'autorité qui ne doivent être accordées qu'aux seconds : l'expérience de plusieurs années prouve que je ne me suis jamais trompée dans mon choix. Mais la ci-devant Reine, délivrée de mon exécrable présence et de mes perfides conseils, fera de cette pierre, j'en suis sûre, un usage bien différent. Qu'elle baisse son front superbe et criminel; qu'elle cesse de s'enorgueillir d'une haute naissance que ses vices déshonorent. L'Europe a retenti du bruit de ses forfaits; que l'univers soit stupéfait de l'éclat de son repentir.

» Que n'a-t-elle pas fait pour se souiller des excès de la débauche et des horreurs du crime? Versailles, Marly, Trianon, Saint-Cloud, Bagatelle et Brimborion retentissent encore des soupirs lascifs qu'un amour incestueux et une rage effrénée lui faisoient pousser dans les bras de d'Artois et sur le sein de la Polignac.

» Le procès du ci-devant cardinal et les *Mémoires* de la Lamotte attestent et divulguent qu'elle a pris avec ce pontife libertin et cette furie débordée des plaisirs odieux qui révoltent l'amour et outragent la nature.

» Ce que *Rohan* écrivoit de Vienne sur ses mœurs; ce que *Chiseuil* y fit de ses charmes, prouvent assez que, dès son enfance, elle a satisfait ses sens aux dépens de son honneur, et qu'elle faisoit la fille avant de *singer* la reine.

» Combien de fois ne s'est-elle pas soustraite à la couche nuptiale, aux caresses d'un époux, pour aller se livrer à des bacchantes ou à des satyres, et devenir, par des plaisirs brutaux, l'un et l'autre avec eux?

» Je ne rappelle pas ici les noms odieux de ces impudents patriciens avec qui elle a osé, comme *Anne d'Autriche*, abâtardir sa lignée et nous donner des héritiers usurpateurs de la couronne. Je ne parle pas non plus de cette foule de plébéyens obscurs avec qui elle a souillé le sang royal, et *s'est traînée dans la fange du vice*.

» Elle joignoit la rapine à la débauche. Elle perdoit nos cœurs et nos trésors. *Calonne* acheva de nous ruiner; *Brienne* partagea les restes de notre numéraire entre son frère, ses mignons et ses bonnes. En un mot, elle étoit le vrai monstre, la véritable *hyenne* qui désoloit le royaume, et qui aspiroit, comme elle l'a dit, *à se baigner dans le sang des François*.

» Que n'a-t-elle pas fait pour y parvenir? On l'a vue rassembler, dans des orgies scandaleuses, dans des conciliabules assassins, ses princes, ses courtisans, ses gardes, exciter ces scélérats par ses regards, ses caresses, ses faveurs, à égorger son époux et nos pères, à embraser la capitale et l'empire. Malheureuse! elle devoit être le premier prix du vainqueur, et auroit été la dernière victime du traître; il l'eût poignardée sur le sein encore palpitant de son époux et de son fils.

» Je donne et lègue au ci-devant *Monsieur*, frère du ci-devant Roi, une fiole contenant un élixir composé de courage et d'énergie ; c'est tout ce qui lui manque pour faire un homme accompli, et pour assurer aux François l'efficacité de ses intentions patriotiques.

» Je donne et lègue au ci-devant comte d'Artois la moitié de mes remords, dans la crainte que les siens ne suffisent pas pour l'amener assez promptement à un parfait repentir. Plus, un *Traité de l'homme*, à l'aide duquel apprenant à se connoître, ainsi que ce qu'il doit à tous les autres hommes, il puisse sentir un jour jusqu'à quel point il s'est laissé égarer par la flatterie de ses vils courtisans, et gémir sincèrement sur tous les maux qu'il a faits et voulu faire à ses concitoyens, desquels il devoit être le plus zélé protecteur. Je lui lègue, en outre, dix-huit mille paquets (c'est-à-dire un pour chaque jour de sa vie) d'une poudre que je viens de composer, qui a la propriété d'éteindre toutes les passions, et de rendre le plus riche et le plus grand de la terre si modéré dans sa dépense, qu'il puisse vivre heureux avec dix mille livres de rente.

» Voulant donner, avant ma mort, toute la publicité possible à mon présent testament, j'en adresse une copie au confesseur charitable qui a entendu ma confession du mois d'août dernier, en le priant de la faire imprimer. Telles sont mes dernières volontés; en foi de quoi j'ai signé :

» La ci-devant PRINCESSE LAMBALLE. »

IV

Preuves de la préméditation de l'assassinat de la princesse de Lamballe. — Acquittement triomphal à l'Abbaye et mise en liberté de la princesse de Tarente.

Ce qui prouve que la princesse de Lamballe était une victime préméditée, désignée, *nécessaire*, au point de vue de la Révolution militante et menacée par la coalition envahissante, c'est que le dévouement qui la signala aux tueurs, le courage qui la perdit, sauvèrent, dans madame la princesse de Tarente, une victime qui, elle, eut le bonheur d'être plus obscure et plus inutile au succès du pacte que l'on voulait, par la terreur, imposer aux prisonniers du Temple. Certains historiens, parodoxaux en cela, comme Peltier, ont même prétendu que les massacres de septembre ne furent organisés qu'en vue de cette influence terrible, de cette dictature de la peur à exercer sur l'âme timorée de Louis XVI, de cet *exemple* menaçant à mettre sous ses yeux, pour en obtenir une lettre qui désapprouvât l'invasion approchante et éloignât les alliés. L'assertion semble moins téméraire quand on la rapproche de ce récit bien fait pour la corroborer.

« Madame la princesse de Tarente (mademoiselle de Châtillon), aujourd'hui duchesse de la Trémoille, se sauva elle-même à force d'héroïsme. Traduite devant ce tribunal de juges-bourreaux, après avoir attendu son tour pendant quarante heures sans fermer l'œil, au milieu des cris des victimes qu'on immolait et des angoisses de celles qui allaient être massacrées, elle retrouva toute son énergie lorsqu'elle vit que les interrogatoires qu'on lui faisait tendaient à obtenir d'elle des déclarations qui inculpassent la Reine. On lui annonçait la mort si elle n'avouait pas les prétendus complots dont on accusait Sa Majesté; les menaces n'ébranlèrent pas plus son courage que sa fidélité:

elle réfuta si victorieusement toutes les calomnies sur lesquelles elle était interrogée, que l'opinion de tout l'auditoire, hautement prononcée, força les juges à la déclarer innocente. A peine était-elle arrivée aux portes de l'Abbaye, que des émissaires du tribunal vinrent la demander pour la ramener en prison jusqu'à un plus ample informé. *Elle refusa de les suivre et demanda la mort ou sa liberté immédiate.* Le peuple, transporté d'admiration, proclama son innocence et la ramena en triomphe chez elle. Quelques-uns des assassins se mêlèrent à son escorte et vinrent ensuite reprendre leur poste. » (*Mémoires de Bertrand de Molleville.*)

V

Opinion des journaux et des écrivains contemporains de la Révolution sur les massacres de septembre et l'assassinat de la princesse de Lamballe [1]. — Opinion de M. Michelet. — Opinion de M. Mortimer-Ternaux. — Le *Bulletin du tribunal criminel* du 17 août. — Clément. — Extrait du *Courrier des départements*, de Gorsas. — Sa mort. — Extraits des *Révolutions de Paris*, de Prudhomme. — Ses palinodies. — Extrait du *Moniteur*. — Extraits du *Thermomètre du jour*, de Dulaure. — Du *Patriote français*. — Évolution des Girondins. — Le *Courrier de l'Égalité*. — Le Maire, rival et plagiaire d'Hébert. — Recherches dans l'*Ami du Peuple*, de Marat. — Extraits. — Le *Père Duchesne*, d'Hébert. — La palme de l'infamie à Gorsas, à Chaumette, à Méhée.

Le courage des victimes de septembre n'eut d'égal que la lâcheté des journaux, qui, par calcul ou par peur, se sont faits les courtisans de la canaille assassine, et pro-

[1] Nous empruntons une partie de cette analyse, dont l'autre partie est due à nos investigations personnelles, aux recherches dont M. Mortimer-Ternaux a consigné le résultat dans le quatrième volume de sa consciencieuse, honnête et par moments éloquente *Histoire de la Terreur*, un des meilleurs livres de ce temps-ci, par le choix courageux d'un sujet exemplaire, et par l'énergique bon sens avec lequel est exposée cette leçon toujours bonne à rappeler en notre temps, de la *vanité* de tout ce qui est *excessif*. De toutes les tyrannies, la pire est celle du peuple. Voilà ce qu'il ne faut point se lasser de dire et de prouver.

mènent sur le théâtre encore sanglant des crimes prétendus populaires (mercenaires en réalité), le sacrilége de leurs flagorneries, et cette suprême insulte de leurs applaudissements. Pas un cri d'honneur ou d'horreur, pas une protestation ne trouble l'infâme unanimité de ce concert des thuriféraires de la pique et de la bûche, tachées du sang de douze cents assassinats. C'est là, pour la liberté, pour la dignité humaine, une telle déception, qu'elle a arraché d'éloquents soupirs de surprise et d'indignation aux historiens les plus favorables.

« L'effrayante stupeur qui régna le 2 septembre, dit M. Michelet, est visible dans les journaux qui furent rédigés dans la journée et parurent le lendemain, le surlendemain et les jours suivants : c'est là qu'il faut étudier ce phénomène physiologique affreux, humiliant, *la peur*. Ces journalistes, plus tard, sont morts héroïquement; pas un n'a montré de faiblesse. Eh bien, faut-il l'avouer? effet vraiment étonnant de cette fantasmagorie nocturne, de ce rêve épouvantable, de ce ruisseau de sang qu'on se représentait coulant à la lueur des torches de l'Abbaye... le 3, ils furent comme glacés; ils n'osèrent pas même se taire; ils bégayèrent dans leurs journaux, équivoquèrent, louèrent presque la *terrible justice du peuple*[1]. »

Ce *louèrent presque* est d'un juge trop indulgent. On n'a qu'à parcourir les feuilles du temps pour voir que c'est entre elles une émulation de bassesse, un assaut d'éloges enthousiastes donnés aux bourreaux, de calomnieuses insultes prodiguées aux victimes. Louer les massacres, les présenter comme une sorte d'explosion de la vengeance populaire contre des ennemis incorrigibles, qui, jusque sous les verrous, conspirent, résistent et menacent, et font des vœux odieux pour le triomphe de l'invasion, voilà le thème

[1] *Histoire de la Révolution*, t. IV, p. 173.

sur lequel brode complaisamment la verve de ces organes de l'opinion qui, au lieu de l'éclairer, l'empoisonnent. A peine, par-ci par-là, comme un lampion funèbre au milieu de cette boue sanglante, un timide regret, une inoffensive et pateline plainte, où perce la révolte de l'égoïsme effrayé plus que l'indignation de la conscience et de la pitié.

Nous abrégerons autant que possible cette revue de dégoût, malheureusement indispensable à la conclusion et à la leçon de notre récit.

Ouvrons, par exemple, celui des journaux qui, se trouvant placé en quelque sorte aux pieds de la justice, devrait être impassible comme elle. Il est vrai, la justice de 1792 n'était guère impassible. Le juge y prenait volontiers des façons de bourreau ; rien d'étonnant que le greffier s'émancipe et singe, grisé par l'odeur du sang, le valet d'exécution.

Voici en quels termes le citoyen Clément, rédacteur du *Bulletin du tribunal criminel* du 17 août, et plus tard rédacteur du *Bulletin du tribunal révolutionnaire*, digne *Moniteur* des Dumas et des Fouquier-Tinville, parlait dans son numéro 9 des massacres de la veille :

« *Aperçu des jugements populaires exercés sur les prisonniers.*

» Le retard occasionné dans nos numéros nous engage à prévenir nos abonnés qu'il est la suite nécessaire d'un événement *imprévu* et que le bien de la chose publique a *malheureusement rendu indispensable.*

» Depuis un grand nombre de siècles on n'avait vu les plus criminels affronter impunément le glaive de la loi et s'y soustraire. »

Et là-dessus, ce citoyen de belle humeur, qui a pris pour devise le *Nil mirari* de l'épicurisme, cite sans sourciller des mots d'Anacharsis, du commentateur de Philostrate et de l'*aimable Pétrone*. Il trouve les lois décrétées insuffisantes, et blâme cette *douceur des peines* qui a provoqué l'indignation populaire. Et il engage gracieusement le monstre rassasié à rentrer dans ses cavernes et à s'en rapporter pour l'avenir au zèle des tribunaux, qui ne lui laisseront pas grand'chose à faire. Grand'chose, non vraiment. Il ne manquera rien au tribunal qui va marcher dans les traces sanglantes de septembre, ni les juges facétieusement cruels, ni les jurés féroces et gouailleurs, ni les brutales jovialités de Fouquier-Tinville, ni les ironies de ce bilieux chroniqueur qui trouve moyen d'insulter encore à son tour, et qui n'a pas volé le surnom que nous lui donnons, nous, de *Triboulet de la guillotine*.

Après l'étrange tirade de Clément, dont nous avons donné une idée, on trouvait les noms des vingt premières victimes immolées à la Conciergerie, sans détails. Le rédacteur annonce la *suite au prochain numéro*, mais au numéro suivant, rappelé à l'ordre par la pudeur intéressée de quelque magistrat qui trouve mauvais qu'on crache ainsi dans son plat, et qu'on dépopularise la justice régulière au profit de l'irrégulière, ou bien, irrité de se voir devancé et dépassé par le zèle de son confrère qui lui a coupé l'herbe sous le pied, Clément ne parle plus des massacres.

Qu'aurait-il pu dire qui n'eût été déjà dit? Quelle bassesse nouvelle eût-il pu inventer pour garder quelque originalité parmi ces journalistes qui avaient épuisé la honte? Qu'ajouter, par exemple, à cette patriotique apologie du *Courrier des départements?* Il est impossible de dénaturer les faits, de déshonorer le martyre avec une plus lâche impudeur :

» Hier, sur les quatre heures, on remarque au Palais des hommes suspects ; des signes qu'ils se donnent entre eux éveillent les inquiétudes. Le patriotisme vigilant ne tarde pas à se convaincre de leurs perfides intentions ; dénoncés d'abord, on les surveille, on les fouille, on trouve sur eux les preuves matérielles de leur délit ou plutôt d'une conjuration manifeste. Qui sont ces scélérats? Un ancien officier de gendarmerie chassé de son corps, des prêtres réfractaires, un évêque. On les conduit au comité; mais le peuple, furieux, qui sait que le crime et les vengeances l'environnent, et que les prisons sont pleines de *conjurés, en fait une justice terrible, mais nécessaire, mais nécessitée.* »

La semaine suivante, le *Courrier*, loin de rétablir les faits, confirme, aggrave les calomnies dont il s'est rendu coupable à l'égard des malheureux qui viennent d'être mis à mort :

« La générale battue, le tocsin sonné de toutes parts, avaient produit un mouvement d'autant plus exalté qu'on avait la conviction que les *Autrichiens* avaient combiné un plan de terreur pour Paris. On avait en outre des preuves d'une conjuration nouvelle, dans le détail de laquelle il nous est impossible d'entrer aujourd'hui. »

Ce détail, le *Courrier* n'y entra jamais. Il se contenta de faire allusion aux bruits répandus mais non prouvés par le comité de surveillance, relativement à la sortie simultanée « de scélérats depuis trois ans entassés dans les prisons », à leur entente avec l'étranger et les *honnêtes* gens de la capitale. Quant à la fameuse conspiration, il en trouve l'aveu dans les insultes proférées par le charretier Julien, guillotiné, comme on sait[1], sans avoir rien dit sur le complot imaginaire dont on le prétendait le révélateur.

« La connaissance de ce nouvel attentat, reprend le *Courrier des départements*, produit le plus terrible mouvement dont les fastes de l'histoire puissent fournir l'exemple, et pendant que plus de cent mille citoyens volaient aux armes pour se porter aux frontières, *cent mille autres, ou plutôt tout Paris, se sont rendus aux prisons*, encombrées de brigands, avec l'intention

[1] *Histoire de la Terreur*, t. III, p. 200.

de tout sacrifier *à la sûreté publique;* mais *un sentiment de justice a bientôt mis des bornes à ce premier élan;* un jury se forme, on se fait apporter les registres et les écrous, on interroge les prisonniers; tous les innocents, tous les malheureux arrêtés pour dettes, toutes les victimes d'un moment d'erreur ou d'imprudence sont portés chez eux en triomphe, et le *crime seul expire.* La Force, la Conciergerie, le Châtelet, Bicêtre, enfin toutes les demeures du crime *n'ont plus que les murs;* tous les conspirateurs, tous les scélérats ont vécu, *tous les innocents sont sauvés* [1]. »

L'article se termine par l'éloge du peuple, qui a respecté le ruban tricolore mis à l'entrée de la tour du Temple, et qui a « senti, dans sa vengeance terrible, que le jugement » de l'otage national, du grand criminel (Louis XVI), ap- » partenait aux quatre-vingt-trois départements et à la Con- » vention nationale ».

Treize mois après les événements de septembre, Gorsas, coupable de *modérantisme,* montait à son tour sur l'échafaud, salué par les vociférations des feuilles de Billaud-Varennes, de Collot d'Herbois et de Robespierre. Et il y montait sans l'honneur dérisoire d'un jugement, sur la simple constatation de son identité. Quiconque s'est servi de l'épée périra par l'épée.

« Le récit du citoyen Prudhomme, dit M. Mortimer-Ternaux, est non moins faux, non moins ignoble que celui de Gorsas. Il est, de plus, accompagné d'une affreuse gravure destinée à faciliter pour le lecteur l'intelligence des faits. Le récit se trouve tout entier dans le numéro des *Révolutions de Paris* du 8 septembre. Il commence, tant il est évident qu'un même mot d'ordre dut être envoyé à chacune des feuilles parisiennes; il commence également par l'exposé de la fameuse conjuration des prisons.

[1] *Courrier des départements,* article intitulé : *Aperçu des événements des 2 et 3 septembre,* deuxième législature, t. II, septembre, n° 4.

Pour Prudhomme, mieux encore que pour Gorsas, il est prouvé que, vers le milieu de la nuit du 2 au 3 septembre, à un signal convenu, les portes de tous les lieux de détention devaient s'ouvrir à la fois; que les détenus, armés en sortant, devaient être rejoints *par tous les prêtres chargés d'or,* par tous les aristocrates cachés depuis les visites domiciliaires; qu'ils devaient s'emparer des postes principaux, des canons, faire main-basse sur les sentinelles, les patrouilles, enfin égorger les patriotes et introduire dans Paris l'ennemi, qui était alors à soixante lieues de la capitale!

Pour unique preuve de cette conspiration, Prudhomme annonce que sur les prêtres massacrés, on a trouvé 1° des scapulaires représentant des cœurs percés de flèches, avec ces mots :

Cœurs sacrés,
Protégez-nous!

et une formule de prière adressée à la sainte Vierge pour le Roi. Cette prière est insérée tout au long dans *les Révolutions,* et l'on peut voir qu'elle n'a pas le moindre rapport avec les événements soit du 10 août, soit du 2 septembre. Armé d'une telle preuve, le journaliste déclare hautement que le peuple avait raison de se dire, le 2 septembre à deux heures, quand tonna le canon d'alarme : « Avant d'aller aux ennemis du dehors, déjouons » le complot terrible des scélérats qui, ce soir peut-être, incen- » dieront Paris après l'avoir mis au pillage. »

La cause des massacres étant ainsi établie, le narrateur s'extasie « sur la justice du peuple », sur l'équité des sans-culottes qui se sont institués juges dans les greffes des prisons. Son admiration est telle, qu'il se laisse emporter jusqu'à dire : « Le » peuple est humain, mais il n'a point de faiblesse; partout où » il sent le crime, *il se jette dessus, sans égard pour l'âge,* » *le sexe, la condition du coupable.* »

Revenant à la thèse favorite des organisateurs des massacres, il s'écrie : « Juges, tout le sang versé du 2 au 3 septembre doit » retomber sur vous. Ce sont vos criminelles lenteurs qui por- » tèrent le peuple à des extrémités dont vous seuls devez être

» responsables. Le peuple impatient vous arrache des mains le
» glaive de la justice, trop longtemps oisif, et remplit vos fonc-
» tions.... *Discite justitiam moniti, et non temnere plebem.* »

Après cette citation latine, dont les lettrés du ruisseau aimaient à éblouir la populace ignorante, le rédacteur des *Révolutions de Paris* se délecte à traîner dans la boue les victimes les plus illustres. Il insulte lâchement jusqu'aux femmes ! Madame de Tourzel a été épargnée parce qu'il a été reconnu qu'elle était enceinte ; il en est presque à regretter qu'elle n'ait pas néanmoins été mise à mort. Il n'hésite même pas à donner son approbation « *aux indignités* » (*sic*) *dont madame de Lamballe a été punie.*

Du reste, pensait-il alors (car plus tard Prudhomme pensa autrement), tout était permis contre les aristocrates. « Oui,
» s'écrie-t-il, le peuple n'avait que trop de motifs de se livrer à
» cette fureur. » Et à l'appui de son opinion, il cite deux faits, deux mensonges, qui sont absurdes autant qu'odieux :

« Le bulletin de la guerre a appris au peuple que les houlans
» coupent les oreilles à chaque officier municipal qu'ils peuvent
» attraper et les lui clouent impitoyablement sur le sommet de
» la tête. »

« Dans plusieurs hôtels de Paris, ceux des aristocrates qui
» n'ont pas pu s'échapper depuis l'affaire du 10 tuent leur temps
» auprès d'une petite guillotine en acajou qu'on apporte sur la
» table au dessert ; on y fait passer successivement plusieurs
» poupées, dont la tête, faite à la ressemblance de nos meilleurs
» magistrats, laisse, en tombant, sortir du corps, qui est un flacon,
» une liqueur rouge comme du sang. Tous les assistants, les
» femmes surtout, se hâtent de tremper leurs mouchoirs dans ce
» sang, qui se trouve être une eau ambrée très-agréable. »

Devant ces monstruosités on s'arrête muet d'étonnement ; on ne sait qu'admirer le plus, de la fertilité d'invention dont le gazetier fait preuve, ou de l'incroyable audace avec laquelle il jette en pâture à ses lecteurs de pareilles absurdités.

L'apologiste des égorgements raconte, en parlant de Bicêtre, que « les exécuteurs de ce grand acte de justice épargnèrent les

» citoyens que la misère avait relégués là, mais que tout le reste
» tomba sous les coups de sabre, de pique, de massue du peuple.
» Hercule nettoyant les écuries du roi Augias. » Plus loin, il se
plaint de ce que «la tête de madame de Lamballe n'ait pas été portée
» jusque sous les fenêtres de l'ogre et de sa famille. Cet aver-
» tissement salutaire eût peut-être produit d'heureux effets. »
Enfin, faisant allusion au Temple, il termine son œuvre infâme
par cette suprême infamie : « Il reste encore une prison à vider;
» le peuple fut tenté un moment de couronner ses expéditions
» par celle-ci : sous le règne de l'égalité, le crime doit-il rester
» impuni parce qu'il a porté une couronne? Mais le peuple s'en
» est référé à la Convention. »

Le même Prudhomme, quand l'anarchie fut vaincue, quand la terreur fut déclarée infâme, fit faire, au moment de la réaction, par ses scribes ordinaires, peut-être les mêmes qui avaient dressé des articles de triomphe aux égorgeurs de septembre, le procès à ce régime qu'il avait préparé, soutenu, préconisé. Il publia l'*Histoire générale et impartiale des erreurs, des fautes et des crimes commis pendant la Révolution*, il dénonça ceux qu'il avait adulés, il flétrit ceux qu'il avait couronnés, il rampa après avoir sifflé, et il dut une seconde fois la vie à son ingratitude, comme il l'avait due une première fois à sa lâcheté.

Et le *Moniteur?* Le *Moniteur* d'alors était le journal du plus fort. Chaque pouvoir nouveau disposait arbitrairement de cette rédaction domestique, et après avoir tué, dissimulait le cadavre de ses adversaires sous les fleurs d'une rhétorique de circonstance. Le *Moniteur* du temps, « le premier des menteurs », comme l'appelle M. Michelet, était déjà habile dans l'art de manier le silence. Il ne parle des massacres ni le 3, ni le 4, ni le 5. Comme les ministres eux-mêmes, il attend le moment propice pour approuver ou blâmer, selon que la victoire appartiendra à la colère des coquins ou à l'indignation des honnêtes gens. Le 6 seulement, il donne des événements la version mensongère que les meneurs du comité de surveillance et de la commune avaient intérêt à faire accepter. Dans son machiavélique récit, fait avec une gravité et une solennité qui font illusion, le journal officiel développe le tableau atténuant de la prétendue conspiration des prisons, des menées sourdes des détenus, de leurs menaces, de leur résistance, de leurs provocations même. Il explique les massacres par une sorte de délire, de patriotique indignation de citoyens qu'a rendus fous, en quelque sorte, la proclamation du danger public. Il vante l'impartialité et même la clémence qui ont présidé à ces exécutions, dans lesquelles les formes essentielles de la justice ont été conservées, et desquelles l'innocent a pu sortir sain et sauf. Tel est le thème de cette apologie nauséabonde, plus odieuse que les panégyriques cyniques des feuilles populaires, et qui, parmi ces journaux acharnés demeurés fidèles du moins aux habitudes du tigre, donne au journal officiel, déshonorant sa proie et se complaisant dans la lâcheté, des allures d'hyène rôdant autour des tombeaux.

Le *Thermomètre du jour*, de Dulaure, à la date du 4 septembre, se borne à peu près à raconter les massacres, tout en les justifiant, et cette haine calme, qui du moins n'insulte pas les victimes, ressemble presque à de la modération en présence de cette orgie de cannibalisme systématique. Dulaure n'accompagne d'aucune épithète le nom de madame de Lamballe et ne souille pas d'une inutile injure ses restes malheureux. On sent dans son journal, comme on le sentira encore davantage dans le *Patriote français*, journal de Brissot et de Girey-Dupré, quelque chose de ces remords tardifs qui firent rougir et reculer devant l'œuvre de son ambition le parti girondin tout entier. En présence

des résultats d'une politique qui, dans la pensée des chefs
de ce parti, n'avait d'autre but que le ministère, et qui les
entraîna jusqu'à la république et jusqu'au régicide, les Girondins se retrouvèrent une conscience. Il se fait un revirement dans leur esprit, et à la fois indignés et humiliés
de servir à Robespierre et à Danton de complices et de
dupes, ils vont commencer ce mouvement de protestation
qui, sans empêcher des excès désormais inévitables, ne
servira qu'à les précipiter eux-mêmes dans ces tombes sanglantes, depuis lors toujours entr'ouvertes, et où s'englou-
tira l'élite de la France.

En ce moment, les organes girondins se tiennent pure-
ment et simplement sur la réserve, et n'osant ni blâmer ni
approuver; ils se bornent au récit des faits, tout en donnant
la préférence à ceux qui sauvent un peu l'horreur des massacres.

Le *Courrier de l'Égalité*, rédigé par Le Maire, le rival
d'Hébert, est plus explicite, et sans approuver les massacres, il les justifie à titre de représailles de ce qu'auraient pu
faire les royalistes s'ils avaient été vainqueurs. Le rédacteur
oublie que les royalistes étaient en prison, et que la Révolution frappa en eux non des ennemis menaçants, mais des
malheureux désarmés.

Quelques autres feuilles, les *Annales patriotiques*, la
Chronique de Paris, mentionnent à peine les massacres
dans quelques phrases d'une glaciale indifférence.

L'Ami du peuple, par Marat, ne contient pas de détails sur les massacres de septembre ni sur la mort de la
princesse de Lamballe. Le hideux journaliste, du moins,
n'insulte point les victimes et ne joue pas avec leurs restes.
Rassasié de carnage et de vengeance, il ne provoque pas,
sur les scènes de septembre, une discussion superflue. Les

[1] *Histoire de la Terreur*, t. IV, p. 411 à 424.

morts sont bien morts. Cela suffit. *L'Ami du peuple* a assez à faire avec les vivants. Il s'agit de se faire élire à la Convention, il s'agit d'écraser la faction girondine. Ce double but absorbe son attention et son activité, que les délibérations de la Commune, qu'il faut diriger et surveiller, occupent aussi. Laissant donc à d'autres, moins pressés, le soin de défendre les massacres, soin facile d'ailleurs, puisque personne ne les attaque, Marat se contente de les avoir provoqués, de les avoir prêchés dans ces prônes sanglants dont nous donnerons une idée.

Le jeudi 16 août 1792 (n° 679), Marat avait exhorté la populace victorieuse à profiter de la victoire.

« La patrie vient d'être retirée de l'abîme par l'effusion du sang des ennemis de la Révolution, moyen que je n'ai cessé d'indiquer comme le seul efficace. Si le glaive de la justice frappe enfin les machinateurs et les prévaricateurs, on ne m'entendra plus parler d'exécutions populaires, cruelle ressource que la loi de la nécessité peut seule commander à un peuple réduit au désespoir, et que le sommeil volontaire des lois justifie toujours. »

Le dimanche 19 août, mécontent de la tournure que prennent les choses, le cerveau de nouveau assiégé par le cauchemar de la contre-révolution devenue menaçante, il trace ainsi ses devoirs au peuple de Paris :

« (N° 680.) Mais quel est le devoir du peuple? Il n'a que deux partis à prendre. Le premier est de presser le jugement des traîtres détenus à l'Abbaye, d'envelopper les tribunaux criminels et l'Assemblée, et si les traîtres sont blanchis, de les massacrer sans balancer avec le nouveau tribunal et les scélérats faiseurs du perfide décret. Le dernier parti, qui est le plus sûr et le plus sage, est de se porter en armes à l'Abbaye, d'en arracher les traîtres, particulièrement les officiers suisses et leurs complices, et de les passer au fil de l'épée. Quelle folie de vouloir faire leur procès! Il est tout fait. Vous les avez pris les armes à la main contre la patrie, vous avez menacé les soldats, pourquoi épargneriez-vous les officiers, incomparablement plus coupables? La sottise est d'avoir écouté les endormeurs qui ont conseillé d'en faire des prisonniers de guerre. Ce sont des traîtres qu'il fallait immoler sur-le-champ, car ils ne pouvaient jamais être considérés sous un autre point de vue. »

Et il finissait par cet appel :

« Debout! Français, qui voulez vivre libres; debout! debout! et que le sang des traîtres recommence à couler. C'est le seul moyen de sauver la patrie. MARAT, *l'Ami du peuple*. »

La collection de la Bibliothèque impériale compte deux numéros 681, l'un daté du mardi 21 août, l'autre du jeudi 13 septembre 1792; ce dernier entièrement consacré à la reproduction des lettres de Duport, que son successeur au ministère de la justice hésite à immoler, et dont il faut lui arracher la proie.

Les numéros 682 et 683, du samedi 15 septembre et du mercredi 19, sont remplis par les préoccupations ambitieuses que nous avons dites plus haut. Marat y prépare son élection.

Ce sont les derniers numéros de l'*Ami du peuple*, remplacé, dès le milieu de septembre, par le *Journal de la République française*, par MARAT, *l'ami du peuple*, député à la *Convention nationale*. Le numéro 2 de ce nouveau journal porte la date du mercredi 26 septembre 1792.

La Bibliothèque impériale ne possède pas d'exemplaire complet du *Père Duchesne*. Nous avons vainement cherché dans son recueil une allusion à la princesse de Lamballe et à sa mort.

Nous regrettons vivement que le Père Duchesne, qui présidait en écharpe aux assassinats de la Force, n'ait pas jugé à propos de les raconter ou de les justifier, ou que la feuille où il a distribué l'injure à ceux auxquels il avait donné la mort ne nous soit pas parvenue.

Au milieu de ce silence de Marat et d'Hébert, c'est à Gorsas qu'appartient la palme de l'éloquence civique et de l'infamie révolutionnaire. C'est lui qui donne dans son journal l'hospitalité à la relation de ce commissaire du Temple qui raconte si complaisamment l'arrivée au Temple « d'une foule immense de peuple avec une tête qu'une com- » plicité reconnue avec Marie-Antoinette (sic) l'avait déter- » minée à abattre, » et où il cherche à faire passer pour une égoïste insensibilité la mâle et digne douleur de Louis XVI, saluant le signe sanglant qui lui apporte l'avertissement du martyre prochain.

« Je terminerai par une réflexion, dit ce sans-culotte improvisé journaliste : il me paraît que la sensibilité des rois ressemble au feu des cailloux. Ce n'est qu'à force de frottements qu'on peut l'émouvoir, et l'étincelle passée, la pierre est toujours aussi froide et aussi dure. Louis XVI a fort bien soupé le soir, et sa famille et lui continuent à avoir le meilleur appétit et à manifester l'apathie la plus profonde. »

Un autre jour, le même Gorsas insérait dans sa feuille la note suivante :

« Les liaisons intimes de madame de Lamballe avec la Reine, quelques faits trop connus de la journée du 10, l'ont rangée au nombre des victimes immolées aux mânes des citoyens assassinés dans cette fatale et mémorable journée. »

« Dans une autre, à l'occasion des prêtres massacrés aux Carmes, il dit : « Parmi les effets trouvés sur eux, qu'on inventoria après leur mort, on remarqua de petites images en papier représentant deux cœurs percés de flèches dans une couronne d'épines, et surmontés d'une croix. Au bas, on lisait :

Cœurs sacrés,
Protégez-nous!

» C'était un signe de ralliement, une espèce de mot d'ordre, que la Lamballe et autres femmes de la cour portaient ainsi sur elles, mais brodés fort proprement sur des morceaux de drap de diverses couleurs. »

Le rival de Gorsas, c'est Chaumette, qui ne trouvant pas suffisante l'approbation générale donnée aux événements par les *Révolutions de Paris*, prend le parti de raconter l'assassinat de la Force en détail, et s'exprime en ces termes calomniateurs :

« La Lamballe, citée au tribunal du peuple, y comparait
» avec cet air insolent qu'avaient jadis les dames de la
» cour, mais qui sied mal à une criminelle aux pieds de
» son juge, et l'on voudrait que le peuple ne perdît pas
» patience ! Le fer de la guillotine frappe la tête ignoble
» d'un misérable folliculaire (du Rosoy) et respecte celle de
» la Lamballe, d'où sont sortis tant de conseils homicides !
» et l'on voudrait que le peuple contînt sa rage au moment
» même où il reprend toute son énergie ! Peut-on bien
» l'exiger, surtout dans les circonstances ? »

Nous avons encore à citer, sur les massacres de septembre, le discours apologétique et patelin de Pétion, et ce passage d'un écrit attribué à Tallien par notre manuscrit, mais qui est de Méhée (*La vérité sur les événements du 2 septembre*), et qui, en ce cas, ne serait sans doute pas de 1796. On y lit :

« Une seule femme périt dans cette circonstance (à la Force); mais, nous devons le dire, ses liaisons avec l'ennemie la plus acharnée de la nation, avec Marie-Antoinette, dont elle avait toujours été la compagne de débauche, justifient en quelque sorte les excès auxquels on s'est porté à son égard. »

VI

Actes judiciaires ou notariés relatifs à la princesse de Lamballe. — Vaine recherche de son testament autographe. — Procès-verbaux d'apposition et de levée des scellés sur sa maison à Passy. — Le docteur Blanche, propriétaire actuel de cette maison.

Nous avons longtemps espéré pouvoir donner à nos lecteurs le *fac-simile* du testament de la princesse de Lamballe, écrit de sa main à Aix-la-Chapelle le 15 octobre 1791, et déposé au rang des minutes de Me Thion de la Chaume. Ce testament n'est ni aux archives de Turin, qui n'en possèdent que l'expédition que nous avons imprimée, ni aux Archives de Paris. Le répertoire de M. Turquet, successeur actuel de Me Thion de la Chaume, porte en effet, à la date du 10 septembre 1792, mention du dépôt de l'original au rang de ses minutes, par ordre du président du tribunal de Paris. Mais nous avons vainement, pendant plusieurs jours, cherché cette pièce sacrée parmi les minutes des années 1791, 1792, 1793, mises avec obligeance à notre disposition dans l'étude du notaire même. Enfin, il nous a été appris que ce testament était déjà signalé comme manquant dans l'inventaire de transmission des minutes, fait d'accord entre M. Viot, successeur de Me Thion de la Chaume, et M. Hailig, en 1826. Si la pièce existe encore, si elle n'a pas été comprise dans ces massacres de papiers précieux et authentiques, dans ces brûlements patriotiques qui servaient, en 1793, d'intermède et de distraction aux assassinats judiciaires ou autres, elle est sans doute à l'étranger, peut-être dans quelque égoïste collection privée. Il ne reste qu'à déplorer et à se résigner.

M. de Malherbe, juge de paix à Neuilly, a bien voulu nous communiquer plusieurs pièces dépendant de son greffe.

La première est un procès-verbal d'apposition de scellés par François-Antoine-Robert Guérard la Couture, juge de paix du canton de Passy, résidant à Boulogne, « sur l'avis » à nous donné que demoiselle Marie-Thérèse de Savoie-» Carignan, dame Lamballe, *veuve de Louis-Alexandre-» Joseph-Stanislas de Bourbon-Lamballe* (d'une encre plus » noire et d'une écriture postérieure), était du nombre des » personnes qui *sont péries* le jour d'hier à la Force, etc. »

Ce procès-verbal d'apposition de scellés est du 4 septembre 1792, trois heures de relevée. Il s'agit de la maison que l'infortunée princesse possédait à Passy, rue Basse. C'est celle occupée actuellement par l'asile du célèbre docteur Blanche.

La deuxième pièce est le procès-verbal de levée des scellés, en date du 3 avril 1793 :

« Sur la réquisition du citoyen Nicolas-Simon de la Marche, demeurant à Paris, rue Saint-Benoît, section des *Quatre-Nations*, au nom et comme fondé de la procuration du citoyen Charles-George Clermont-Gallerande, maréchal des camps et armées de France, en date du 17 janvier dernier; étant, ensuite de l'intitulé d'inventaire, ledit sieur de Clermont-Gallerande exécuteur du testament olographe de ladite feue dame Lamballe, en date, à Aix-la-Chapelle, du 15 octobre 1791, déposé à Mᵉ Thion de la Chaume par le procès-verbal d'ouverture qu'en a faite le citoyen président du tribunal du deuxième arrondissement de Paris, en date du 10 septembre dernier, lesdits procès-verbal et testament dûment enregistrés.

» Plus, à la réquisition du citoyen Charles-Emmanuel de Savoie-Carignan, demeurant à Turin, habile à se porter héritier pour un tiers de ladite feue dame Lamballe, sa tante paternelle, par représentation de Victor Savoie-Carignan, son père et son légataire universel, instituée par le testament ci-devant, daté et énoncé.

» Plus, à la réquisition de dame Charlotte Savoie-Carignan,

fille majeure, demeurant à Turin, habile à se porter héritière pour un tiers de ladite dame de Lamballe, sa sœur.

» Lesdits sieur et demoiselle de Savoie-Carignan, représentés par ledit sieur de la Marche, au nom et comme substitué par ledit sieur de Clermont-Gallerande, suivant sa procuration ci-dessus, datée et énoncée, au pouvoir à lui donné par lesdits sieur et demoiselle de Savoie-Carignan, suivant leur procuration générale et spéciale à l'effet dudit inventaire passé devant Ensaldy, notaire du sénat de Piémont, résidant à la ville de Turin, le 4 décembre dernier, en présence de témoins, etc...

» Et à la réquisition du citoyen Jean Couvreur, demeurant à Paris, rue Saint-Denis, section des *Amis de la patrie*, au nom et comme fondé de la procuration générale et spéciale à l'effet de l'inventaire passé devant ledit M⁰ Thion de la Chaume, notaire à Paris...., le 15 janvier dernier..... du citoyen Jean-Baptiste Magnon la Balue, demeurant à Paris, place et section des *Piques*, tuteur de M. Joseph-Marie de Savoie-Carignan, mineur, élu à cette qualité par lettres patentes, rendues à Versailles le 8 mars 1788, enregistrées à la grande chambre du ci-devant parlement le 17 du même mois, laquelle charge il a acceptée par procès-verbal fait devant M⁰ Tendon, conseiller en ladite chambre, le 15 avril suivant, habile à se dire et à se porter héritier pour le dernier tiers de ladite feue dame Lamballe, sa tante paternelle, par représentation d'Eugène de Savoie-Carignan, son père. »

La troisième pièce, en date du 21 ventôse an II, est un procès-verbal de *constat*, fait à la suite d'un vol signalé par le sieur Winkelmann, concierge de la maison de Passy, gardien des scellés, et à sa requête, au préjudice de la succession. Il s'agissait d'une douzaine de lapins, et, chose plus grave, d'un vol de lustre dans la salle de bains, avec effraction et escalade.

VII

Popularité du duc de Penthièvre. — Plantation de l'arbre de la liberté à Vernon. — Discours du maire.

Les habitants de Vernon avaient arrêté de planter l'arbre de la liberté devant la principale porte du château de Bizy, village dépendant de la ville de Vernon : ils voulaient que l'asile de leur bienfaiteur fût respecté par les troupes, dont le passage était fréquent dans la ville de Vernon.

M. B. C. J. Rigault [1], maire de cette ville, se présenta à la tête du conseil général, et porta la parole à M. le duc de Penthièvre en ces termes :

« Jean-Louis-Marie Bourbon-Penthièvre, dans une heure les habitants des communes de Vernon vont planter l'arbre de la liberté devant cette habitation, vers laquelle ils s'avancent en foule.

» Mes concitoyens ont été saisis d'un enthousiasme véritable. La musique des guerriers, le soldat citoyen et la mère de famille, l'enfant et le vieillard, les universelles acclamations, expressions libres et vraies, marche grande et sublime; écoutez... Cette belle vallée retentit des accents d'une commune allégresse. Le conseil général est là, il vient assister à cette fête toute populaire. Ce n'est point le Maï féodal qui sera planté; nos concitoyens sont entraînés par tout autre sentiment que par la contrainte et l'intérêt.

» Les habitants de cette commune conservent dans toutes leurs actions le profond souvenir de vos bienfaits journaliers, car votre belle âme ne se montre jamais à nous que par un acte de bienfaisance.

---

[1] Ce magistrat était, avant la Révolution, conseiller du roi, lieutenant civil, criminel et de police du bailliage de Vernon, depuis juge de l'arrondissement du district d'Évreux; arrêté en 1793, il est mort, le 11 thermidor an II, à l'hospice de la Conciergerie de Paris.

» Vainement Jean-Louis-Marie Bourbon-Penthièvre voudrait s'opposer à ce réel élan du cœur, hommage rare et sincère rendu à ses grandes vertus! D'ailleurs, Jean-Louis-Marie Bourbon-Penthièvre, n'êtes-vous pas, depuis l'année 1789, le commandant de notre garde nationale? Par le vœu d'un peuple qui vous aime, ne participez-vous pas aux fonctions municipales? Ne me serait-il donc permis de peindre tous les mouvements de votre âme, moi qui en suis chaque jour le juge et l'irrécusable témoin, dans le travail où ma charge personnelle m'unit à vous?

» Le magistrat n'a point là mission de justifier ici l'acte populaire : deux arbres de la liberté seront plantés dans la commune de Vernon; l'un, élevé devant la maison commune, marquera l'autorité municipale; l'autre, planté dans ce lieu, que vous nous rendez si cher, doit indiquer et protéger le puissant refuge toujours ouvert aux malheureux. Ces deux arbres annonceront encore que les lieux sont à jamais sacrés; et la liberté, comme la vertu, veillera sur les destinées de tous nos concitoyens [1]. »

VIII.

Résignation et abnégation du duc de Penthièvre.
Lettre inédite touchante.

Le duc de Penthièvre, fidèle à ses principes jusqu'au point de leur immoler ses sentiments, et qui voyait les événements et les hommes au point de vue de l'Évangile, devait pousser jusqu'au bout l'héroïque exemple de sa longanimité, de sa pieuse résignation, de son obéissance aux lois, quelles qu'elles fussent, même à la loi *du plus fort*. Le 28 septembre 1792, cet homme, qui, à moitié chemin du ciel, n'entendait plus qu'à demi les bruits de la terre, écrivait à un de ses officiers, M. Villot, cette lettre pleine

---

[1] *Mémoires pour servir à la vie de M. de Penthièvre,* par M. Fortaire; Paris, 1808, in-12, p. 327 à 329.

d'une abnégation naïve, dans laquelle on le voit buvant le calice jusqu'à la lie et remerciant les bourreaux :

« J'ai de l'inquiétude que le nom que j'ai continué de porter *ne puisse blesser quelqu'un*, et je n'ai sûrement nulle envie de scandaliser personne. Je crains aussi que n'ayant plus le contre-seing, il n'y ait quelques individus auxquels je suis dans le cas d'écrire qui ne sachent ce que c'est que *L. J. M. de Bourbon*. Je pourrais m'appeler *le citoyen Penthièvre;* raisonnez, s'il vous plaît, de cet objet avec le comité, et mandez-moi quel aura été son avis.

» *Vernon, 28 septembre* 1792.
» *M. Villot.*
» L. J. M. DE BOURBON [1]. »

IX.

Mort du duc de Penthièvre. — Il donne, sur leur demande, sa bénédiction aux autorités révolutionnaires de Vernon.

M. le duc de Penthièvre était sur le point d'expirer, lorsqu'on annonce le conseil général de la ville de Vernon ; la veille, le prince avait travaillé, pendant plus d'une heure, avec le maire sur les secours à distribuer aux infortunés du canton. M. le chevalier du Authier, gentilhomme ordinaire de M. de Penthièvre, va recevoir le conseil général.

Le maire de la ville, M. Rigault, veut prendre la parole; mais, oppressé par la douleur, il ne peut retenir ses larmes, qui, coulant en abondance, se mêlent aussitôt avec celles des assistants. M. le maire s'étant un peu remis, s'adresse à M. le chevalier du Authier et dit :

« Le conseil général était tout à l'heure assemblé..... une voix s'est fait entendre..... M. de Penthièvre touche aux derniers moments de sa vie. — On se lève tous ensemble, et l'on

[1] Lettre inédite, à nous communiquée par M. Honoré Bonhomme.

marche entouré d'un peuple qui partage nos tristes pressentiments et est plongé, comme nous, dans la plus vive douleur.

» On voulait savoir comment le juste quitte ce monde. C'est pour le peuple une belle leçon et un grand spectacle !

» Priez M. de Penthièvre, s'écria-t-on, de donner sa dernière bénédiction à tout ce peuple, à ses magistrats et à toute cette belle contrée ; l'homme vertueux n'a-t-il pas aussi reçu du ciel la plénitude du sacerdoce [1] ?

Dites à sa fille chérie, qu'héritière des vertus de son père, elle a des droits bien acquis à tout l'amour de nos concitoyens. Le corps de M. de Penthièvre sera déposé à Dreux et dans le tombeau de ses pères ; il l'a voulu ainsi.

» Nous recueillerons, nous, son dernier soupir ; et puisse un instant sa belle âme se reposer dans nos cœurs [2]. »

X.

Où sont les restes de la princesse de Lamballe ?

Depuis la mort de M. de Penthièvre, j'ai beaucoup entendu parler de l'exhumation faite dans la ville de Dreux, et ne voulant pas en parler sans être bien instruit, je me suis adressé à une personne intelligente et digne de foi ; elle m'a procuré la note suivante :

Le 1er frimaire an II, en vertu d'arrêtés du comité de salut public de la Convention des 13 et 15 septembre précédents ; d'un autre du district de Dreux, du 2 brumaire même année, et de celui de la municipalité de Dreux, du 25 dudit mois de brumaire an II, qui a nommé entre autres le citoyen Jacques B..., officier municipal dudit Dreux :

Des révolutionnaires de cette ville retirèrent d'un caveau, dans la collégiale de Saint-Étienne, dix corps renfermés

---

[1] Idée fausse et fruit du délire qui gagnait alors les gens les plus sensés. (*Note de Fortaire.*)

[2] *Mémoires*, etc., par Fortaire, p. 330 à 331.

dans leurs cercueils de plomb, et leurs cœurs qui étaient dans des boîtes. Ces dix corps, dont cinq grands et cinq petits, furent jetés dans une fosse carrée de dix pieds de largeur, faite dans le cimetière des chanoines, près ladite collégiale, au bout du chœur; sur laquelle fosse existe actuellement une croix de bois. Les dix corps, dépouillés de tout linge, furent enterrés sans aucune précaution, et de leurs cercueils et boîtes de cœurs on tira

26 marcs 8 onces d'argent,
1252 livres de plomb,
194 livres de cuivre argenté,
1430 livres d'autre cuivre,
1368 livres de fer,

qui furent transportés à Paris, conformément aux susdits arrêtés. La tête de madame de Lamballe n'y était pas, et personne n'a connaissance qu'elle y ait été apportée.

Il sera facile de reconnaître les dix corps de cette famille.

Les cinq grands sont :

M. et madame de Toulouse.	2
M. et madame de Penthièvre.	2
M. le prince de Lamballe.	1

Les cinq petits sont :

Le duc de Rambouillet.	1
Le duc de Châteauvillain.	1
Le comte de Guingamp.	1
Mademoiselle de Penthièvre.	1
Et l'enfant dont madame de Penthièvre est morte en couche[1].	1
	10

[1] Fortaire, p. 338 à 340.

XI.

Liste de toutes les lettres de la princesse de Lamballe qui ont passé dans les ventes depuis 1803 jusqu'à 1864 [1].

1. — L. a. s., à la Reine ; février 1773. — 32 francs. (N° 165, *Châteaugiron*, 1851.)

2. — L. a. s., au Roi ; février 1773, 1 p. in-fol. — 31 fr. (N° 222, *Charavay*, 1858). — La même lettre : 40 fr. (N° 252, *Solar*, 1861.)

3. — L. a. s., au Roi ; 1er janvier 1774, 1 p. in-fol. — 30 fr. (Vente du *comte de H... de M...*, 1864.)

Félicitations à l'occasion du renouvellement de l'année.

4. — L. a. s. ; 19 février 1775, 1 p. in-fol. — 36 fr. (N° 93, *Alex. Martin*, 1842.)

5. — 1° L. s., à M. de Sartine ; Paris, 11 mai 1778, 1 p. in-8° ; 2° L. s., au maréchal de Castries ; Paris, 25 juin 1785, 1 p. in-8°. — 7 fr. (N° 225, *Laverdet*, 1858.)

6. — L. a. s., à la Reine ; Versailles, 1er janvier 1781, 1 p. in-4°. — 32 fr. (N° 98, *E..., de Zurich*, 1843.)

7. — Billet aut. sig., à M. Augeard, secrétaire des commandements de la Reine ; Versailles, 3 octobre 1781, in-8°. — 4 fr. 50. (N° 108, *Alliance des Arts*, 1844.)

Sur la nomination du sieur Vaillant comme valet de chambre de la Reine.

[1] M. Gabriel Charavay, frère de l'obligeant et éclairé expert en autographes et directeur du journal l'*Amateur d'autographes*, excellent recueil bi-hebdomadaire, vrai modèle de ce genre spécial qui rend les plus grands et les plus féconds services à la curiosité, a bien voulu, à notre prière, rédiger ce travail, dont tout l'honneur lui revient. Nous le prions ici d'agréer nos plus vifs remerciments, pour nous avoir donné la primeur de cet intéressant document.

8. — L. a. s., au Roi; Paris, 2 janvier 1782, 1 p in-fol. — 30 fr. 50. (N° 134, *Laroche-Lacarelle*, 1847.)

9. — L. a. s., à la Reine; Versailles, 11 janvier 1782, 1 p. in-fol. — 45 fr. (N° 107, *Charon*, 1844.) — La même lettre : 121 fr. (N° 249, *Lajarriette*, 1860.)

Elle a attendu la convalescence de madame la comtesse d'Artois pour présenter à Sa Majesté ses vœux et ses hommages à l'occasion de la nouvelle année.

10. — L. s., à M. Joly de Fleury; Paris, 15 septembre 1782, 1 p. in-4°. — 20 fr. 50. (N° 176, *Trémont*, 1852.)

Elle demande, pour le sieur le Prince, la recette des finances de Bayeux, que le sieur Thibault, protégé de la Reine, a refusée.

11. — L. s., au chevalier de Croix; Paris, 11 janvier 1786, 1 p. pet. in-8°. — 11 fr. 50. (N° 242, *Lucas de Montigny*, 1860.)

12. — L. s. au maréchal de Ségur; Paris, 1786, 1 p. in-4°. — 22 fr. (N° 249, *Lajarriette*, 1860.)

13. — L. s., au baron de Breteuil; Versailles, 5 mai 1788, 2 p. in-4°. — 10 fr. 50. (N° 172, *Foertsch*, 1852.)

14. — L. s., à M. de La Millière; Paris, 6 mai 1788, 1 p. in-4°. — 3 fr. 25. (N° 198, *Renouard*, 1855.)

En faveur du sieur Guidon.

15. — L. s., à M. de Villedeuil; Paris, 9 janvier 1789, p. in-4. — 12 fr. (N° 159, *Lalande*, 1850.)

16. — L. s., à M. Augeard, secrétaire des commandements de la Reine; Versailles, 17 mai 1789, 1 p. in-4°. 9 fr. (N° 171, *Laverdet*, 1852.)

17. — L. a. s., au Roi; Paris, 1ᵉʳ janvier 1792, 1 p.

in-fol. — 47 fr. (N° 176, *Trémont*, 1852.) — La même lettre : 38 fr. 50. (N° 190, *Laverdet*, 1854.)

Elle supplie Sa Majesté de vouloir bien agréer les assurances des vœux qu'elle formera toujours pour sa personne. « Ils sont » aussi sincères, dit-elle, que le désir que j'ai d'obtenir la con- » tinuation de ses bontés... »

18. — L. a. s., 1 p. pl. in-18. — 11 fr. (N° 129, *Charavay*, 1846.)

19. — L. a. s., 1 p. pl. in-8°. — 56 fr. (N° 154, *Villenave*, 1854.) — La même lettre : 55 fr. (N° 192, *Amant*, 1855.)

Elle demande une grâce au Roi pour une personne qui lui est attachée, et dont elle veut faire le bonheur.

20. — L. a. s., à Madame ...; 1 p. 1/2 in-18. — 36 fr. 50. (N° 200, *Duplessis*, 1855.)

« ..... J'ai fait tout mon possible, ma chère petite, pour lire la lettre de votre sœur, je n'ai pu en venir à bout, attendu qu'elle a une écriture qui ne ressemble pas du tout à ses jolis doigts... Je m'ennuierais beaucoup ici, si je n'étais avec M. de Penthièvre, qui me traite avec une sensibilité toujours croissante... Je dévore lettres et livres, — toute la petite bibliothèque y a passé. Les contes de Marmontel m'ont paru bien fades... »

21. — 1° Note de quatre lig. aut., 1 p. in-18; 2° Billet de trois lig. aut. sig., 1 p. in-18. — 18 fr. 50. (N° 183, *Laverdet*, 1854.) — Les mêmes pièces : 7 fr. 50. (N° 202, *Laverdet*, 1856.)

Dans le billet, elle prie M. Duflos de remettre au porteur « les trois cayers » de l'histoire ancienne qui lui sont dus, pour compléter les douze.

Ces lettres de la princesse de Lamballe ne sont pas les seules existantes ni les seules connues. M. le marquis de

Biencourt en possède deux qu'il a bien voulu mettre à notre disposition. M. Dubrunfaut nous en a aussi communiqué une. Malheureusement ces lettres, consacrées en général à des compliments ou à des condoléances officielles, sont sans intérêt historique ou littéraire. Et il faut le dire, ç'a été là une des déceptions de notre sujet, déception d'ailleurs compensée par tant de découvertes et de concours heureux et féconds. La Princesse ne semble pas avoir eu la verve ni la fécondité épistolaire; elle écrivait peu et sans éclat. Il existe cependant, nous dit-on, des lettres qui donnent une favorable idée de sa conversation, et où pétille un spirituel enjouement. On nous a cité, notamment, une lettre adressée à M. Forth, à Londres, sur papier décoré de vignettes en couleur, à son chiffre, le 3 avril 1782. Cette lettre commence ainsi : « Si j'eusse imaginé, mon » cher Forth, que vous fussiez parti à cinq heures du » soir, etc... » La lettre a trente-neuf lignes. Quant à son objet, elle roule sur le départ de Forth, et sur la curiosité que son apparition à Paris a excitée parmi les oisifs de la cour, auxquels elle a dû répondre en prenant le ton d'Arlequin. Le prince de Vaudemont, qu'elle nomme simplement « son camarade », ira à Londres, si la paix se fait entre les deux nations. Le style de la lettre est celui de l'intimité; la dernière moitié principalement renferme des phrases charmantes, exquises, spirituelles et pleines de doux sentiment. Telle est, du moins, l'appréciation d'un témoin oculaire qui a seul joui du privilége de voir ce précieux morceau, dont son possesseur exalte peut-être la valeur, en raison de son intention de le vendre, et de le vendre le plus cher possible.

Nous connaissons aussi deux autres lettres, conservées aux archives de Turin, d'une écriture agrandie, officielles comme leur sujet, et qu'à cause de cela nous ne publions

DOCUMENTS ET PIÈCES JUSTIFICATIVES.

pas. L'une est du 26 septembre 1785, l'autre du 1ᵉʳ janvier 1789. Toutes deux sont adressées au roi de Sardaigne.

XII

Liste des portraits de la princesse de Lamballe et des estampes relatives à sa vie ou à sa mort.

1. — Le premier portrait de la princesse de Lamballe est celui qui est conservé dans la galerie du Palais-Royal à Turin. Elle y est représentée en pleine et verte adolescence; la chevelure relevée en roue ondoyante et surmontée d'un coquet petit diadème qui couronne le chignon. Deux longues boucles tombant jusque sur la poitrine étroite et à peine bombée, ombrent la double ligne d'un cou de cygne, et estompent un visage délicat, allongé : le visage de la jeune fille qui s'épanouit à peine et devient doucement et chastement femme. Les épaules rentrées, l'éventail de dentelles, à peine entr'ouvert, qui cache l'ébauche de la gorge, dénotent, par une gracieuse image, l'innocence, la candeur, la naïveté d'une âme et d'un corps qui achèvent de se former. C'est la femme en bouton, aux premiers jours du printemps de la vie, à cette heure hésitante où se développent peu à peu les attraits physiques et les qualités morales, où la grâce, comme un soleil levant, n'a pas encore illuminé le visage incertain, et où l'âme pudique ose à peine, dans la fleur humaine comme dans les autres, sortir de dessous ses voiles et, pour ainsi dire, écarter ses feuilles.

2. — Il faut donner la seconde place aux portraits de la galerie de Versailles, si consciencieusement passés en revue dans le *Catalogue* de M. E. Soulié, tout au moins au n° 3826, d'après l'original de L. M. Vanloo, au château d'Eu (hauteur, 1,74, — 4. 2,52), et dit de *la Tasse de chocolat*.

Pour en finir avec la galerie de Versailles, nous indiquerons, sous les n°ˢ 3905 et 4523, deux autres portraits qui ont été gravés, et sous le n° 3904, un portrait du prince de Lamballe. (V. le *Catalogue* excellent de M. Soulié, t. III, p. 234, 254, 391.)

3. — Le n° 3 doit être celui des Portraits divers (ou répétés par elle), dont madame Vigée Le Brun donne la date et le signalement dans ses *Mémoires*. Nous les retrouverons comme les précédents, excepté le premier, dont nous ne connaissons qu'une photographie, gravés.

4. — Indiqué : *Marie-Thérèse*, etc., *bru de M. de Penthièvre. Née à Turin*. Portrait des premiers temps de Marie-Antoinette, qui sent son Trianon. Profil poupard et pimpant, chapeau Paméla à toit bouffant, couronné de guirlandes de fleurs ; coiffure déployée en queue de paon, avec une boucle couvrant la nuque. *A l'image Sainte-Geneviève, avec privilége du Roi.*

5. — Coiffure relevée sans panaches, le haut de la poitrine découvert ; chemisette à gorge plissée, ruchée de rubans ; de trois quarts. Indiqué peint par *madame Le Brun*, gravé par *Vérité*.

6. — Du même temps. Corsage à double étage, à épaulettes de rubans ; fichu croisé ; chapeau de paille enguirlandé de fleurs ; double boucle ondoyante. — *Drouais père pinxit. Roger sculps.*

7. — Autre, gravé d'après *madame Le Brun*, par Cornu. Elle y est vêtue d'une tunique à manche serrée à mi-bras ; guimpe en éventail ; coiffure relevée avec une simple boucle. Gravée presque à la manière noire.

8. — Dessinée d'après une miniature, par *Saucé*, gravée par *J. W. Cook*. Coiffure singulière en casque à quadruple étage de guirlandes de nœuds ; fleurs, panache, voile de côté ; longues pendeloques aux oreilles, barbe de dentelle

nouée sous le menton, gorgerette demi-ouverte; boucles encadrant chaque épaule.

9. — Le plus beau portrait connu de la princesse de Lamballe, celui qui la présente complétement épanouie, et jouissant de tous les attraits de ce second printemps des femmes, la quarantaine : c'est celui dont nous donnons la magnifique gravure à nos lecteurs. L'original, peint par Hickel en 1789, fait partie du cabinet de M. le marquis de Biencourt, un amateur riche, éclairé et libéral.

La gravure anglaise, que nous connaissons (*S. Malgo sc.*), porte ce titre : *La princesse de Lamballe, peinte d'après nature à Paris, en 1789, par Ant. Hickel, peintre de la cour de Vienne* (il existe un portrait de Marie-Antoinette de la même époque, du même peintre, du même format); et ce sous-titre : *Victime de son attachement pour la Reine de France, elle aima mieux mourir que calomnier sa maîtresse.*

En épigraphe, l'artiste a inscrit ces vers de la Harpe :

> Quand un monstre à l'honneur prescrit des attentats,
> On présente sa tête et l'on n'obéit pas.

D'assez mauvais vers, comme on voit, pour un beau sujet. Publié par *Colnagh et Cie*, 132, Pall-Mall.

La princesse, coiffée en boule et en boucles frisottantes, en *mouton*, est assise devant son bureau et tient un papier à la main. Ce portrait est assez rare et cher.

10. — Dessinée par *Danloux* en 1791 et gravée par *Ruotte*; de profil, en justaucorps; chemisette bouffante, coiffée en boucles, queue pendante.

11. — De profil; coiffée en gerbe; simple anneau aux oreilles; pensive, maigrie par la captivité. Dessinée par *Gabriel* quatre heures avant sa mort. *Jules Porreau del.*, 1845. *Vignères* éditeur.

12. — La même dans l'*Histoire de soixante ans* par Hipp. Castille, t. II; Poulet-Malassis, éditeur. (La *Révolution* seule a paru.) *Flameng sc.* — *Delâtre impr.*

13. — De face, coiffure relevée, panaches; le sein gauche découvert; double boucle ondoyant sur chaque épaule. *Bonneville del.*

14. — Tous les portraits gravés ou lithographiés depuis 1792 se sont inspirés plus ou moins, comme d'un thème, de ce quadruple type, tour à tour formulé par le pinceau de Vanloo, de madame Le Brun, de Drouais, de Hickel.

Il en est un cinquième, prétendu d'après nature, d'un goût assez étrange, assez hollandais, peut-on dire. Il est blanc sur noir. La princesse porte une sorte de coiffure avec rubans en triangle, et une tunique de satin à manches ruchées, à justaucorps collant; sa tête, vue de profil, se détache sur une collerette tuyautée. Cette singulière image porte la rubrique : *Alliked ad vivum del. et exc. Roosing sculps. Rotterdam. A Loosges excud.* 1793. Le titre est : *Princess de Lamballe, omgebragt den* III. *september.*

15. — La fin héroïque et tragique de la princesse suscita aussi des images d'apothéose. Nous avons vu un de ces profils médaillés, la coiffure relevée avec vague de boucles. La princesse évoquée porte le vêtement aérien par excellence, la tunique blanche et le manteau, sous lequel elle cache ses ailes. Cette sorte d'*assunta* théâtrale se ressent du mauvais goût du temps; mais la tête a du caractère, et il semble qu'un reflet céleste illumine ce profil d'albâtre.

16. — C'est ici le lieu d'indiquer le portrait de Versailles (série K., section 7, de la galerie Gavard), gravé par Pigeot. La princesse est représentée assise et tenant une guirlande de fleurs. Ce portrait n'avait été peint qu'en buste

et a été agrandi en 1840, pour en faire un portrait en pied. Le nom de l'artiste est inconnu. Il est seulement indiqué comme étant de l'école française (hauteur, 214. — 4. 1,58); c'est le n° 3905.

17. — Nous nous bornerons à énumérer les nombreuses variations exécutées sur ce thème de ressemblance et de costume.

Debout, coiffure à aigrette, torsades de perles dans les cheveux, panaches, rubans, corsage à nœuds, collier et croix au cou; grande robe d'apparat à festons de nœuds bouffants; manche évasée. La princesse tient un éventail. Une balustrade dans le fond. Double écusson aux armes dessiné et lithographié aux deux crayons par Janet-Lange, publié par A. Fourmage.

18. — L'*Iconographie* de Delpech.

La *Galerie universelle*, publiée par Blaisot.

Les *Galeries de Versailles* (Gavard).

Les *Histoires de France* de Pourrat, de Furne.

Le Supplément de la *Biographie Michaud* (t. LXX).

Les diverses *Histoires de la Révolution*.

Enfin les *Mémoires de madame de Lamballe* (par madame Guénard).

Et les *Mémoires*, encore plus apocryphes, où Héléna Williams, selon les uns, Catherine Hyde, comtesse de Broglio-Solari, selon les autres, ont mêlé une histoire prétendue authentique de la princesse au récit des malheurs de la famille royale, contiennent divers portraits, tous plus ou moins variés, enjolivés, romancés..., faits à un point de vue qui n'a rien de bien artistique ni de bien historique, même quand il s'agit d'orner des livres d'histoire sérieux. Le type de prédilection est le type bergère opéra-comique, la tête ombragée du chapeau rond, ou cachée au fond du chapeau évasé traditionnel, et s'épanouissant au-dessous ou au milieu d'un véritable fouillis de guirlandes printanières ou de pompons. Toutes les lithographies, Delpech, Delarue, etc., ont eu aussi leur madame de Lamballe, gracieuse, mignarde, la chevelure déployée en éventail, enguirlandée, et fuyant jusque sur l'épaule par une boucle coquettement négligée.

19. — Les estampes relatives à la princesse de Lamballe sont peu nombreuses. Le Catalogue *La Bédoyère*, sèche et stérile nomenclature, œuvre de libraire et non de bibliographe et de critique, n'en indique aucune. Les collections *La Terrade* et *Lajarriette*, si précieuses pour l'histoire illustrée de l'époque, indiquent :

La princesse de Lamballe devant le tribunal des septembriseurs, in-8°. 4° Catalogue La Terrade, n° 787).

Mort de la princesse de Lamballe, trois pièces (n° 879, Catalogue Lajarriette).

Le n° 909 de cette collection contient sept portraits de la princesse, dont un dessin in-8°, et du *prince de Lamballe* une aquarelle in-8°.

20. — Il existe un livre qui porte ce titre : « *Les quatre heures de la toilette des dames*, poëme érotique, en quatre chants, dédié à S. A. S. la princesse de Lamballe, chef du conseil et surintendante de la maison de la Reine, par M. de Favre, de la société littéraire de Metz; à Paris, 1779, in-4°. » Ce poëme, orné à chaque chant de gravures par Leclerc, offre dans les culs-de-lampe qui les terminent, nous écrit un bienveillant correspondant, une singulière particularité. Page 64 et page 80, nous trouvons deux têtes qui rappellent, la dernière surtout, les traits de l'infortunée princesse de Lamballe. Présage funeste! ces deux têtes sont décollées, et malgré les ornements rococo qui les entourent et les enjolivent, font penser à la hideuse pique des septembriseurs et aux ignobles profanations que subit le cadavre de la princesse.

21. — Il nous a été indiqué plusieurs autres portraits ou bustes de la princesse de Lamballe. M. de Saint-Georges, l'émule et le successeur de Scribe dans l'art, plus difficile qu'on ne croit, de faire des livrets spirituels, possède, nous a-t-on dit, un portrait de la princesse de Lamballe dans sa prison. Nous avons vu un beau buste d'elle, en terre cuite, chez M. le baron Switters. Nous n'avons pu savoir si le célèbre Nini l'avait comprise dans sa belle galerie de médaillons.

NOTE RELATIVE AUX FAC-SIMILE.

Nous avons donné en *fac-simile* une lettre de la princesse de Lamballe, empruntée à l'*Isographie*, de son écriture courante, familière, négligée, mais par cela même plus intéressante que son écriture agrandie, virilisée, dans ses lettres officielles aux personnages souverains. Nous avons vérifié son authenticité sur d'autres lettres d'elle, et jusque sur des actes notariés. Nous remercions de nouveau M. Charavay aîné, qui nous a communiqué ce spécimen, ainsi que MM. Honoré Bonhomme, Boutron et Feuillet de Conches, nos obligeants auxiliaires, auxquels nous devons les trois autres pièces précieuses publiées en *fac-simile*.

TABLE DES MATIÈRES.

Préface. . . . . 1 à 8

CHAPITRE PREMIER.
1749—1767.

La famille de Savoie-Carignan. — Éducation solide et saine de la jeune Marie-Thérèse-Louise. — Louis XV la désigne au choix du duc de Penthièvre pour être la femme du prince de Lamballe, son fils. — Demande officielle. — Déclaration solennelle du mariage. — Fêtes. — Cérémonies. — Départ de Turin. — Le page mystérieux de Montereau. — Célébration définitive du mariage à Nangis. — Présentation à la Cour. — Visites à la famille royale. — Heureux présages. — Vœux populaires. — Un épithalame en 1767. — Le jeune prince de Lamballe. — Lacunes fâcheuses de son éducation. . . . . 9 à 19

CHAPITRE DEUXIÈME.
1767—1768.

Caractère du prince de Lamballe. — Esquisse du portrait du duc de Penthièvre et du tableau de sa vie à Rambouillet. — Excès précoces du prince de Lamballe. — Discussion des accusations injustes formulées à cet égard contre le duc d'Orléans. — Témoignage de madame Campan. — Du prince de Ligne. — Façon expéditive de se débarrasser d'un surveillant incommode. — Les bonnes œuvres du prince de Lamballe. — Deux de ses lettres inédites. — Extrait des *Mémoires* de Bachaumont. — Mademoiselle la Chassaigne. — Mademoiselle la Forest. — Courte conversion. — Le tableau de *la Tasse de chocolat*. — Mort du prince de Lamballe. — Détails sur son agonie et ses obsèques empruntés à deux *Journaux* inédits. — Le beau-père et la jeune veuve se consacrent l'un à l'autre. . . . 20 à 44

CHAPITRE TROISIÈME.
1768—1774.

Deuil du duc de Penthièvre et de la princesse de Lamballe. — La légende du bon duc. — Le cuisinier des pauvres. — La chasse aux bienfaits. — Un pauvre... riche de quatre-vingt mille livres de rente. — Détail des dépenses charitables et des fondations utiles et hospitalières du duc de Penthièvre. — Les menus plaisirs du duc de Penthièvre. — La vie au château de Rambouillet. — Les montres d'accord. — Correspondance inédite du duc de Penthièvre. — La faute d'orthographe. — Les braconniers pensionnés. — Le droit des fraises à Vernon. — Les bals de Passy. — Marie la Folle. — Mort de Marie Leczinska. — Deux partis à la cour : celui d'une autre reine et celui d'une autre maîtresse. — Madame Adélaïde met en avant la candidature de la princesse de Lamballe au premier de ces titres. — Noble échec. — Le duc de Chartres épouse mademoiselle de Penthièvre. — Mariage du duc de Bourbon avec mademoiselle d'Orléans. — Mariage du Dauphin. — Marie-Antoinette Dauphine. — Amitié particulière et liaison intime avec la princesse de Lamballe. — Promenades en traîneau. — Mariage du comte de Provence. — Du comte d'Artois. — Mort de Louis XV. — Les petits bals de madame de Noailles. — Apogée de la faveur de la princesse de Lamballe. . . . . 45 à 72

CHAPITRE QUATRIÈME.
1774—1775.

Le petit Trianon. — Histoire de l'amitié de Marie-Antoinette et de la princesse de Lamballe. — Les dernières promenades en traîneau. — Portrait physique de la princesse de Lamballe, d'après madame Campan, madame d'Oberkirch et madame Vigée Le Brun. — Discussion du témoignage hostile de madame de Genlis. — Les vapeurs au dix-huitième siècle. — Portrait moral de la princesse de Lamballe. — MM. de Goncourt. — Le prince de Ligne. — Lauzun. . . . . 73 à 95

CHAPITRE CINQUIÈME.
1776—1778.

Déclin passager de la liaison de la Reine et de la princesse de Lamballe. — Voyage de la princesse aux États de Bretagne. — La princesse est nommée surintendante de la maison de la Reine. — Opposition de Turgot et des dames du palais. — Lettre de Marie-Antoinette à la princesse de Lamballe. — Le duc de Penthièvre à Rennes. — Les *Mémoires de Lauzun* et la princesse de Lamballe. — Témoignage de madame d'Oberkirch. — La mort du comte d'Eu. — La princesse de Lamballe s'éloigne de la cour. — Témoignage de madame Campan. — La Reine accouche d'une princesse. — Voyage de la princesse de Lamballe en Hollande. — Mort du père et de la mère de la princesse de Lamballe. — Lettre de Marie-Antoinette à ce sujet. . . . . 96 à 125

CHAPITRE SIXIÈME.
1779—1782

Progrès de la franc-maçonnerie en France. — Influence de la franc-maçonnerie sur la Révolution. — Initiation de la princesse de Lamballe. — Elle est élue grande maîtresse de la mère-loge écossaise d'adoption. — Lettre de Marie-Antoinette à sa sœur Marie-Christine, au sujet de la franc-maçonnerie. — La franc-maçonnerie des femmes. — Lorenza, femme de Cagliostro. — La loge de la *Candeur*. — Réception solennelle de la princesse de Lamballe comme grande maîtresse de la mère-loge écossaise. — Couplets chantés à cette occasion. — La Reine accouche d'un Dauphin. — Joie universelle. — Lettres de Marie-Antoinette à la princesse de Lamballe sur les œuvres de bienfaisance qui doivent suivre ses couches. — Autres lettres de la Reine à la Princesse. . . . . 126 à 155

CHAPITRE SEPTIÈME.
1782—1785

Fêtes et réjouissances populaires à l'occasion de la naissance du Dauphin. — La princesse de Lamballe dîne avec le Roi et la famille royale à l'hôtel de ville de Paris. — Voyage en France du comte et de la comtesse du Nord. — Bal à Versailles. — Fêtes à Sceaux, à Chantilly. — Acquisition de Rambouillet par Louis XVI. — Translation à Dreux des restes de la famille de Penthièvre. — Détails touchants. — Le duc de Penthièvre et la princesse de Lamballe reçoivent à l'hôtel de Toulouse la visite du roi de Suède et du prince Henri de Prusse. — Ils assistent avec le Roi et la famille royale à l'ascension de la première montgolfière. — Détails inédits. — Visite du prince Henri de Prusse à Anet. — Incendie à l'hôtel de Toulouse. — Élan de la sympathie populaire. — Florian dédie ses *Nouvelles* à la princesse. . . . . 156 à 174

CHAPITRE HUITIÈME.
1785—1789

Recrudescence de l'amitié de la Reine et de la princesse de Lamballe. — La princesse se dévoue à jamais à la Reine et se désigne d'avance aux bourreaux. — Fête de la princesse de Lamballe. — Triple lettre du Roi, de la

Reine et de la Dauphine, accompagnant l'envoi des *Heures* de Josèphe de Saxe. — Mort du prince Eugène de Savoie-Carignan. — Affaire du *Collier*. — Madame de Genlis n'en fait pas mention dans ses *Mémoires*. — Visite charitable de la princesse de Lamballe à madame de la Motte, à la Salpêtrière. — Son évasion mystérieuse. — La Reine y a-t-elle pris part? — Mort de la princesse Sophie-Béatrix-Hélène, dernière fille de Marie-Antoinette. — Le portrait du Salon de 1787. — La princesse de Lamballe empoisonnée. — On la sauve. — Nouvel accident à Villers-Cotterets. — Séance solennelle et touchante de la réception de Florian à l'Académie française. — Vers adressés par Florian à la princesse de Lamballe. — Lettre de Marie-Antoinette à la princesse de Lamballe. — Les derniers beaux jours de Trianon . . . . 175 à 200

CHAPITRE NEUVIÈME.
MAI—OCTOBRE 1789.

Ouverture solennelle des États généraux. — La Reine se trouve mal au cri de *Vive le duc d'Orléans !* — Négociations domestiques et secrètes, inspirées par la Reine, conduites par la princesse de Lamballe, dans le but de conjurer les dangers du moment. — La princesse de Lamballe et le duc d'Orléans. — Assassinat du banquier Pinel. — Popularité du duc de Penthièvre. — Ovations enthousiastes sur son passage. — La princesse de Lamballe rejoint son beau-père à Aumale. — Mort du premier Dauphin. — Les 5 et 6 octobre 1789. — La princesse vole auprès de la Reine. — Elle envoie son argenterie à la Monnaie. — Dévouement patriotique du duc de Penthièvre. 201 à 224

CHAPITRE DIXIÈME.
OCTOBRE 1789 AU 20 JUIN 1791.

Retour de Versailles à Paris, le 7 octobre. — La princesse de Lamballe vient le 8 partager le sort de la famille royale. — Intérieur des Tuileries à la fin de 1789. — La *Galerie des dames françaises*. — Balzaïs. — Ovation faite à la princesse de Lamballe à son passage à Tours. — Correspondance entre Marie-Antoinette et la princesse de Lamballe. — Lettres inédites. — Le duc de Penthièvre rend pour la dernière fois visite au Roi et à la famille royale. — La duchesse d'Orléans se retire auprès de son père. — Départ du Roi et de la Reine. — Retour de Varennes. — La princesse de Lamballe s'embarque à Boulogne pour l'Angleterre . . . . 225 à 245

CHAPITRE ONZIÈME.
JUIN A DÉCEMBRE 1791.

La princesse de Lamballe en Angleterre. — Retour de Varennes. — Le Roi se prépare à la mort. — Lutte de Marie-Antoinette contre la fatalité. — Ses

TABLE DES MATIÈRES.   477

efforts et ses négociations à l'intérieur et à l'étranger. — Terreur que lui inspire le nom de Pitt. — Elle fait monter, pour la princesse de Lamballe, une bague de ses cheveux blancs. — La princesse de Lamballe proteste contre les incriminations calomnieuses de la *Feuille du jour*. — Correspondance de Marie-Antoinette avec la princesse de Lamballe. — Deux lettres de la princesse de Lamballe à une amie. — Lutte héroïque de dévouement entre la Reine et la princesse. — La princesse de Lamballe fait son testament à Aix-la-Chapelle. — Ce *testament*. — Elle rentre en France malgré les avis et les prières de ses amis. — Témoignage du comte d'Allonville, de madame Campan. — Rétractation d'une opinion de la *Vraie Marie-Antoinette*. — Dans la logique de la Révolution, l'amie de Marie-Antoinette devait périr. — Lettre de la Reine à la princesse de Lamballe, teinte du sang de la princesse. . . . .   246 à 287

CHAPITRE DOUZIÈME.
NOVEMBRE 1791 AU 13 AOUT 1792.

Dernière visite de la princesse de Lamballe au duc de Penthièvre. — Le 20 juin 1792. — La princesse de Lamballe au 20 juin. — Napoléon Bonaparte au 20 juin. — Ministère secret de conciliation et d'épuration confié à la princesse de Lamballe. — Témoignage rendu à son courage et à son dévouement par Marie-Antoinette. — Extrait confirmatif des *Mémoires* de madame de la Rochejaquelein. — Du rôle des assemblées en temps de révolution. — Scène racontée par madame Campan. — Le 10 août 1792. — Témoignage de Barbaroux. — Le Roi, la Reine et la princesse de Lamballe à l'Assemblée. — La Passion de la royauté commence. . . . .   288 à 306

CHAPITRE TREIZIÈME.
13 AOUT AU 1er SEPTEMBRE 1792.

Détails sur l'installation de la famille royale au Temple. — Récit de madame la duchesse d'Angoulême. — Déclarations hostiles de deux gardes nationaux. — La Commune donne l'ordre de séparer la famille royale prisonnière des serviteurs fidèles qui l'avaient accompagnée. — Récit des adieux du Temple par Hue et madame de Tourzel. — Interrogatoire de la princesse de Lamballe à l'hôtel de ville. — Son incarcération à la Force avec mesdames de Tourzel. — Lettre de madame de Buffon au duc de Lauzun. — Manuel réunit dans le même cachot la princesse de Lamballe et mesdames de Tourzel. . . . .   307 à 327

CHAPITRE QUATORZIÈME.
2—3 SEPTEMBRE 1792.

Massacres de la Force. — Délivrance de mesdames de Tourzel. — Détails sur les premiers égorgements. — Angoisses de la princesse de Lamballe. — Sa translation à la grande Force. — Extraits des registres du conseil général de la Commune. — Mission de Truchon et Duval-Destaing. — Détails topographiques sur la Force. — Rapport de la veuve Hiancre, concierge du petit hôtel de la Force. — Le tribunal de la grande Force. — Sa composition. — Ses formules de jugements. — L'auditoire. — Les bourreaux. — Les exécutions. — La princesse de Lamballe est mandée au guichet. — Sa résistance. — Son interrogatoire. — Son immolation. — Récits divers. — Punition des assassins de la princesse de Lamballe. — Procès-verbaux de récolement des effets trouvés sur la princesse de Lamballe. — Profanations infâmes accomplies sur le cadavre. — Promenades cannibalesques dans les rues de Paris. — Madame le Bel. — On coiffe et l'on pare la tête sanglante. — Émissaires du duc de Penthièvre mêlés au cortége pour sauver ces tristes restes. — Leurs efforts. — Station aux Tuileries. — Rencontre du comte de la Motte-Valois. — Visite au Temple. — Triple récit de madame la duchesse d'Angoulême, de Cléry, de M. de Beauchesne. — Où est la tête de la princesse de Lamballe. — Procès-verbal de son inhumation. — Où sont les autres restes absents des caveaux de Dreux. — Étrange passage d'un livre de Mercier. . . . . 328 à 389

CHAPITRE QUINZIÈME.

ÉPILOGUE.

Vie du duc de Penthièvre à partir du 10 août 1792. — Dernière lettre de la princesse de Lamballe au duc de Penthièvre. — Arrivée à Vernon de la nouvelle de la mort de la princesse de Lamballe. — Comment on l'apprend au duc de Penthièvre. — Sa douleur et sa résignation. — Témoignage d'affection des habitants de Vernon. — Lettre du prince de Conti à ce sujet. — Le 21 janvier 1793. — La nouvelle de la mort du Roi achève de tuer le duc de Penthièvre. — Son agonie. — Il bénit en mourant, sur leur demande, les autorités de Vernon. — Translation de ses restes à Dreux. — Violation de sa sépulture en l'an II. — Monument expiatoire élevé à Vernon en 1816. — Le corps de la princesse de Lamballe manque à l'appel. . . . . 390 à 408

APPENDICE.

DOCUMENTS ET PIÈCES JUSTIFICATIVES.

I.

Détails sur les outrages à l'humanité et à la pudeur commis sur le cadavre de la princesse de Lamballe. — Récit du *Nouveau Tableau de Paris*, par Mercier. — Détails sur la *Relation* de Jourgnac de Saint-Méard, vendue à deux cent quatre-vingt mille exemplaires. — Sa visite à Marat. — Récit de G. Duval. — Relation de M. de Blanzy. — Extrait du *Cimetière de la*

TABLE DES MATIÈRES. 479

Madeleine, par Regnault-Warin. — Le *Mérite des femmes*, de Legouvé. . . . . 409 à 424

II.

Qui a porté le premier coup à la princesse de Lamballe? — Qui l'a achevée? Qui lui a coupé la tête? — Qui l'a promenée au bout d'une pique dans les rues de Paris? — L'histoire et la tradition. — M. Tissot et le colonel Dupuis des Islets. — Le bouquiniste Angelo. — Le libraire Vente. — M. de Sainte-Agathe. — Itinéraire exact du cortége cannibalesque. — La relation de M. Menessier. — La déclaration de Jourdan. — Les deux Anglais de l'Abbaye. . . . . 424 à 431

III.

Preuves de la préméditation de l'assassinat de la princesse de Lamballe. — Brochure rarissime publiée et vendue dans les rues de Paris le jour même de sa mort. — Le *Testament de la ci-devant princesse Lamballe*.   431 à 436

IV.

Preuves de la préméditation de l'assassinat de la princesse de Lamballe. — Acquittement triomphal à l'Abbaye et mise en liberté de la princesse de Tarente. 437-438

V.

Opinion des journaux et des écrivains contemporains de la Révolution sur les massacres de septembre et l'assassinat de la princesse de Lamballe. — Opinion de M. Michelet. — Opinion de M. Mortimer-Ternaux. — Le *Bulletin du tribunal criminel* du 17 août. — Clément. — Extrait du *Courrier des départements*, de Gorsas. — Sa mort. — Extraits des *Révolutions de Paris*, de Prudhomme. — Ses palinodies. — Extrait du *Moniteur*. — Extraits du *Thermomètre du jour*, de Dulaure. — Du *Patriote français*. — Évolution des Girondins. — Le *Courrier de l'Égalité*. — Le Maire, rival et plagiaire d'Hébert. — Recherches dans l'*Ami du Peuple*, de Marat. — Extraits. — Le *Père Duchesne*, d'Hébert. — La palme de l'infamie à Gorsas, à Chaumette, à Méhée. . . . . 438 à 452

VI.

Actes judiciaires ou notariés relatifs à la princesse de Lamballe. — Vaine recherche de son testament autographe. — Procès-verbaux d'apposition et de levée des scellés sur sa maison à Passy. — Le docteur Blanche, propriétaire actuel de cette maison. . . . . 453 à 455

VII.

Popularité du duc de Penthièvre. — Plantation de l'arbre de la liberté à Vernon. — Discours du maire. 456-457

VIII.

Résignation et abnégation du duc de Penthièvre. Lettre inédite touchante. 457-458

IX.

Mort du duc de Penthièvre. — Il donne, sur leur demande, sa bénédiction aux autorités révolutionnaires de Vernon. 458-459

X.

Où sont les restes de la princesse de Lamballe? 459-460

XI.

Liste de toutes les lettres de la princesse de Lamballe qui ont passé dans les ventes depuis 1803 jusqu'à 1864. . . . . 461 à 465

XII.

Liste des portraits de la princesse de Lamballe et des estampes relatives à sa vie ou à sa mort. . . . . 465 à 471

Note relative aux *fac-simile*. 471

GRAVURES ET FAC-SIMILE.

I. — Portrait de la princesse de Lamballe. 1
II. — Vue de la Force en 1792. 336
III. — Lettre du prince de Lamballe à M. de Moras. 37
IV. — Lettre du duc de Penthièvre à M. du Coudray. 59
V. — Lettre de Marie-Antoinette à la princesse de Lamballe, tombée de sa coiffe au premier coup des égorgeurs et tachée de son sang. 257
VI. — Lettre de la princesse de Lamballe à madame de Lage de Volude. 267

PARIS. TYPOGRAPHIE DE HENRI PLON, IMPRIMEUR DE L'EMPEREUR,
8, Rue Garancière.

www.ingramcontent.com/pod-product-compliance
Lightning Source LLC
Chambersburg PA
CBHW071714230426
43670CB00008B/1002